Christopher Hart

Eenvoudig anatomietekenen

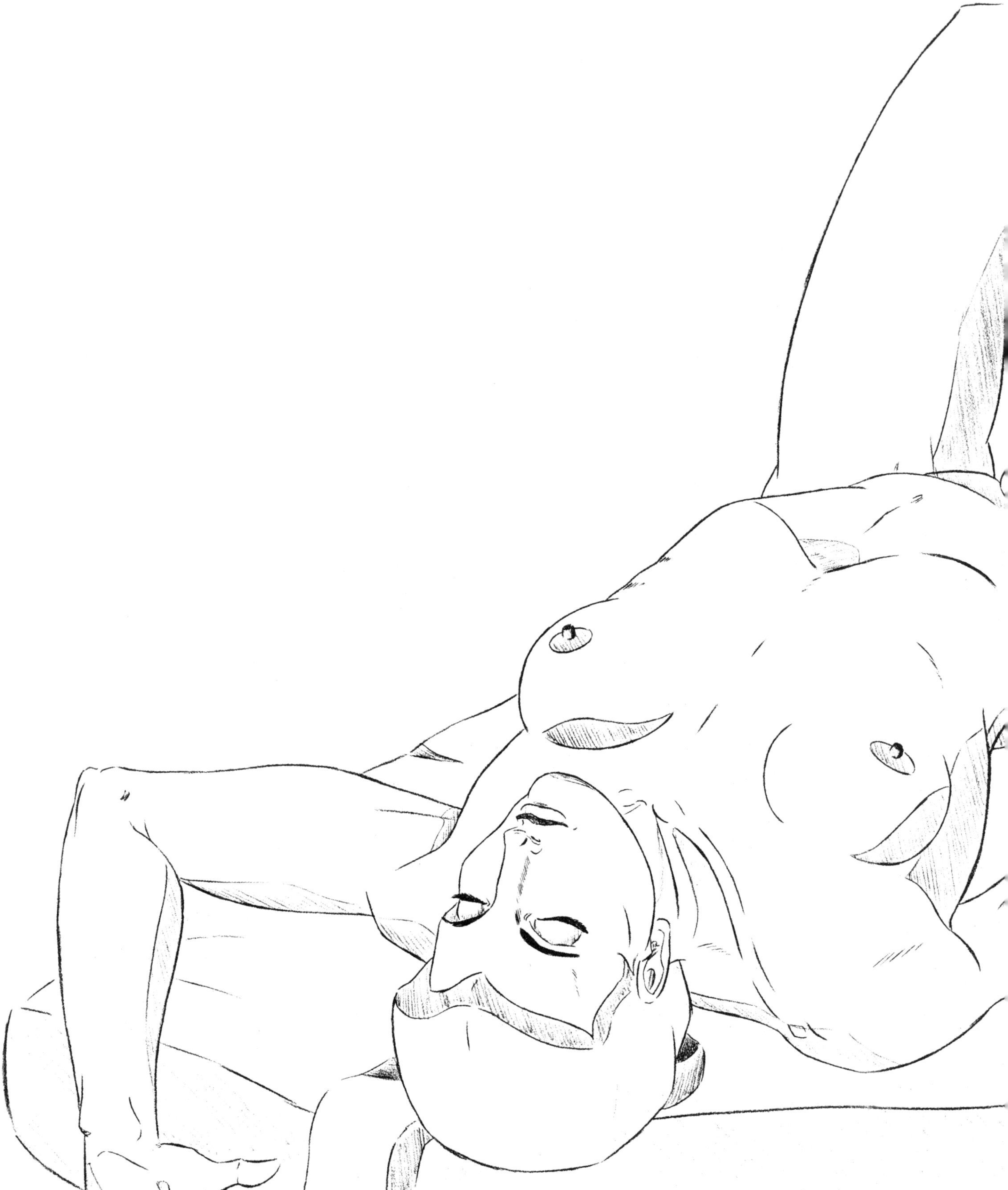

Christopher Hart

Eenvoudig anatomietekenen

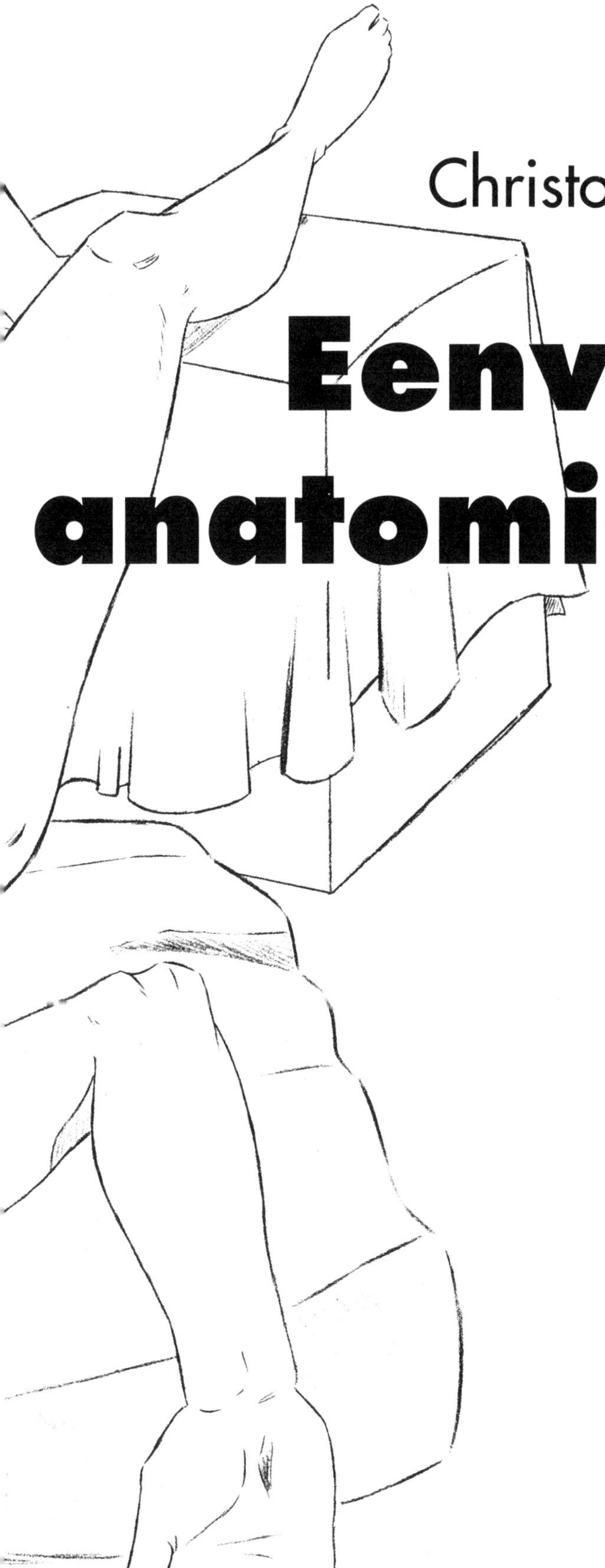

Librero

Voor Maria

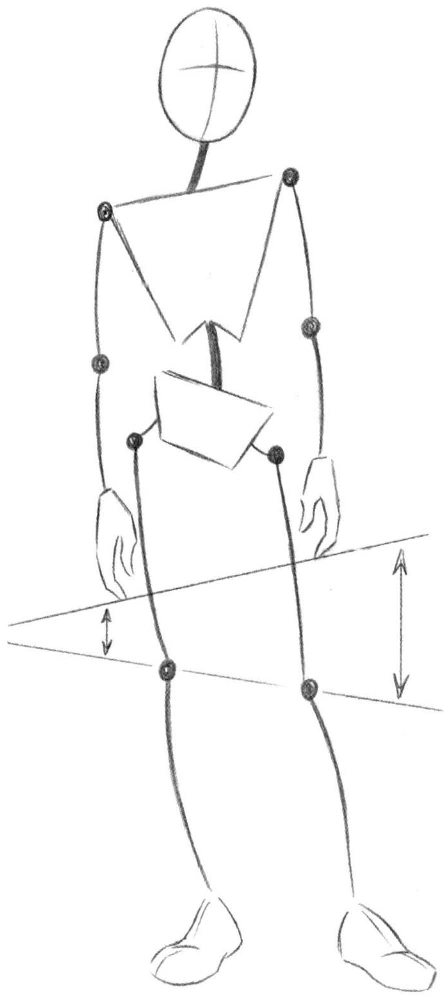

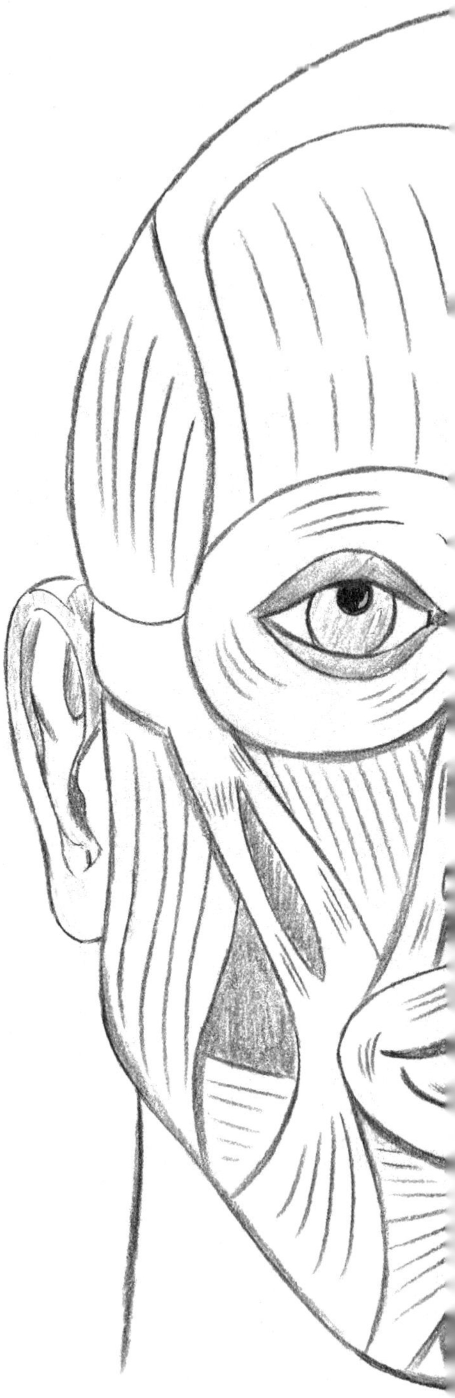

Postbus 72, 5330 AB Kerkdriel

Oorspronkelijke titel: Human Anatomy Made Amazingly Easy
Originally published in the United States of America in 2000 by Watson-Guptill Publications,
a division of BPI Communications, Inc., 770 Broadway, New York, NY 10003, United States of America
www.watsonguptill.com
Productie Nederlandstalige editie: TextCase, Groningen
Vertaling: Frouke van Es-Eggermont
Redactie: Linda Beukers
Opmaak: Reclamebureau Hartjes, Winschoten

Printed in Spain
ISBN 90 5764 188 7

10 9 8 7 6 5 4 3 2 1

INHOUD

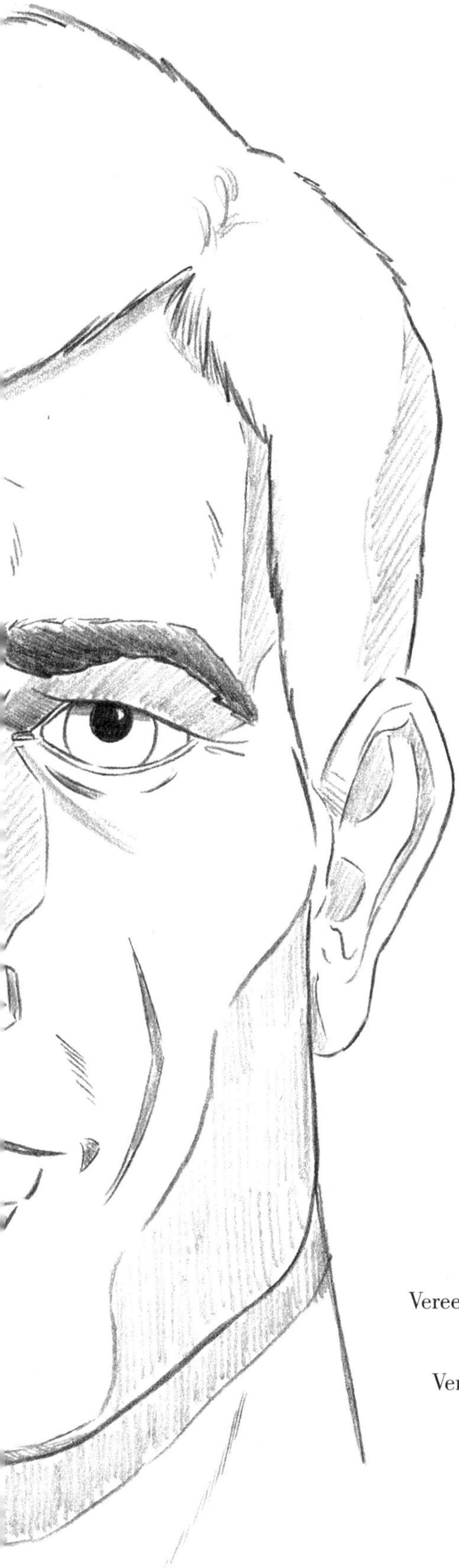

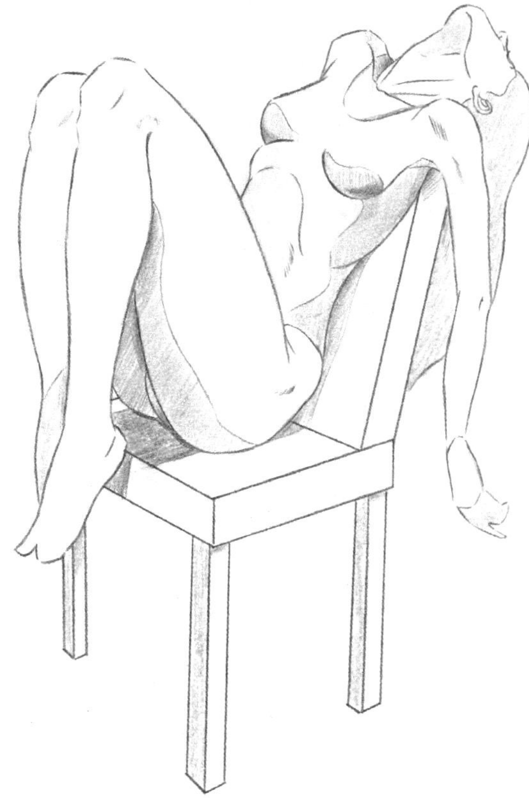

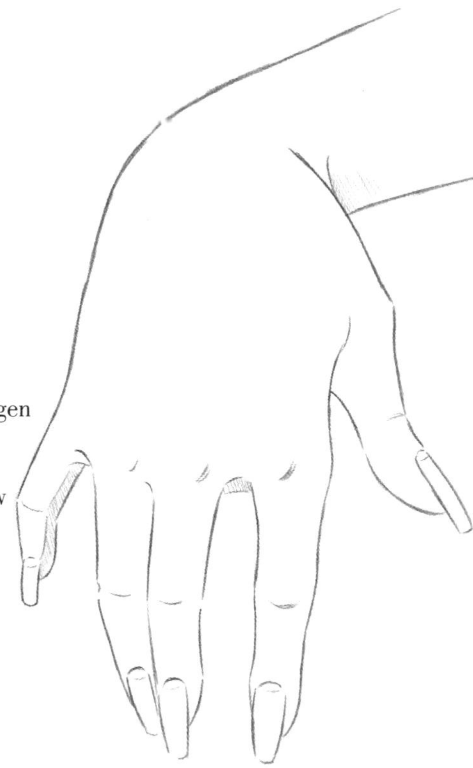

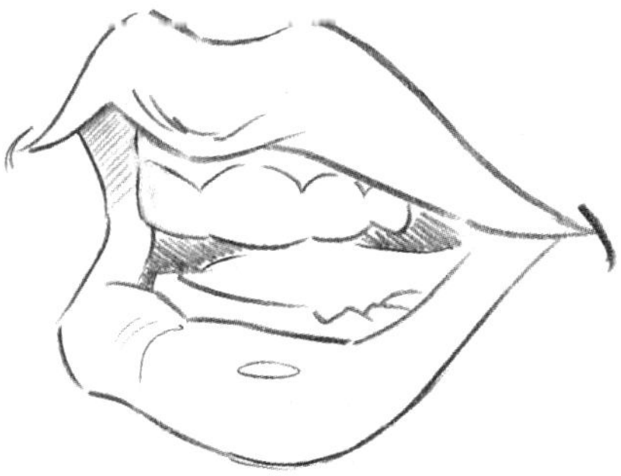

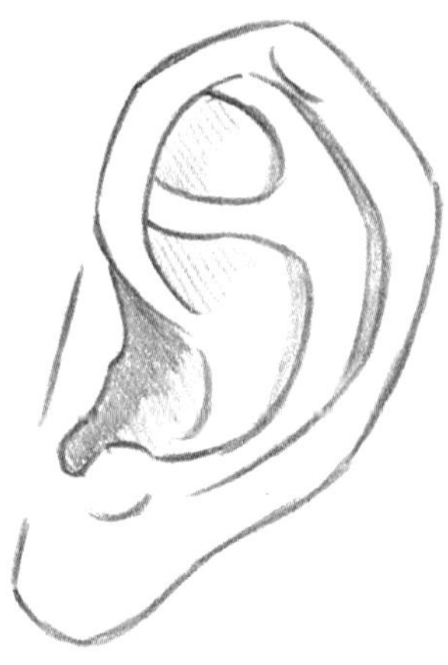

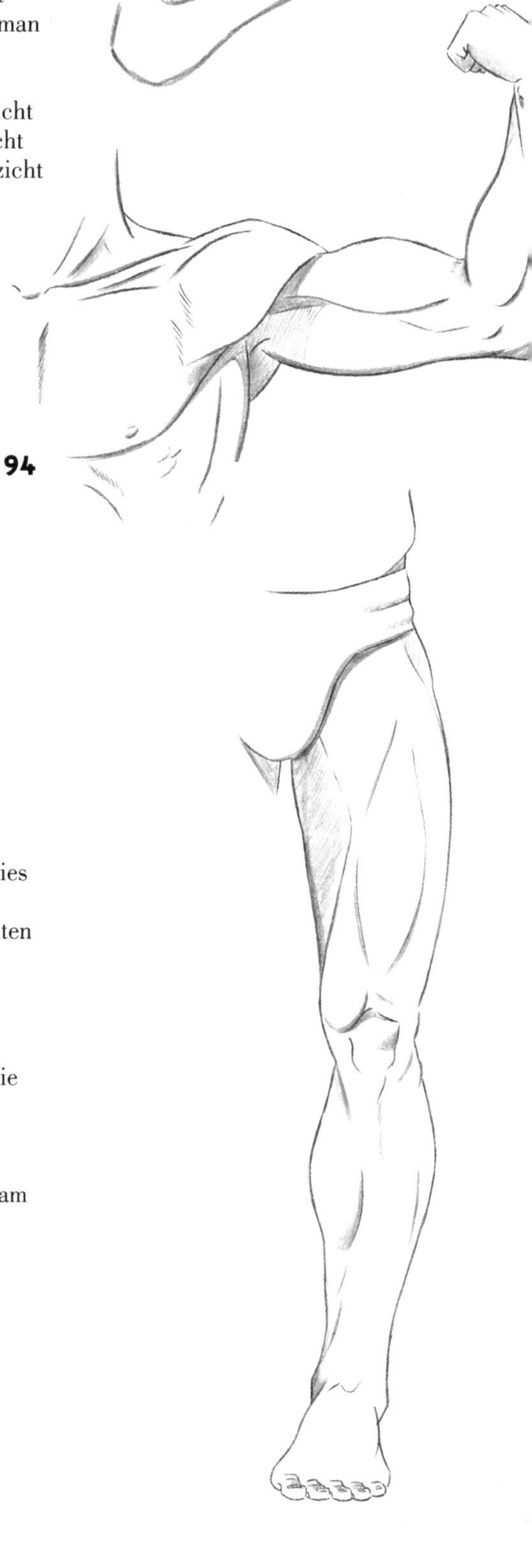

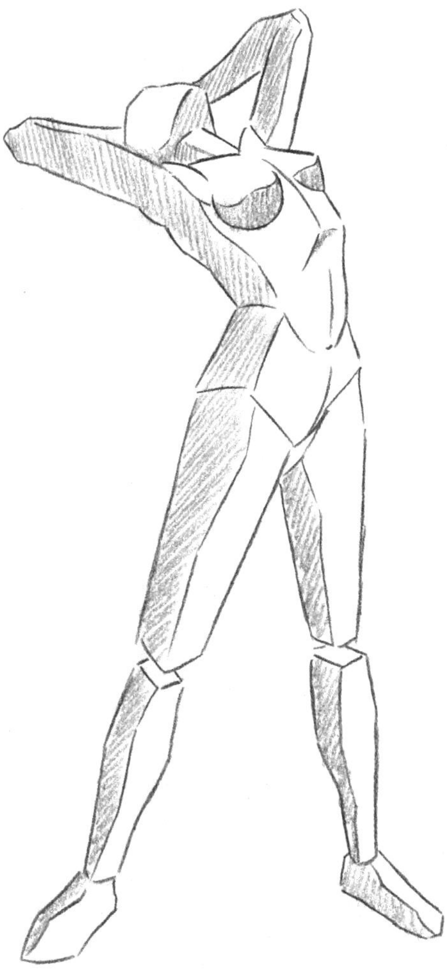

INLEIDING

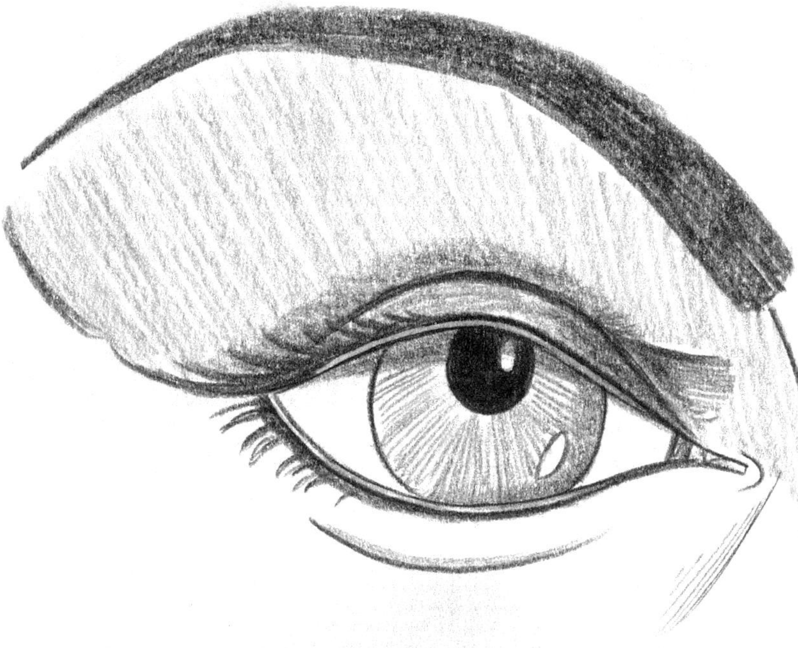

Wat is dat toch met anatomieboeken? Waarom zijn ze zo moeilijk te volgen, ingewikkeld, technisch en droog? De student, of hij of zij nou geïnteresseerd is in schone kunsten of commerciële kunst, heeft informatie nodig over verhoudingen, spieren en het skelet om met geloofwaardigheid, zelfvertrouwen en gemak een mens te kunnen tekenen.

Maar het gemiddelde anatomieboek ziet er ongeveer uit als een medisch studieboek. Elke spier, elk botje wordt bekeken, niet alleen de spieren die zichtbaar zijn, maar ook alle mogelijke spieren die diep onder de bovenste laag liggen – zo diep verstopt dat ze nauwelijks iets bijdragen aan de uiterlijke verschijning van de mens.

Door dezelfde aandacht te besteden aan de zichtbare spieren maken auteurs van anatomieboeken het geheel vaak nodeloos ingewikkeld. Het menselijk lichaam bevat 520 spieren. Het zou dwaasheid zijn die allemaal op gelijke manier te benaderen. In het oor zitten al zo veel piepkleine botjes. Nou en? Dat draagt niets bij aan het begrip van de anatomie dat de tekenaar moet hebben.

Dit boek richt zich op de onderwerpen die belangrijk zijn voor wie wil leren tekenen, en daarin is het zeer grondig. In dit boek vind je duidelijk geïllustreerde informatie over hoe je de ogen, neus, oren, handen en voeten, maar ook de grotere delen van het lichaam moet tekenen, zoals arm- en beenspieren, buik, borst en bekken. Je leert hoe de contouren van het gezicht en het lichaam schaduwpartijen vormen. Je leert ook het gebruik van perspectief, de geheimen van de verkorting en verkleining, en nog veel meer.

Terwijl de meeste anatomieboeken zich richten op het tekenen van aparte spiergroepen, bekijken zij ze zelden allemaal samen door te laten zien hoe je er in je tekening een soepele eenheid van kunt maken. In dit boek leer je hoe je beweging, zitten, lopen, leunen en gebaren maken moet tekenen. Je leert op snelle manier om de figuur te tekenen, te beginnen met gemakkelijke vormen, in plaats van een ingewikkeld aantal stappen.

Niemand heeft altijd de beschikking over een model. Als tekenaar moet je ook vanuit je fantasie een levend wezen kunnen neerzetten. In dit opzicht kan anatomie alleen je niet helpen. Je hebt een betrouwbare methode nodig om zelf de verhoudingen van het hoofd en de figuur te controleren, zodat je kunt zien wanneer er ergens iets niet klopt om daarna de nodige correcties aan te brengen. Deze zelfcontrole wordt duidelijk geïllustreerd en is eenvoudig te volgen.

Men zegt wel dat tekenen naar het leven de basis is van alle kunst. Ik ga ervan uit dat deze basis leuk, gemakkelijk en vooral bruikbaar moet zijn.

HET MENSELIJK HOOFD

Net als bij elke inspanning is een hoofd tekenen alleen moeilijk als je de stapjes niet kent. Als je het hoofd stapje voor stapje tekent, zul je zien dat wat moeilijk leek, eigenlijk niet meer is dan een logisch proces. Tot nu toe heb je je waarschijnlijk vooral beziggehouden met de schoonheid of de expressie van een gezicht. Maar we gaan ons nu concentreren op de afstanden tussen de delen van het gezicht. Laten we beginnen:

1

Teken de basisvorm van het gezicht. Let op de hulplijnen. Ze zullen goed van pas komen. De horizontale hulplijn loopt precies over de helft van het gezicht. De verticale lijn gaat precies door het midden – dit helpt je om het gezicht symmetrisch te houden.

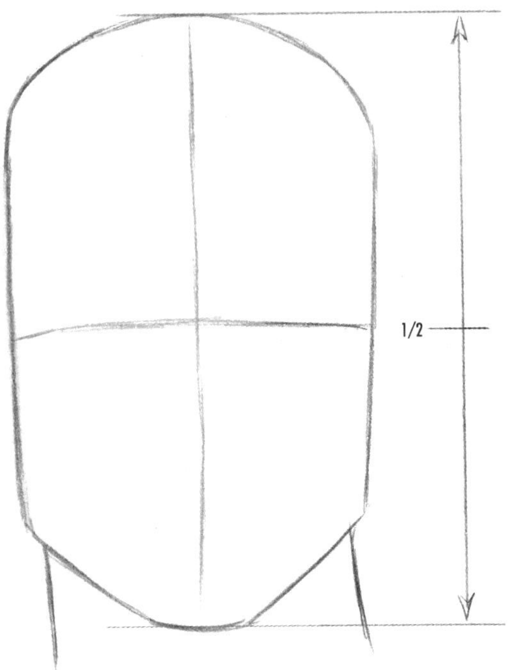

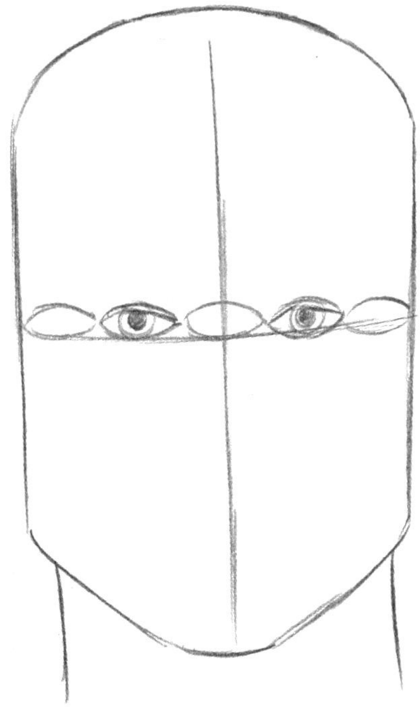

2

De ogen komen op deze horizontale hulplijn. Dat betekent dat de ogen midden in het hoofd zitten, niet aan de bovenkant, zoals we vaak denken. De breedte van het hoofd is vijf 'ooglengten' zoals je kunt zien.

3

De neusvleugels zijn even breed als de ruimte tussen de ogen.

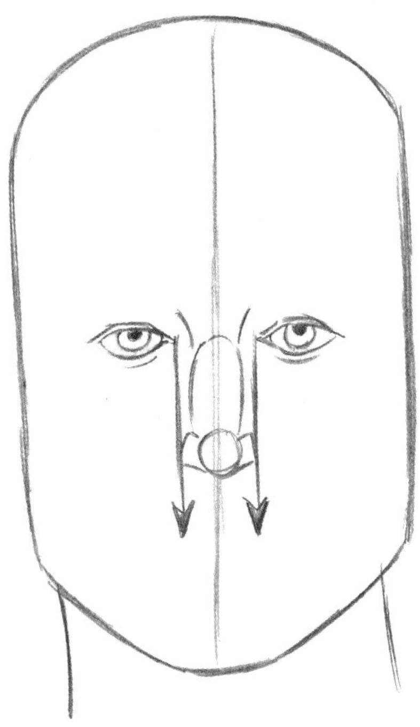

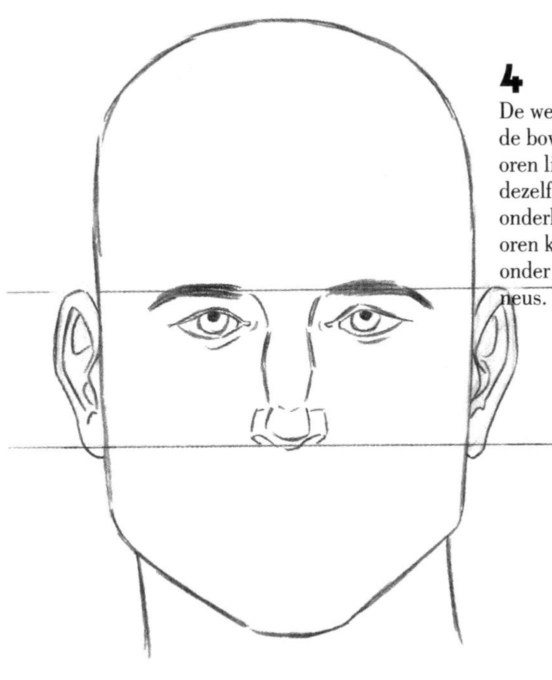

4

De wenkbrauwen en de bovenkant van de oren liggen op dezelfde hoogte. De onderkant van de oren komt net iets onder de lijn van de neus.

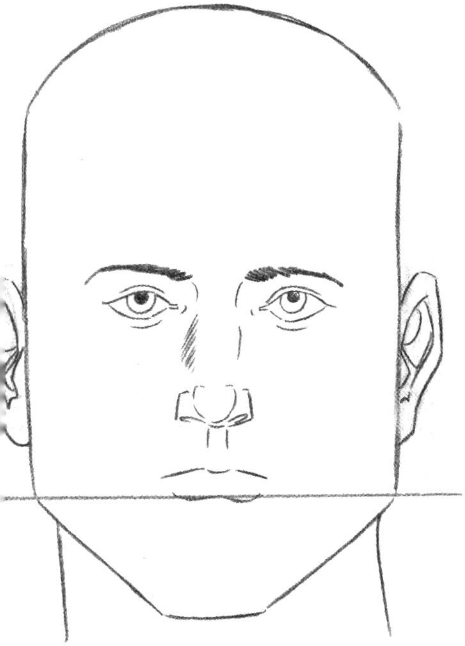

5

De onderkant van de lippen ligt op dezelfde lijn als de hoek van de kaak.

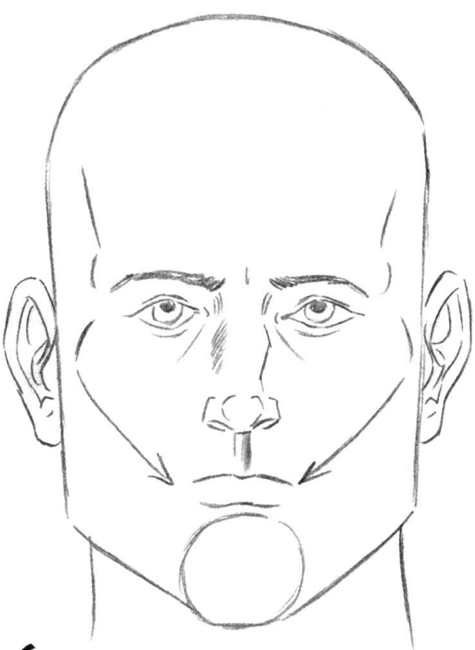

6

Let erop dat de jukbeenderen het meest uitsteken op de lijn halverwege de oren en dat ze in de richting van de mondhoeken lopen.

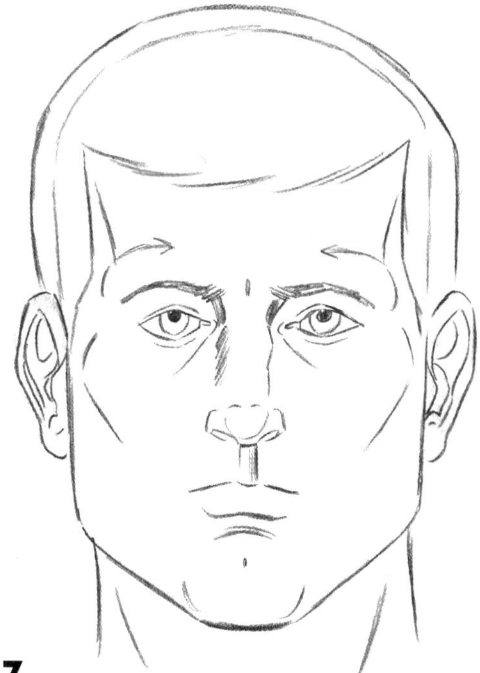

7

Maak de zijkant van het hoofd dikker en teken een laag haar. Let op de botcontour rond de ogen, aangegeven door de kleine pijltjes.

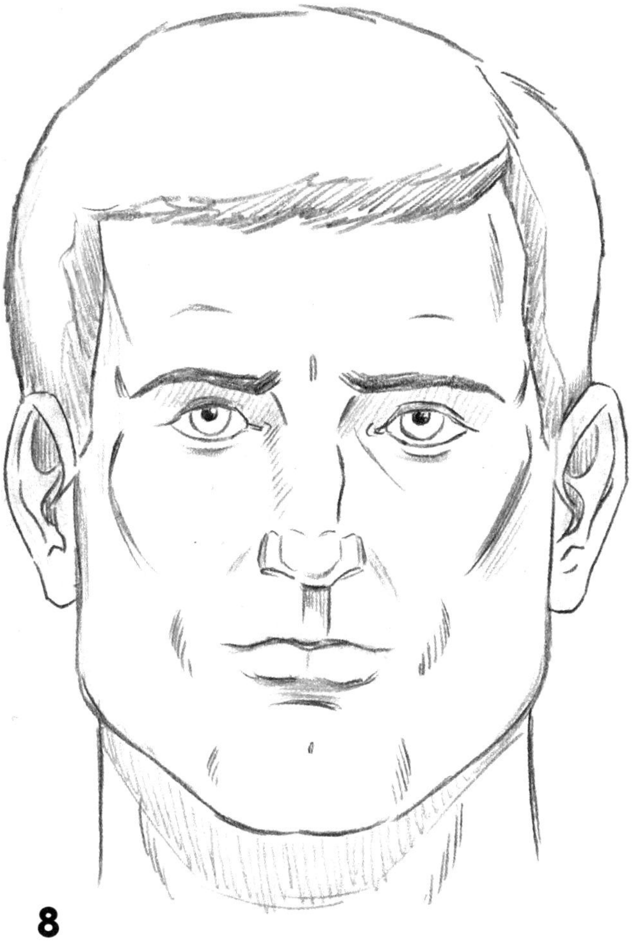

8

Breng nu de details aan, zoals de aanzet van de gelaatsspieren. Later in dit hoofdstuk volgt hier meer over.

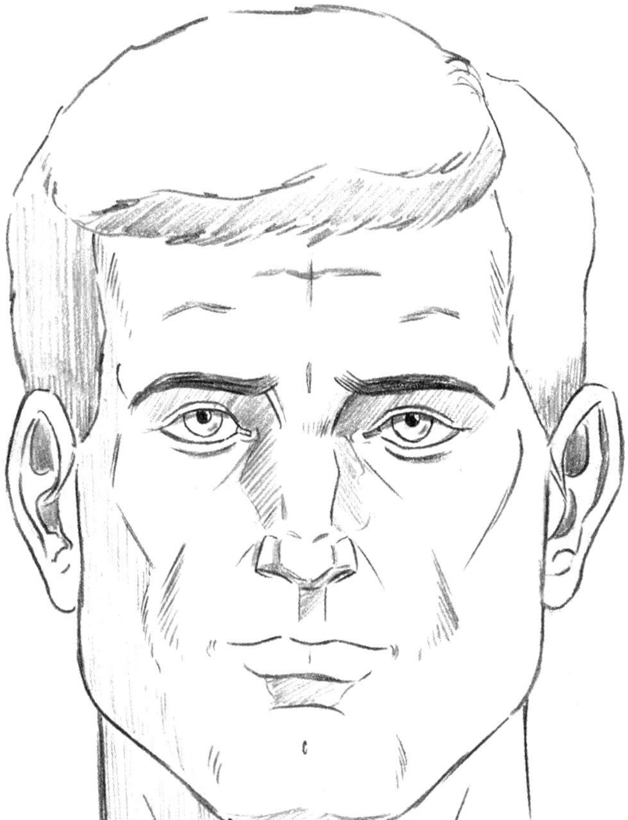

9

Vul tot slot de oogkassen op.

HET PROFIEL

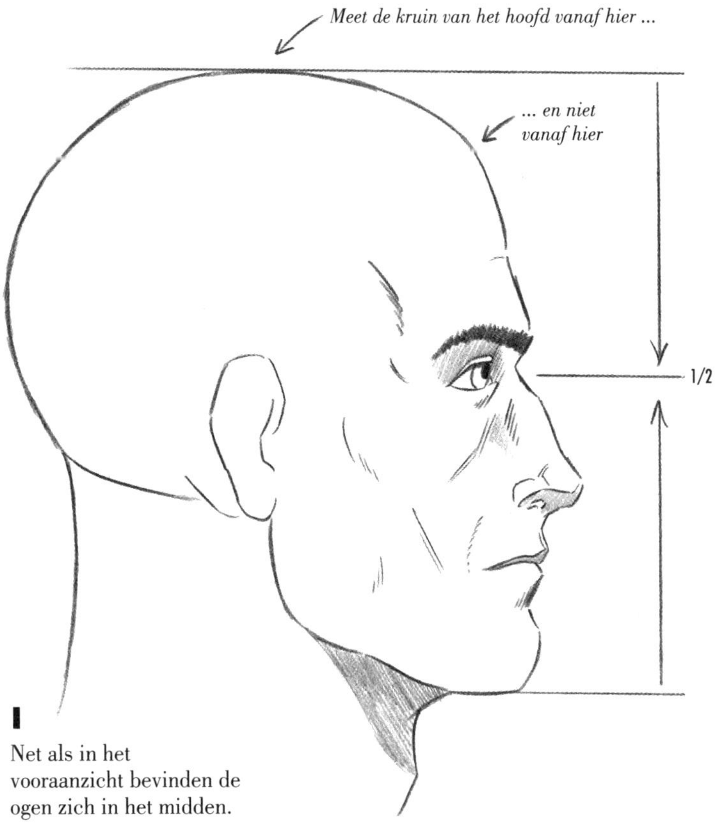

1

Net als in het vooraanzicht bevinden de ogen zich in het midden.

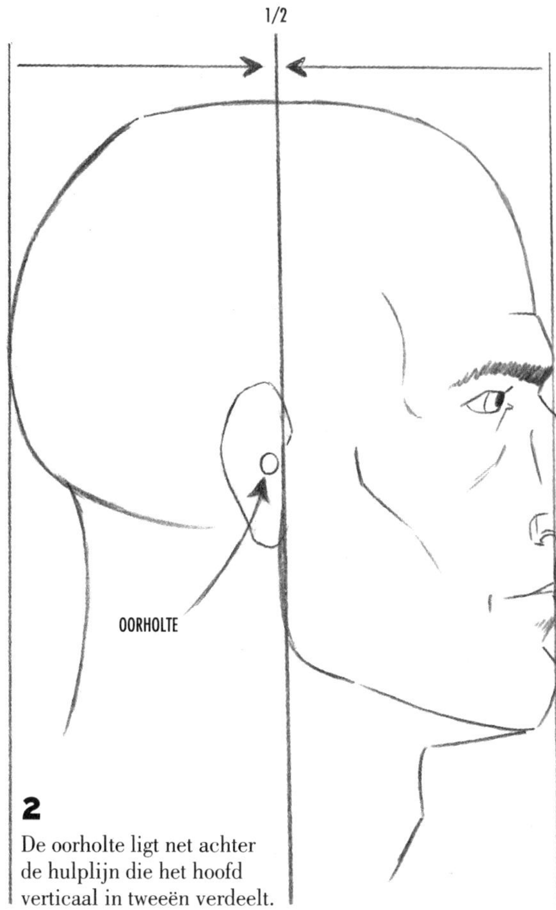

2

De oorholte ligt net achter de hulplijn die het hoofd verticaal in tweeën verdeelt.

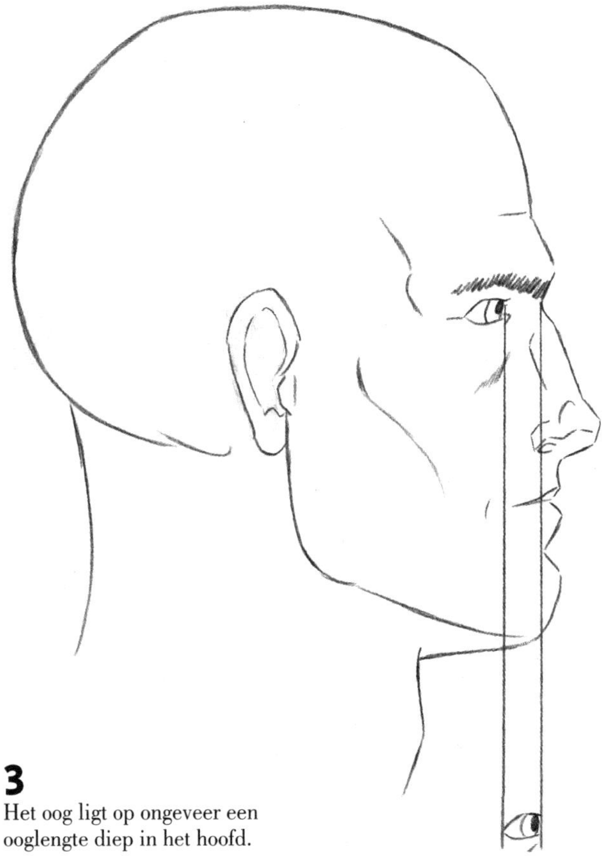

3

Het oog ligt op ongeveer een ooglengte diep in het hoofd.

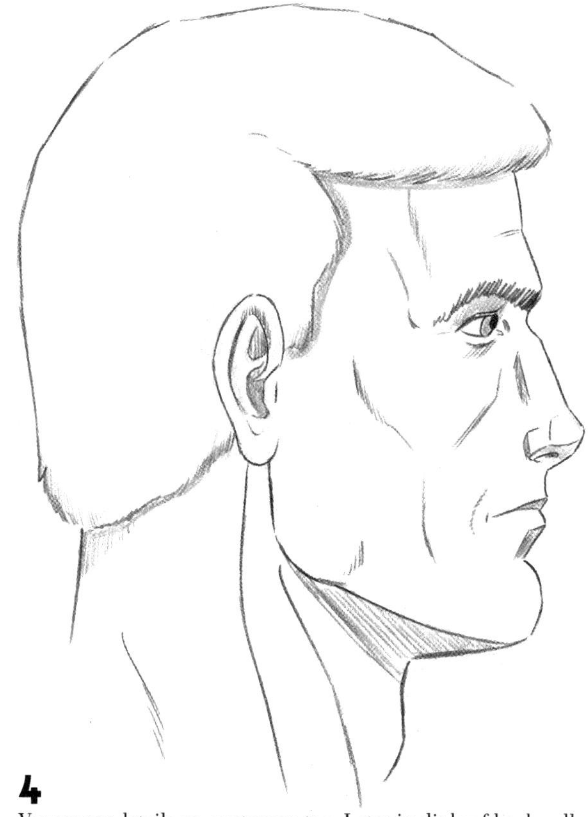

4

Voeg meer details en contouren toe. Later in dit hoofdstuk zullen we verder op de contouren ingaan.

DE CONTOUREN VAN HET GEZICHT

Dit zijn de patronen van de botten en spieren in het gezicht. Of ze opvallen of niet, hangt af van de hoeveelheid vet die iemand heeft.

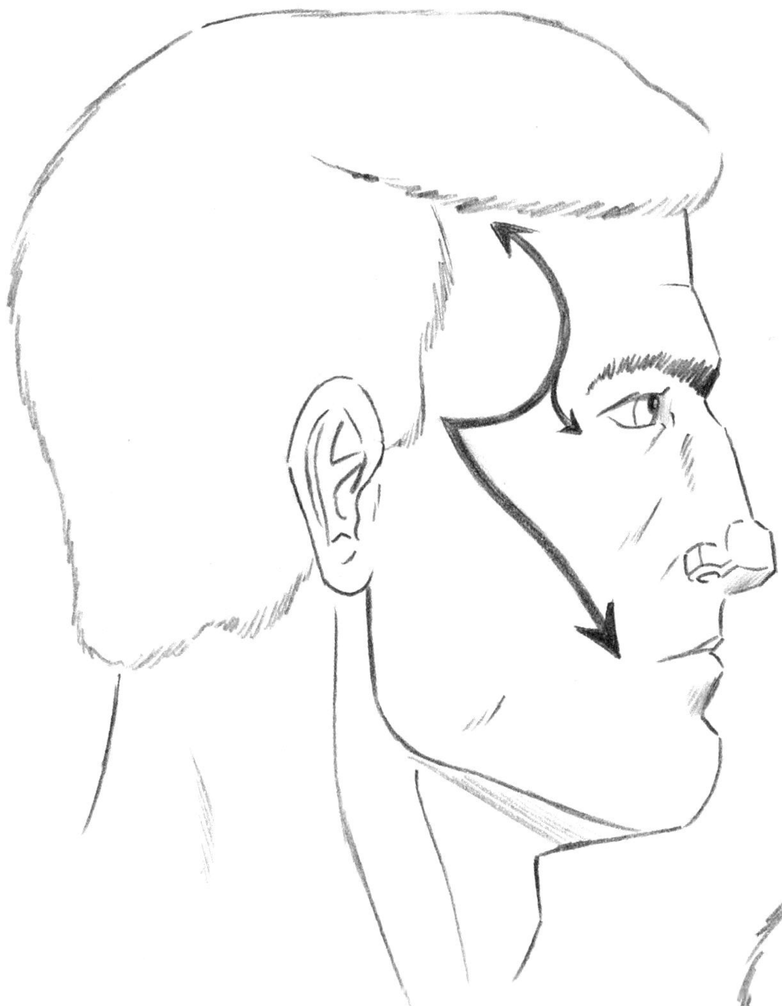

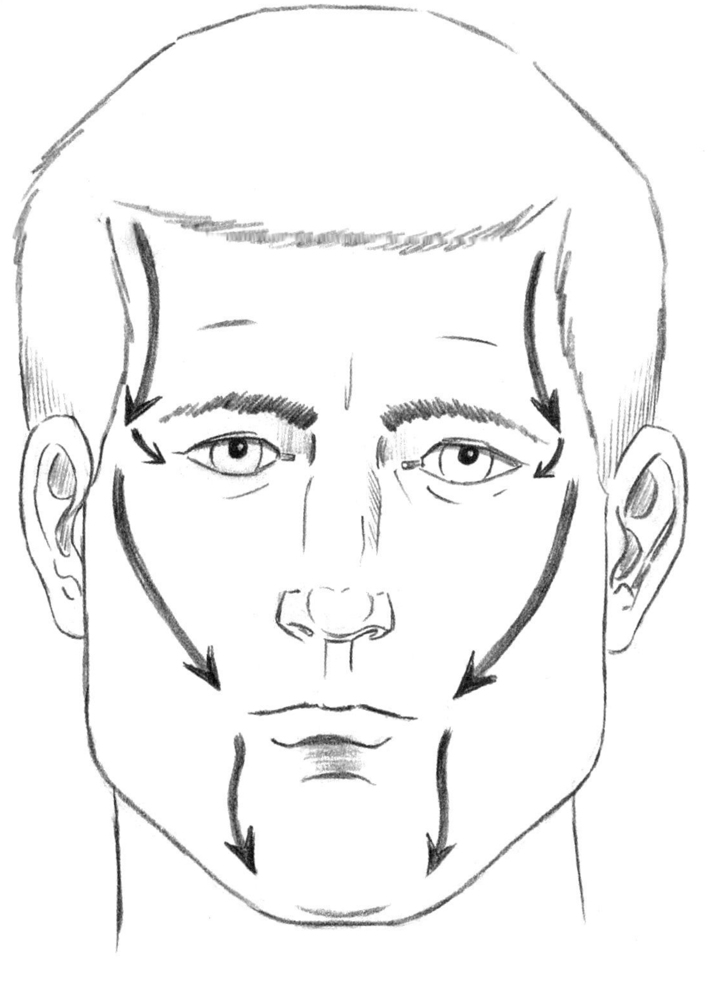

DE MENSELIJKE SCHEDEL

De schedel is de blauwdruk van het hoofd. Hij bepaalt de vorm van het gezicht. Het hoofd bestaat uit twee delen: de schedel, die van de bovenkant tot aan het bovengebit loopt, en de onderkaak, het beweegbare deel, die bestaat uit de kaak en de ondertanden.

De ogen liggen verzonken in het gezicht, omdat de oogkassen, letterlijk, gaten in het hoofd zijn. Onze wangen zakken vaak een beetje in vanwege de lege ruimte rond de kaak. Het jukbeen, of zygomatisch uitsteeksel, en de kin springen er altijd duidelijk uit.

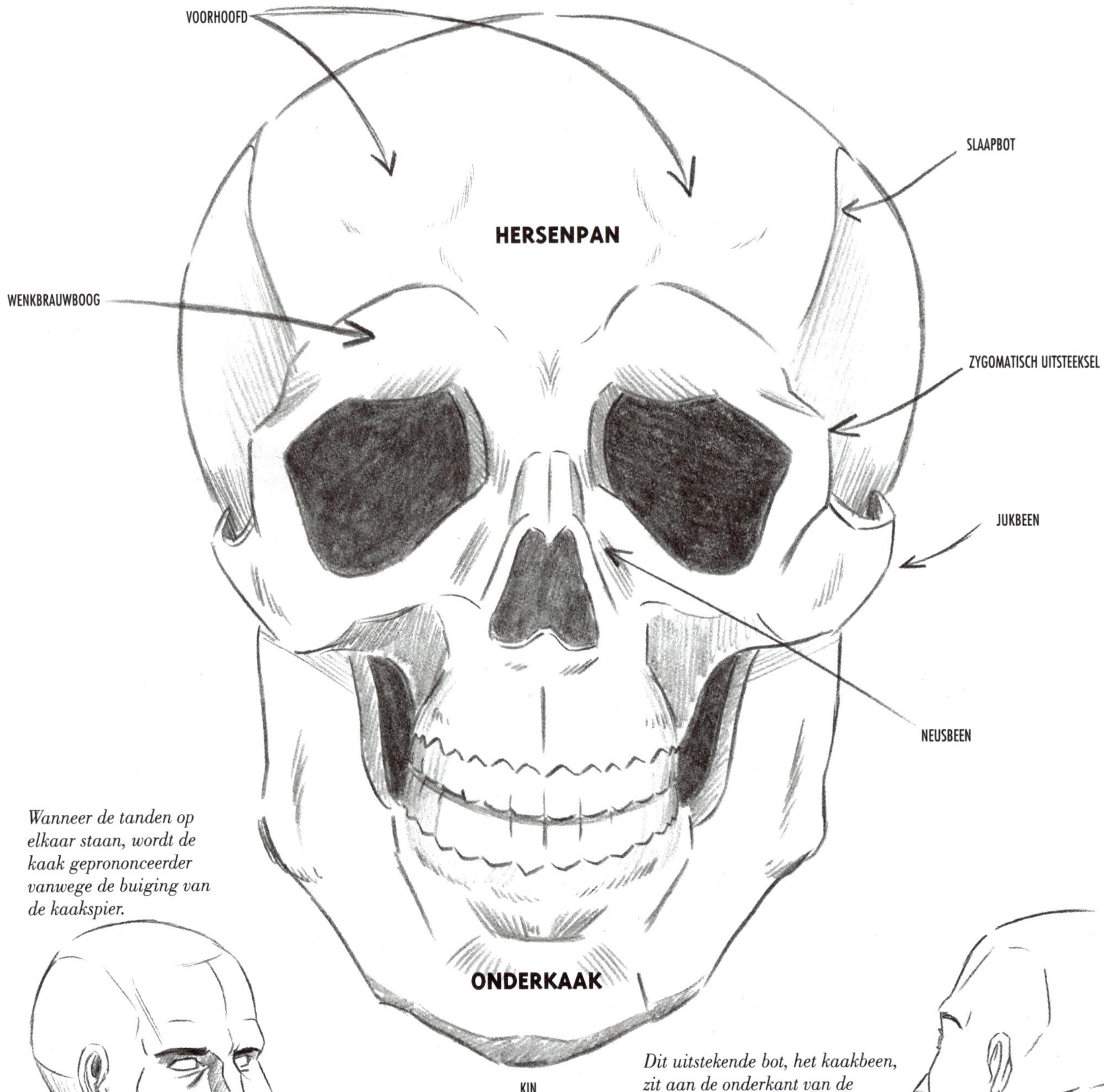

Wanneer de tanden op elkaar staan, wordt de kaak geprononceerder vanwege de buiging van de kaakspier.

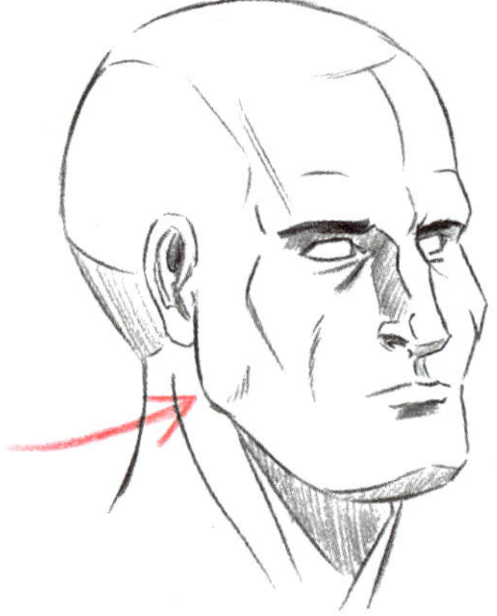

Dit uitstekende bot, het kaakbeen, zit aan de onderkant van de schedel en onder het oor. Het kaakbeen vormt de overgang van de grootste nekspierbundel naar het hoofd. De nekspierbundel loopt tot aan de voorkant en zit vast aan de binnenkant van het sleutelbeen.

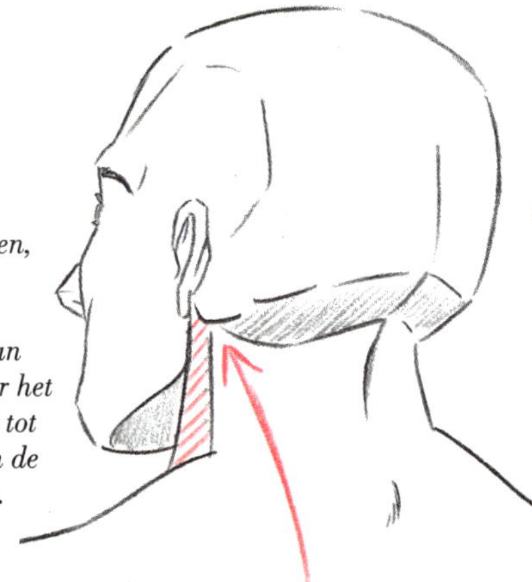

ZICHTBARE BOTTEN IN HET GEZICHT

Nu zie je waarom het nodig is dat je het een en ander af weet van de schedel. Veel van de botten zijn deels duidelijk zichtbaar in het gezicht. De schedel bepaalt de vormen en de schaduwen van de contouren in het gezicht. Neem echter niet klakkeloos elk botje over als je een gezicht tekent. Een detail hier en daar is genoeg. In volle gezichten zijn weinig botjes te zien.

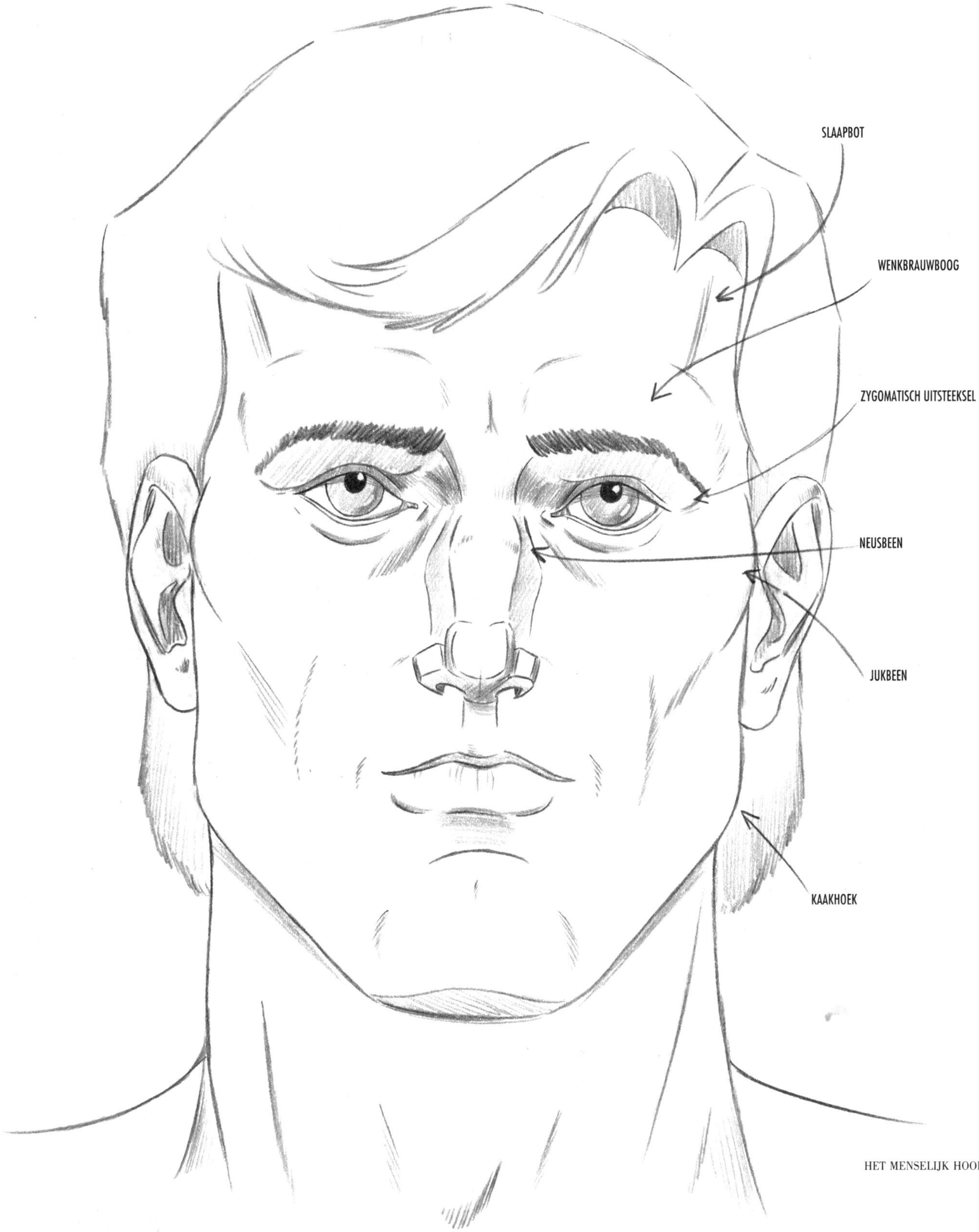

DE MENSELIJKE SCHEDEL: ZIJAANZICHT

Je ziet wel dat de neus voornamelijk bestaat uit kraakbeen en geen deel uitmaakt van de skeletstructuur. Dit zorgt ervoor dat sommigen moeite hebben met neuzen tekenen. Zij denken dat de neus óf helemaal van bot is óf helemaal van zacht vlees, terwijl het juist een combinatie van die twee is. Om een neus goed neer te zetten is het belangrijk dat je weet waar het bot ophoudt en het kraakbeen begint. In het volgende hoofdstuk besteden we meer aandacht aan de neus.

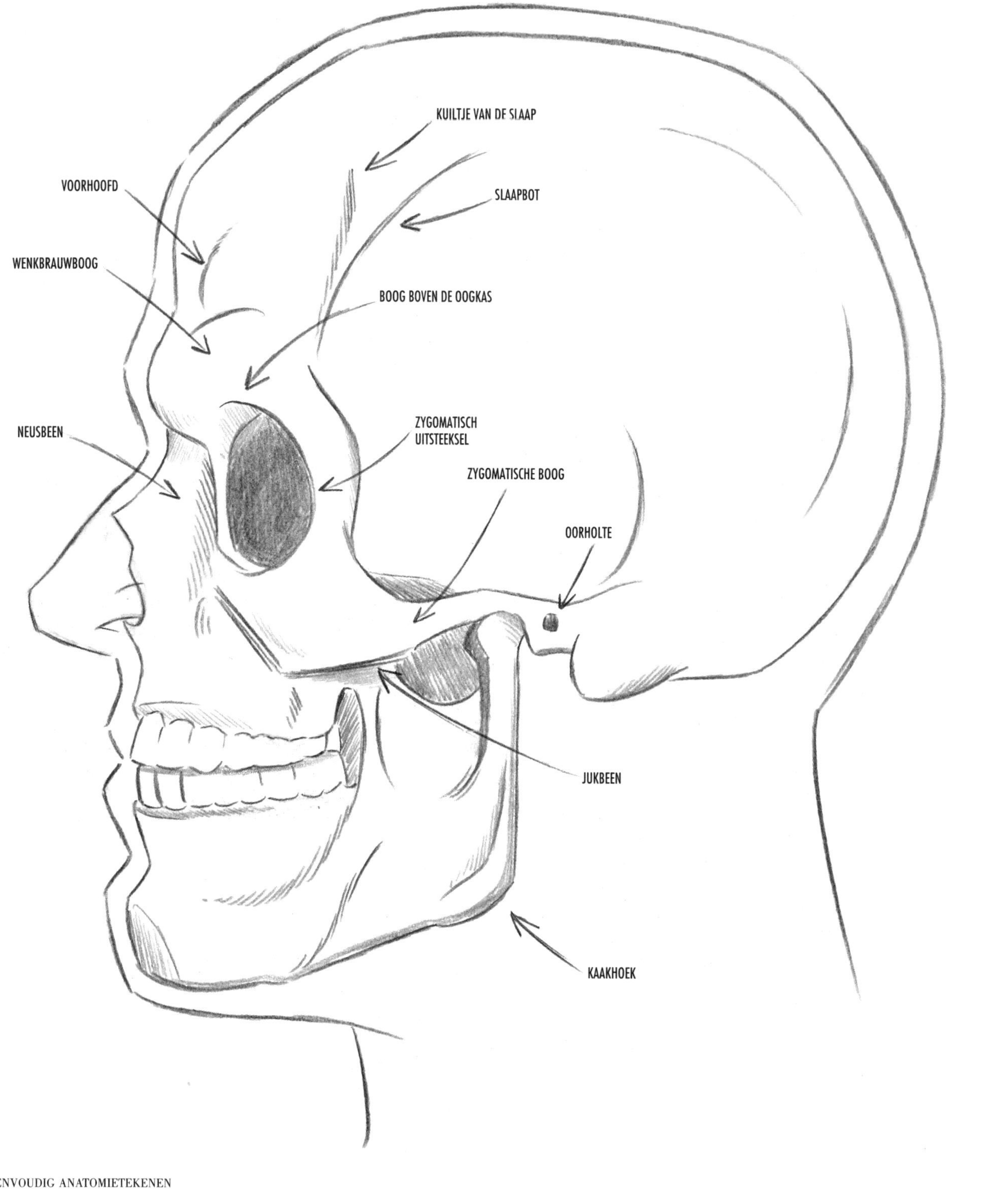

ZICHTBARE BOTTEN IN HET GEZICHT: ZIJAANZICHT

Zet alles licht op, maar laat wel wat botstructuur zien. Hierdoor krijgt je tekening geloofwaardigheid en wordt zij levensecht. Zij krijgt alle trekken van een echt gezicht en mensen zullen ook onbewust reageren op de natuurgetrouwheid.

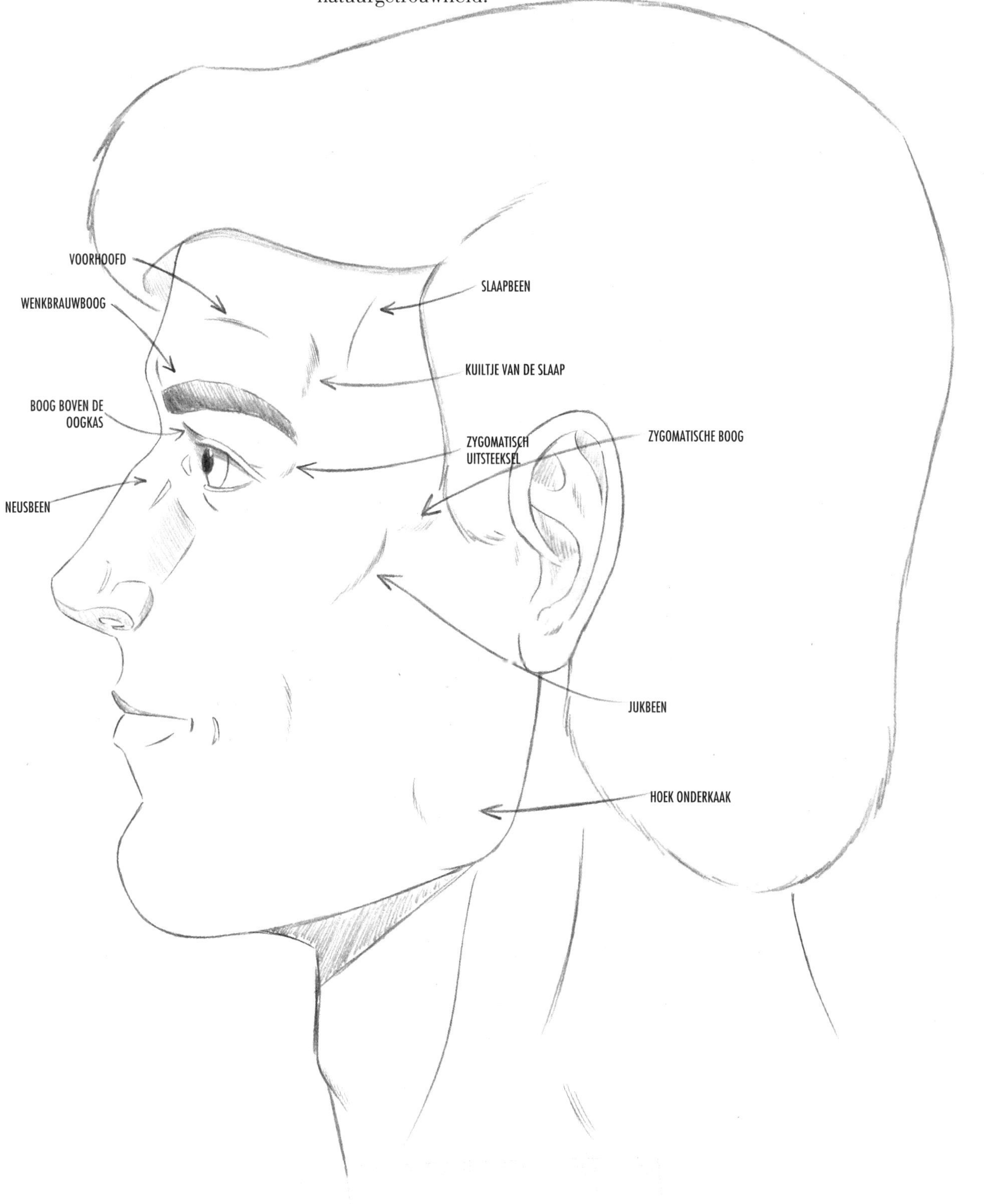

SPIEREN IN HET GEZICHT

Het is verbazingwekkend hoeveel verschillende spieren het gezicht heeft. Meestal denken we hierbij aan bot en huid, maar de gezichtsspieren zorgen ervoor dat we een wenkbrauw op kunnen trekken, onze neus kunnen ophalen, op onze lip kunnen bijten, kunnen geeuwen, en dat ons gezicht uitdrukking krijgt. Alle bewegingen zijn alleen mogelijk dankzij spieren. Zonder spieren zijn we een levenloos skelet en lymfestelsel. Je hoeft al deze spieren niet te onthouden. Kijk gewoon goed. Let op de kringvormige spieren rond de ogen en de ovale spiertjes rond de lippen. Let ook op de plekken waar géén spieren zitten, waardoor wangen een beetje naar binnen kunnen vallen.

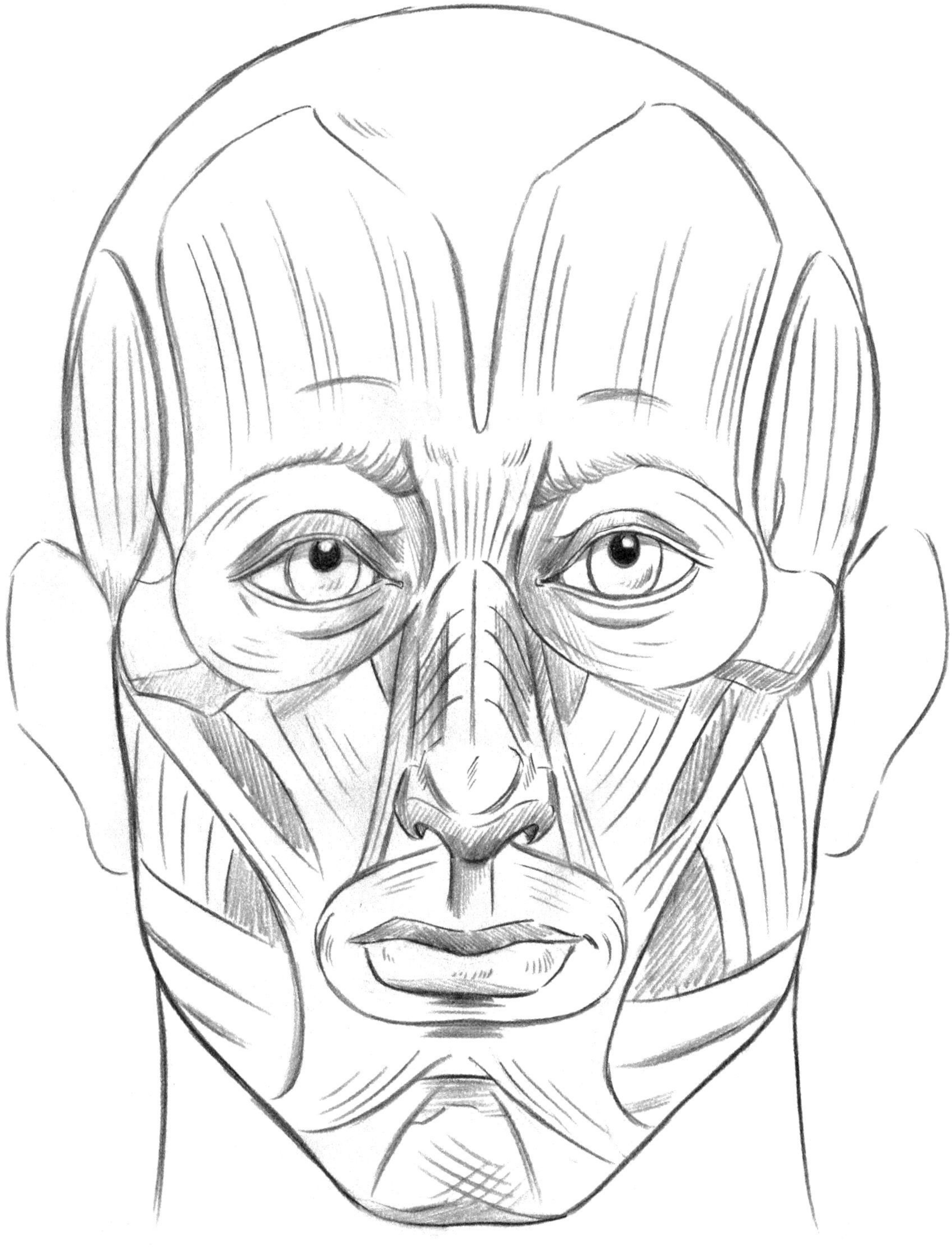

DE VLAKKEN IN HET GEZICHT

Het gezicht is geen glad oppervlak. Het wordt gevormd door 'heuvels en dalen'. Licht, meestal licht van bovenaf zoals zonlicht of lamplicht, accentueert de heuvels en werpt schaduwen in de dalen. Elke heuvel en elk dal creëert een nieuw vlak in het gezicht.

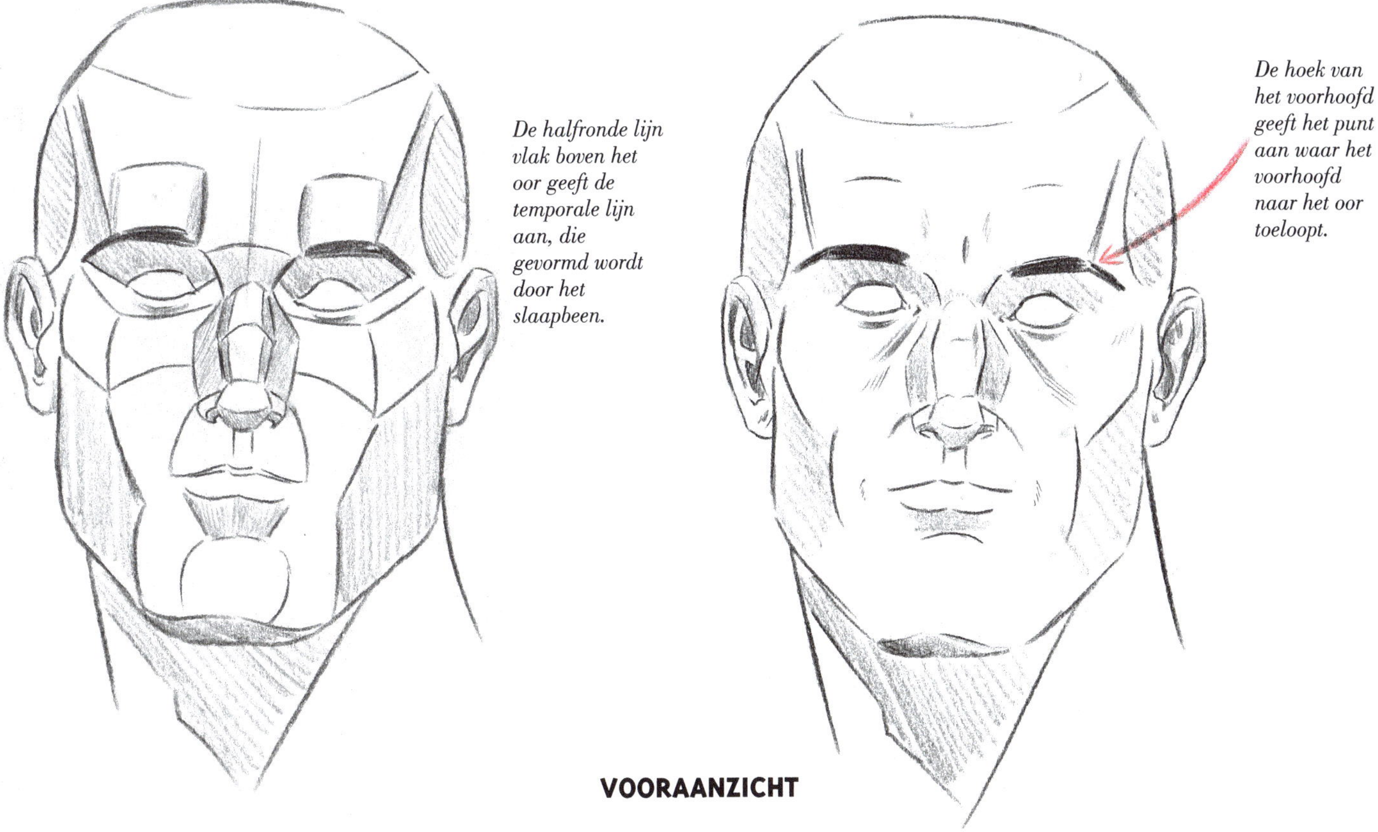

VOORAANZICHT

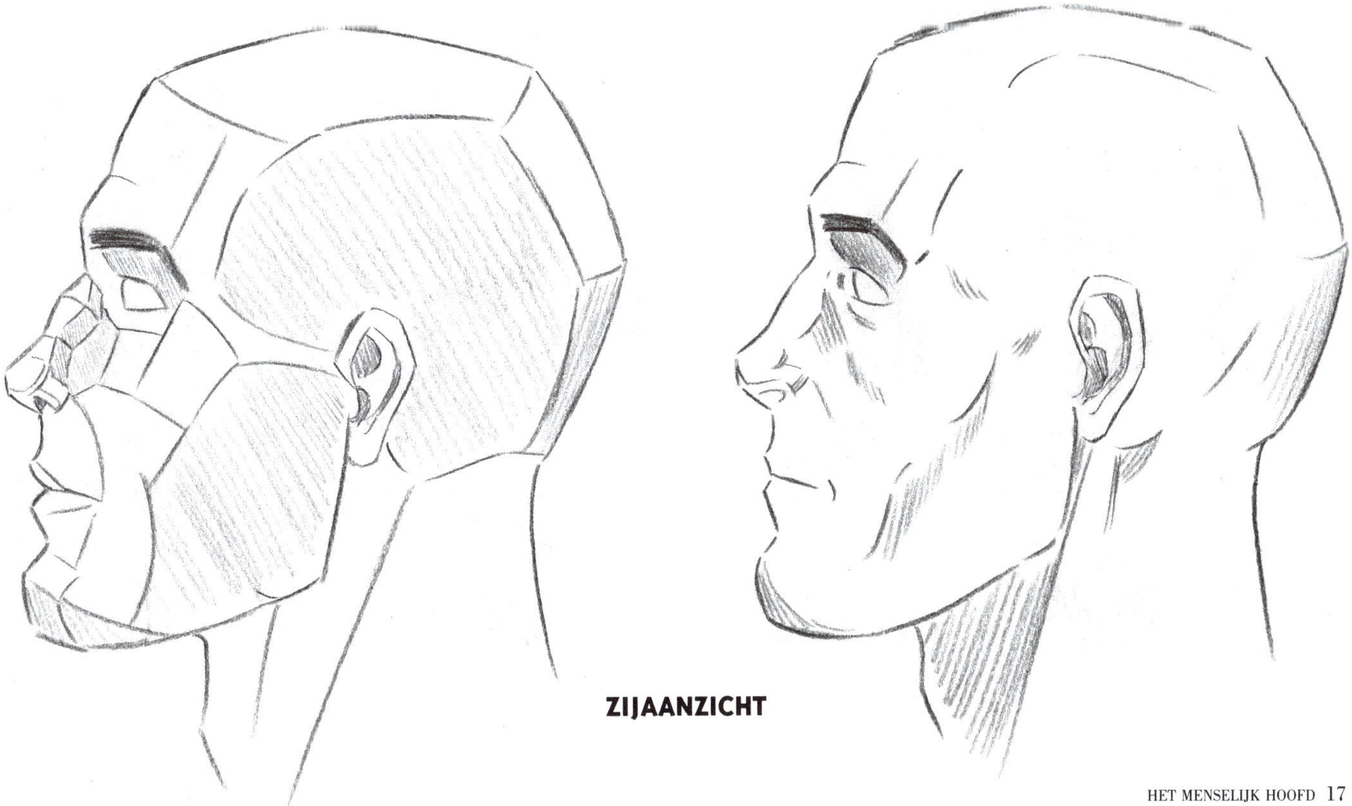

ZIJAANZICHT

DE HEUVELS IN HET GEZICHT

Meestal zijn vlakken in het gezicht onopvallend, tenzij het licht ongewoon hard is of als de tekening iets dramatisch moet hebben. Door subtiel gebruik te maken van de vlakken, kun je een overtuigender weergave van het gezicht neerzetten. Vervolgens breng je de topografische hoogtepunten in het gezicht aan.

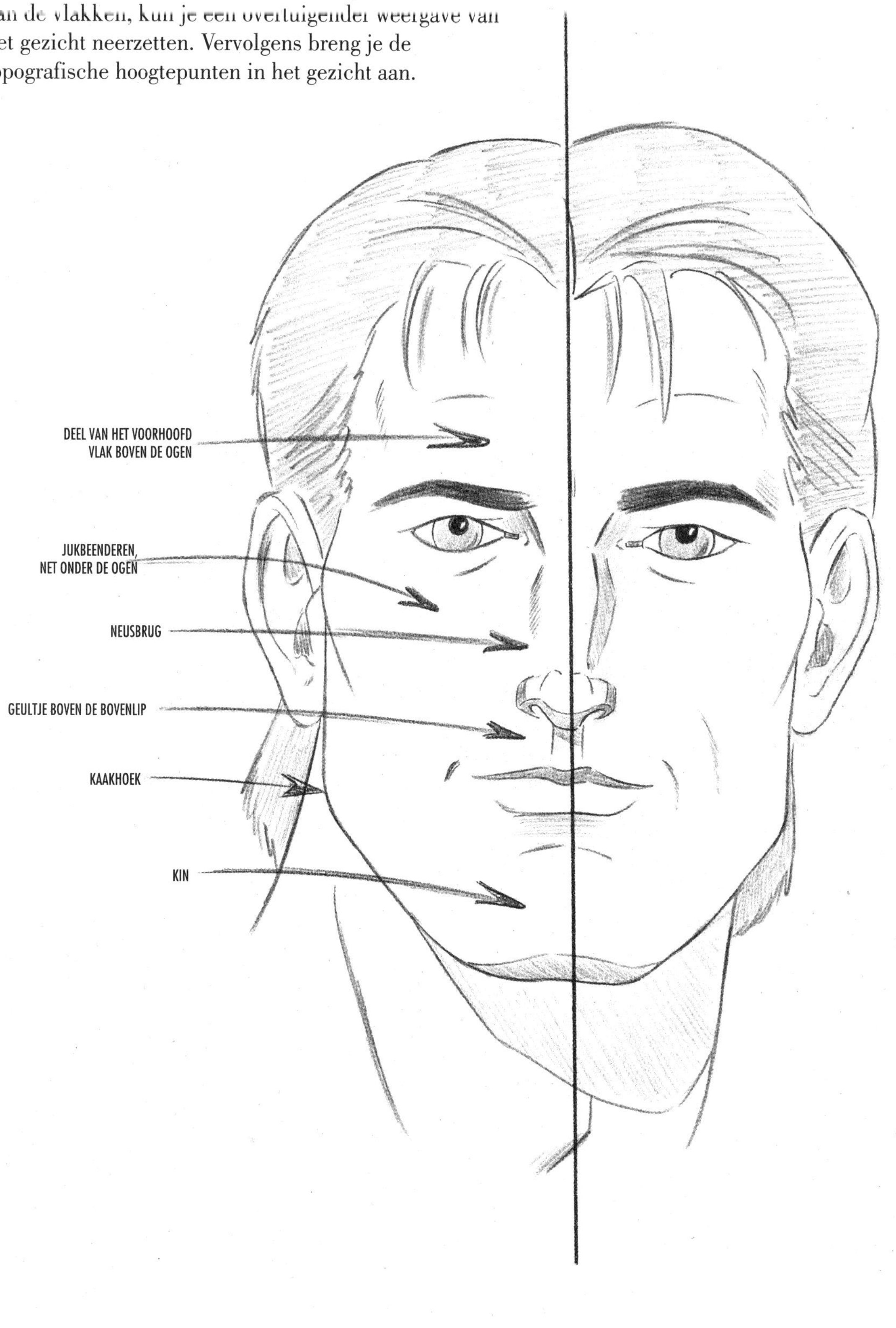

DE DALEN IN HET GEZICHT

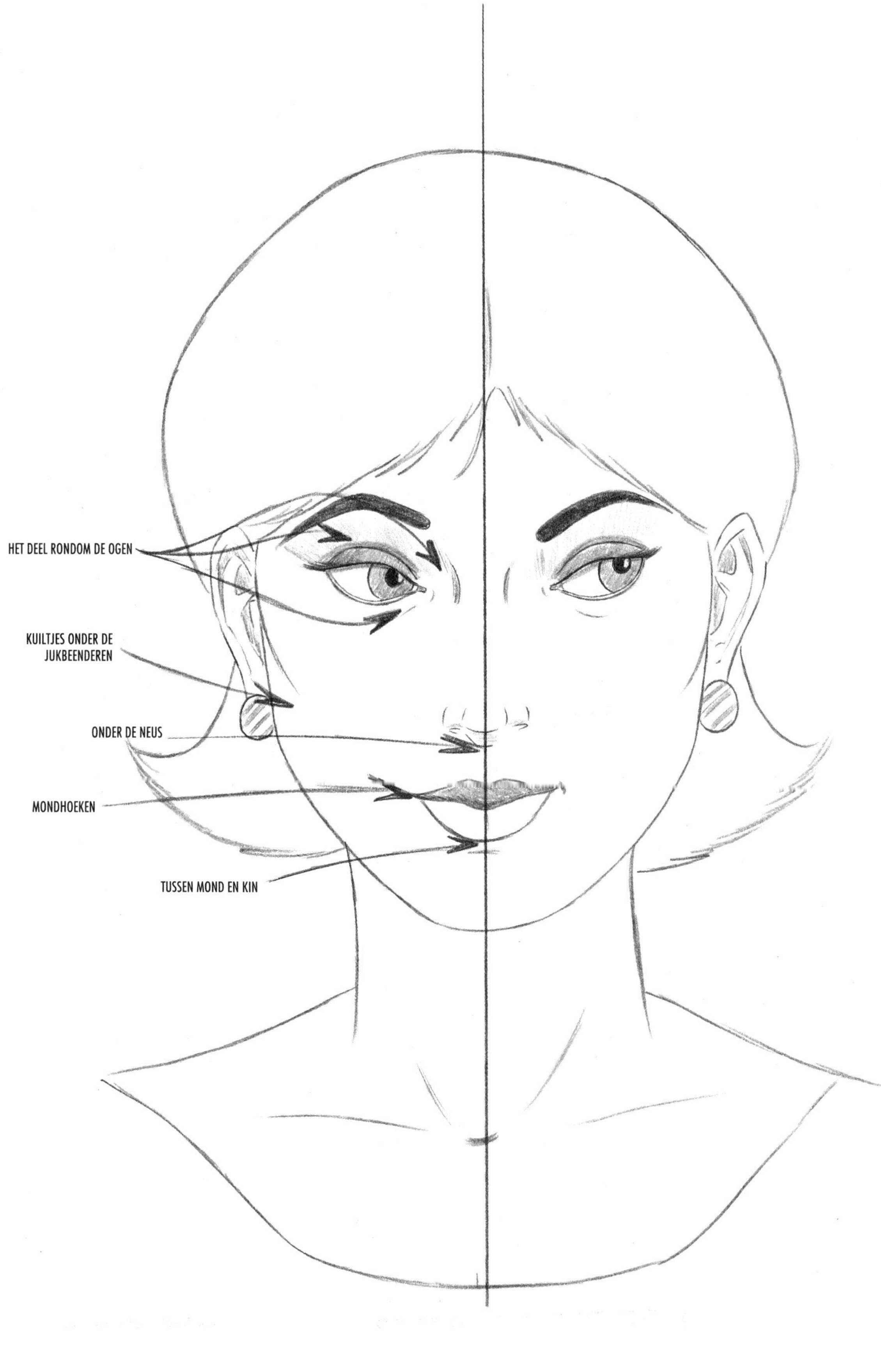

DE SCHADUWEN IN HET GEZICHT

Het is moeilijk, zo niet onmogelijk, om schaduw in het gezicht aan te brengen zonder iets te weten van de vlakken waaruit het gezicht bestaat en die verantwoordelijk zijn voor de schaduwpartijen. Schaduwen zijn er niet alleen in de dalen, zoals we al zagen, maar ook in de lijnen in het gezicht. Schaduwen hebben de neiging om in elkaar over te vloeien. Kijk eens naar de lijn van het jukbeen en hoe die doorloopt in de schaduwlijn die door de glimlach ontstaat. Ook die lijn smelt weer samen met die van de kin, waardoor een lange schaduw opzij van het gezicht ontstaat. Er is bijna altijd een schaduw in de hals, net onder de kaak, behalve als het gezicht van onderen belicht wordt.

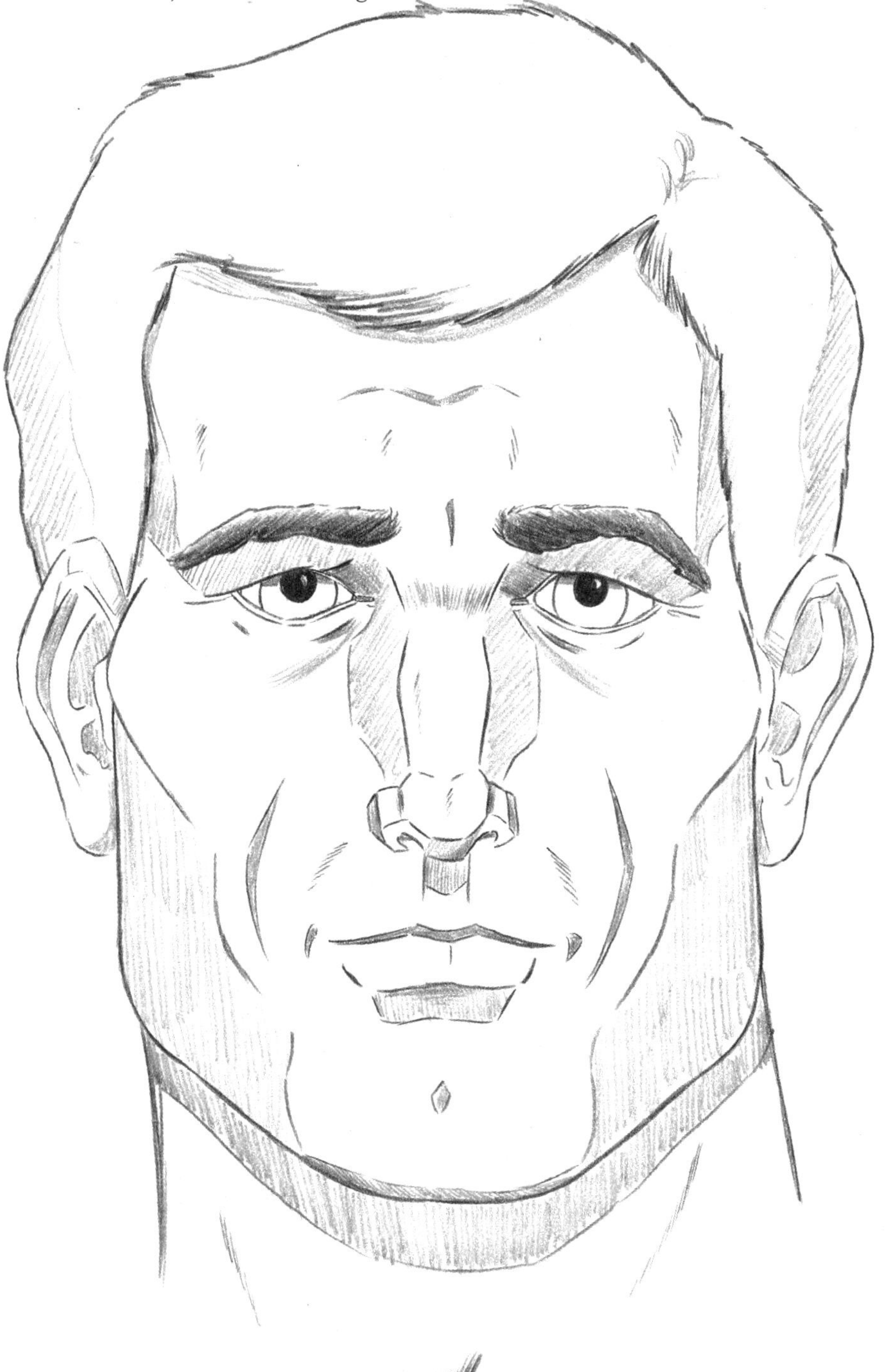

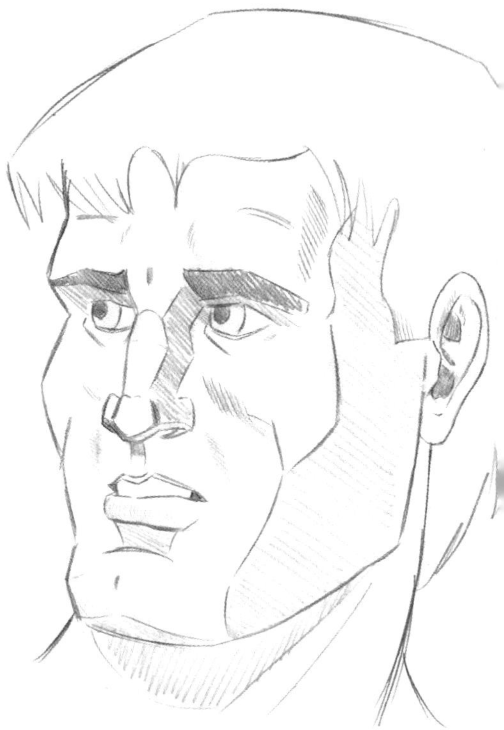

TIPS VOOR EEN PORTRET

HET GEZICHT IN ¾-AANZICHT

Het gezicht in ¾-aanzicht lijkt moeilijk, maar is misschien wel de gemakkelijkste positie om te tekenen. Terwijl een vooraanzicht het gezicht platter maakt (wat je moet voorkomen door heuvels en dalen aan te brengen) en snel emotieloos lijkt, heeft het ¾-aanzicht al gauw meer karakter. Hierin heeft het gezicht altijd diepte, omdat de ene helft van het gezicht dichterbij is dan de andere. De omtrek van het gezicht in deze positie is vaak hard en duidelijk.

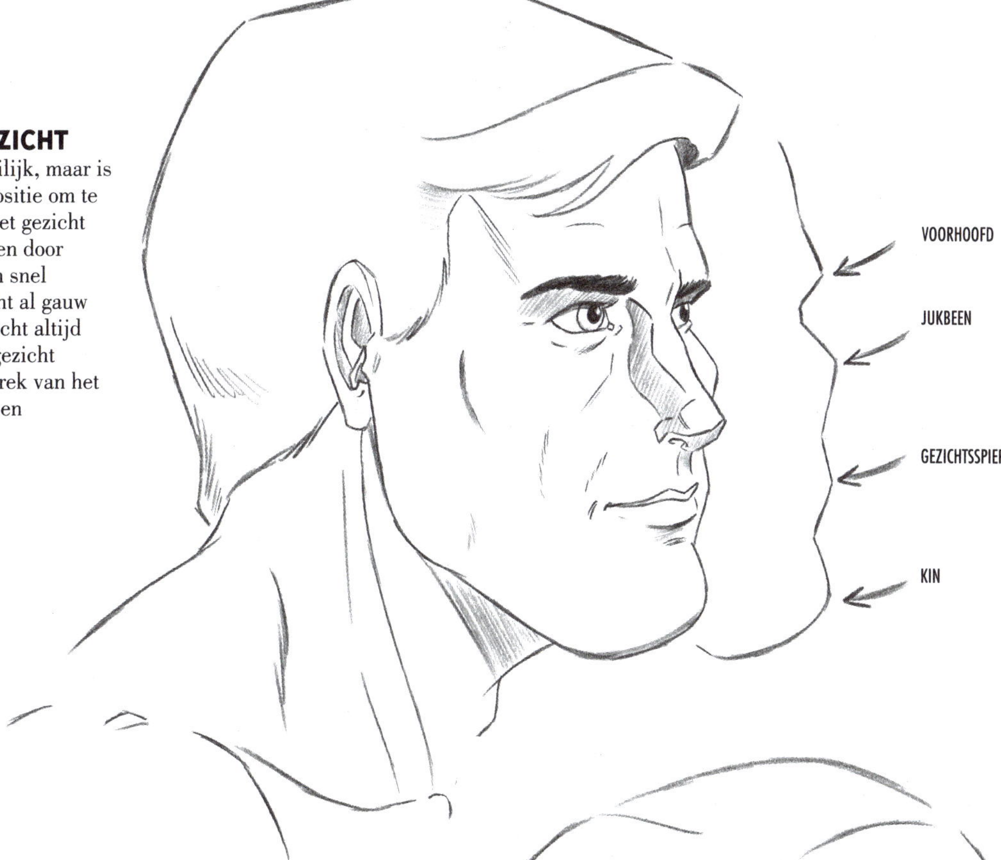

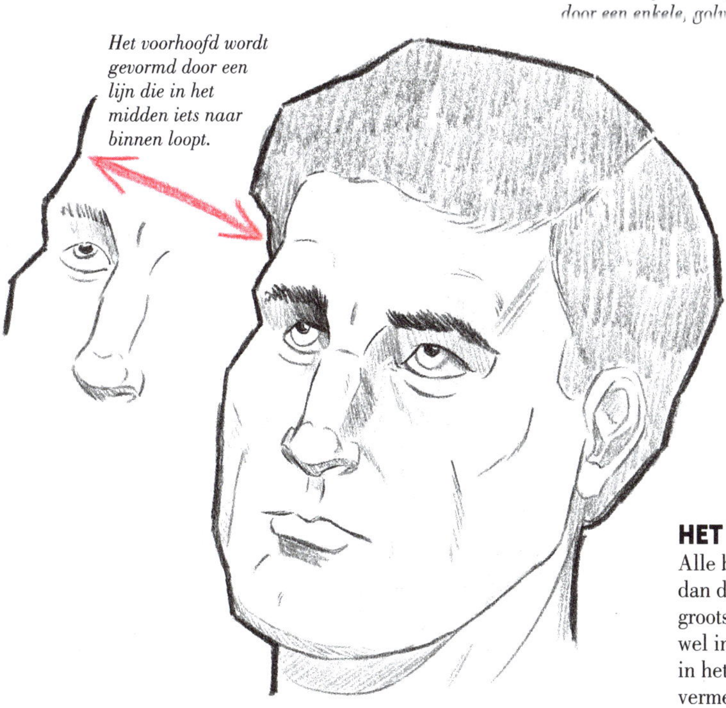

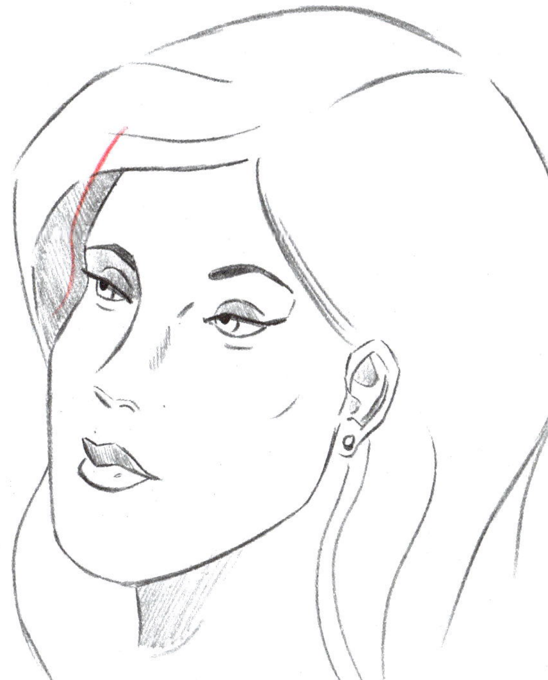

HET VOORHOOFD VAN MANNEN EN VROUWEN

Alle botten en gewrichten van een man zijn iets dikker en groter dan die van een vrouw, en dat geldt ook voor de schedel. Het grootste verschil zit – afgezien van de kleinere neus – misschien wel in het voorhoofd, dat bij een man een kleine inham vertoont in het ¾-aanzicht – iets wat bij een vrouw in dezelfde pose vermeden moet worden, zoals je hierboven kunt zien.

POSITIES VAN HET HOOFD

Als er een oefening is die zowel je zwakke als sterke punten naar voren brengt, is het wel die van de verschillende posities van het hoofd. Teken gewoon een hoofd in deze verschillende standen. Door gebruik te maken van de horizontale lijnen kun je controleren of je de juiste verhoudingen hebt aangehouden.

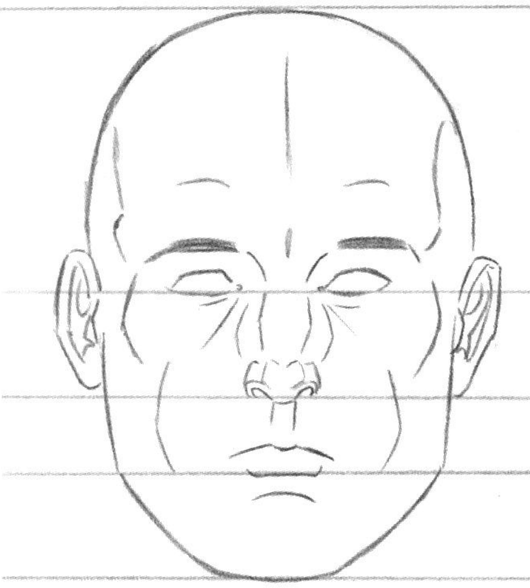

VOORAANZICHT

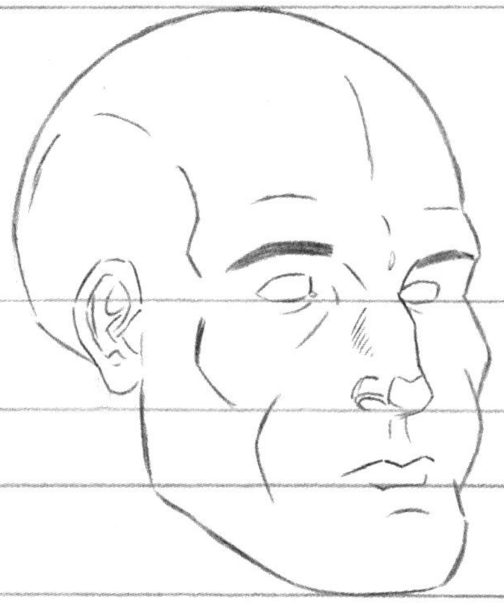

3/4-AANZICHT

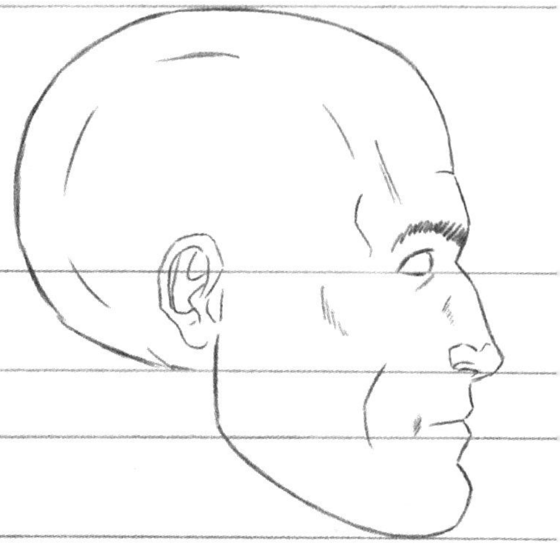

ZIJAANZICHT

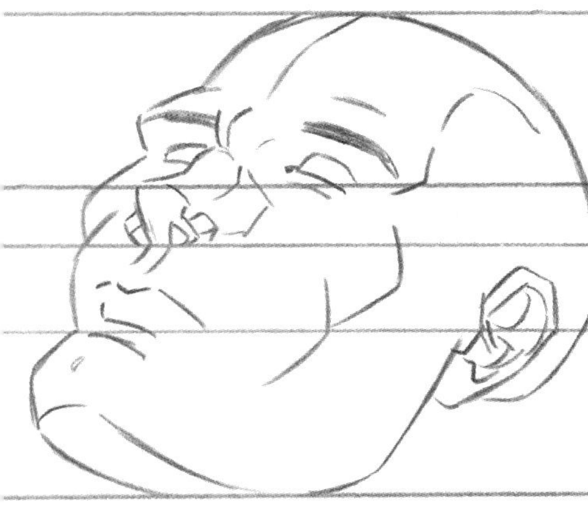

3/4 LINKS, SCHUIN VAN ONDEREN

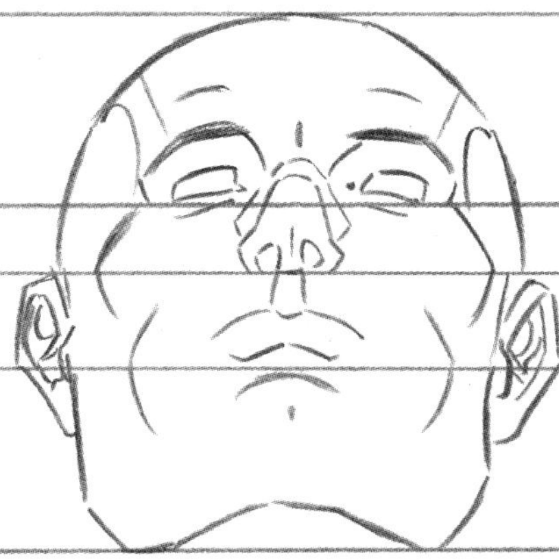

VOORAANZICHT, SCHUIN VAN ONDEREN

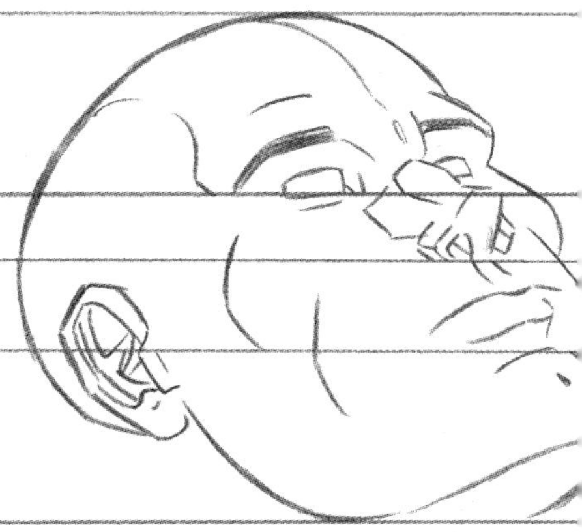

3/4 RECHTS, SCHUIN VAN ONDEREN

HET HOOFD IN VERKORTING

Als het hoofd omhoog- of omlaaggaat, lijken de lengte en de gelaatstrekken in elkaar gedrukt te worden. Dit is te verhelpen door halfronde hulplijnen over het gezicht te tekenen. Kijk maar naar het plaatje met de drie eieren. Het hoofd is eigenlijk gewoon een eivorm. Kijk naar het eerste ei, zonder lijntjes. Kijk nu naar de eieren met de lijntjes. Het tweede ei lijkt omlaag te kijken en het derde omhoog. Nou, zet je schrap: de laatste twee eieren zijn op dezelfde manier getekend, het enige verschil zijn de lijntjes. Inderdaad, op het eitje dat naar beneden kijkt lopen de lijnen naar beneden en op het eitje dat omhoogkijkt lopen ze naar boven. Als we ditzelfde principe op het hoofd toepassen, kunnen we de indruk wekken dat het hoofd naar boven of naar beneden gericht is.

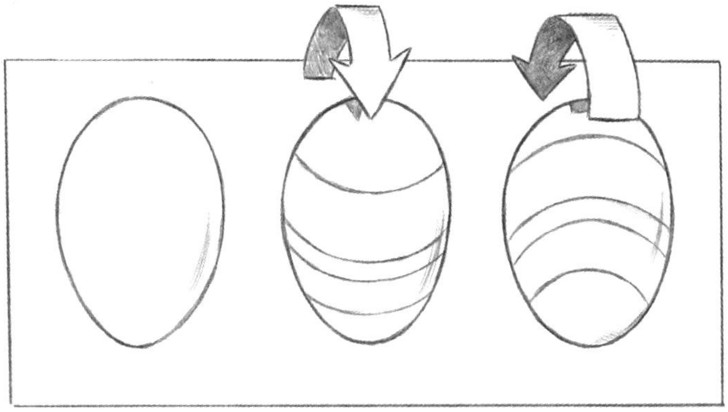

De hulplijnen lopen naar boven.

De hulplijnen lopen naar beneden.

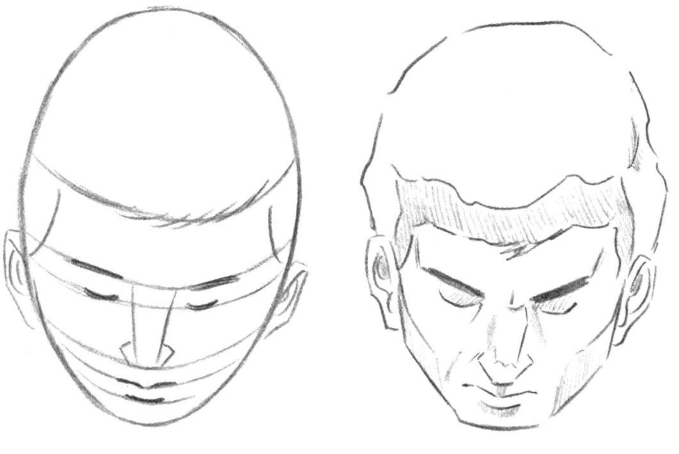

BASISPOSITIE: NAAR BENEDEN GERICHT

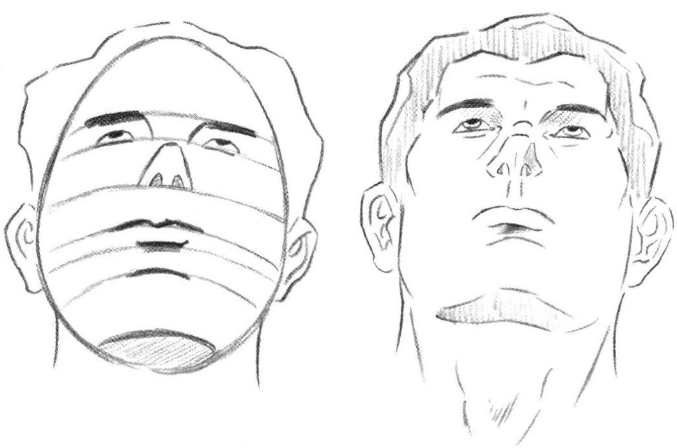

BASISPOSITIE: NAAR BOVEN GERICHT

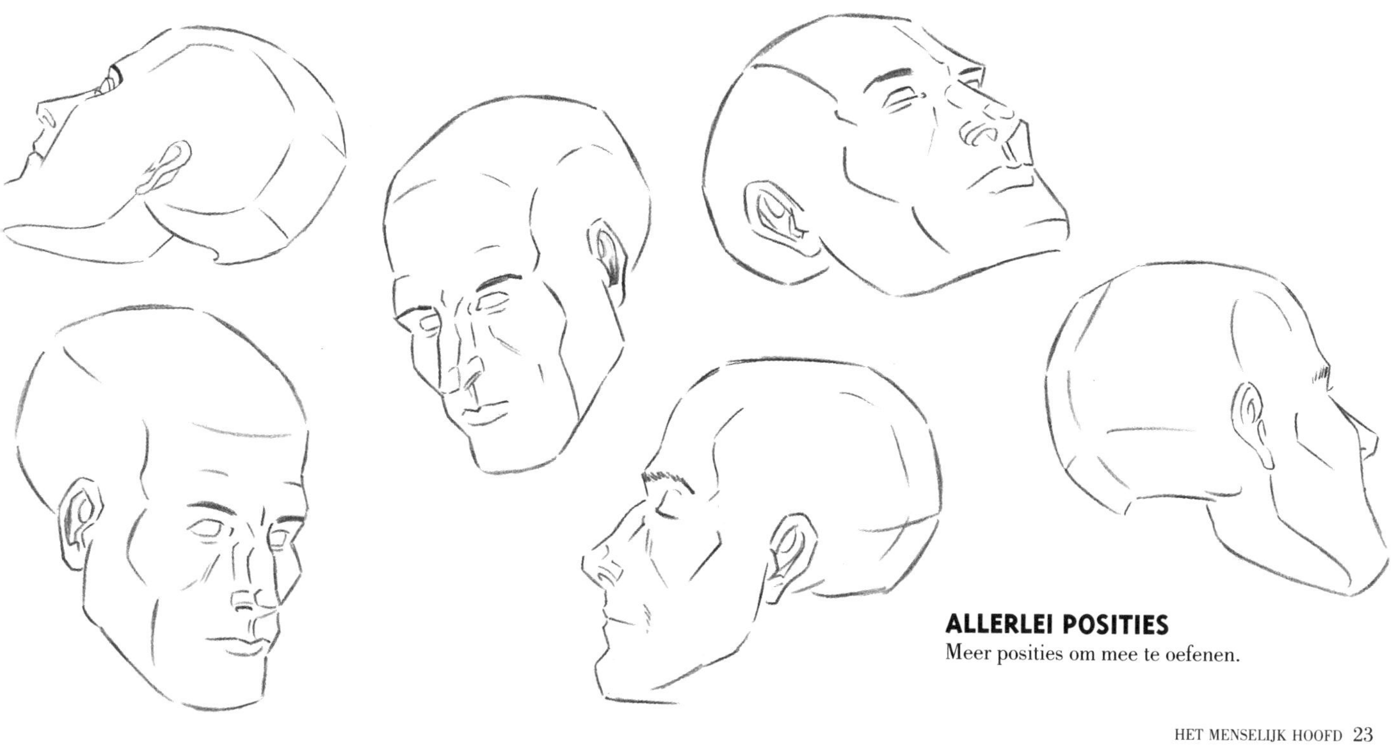

ALLERLEI POSITIES

Meer posities om mee te oefenen.

KENMERKEN VAN HET GEZICHT

We hebben in het vorige hoofdstuk veel geleerd over de structuur van het hoofd en het gezicht. We zijn een soort architecten die een goede bouwtekening hebben gemaakt. Maar het huis is nog niet af. Met deze beeldspraak doel ik natuurlijk op de specifieke kenmerken van het gezicht, of gelaatstrekken. Deze kenmerken zijn altijd gevarieerd, persoonsgebonden en uniek. Desalniettemin gaan we een beetje generaliseren, en aan de hand van richtlijnen kun je toch zelf aanpassingen maken.

HET OOG EN DE WENKBRAUW

Het oog laat zich soms moeilijk tekenen, tenzij je weet hoe de oogleden rond het geopende oog lopen.

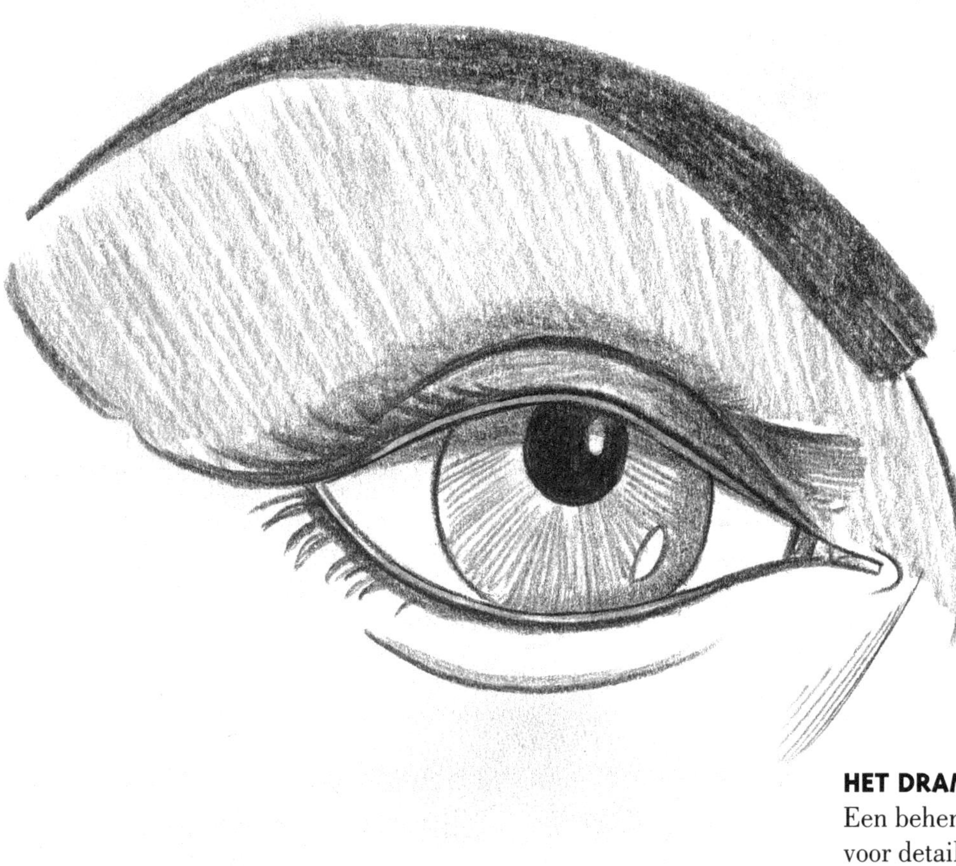

HET DRAMATISCHE OOG
Een behendige hand en oog voor detail en schaduwgebruik zijn nodig om het geheel er 'af' te laten uitzien.

DE DELEN VAN HET OOG

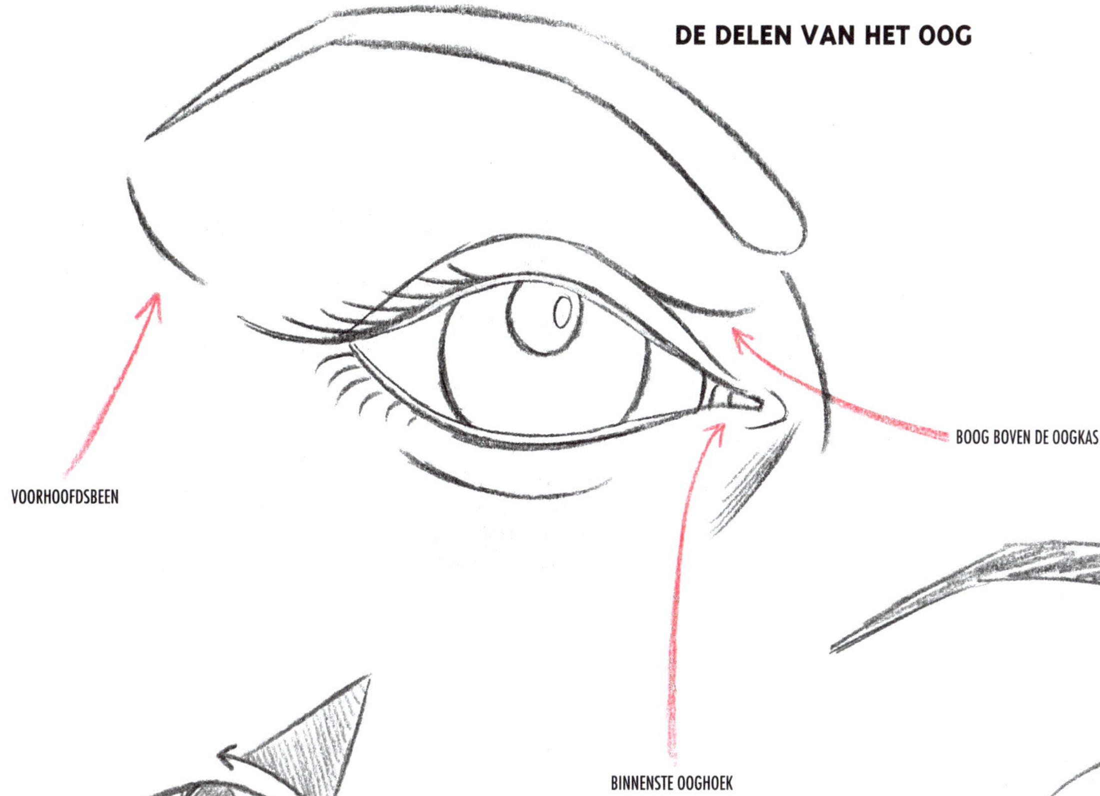

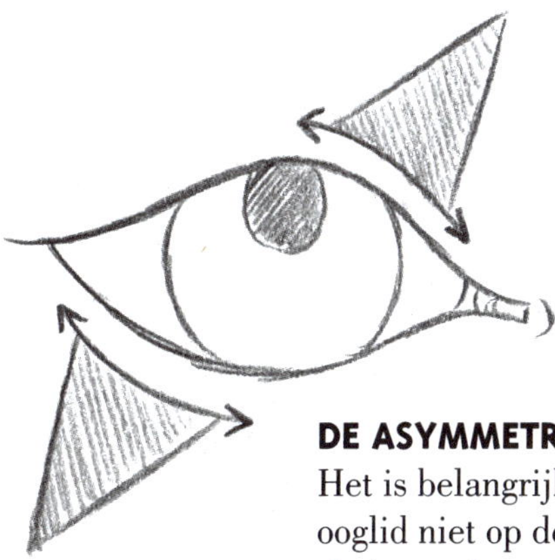

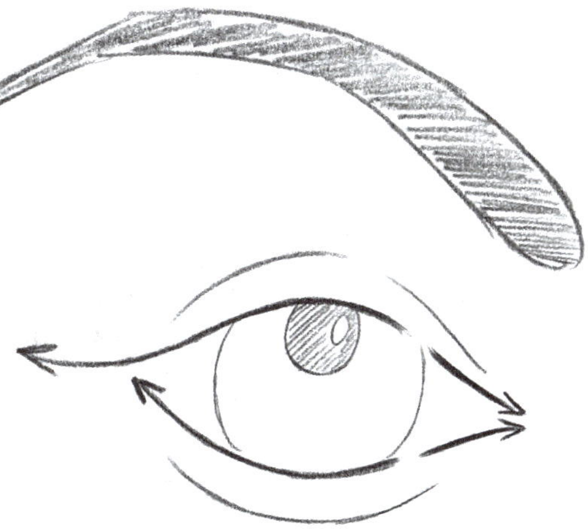

DE ASYMMETRIE VAN HET OOG

Het is belangrijk dat je het bovenste ooglid niet op dezelfde manier tekent als het onderste ooglid. Elk buigt op een andere plek. Let op de twee bollingen van de oogleden.

DE LIJNEN VAN HET OOG

Richting de ooghoek zijn de lijnen kort en maken een scherpere hoek. Vanuit de ooghoek (naar het oor toe) zijn de lijnen langer en maken een minder scherpe hoek. Let erop dat het bovenste ooglid in de richting van het oor het onderste overlapt.

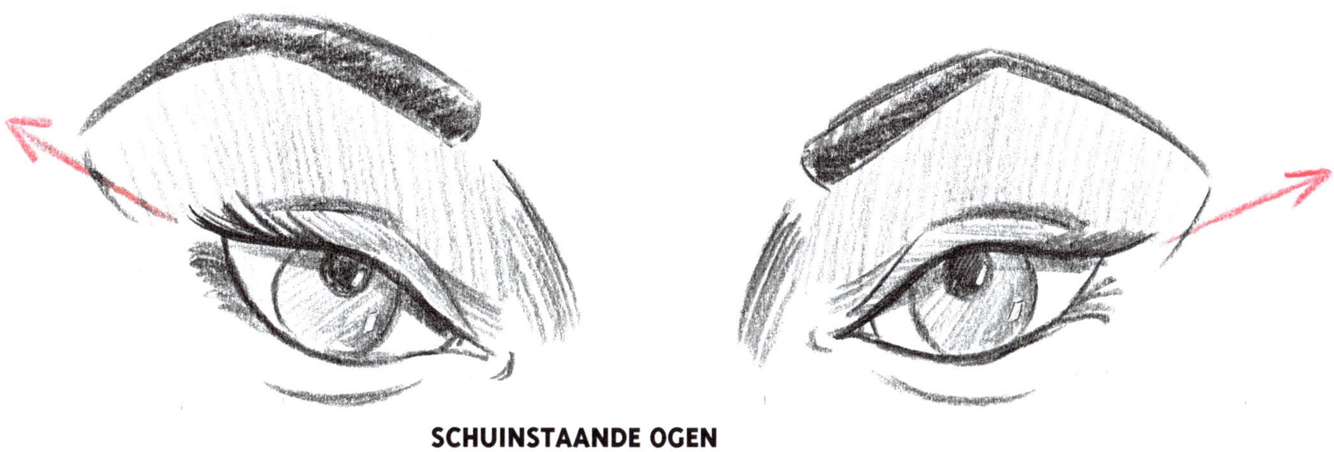

SCHUINSTAANDE OGEN

Bij vrouwen staat het aantrekkelijk als de buitenste ooghoeken iets oplopen, zodat het lijkt alsof de ogen schuin naar de neus toe staan.

HET OOG IN PERSPECTIEF

Wanneer het hoofd in een bepaalde hoek staat, zoals bij deze vrouw, verandert de vorm van de oogbal mee. Het is handig om deze hulplijn onder de ogen te tekenen, zodat de ogen op gelijke hoogte komen. Vanuit deze positie is het oog minder rond en iets ovaler.

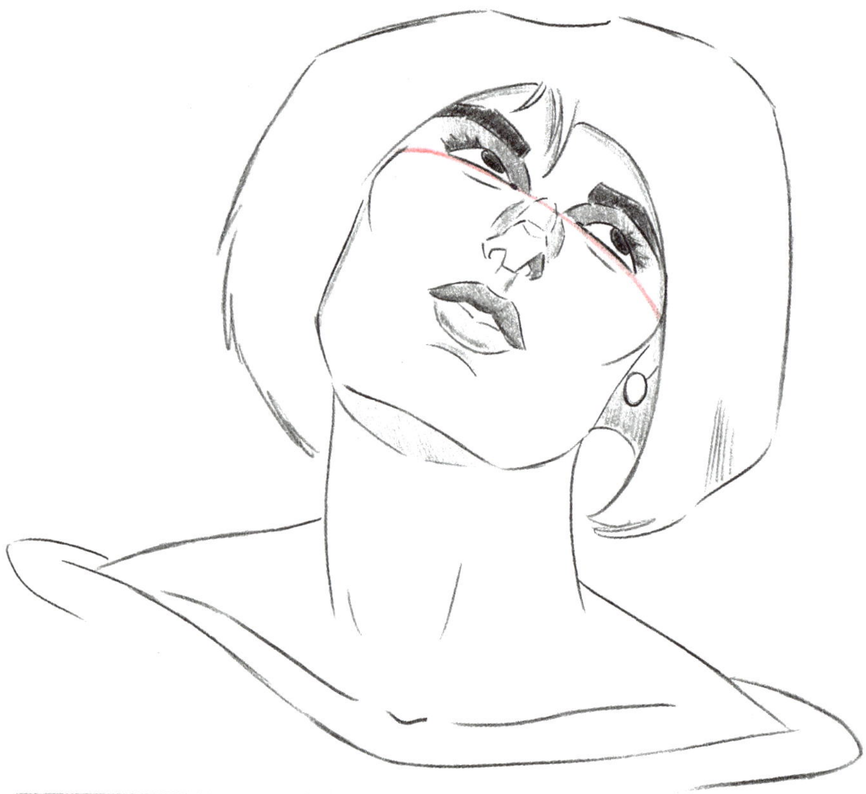

Omdat het oog naar achteren helt, wordt de vorm minder rond en meer ellipsvormig.

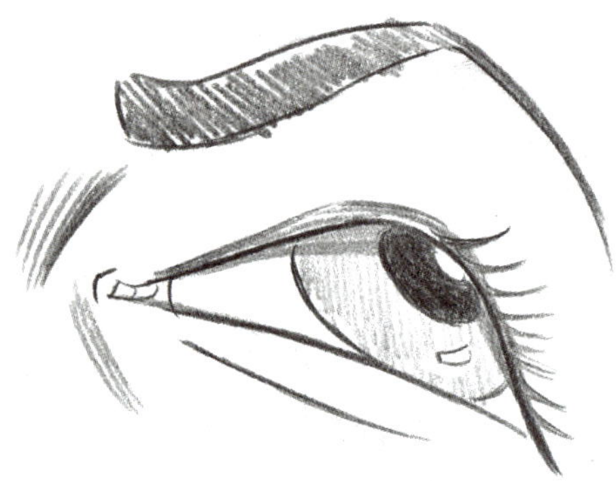

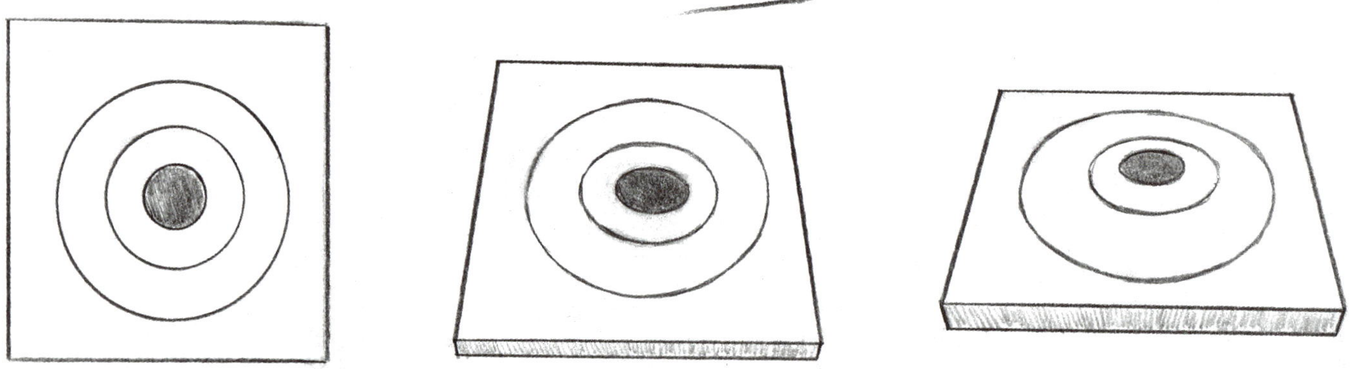

De pupil komt naar boven uit de oogbal, zoals te zien in de voorbeelden hiernaast.

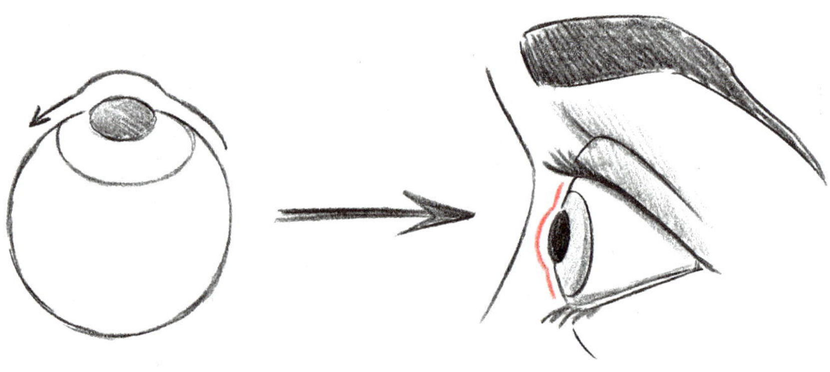

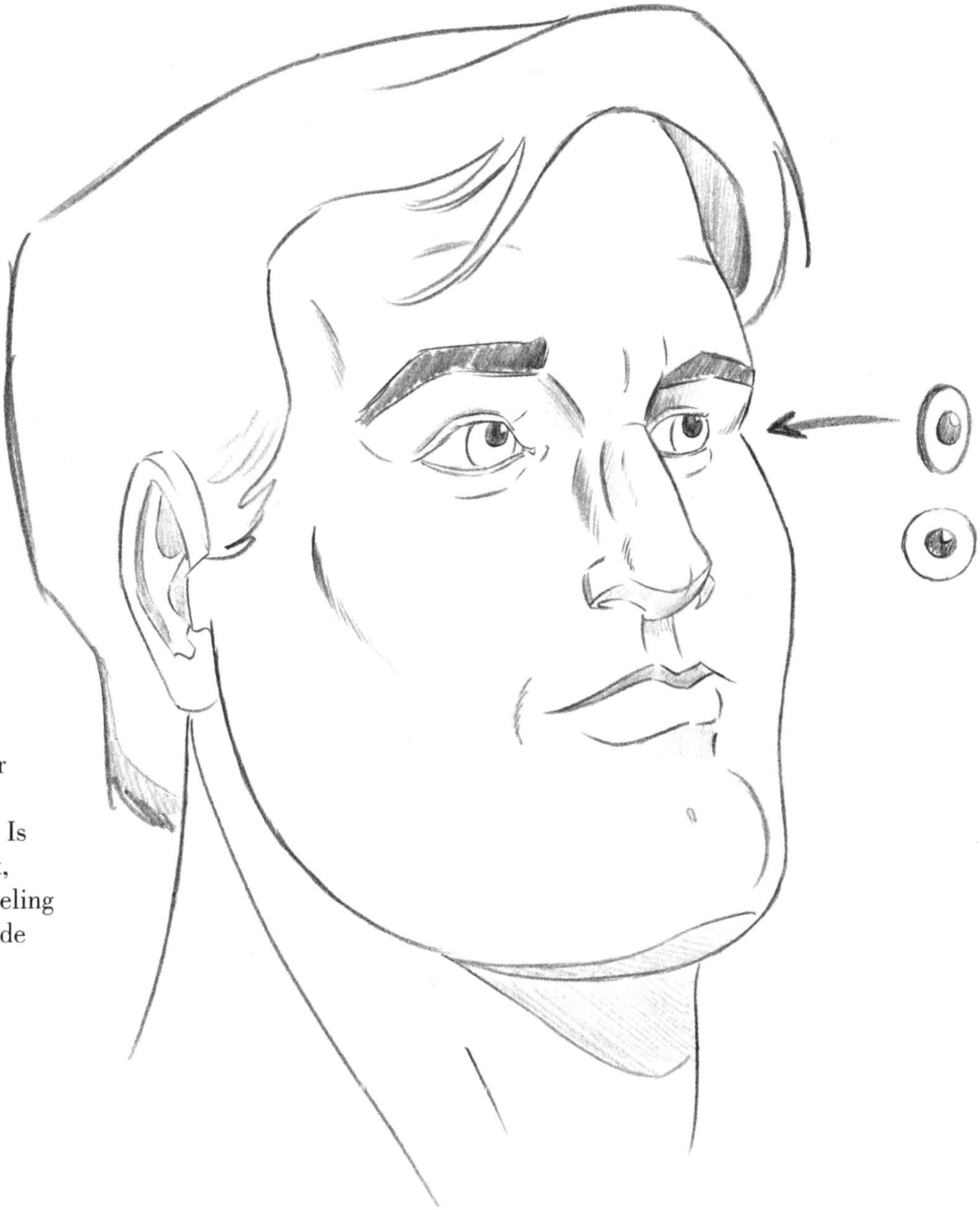

DE ELLIPSVORM VAN HET OOG IN PERSPECTIEF

Vanuit de ¾-positie ziet het oog er ellipsvormig uit en niet rond, in tegenstelling tot het vooraanzicht. Is dit detail belangrijk? Op zich niet, maar tekenen is een aaneenschakeling van details, en hoe nauwkeuriger de details zijn, hoe overtuigender je tekening.

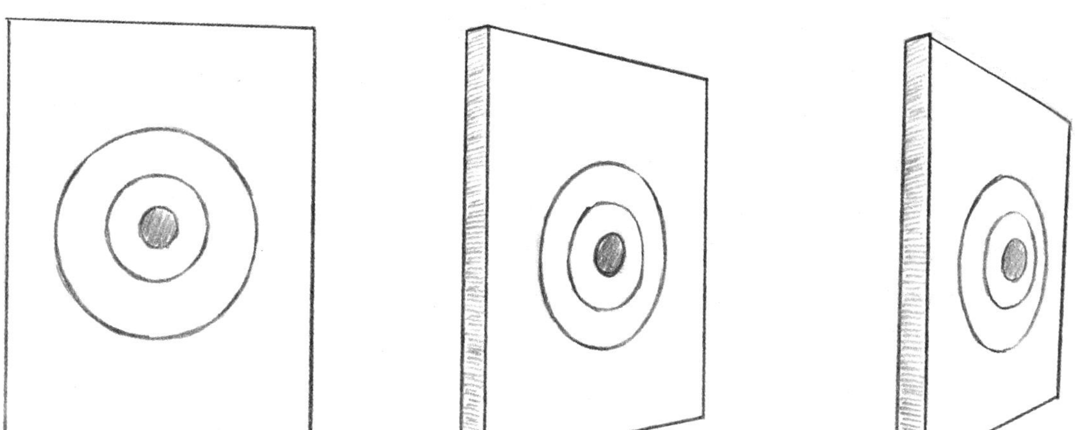

ALLERLEI WENKBRAUWEN

De wenkbrauwen accentueren en onderstrepen elke expressie. Ze maken de ogen groter wanneer ze opgetrokken worden en kleiner wanneer ze omlaaggaan. Zonder de wenkbrauw verliest het oog zijn uitdrukking. Hier zie je een paar veelvoorkomende wenkbrauwen. Je ziet dat het bovenste ooglid een kleine schaduw werpt op het oog zelf. Dit detail voegt diepte en karakter toe.

Let op dat de ene kant hoger is dan de andere.

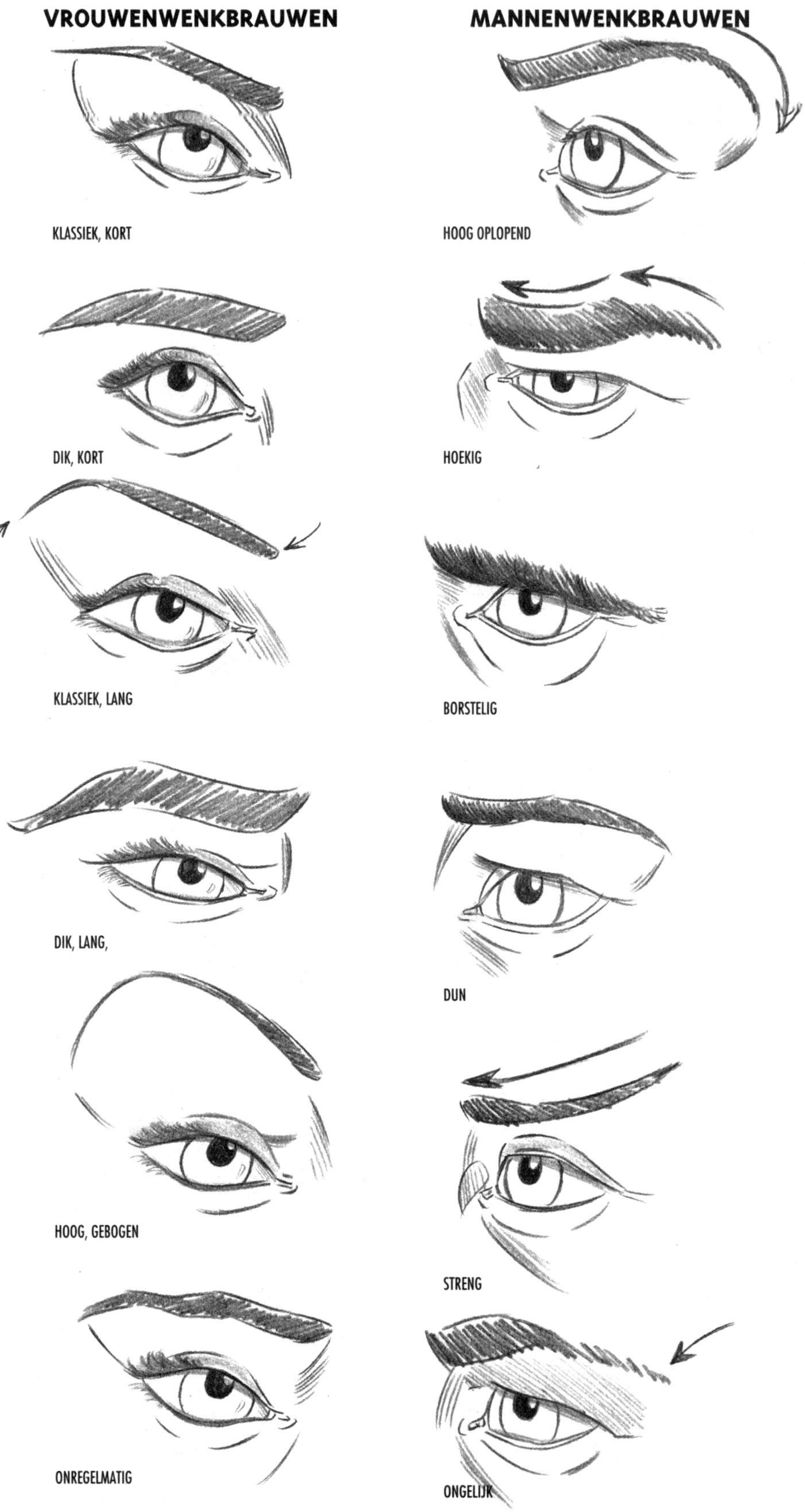

DE NEUS

De neus is het enige deel van het gezicht dat uitsteekt en een eigen structuur heeft. Het is dan ook altijd duidelijk te zien wanneer een neus verkeerd getekend is. De neus bestaat uit verschillende deeltjes met vele hoeken en is niet slechts een rechte lijn.

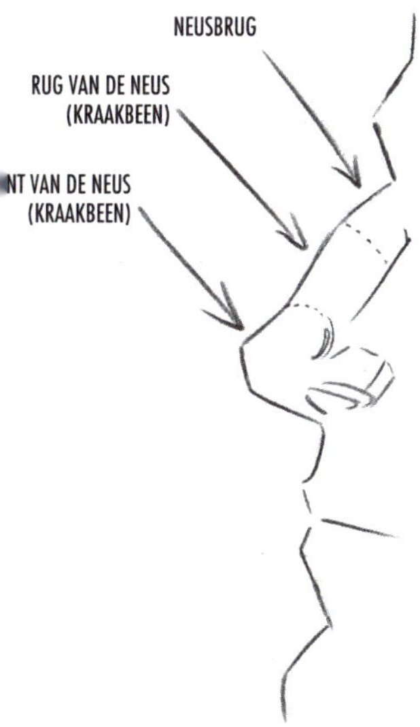

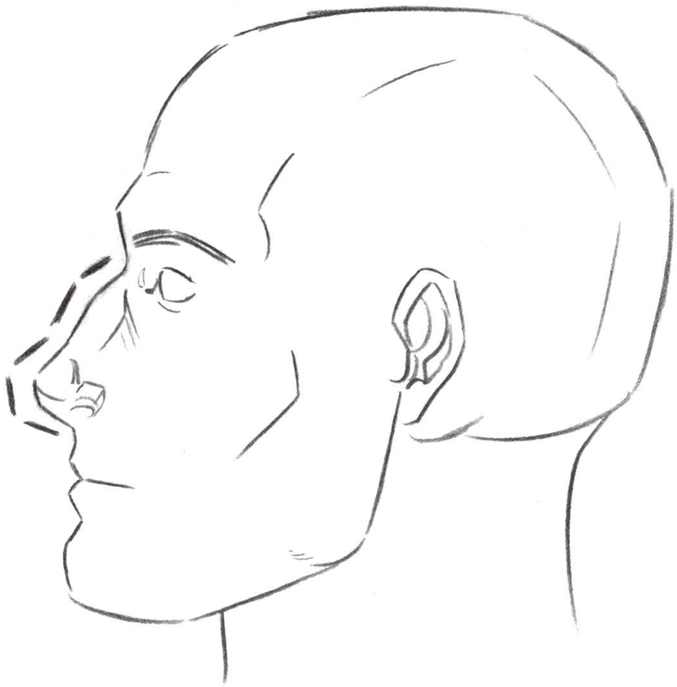

DELEN VAN DE NEUS

De neus bestaat uit drie delen: de neusbrug (het deel dat uit bot bestaat), het kraakbeen en de punt van de neus, die, zoals we op de volgende bladzijde kunnen zien, uit twee stukjes kraakbeen bestaat.

DE HOEKEN VAN DE NEUS

De hoek van de neus verandert overal waar een stukje bot of kraakbeen overgaat in een ander stukje kraakbeen.

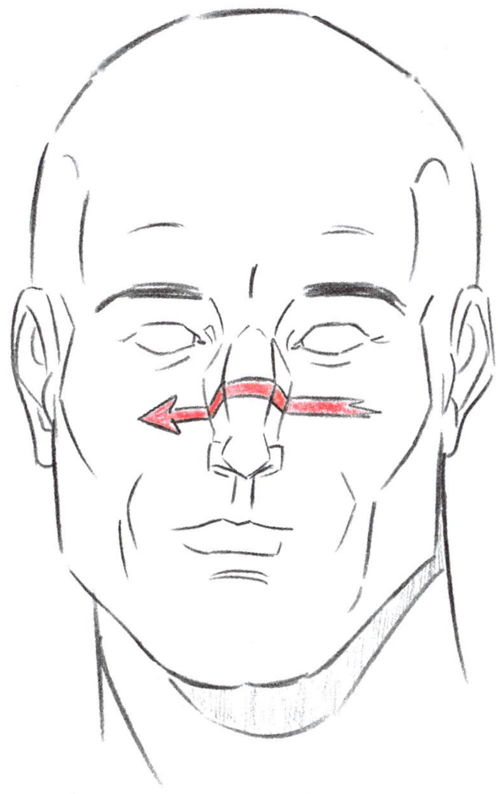

HOOGTE VAN DE NEUS

Dit is erg belangrijk. De neus is niet plat. Daarom moet je hem tekenen alsof hij zijkanten heeft, wat in feite ook het geval is.

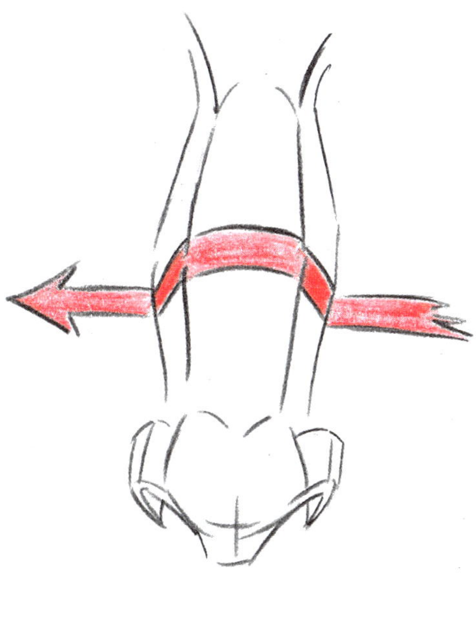

ONDERDELEN VAN DE NEUS

Men richt zich vaak op de ogen, terwijl de neus zoveel ingewikkelder is. We kunnen het wel gemakkelijker maken door de neus per onderdeeltje te bekijken.

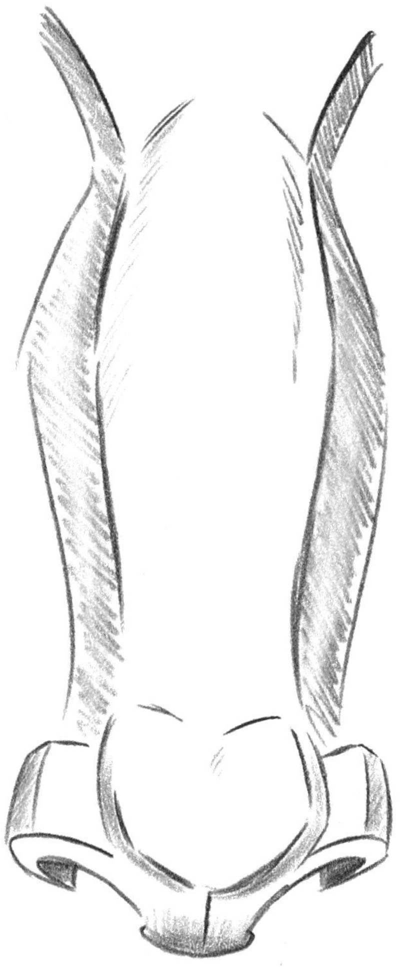

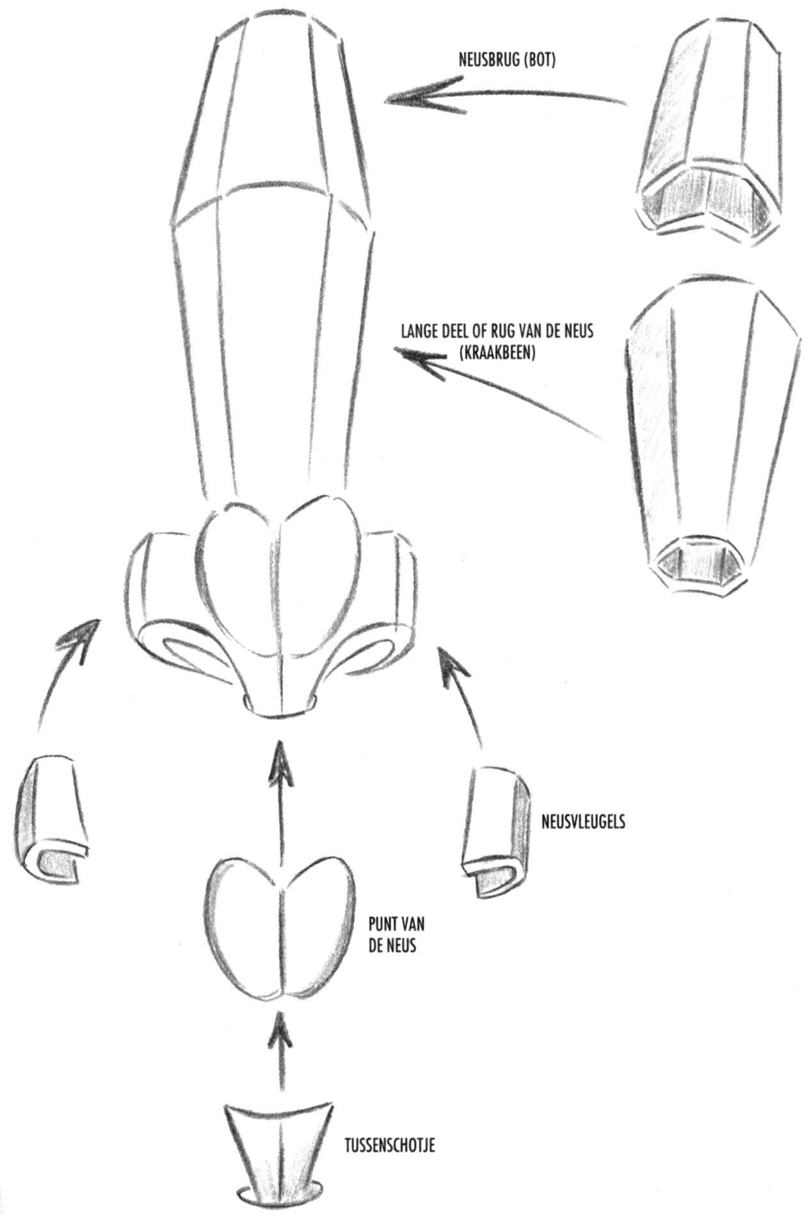

DE NEUS VANUIT VERSCHILLENDE HOEKEN

Net zoals een kunststudent het hoofd vanuit verschillende posities moet leren tekenen, moet hij of zij ook de gelaatstrekken vanuit verschillende hoeken oefenen.

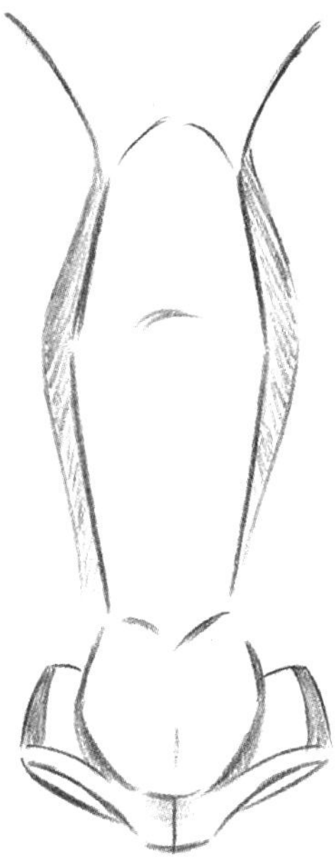

VOORKANT

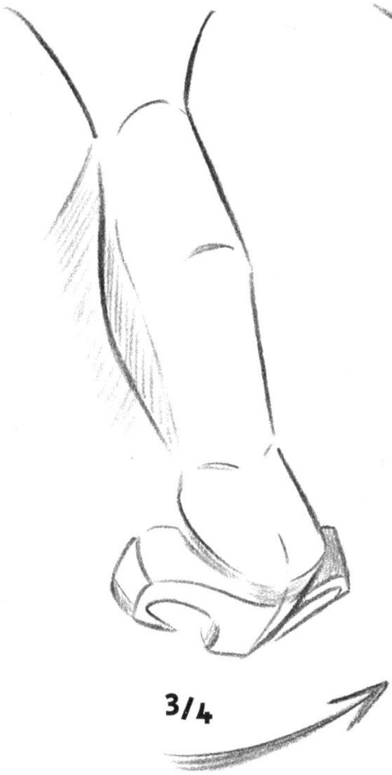

3/4

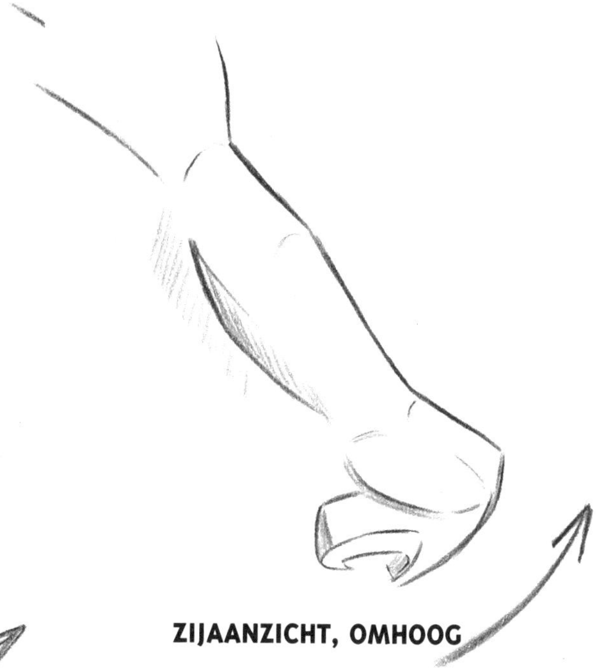

ZIJAANZICHT, OMHOOG

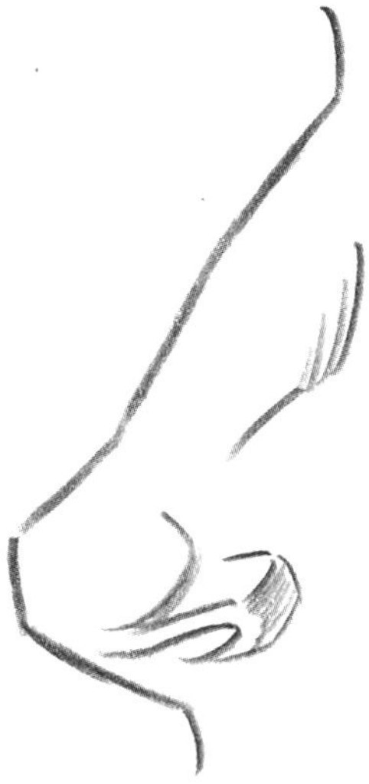

ZIJAANZICHT, LINKS

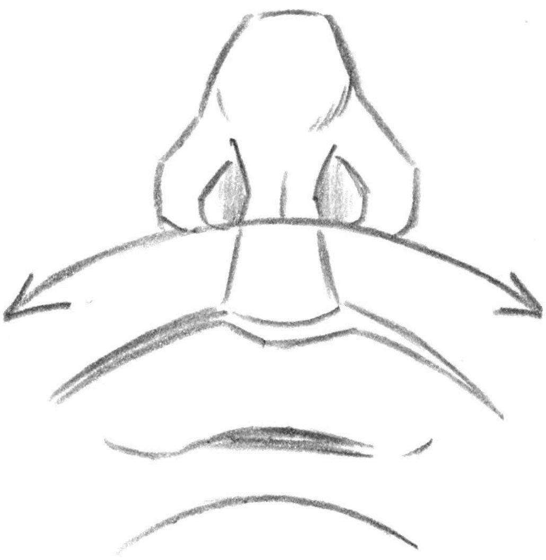

De onderkant van de neus volgt de ronding van het gezicht.

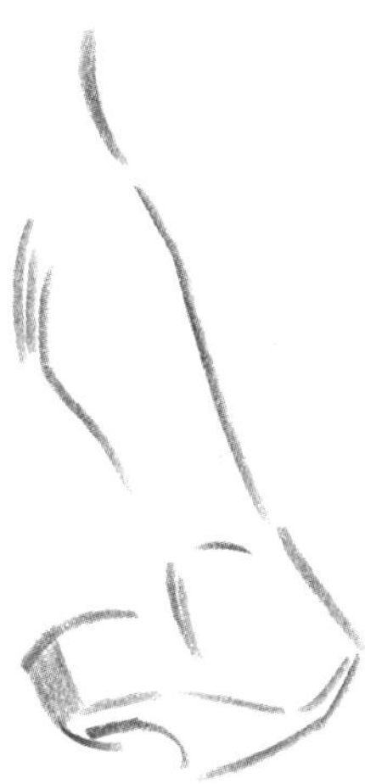

ZIJAANZICHT, RECHTS

VOORBEELDEN VAN ANDERE NEUZEN

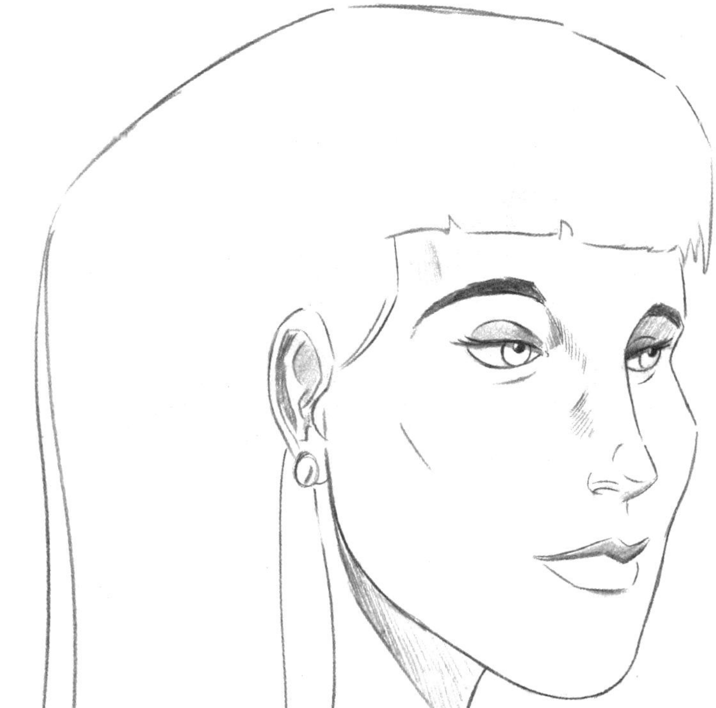

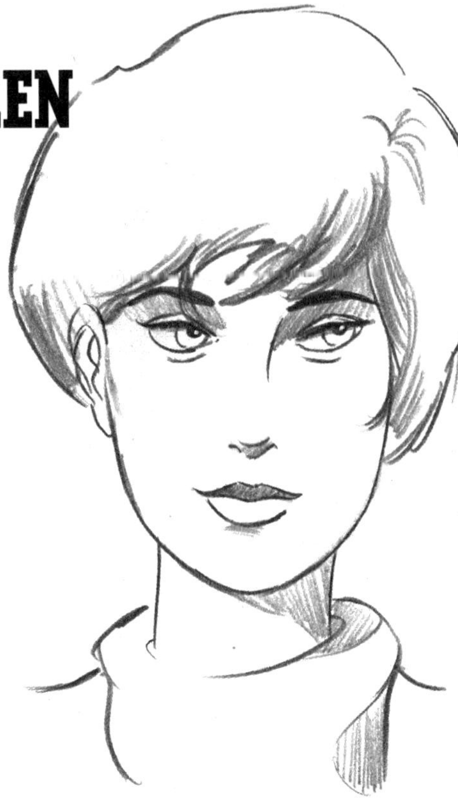

Vrouwenneuzen zitten net zo in elkaar als mannenneuzen. De hoeken zijn daarentegen veel minder scherp. Je kunt het beste de hoek waar het kraakbeen aan het bot hecht niet tekenen en in plaats daarvan een rechte lijn neerzetten. De punt van de neus kun je gerust tekenen. Vrouwenneuzen worden meestal zonder al te veel details getekend om zo een zachte uitstraling te creëren. Andere neuzen kunnen aangepast worden voor een ander effect.

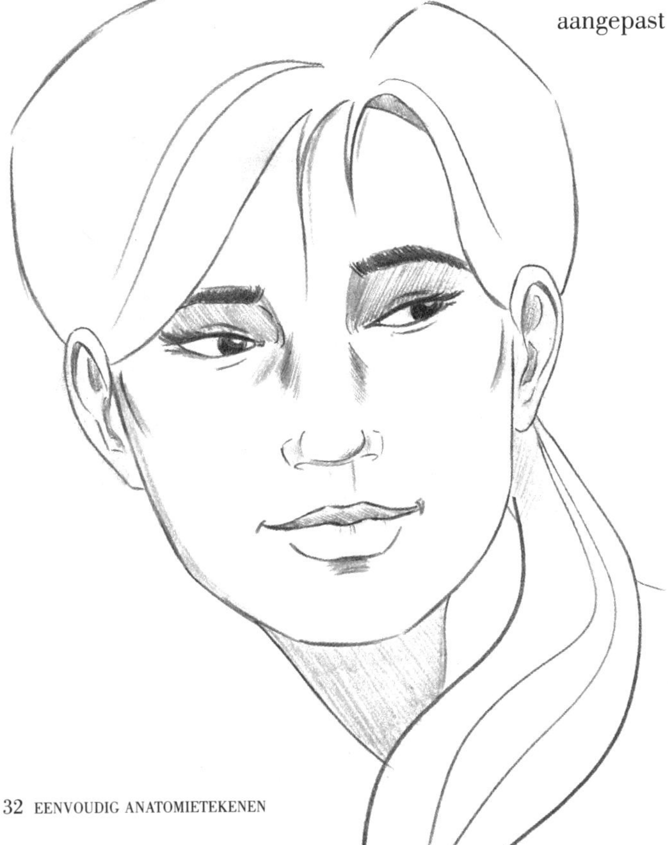

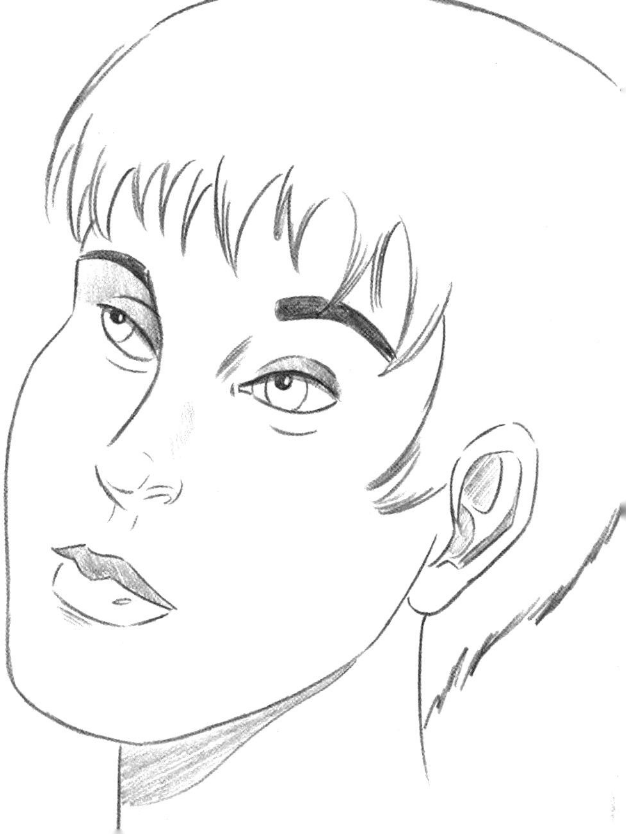

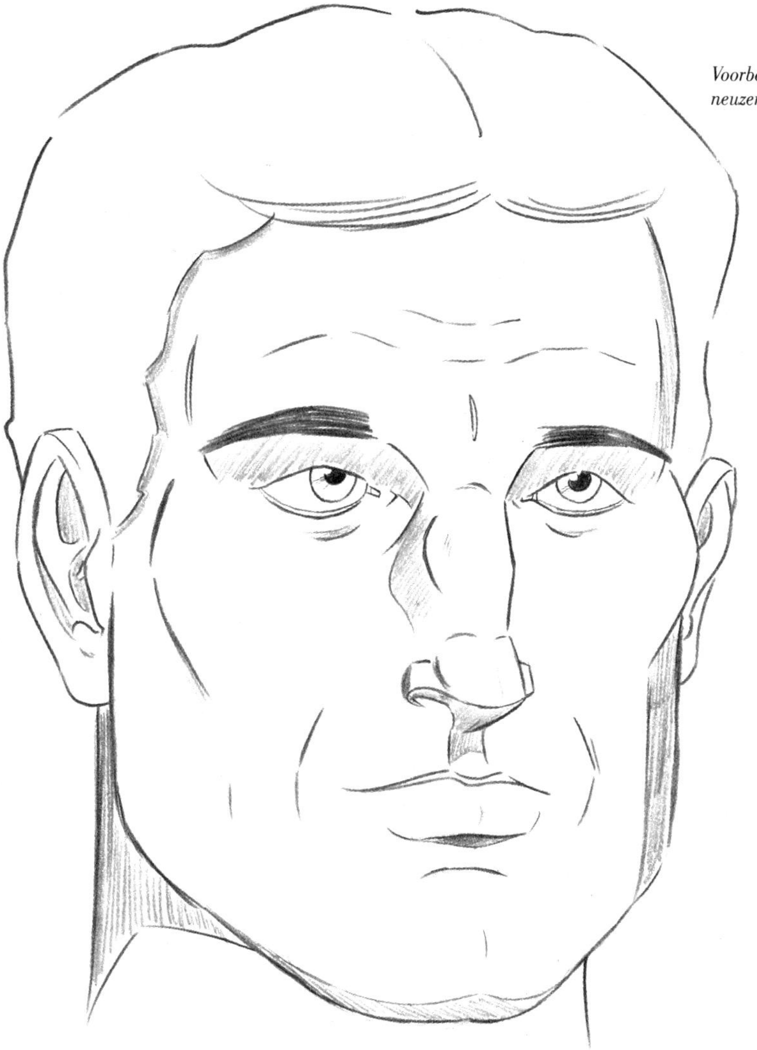

Voorbeelden van verschillende neuzen – korter en dikker.

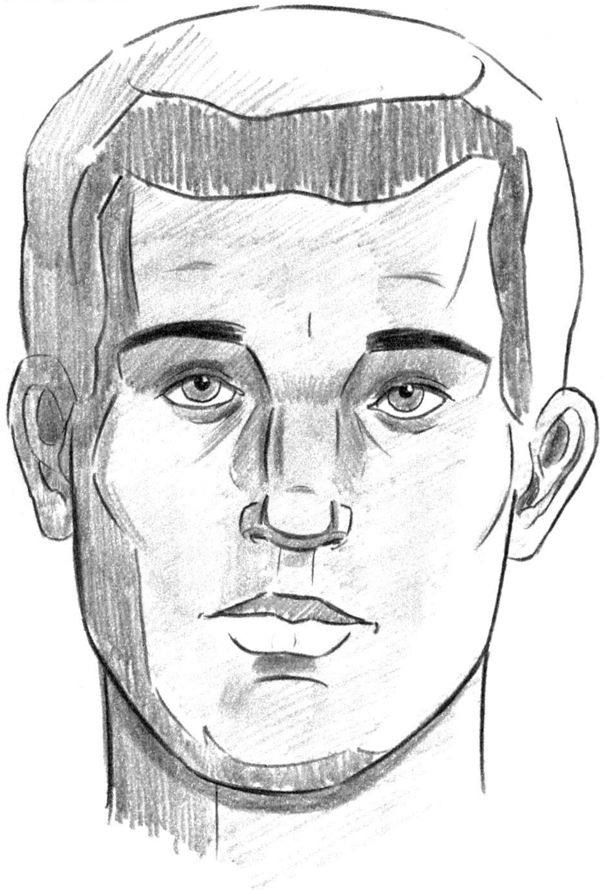

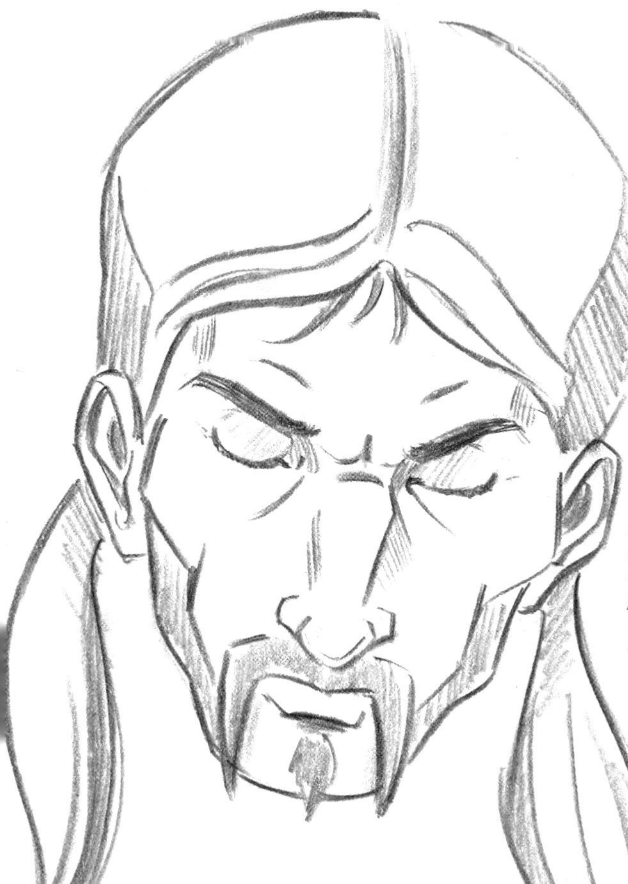

Wanneer het gezicht schuin naar beneden kijkt, komt de neusbrug meer naar voren, en het puntje van de neus zal dan soms de bovenlip overlappen.

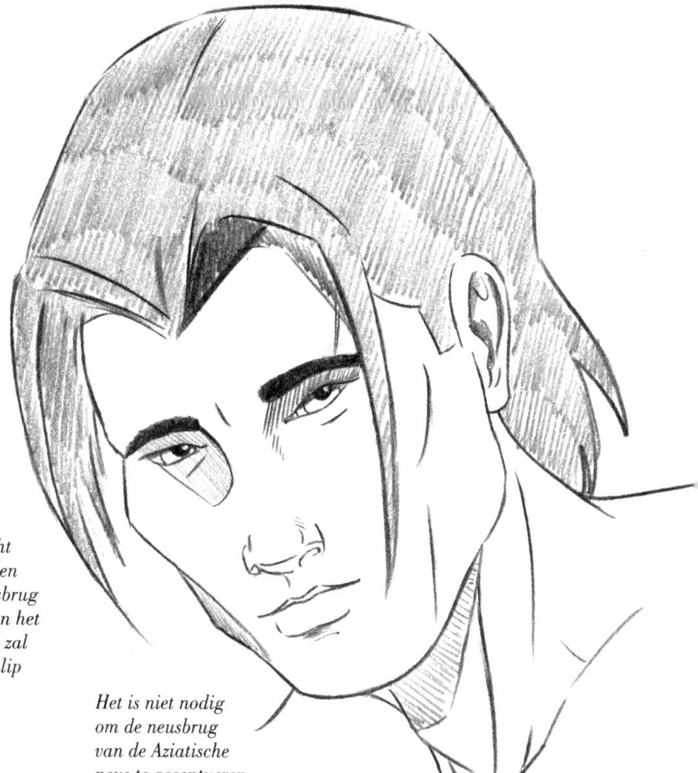

Het is niet nodig om de neusbrug van de Aziatische neus te accentueren.

DE LIPPEN

De lippen zijn eigenlijk simpel van vorm. Daarom is het belangrijk om dit deel niet over te slaan, want als je je hierin verdiept zal deze inspanning snel zijn vruchten afwerpen. De lippen worden gevormd door oogstrelende, gebogen lijnen. De bogen zijn subtiel, maar de lijn moet dik zijn. Laten we eens naar de basis kijken.

De onderlip bestaat uit twee helften en de bovenlip kun je in drie stukken verdelen.

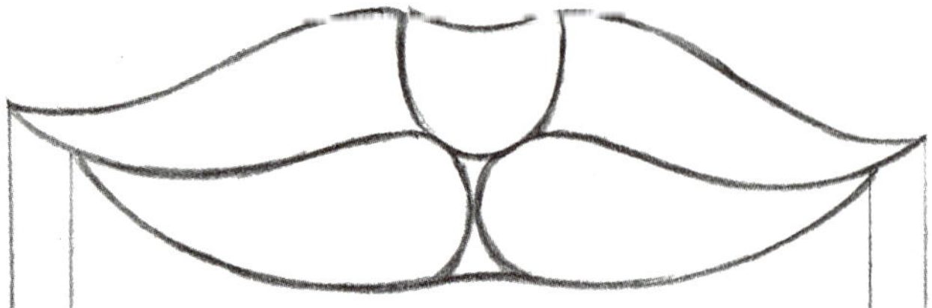

Soms zal het eruitzien alsof de boven- en onderlip in de hoek samenkomen, maar het zal vaker voorkomen dat de bovenlip de onderlip overlapt.

Zowel de boven- als onderlip heeft een welving in het midden.

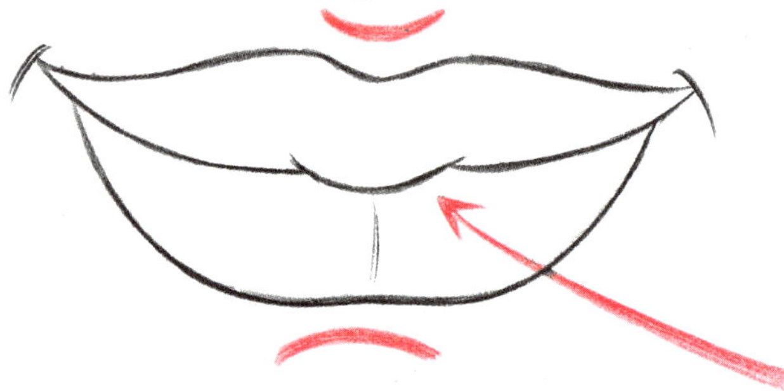

De bovenlip valt over de onderlip.

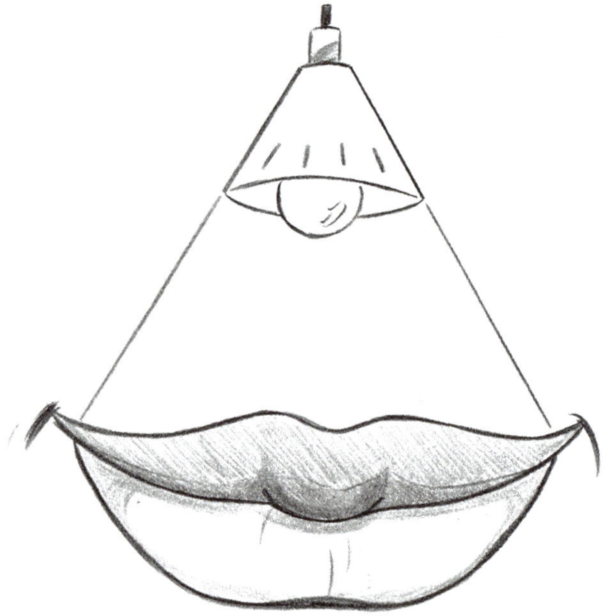

De bovenlip is meestal donkerder, vanwege de schaduw die het licht maakt dat van boven komt. De onderlip is meestal lichter, omdat deze het licht reflecteert.

DE LACHENDE MOND

Er zijn veel verschillende soorten glimlachen. Slechts één daarvan is het klassieke 'vrolijke gezicht', waarbij de boven- en onderlip allebei in extreme mate omhoog worden getrokken. Dit doet niets af aan de vrolijke uitdrukking op het gezicht. De vrolijke expressie wordt namelijk in grote mate veroorzaakt door de curve van de onderlip en niet van de bovenlip. Bij de aantrekkelijkste glimlachen zijn de tanden en een stukje tandvlees te zien. Te veel tandvlees staat niet fraai. Kijk eens naar een paar standaardvoorbeelden.

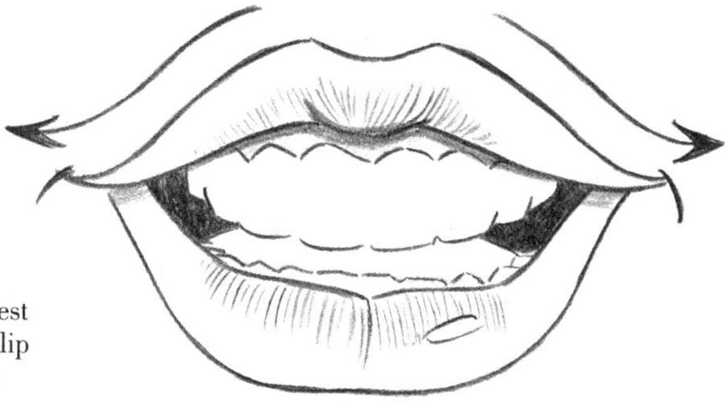

1. BOVENLIP NAAR BENEDEN MET GEKRULDE MONDHOEKEN

Dit is misschien wel een van de meest voorkomende glimlachen. De onderlip buigt naar boven, maar de bovenlip buigt naar beneden, waarna hij aan het eind weer een beetje omhoogkomt.

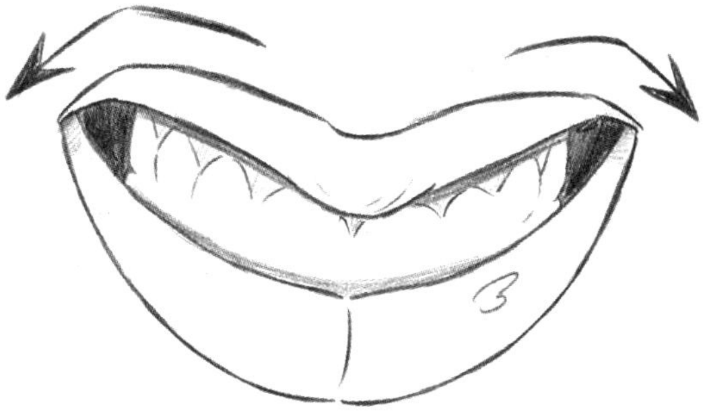

2. HARTVORMIGE BOVENLIP NAAR BENEDEN

Verrassend genoeg is deze lach een van de aantrekkelijkste en vrolijkste. Deze lach is het effectiefst wanneer er wat ruimte wordt opengelaten tussen de tanden en de mondhoeken.

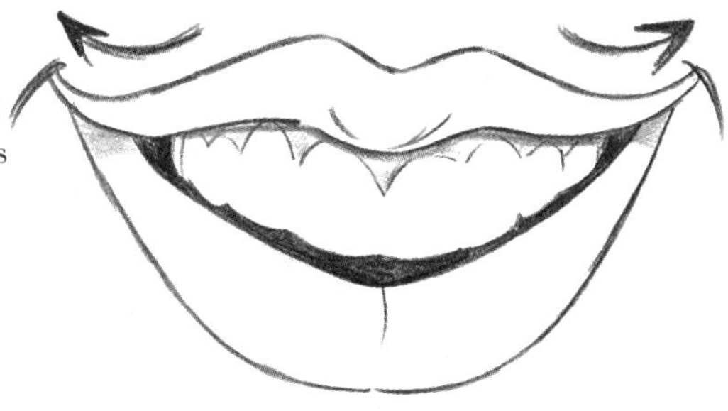

3. MONDHOEKEN OMHOOG

Hoewel vaak anders gedacht wordt, is dit niet de gebruikelijkste lach. Hij komt echter wel voor en is het dus waard om genoemd te worden. De zwaai naar boven van de bovenlip moet vroeg ingezet worden, anders krijg je een mond als in voorbeeld 1.

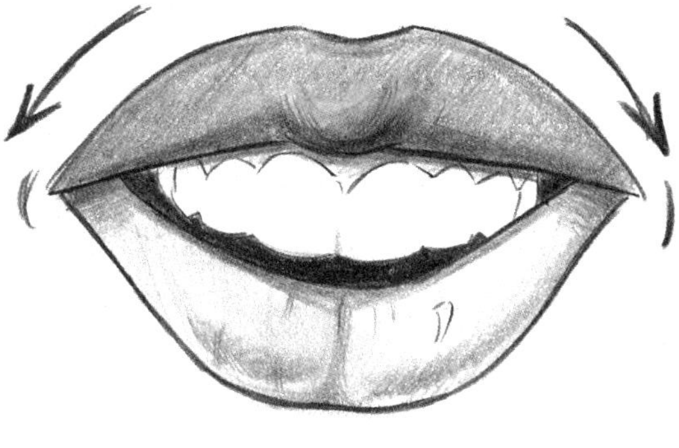

4. MONDHOEKEN OMLAAG

De bovenlip heeft de vorm van een horizontale halve maan.

MANNENLIPPEN

Velen tekenen mannenlippen als een dun streepje, uit angst dat te volle lippen de man een vrouwelijk tintje zullen geven. En hoewel het waar is dat volle lippen een man niet sieren, is er een betere manier om mannenlippen te tekenen dan door een enkel lijntje te trekken, en toch het mannelijke aspect te behouden.

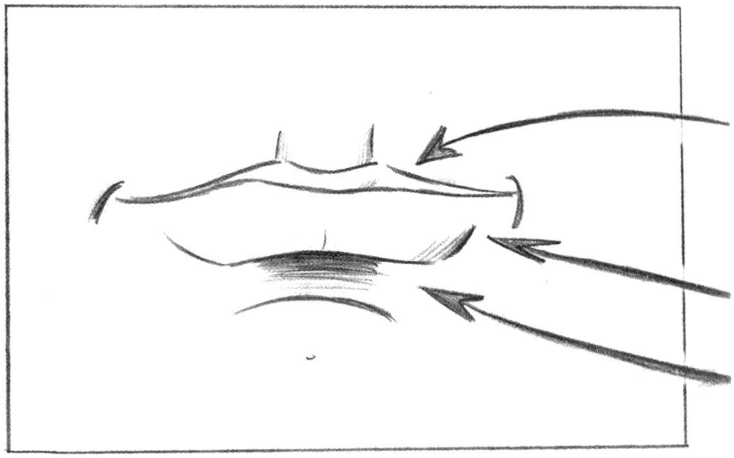

DE ASPECTEN VAN DE MANNENLIP

De bovenlip mag in het midden een beetje dik zijn, maar aan de zijkanten wordt hij al vrij snel smaller tot er een dunne lijn overblijft. De uiteinden van de onderlip raken de bovenlip niet, zoals bij de vrouw wel het geval is.

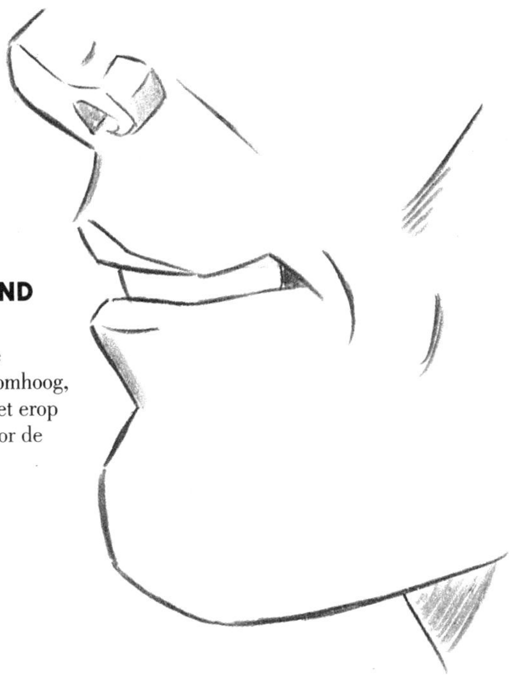

DE MANNENMOND VAN OPZIJ

De mond loopt aan de uiteinden een beetje omhoog, wat er 'ruig' uitziet. Let erop dat de tanden vlak voor de hoeken ophouden.

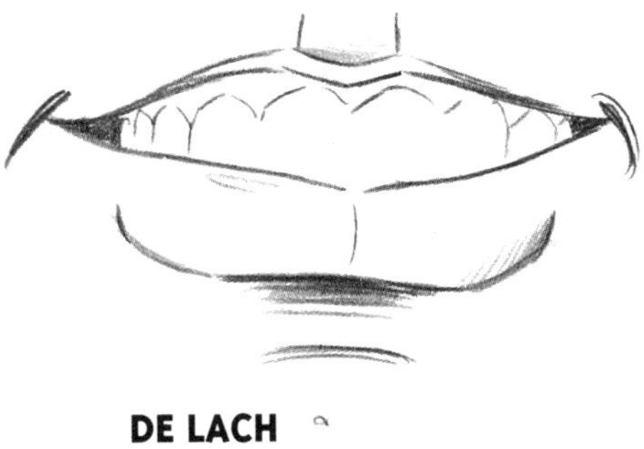

DE LACH

De onderlip buigt door naar beneden, de bovenlip gaat iets omhoog.

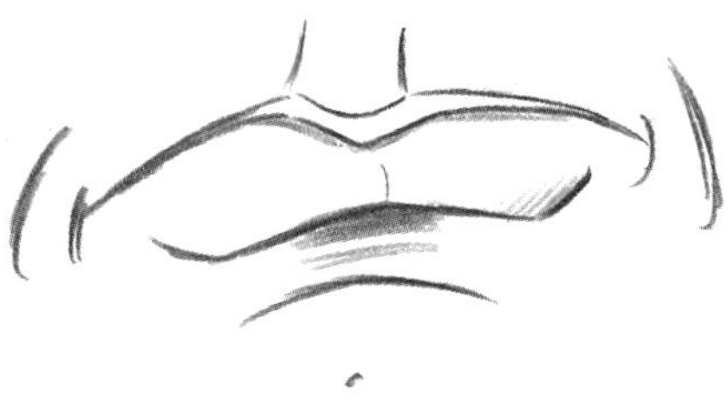

FRONS

De bovenlip drukt naar beneden en de onderlip komt juist omhoog in het midden. Naast de mond zie je een paar lijntjes.

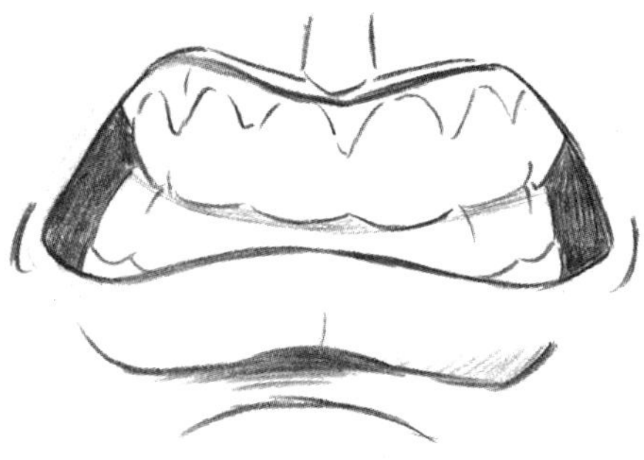

WOEDE

De lippen zijn opgetrokken, waardoor veel loze ruimte in de hoeken te zien is. De onderlip bobbelt in het midden wat op en de bovenlip buigt in het midden wat naar beneden. De boventanden overlappen de ondertanden.

LIPUITDRUKKINGEN

Je zult merken dat je deze uitdrukkingen snel onder de knie hebt als je er even op hebt geoefend. Sommige kunstenaars hebben een spiegel op hun bureau en gebruiken hun eigen uitdrukkingen als voorbeeld.

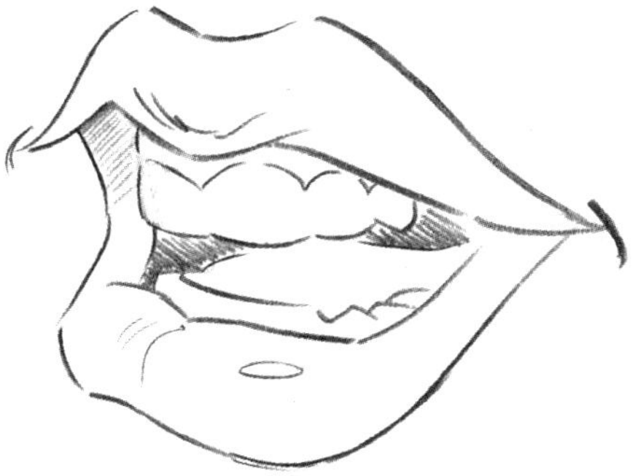

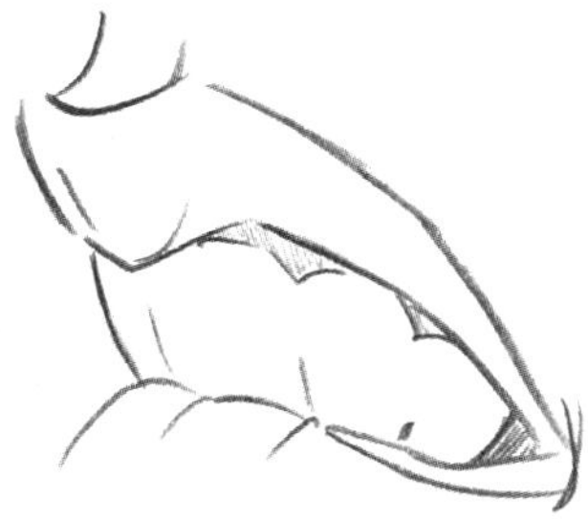

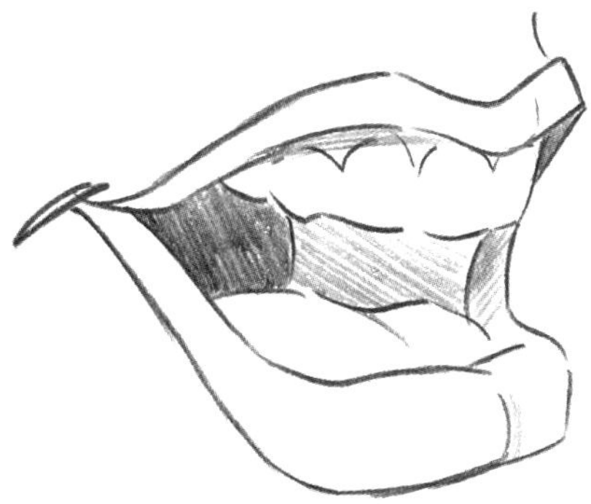

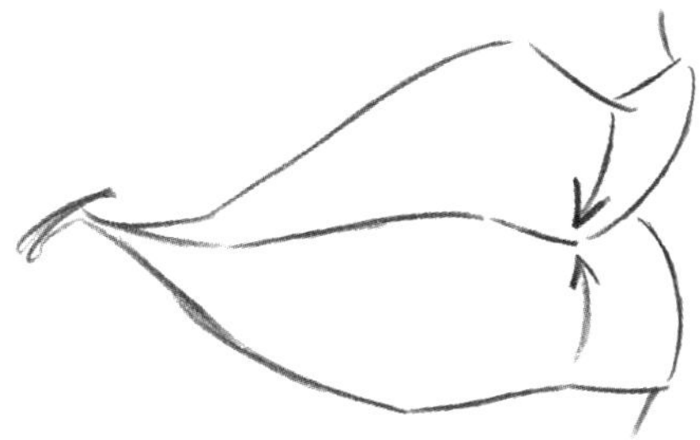

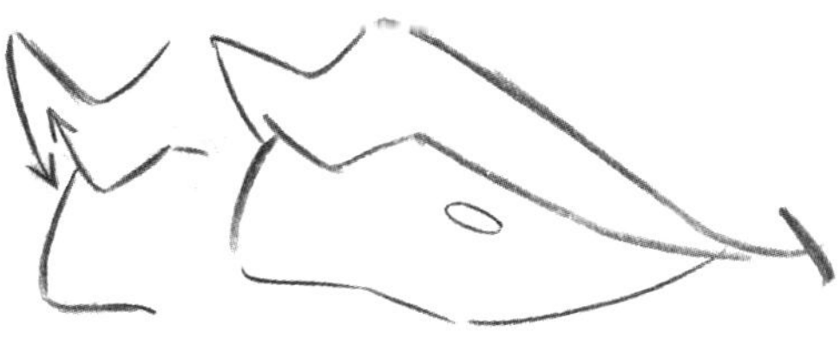

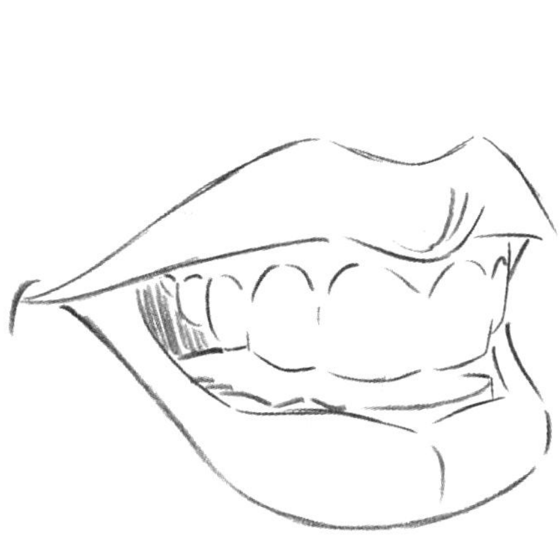

HET OOR

Hoewel ik stap voor stap kan laten zien hoe je een oor tekent, blijft het moeilijk om te laten zien hoe het is onderverdeeld. Dit kleine deel van het lichaam zit zeer precies in elkaar met vele bochten en gleuven, zodat geluid ons oor optimaal kan bereiken. Door de onderdelen van het oor nader te benoemen, wordt het onthouden en reproduceren ervan gemakkelijker.

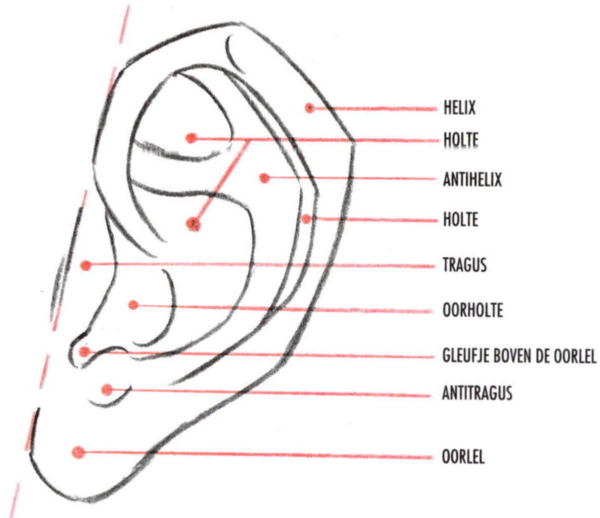

TEKENING VAN HET OOR

Dit hoef je niet uit je hoofd te leren. Het doel van deze afbeelding is om te laten zien dat het oor, hoeveel ingewikkelde lijntjes het ook lijkt te hebben, wel een specifiek patroon heeft dat we kunnen volgen. Wel is elk oor weer anders! Sommige zijn breed, andere krullen een beetje om, de een heeft een kort, de ander een lang lelletje. Maar de aspecten die je hier getekend ziet, vind je in elk oor terug.

HET OOR, STAP VOOR STAP

Het is het eenvoudigst om het oor stukje bij beetje te tekenen, te beginnen bij de buitenkant.

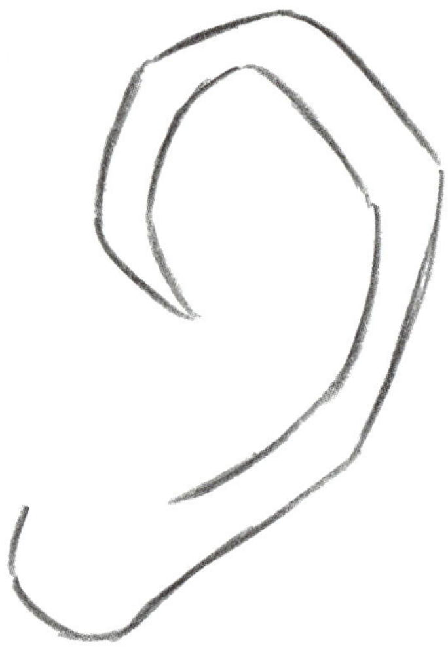

Teken de buitenkant van het oor en teken de eerste binnenlijn en de oorlel.

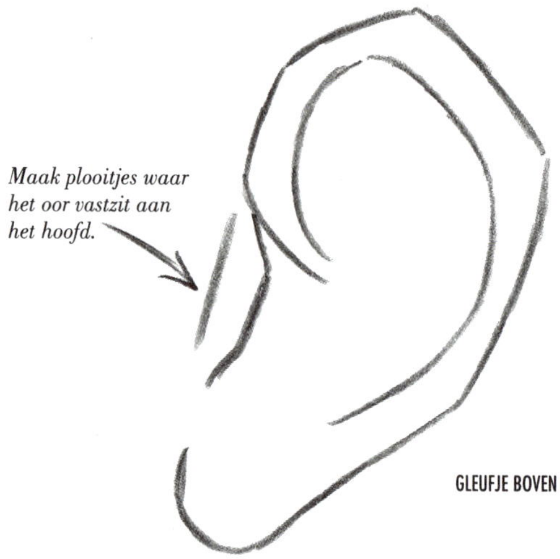

Voeg het deel toe dat we het ‘flapje’ noemen.

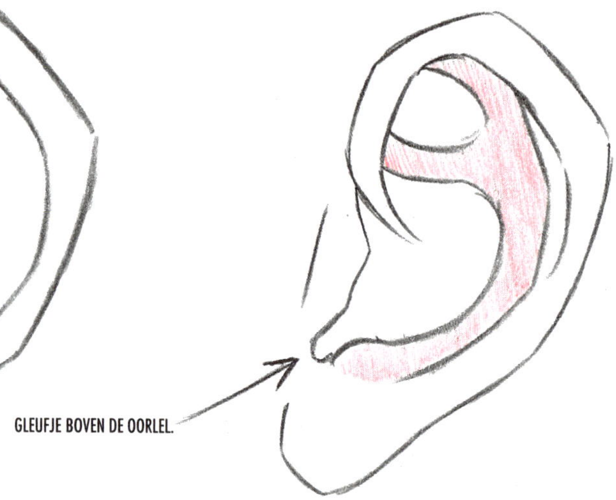

Nu wordt het lastig. Denk bij dit onderdeel maar aan een vreemd gevormde letter ‘y’.

Schets de oorholte en teken een ‘bobbeltje’ net boven de oorlel.

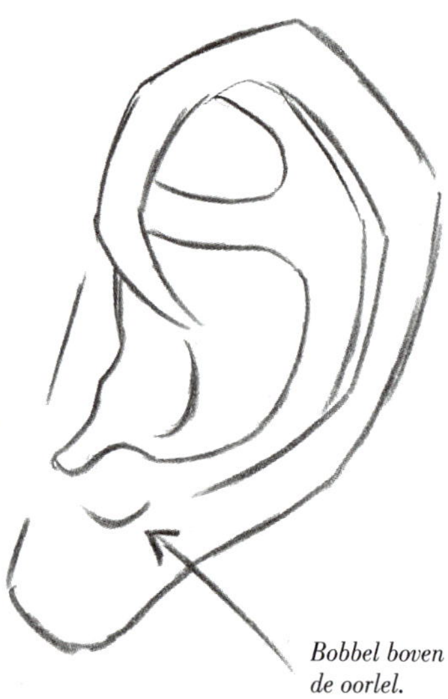

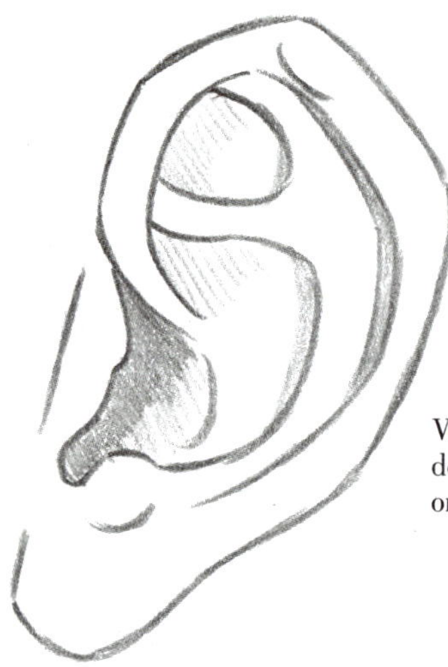

Voeg schaduw toe aan de dieper gelegen delen om diepte te suggereren.

HET OOR VANUIT VERSCHILLENDE HOEKEN

Een paar voorbeelden van het aanzicht van het oor:

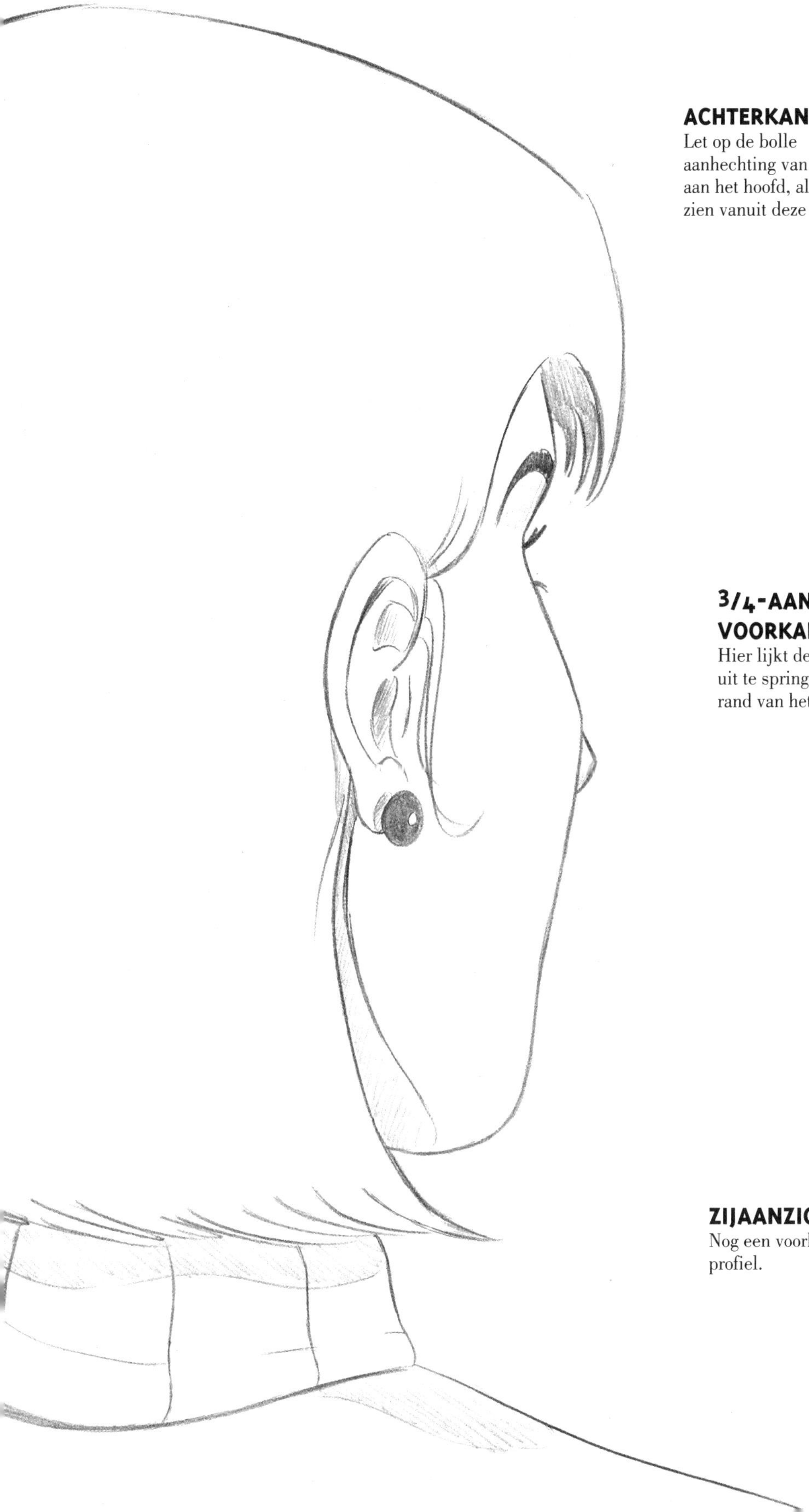

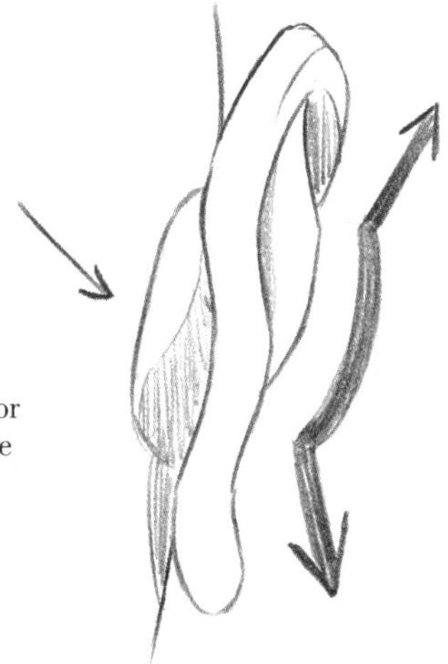

ACHTERKANT
Let op de bolle aanhechting van het oor aan het hoofd, alleen te zien vanuit deze hoek.

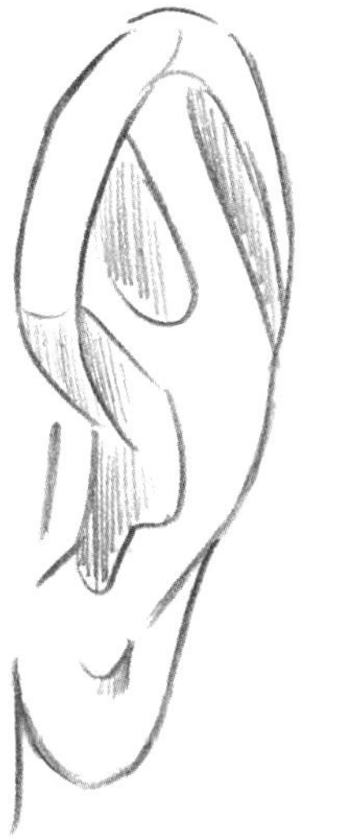

3/4-AANZICHT, VOORKANT
Hier lijkt de antihelix uit te springen langs de rand van het oor.

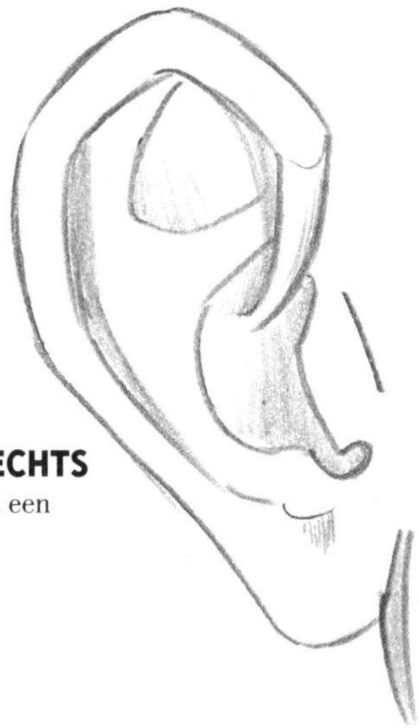

ZIJAANZICHT, RECHTS
Nog een voorbeeld van een profiel.

EEN GEHEEL MAKEN

Nu we ons op de hoogte hebben gesteld van de vorm van de schedel, de verhoudingen in het gezicht, de vlakken en de gelaatstrekken, kunnen we er een geheel van maken. In het eerste hoofdstuk leerden we om eerst de omtrek van het hoofd te tekenen, daarna de gelaatstrekken en vervolgens de zijkanten van de hersenpan die het hoofd meer breedte geven. Deze keer beginnen we met de extra breedte.

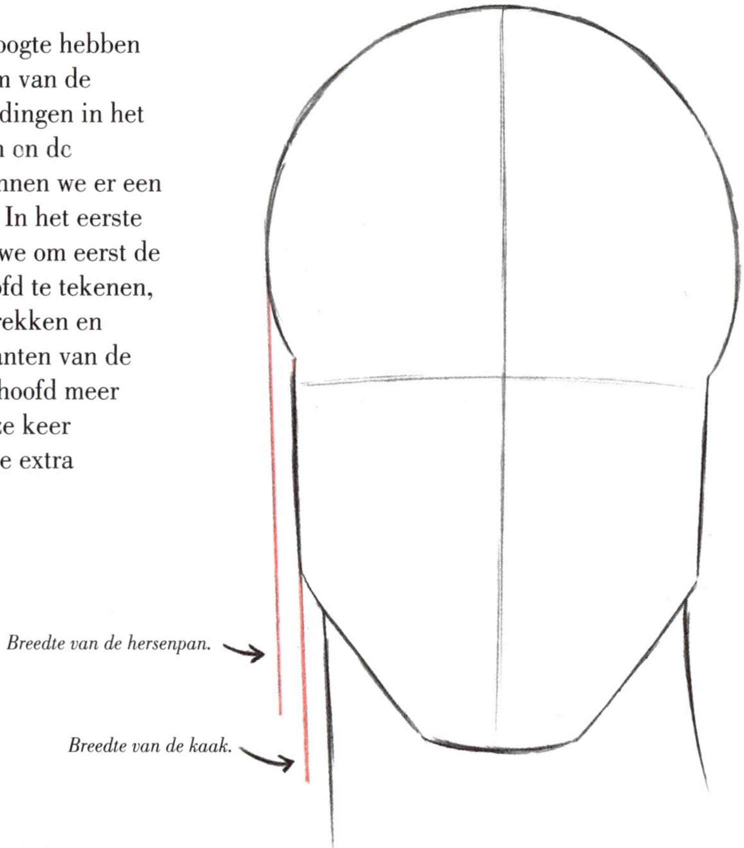

1

Begin met de omtrek van het hoofd. Zet de hulplijnen licht op.

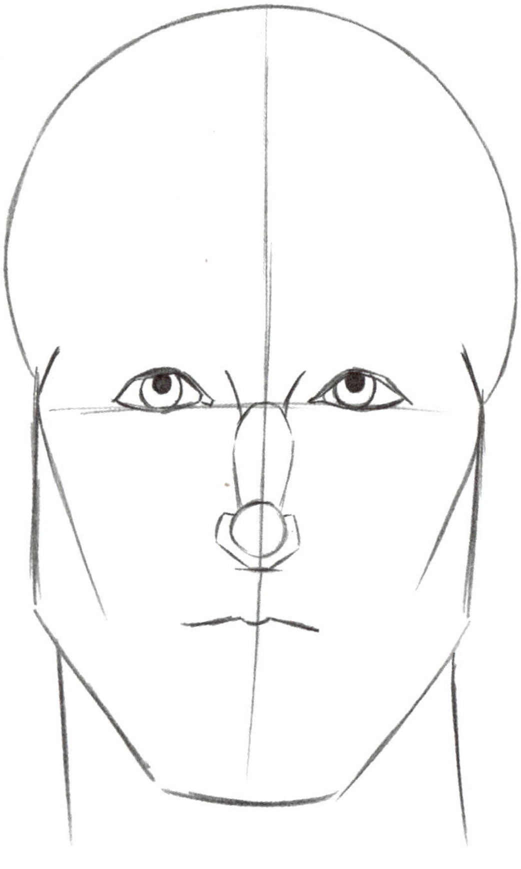

2

Breng de ogen aan volgens de horizontale hulplijnen. Zet de neus op in onderdelen. De jukbeenderen lopen naar de mond toe. Iedereen heeft zijn eigen gelaatstrekken. Deze man heeft een kleine mond en brede jukbeenderen gekregen. Daardoor lopen de jukbeenderen niet recht naar de lipranden, zoals bij veel andere mensen, maar ze lopen nog wel die kant op. Kleine veranderingen zoals deze maken iemand uniek – zolang ze niet de anatomie verstoren.

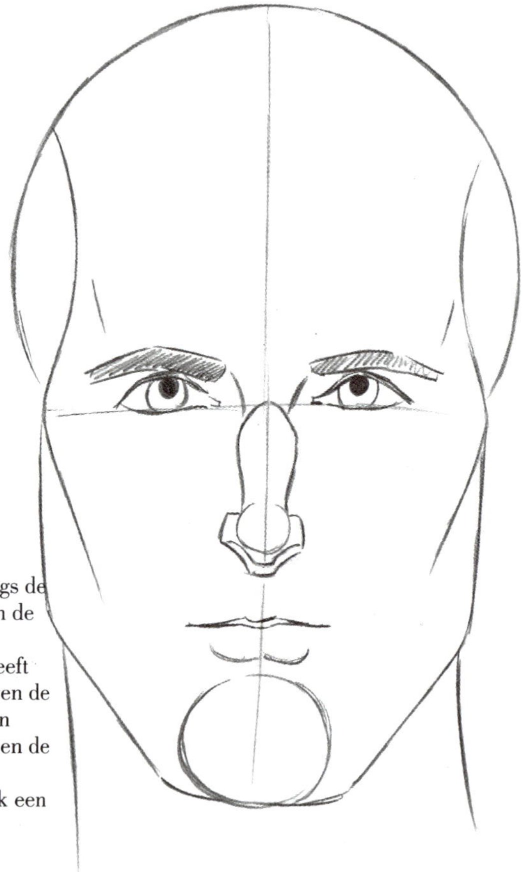

3

Ga door met de schedel langs de slapen (de kuiltjes opzij van de schedel) en kin. Teken de wenkbrauwen. Deze man heeft wenkbrauwen die recht boven de ogen staan. Anderen hebben misschien meer ruimte tussen de ogen en wenkbrauwen, dat verschilt per individu. Maak een geheel van de neus. Vul de lippen op.

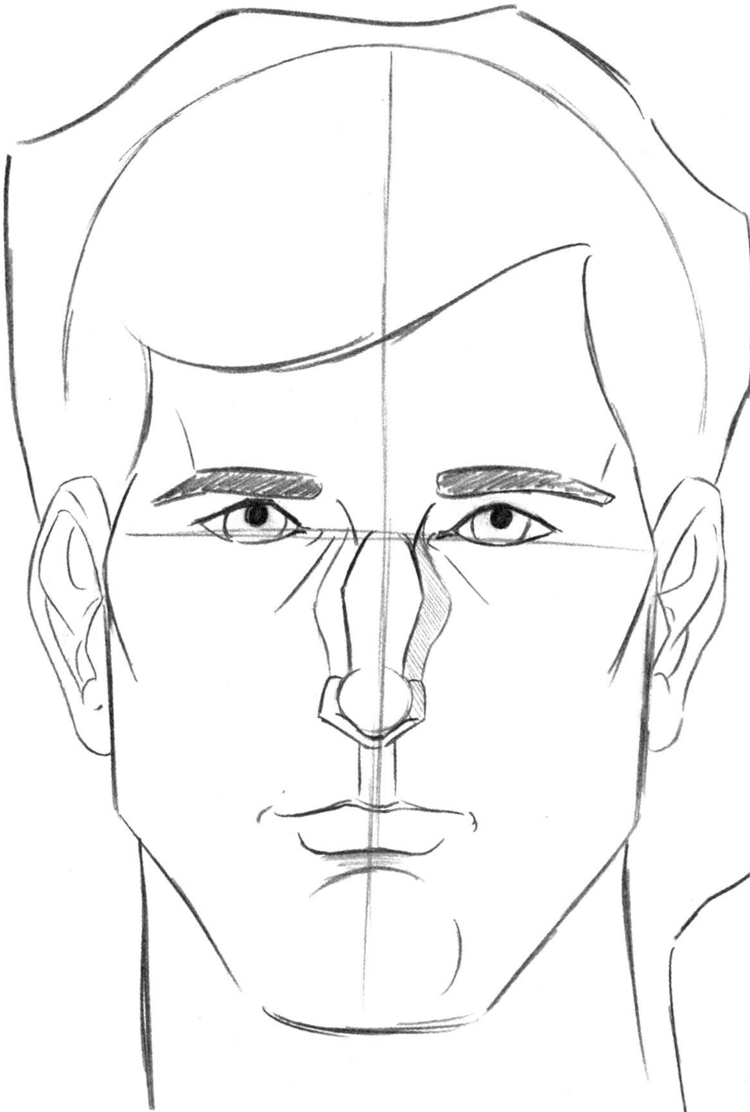

4
Teken de haaromtrek en begin de accenten aan te brengen van de heuvels en dalen in het gezicht.

5
Werk verder aan de heuvels en dalen in het gezicht.

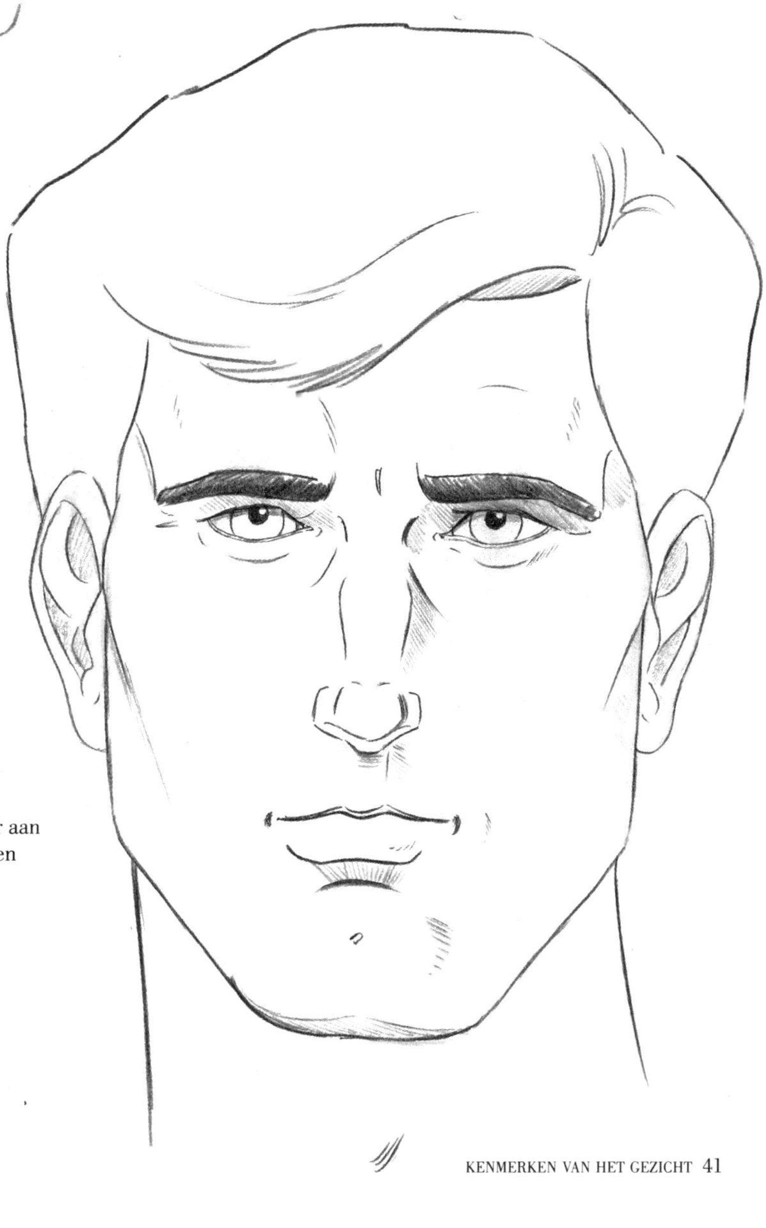

HET HOEKIGE HOOFD

Dit hoofd helt iets omhoog, wat een interessante uitstraling geeft. Door deze positie krijgen we meer te zien van de onderkant van de neus, en een klein stukje van de kin. Bovendien lijkt de bovenkant van het hoofd (schedel) nu kleiner ten opzichte van de kaakpartij. Merk op dat de brug van de neus van een vrouw iets minder duidelijk is dan die van een man.

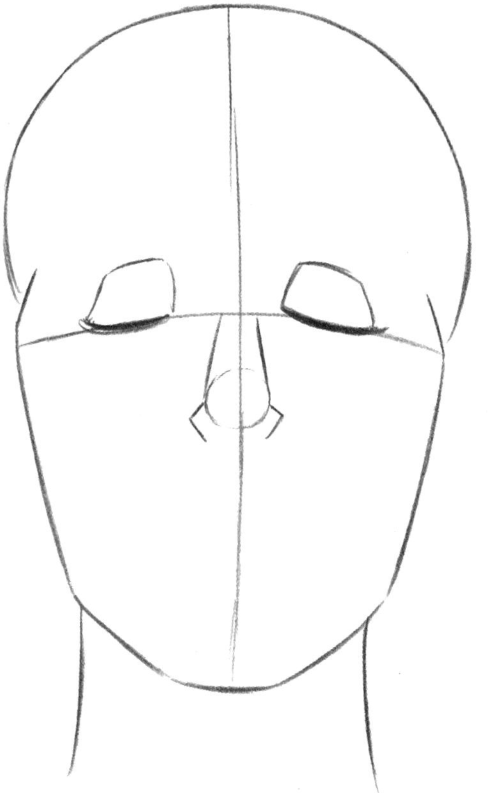

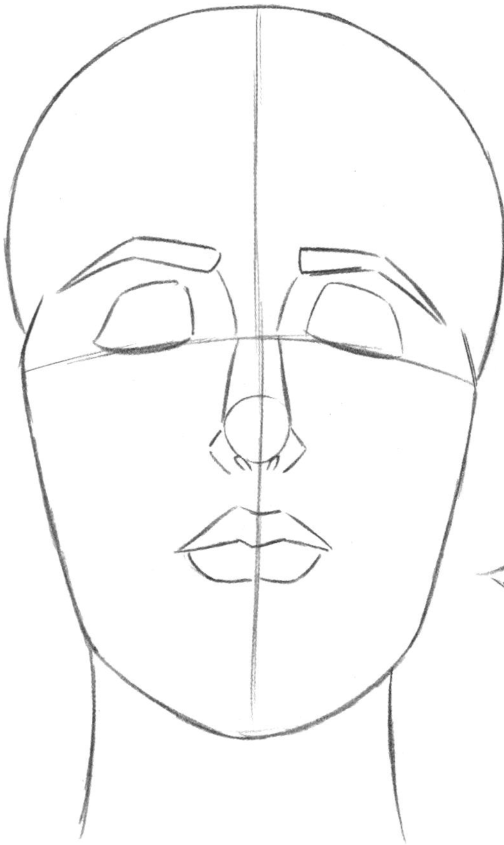

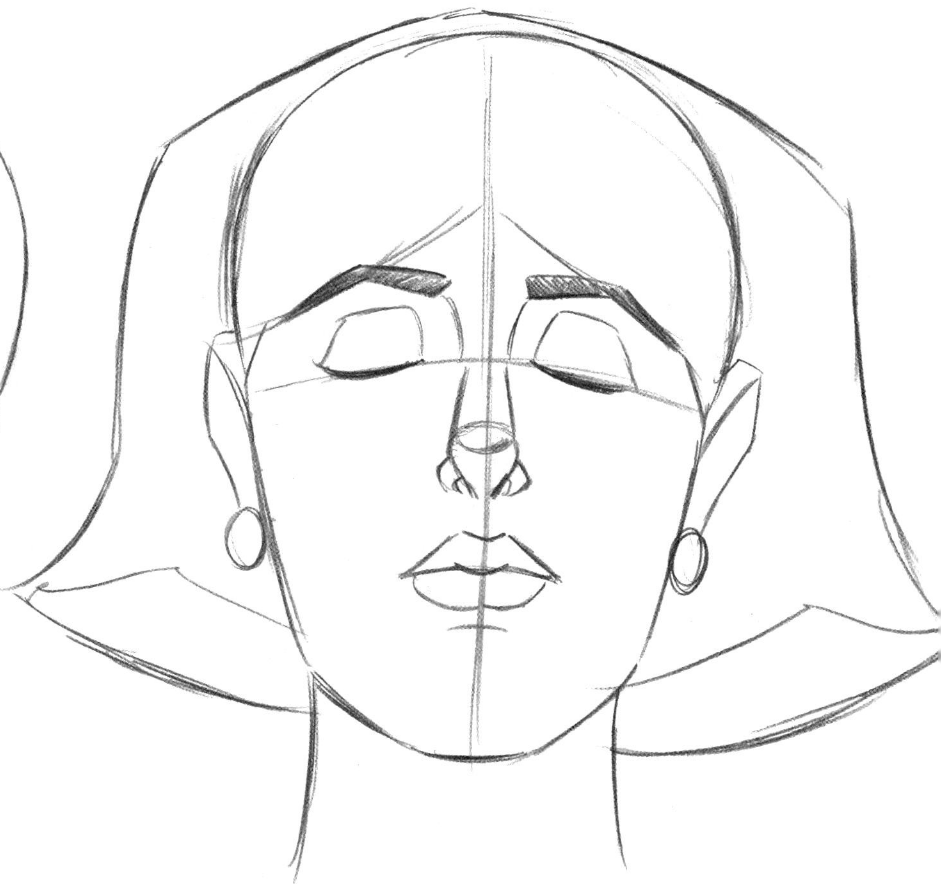

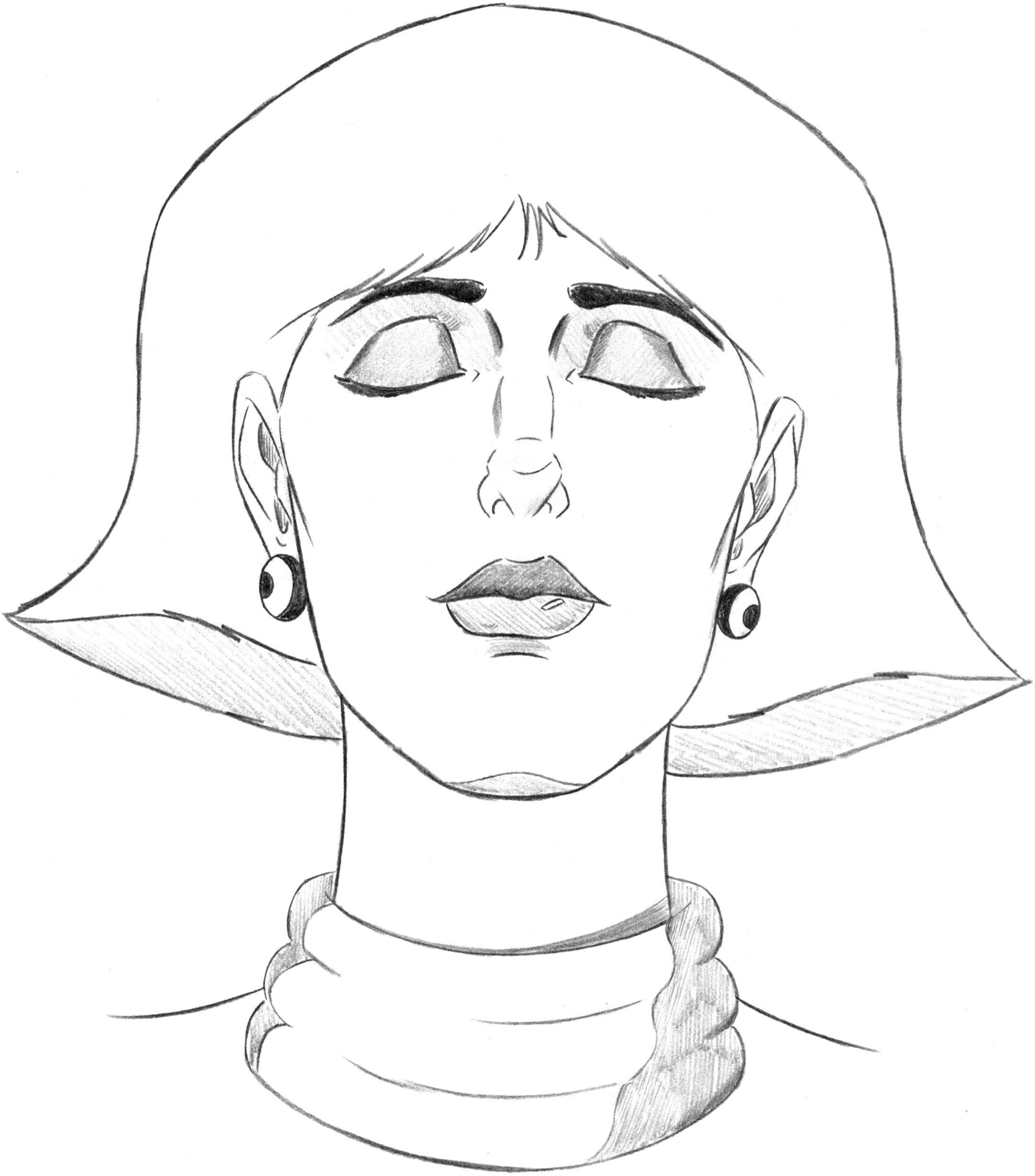

UNIEKE KARAKTERTREKKEN

Merk op hoe kleine veranderingen in de basisstructuur van het hoofd een heel ander soort persoon te zien geven. De vorm van het hoofd van deze vrouw is gebaseerd op uitspringende jukbeenderen, een scherpe kaaklijn en een hoekige kin.

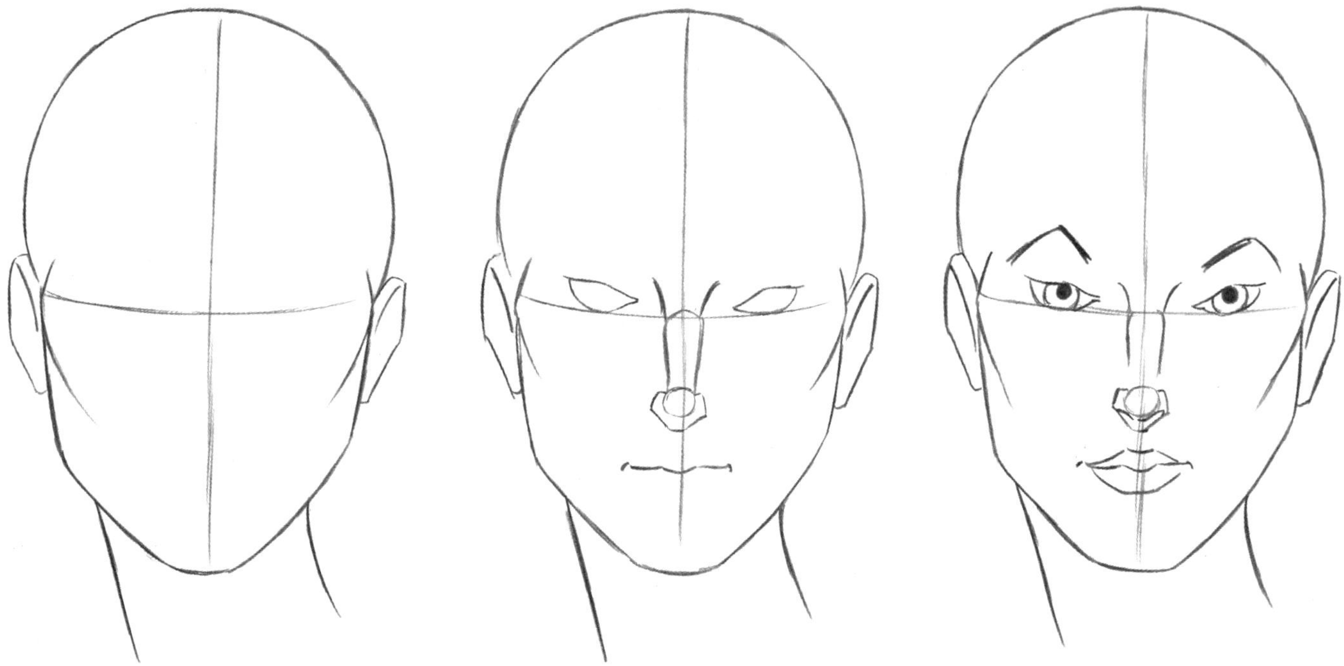

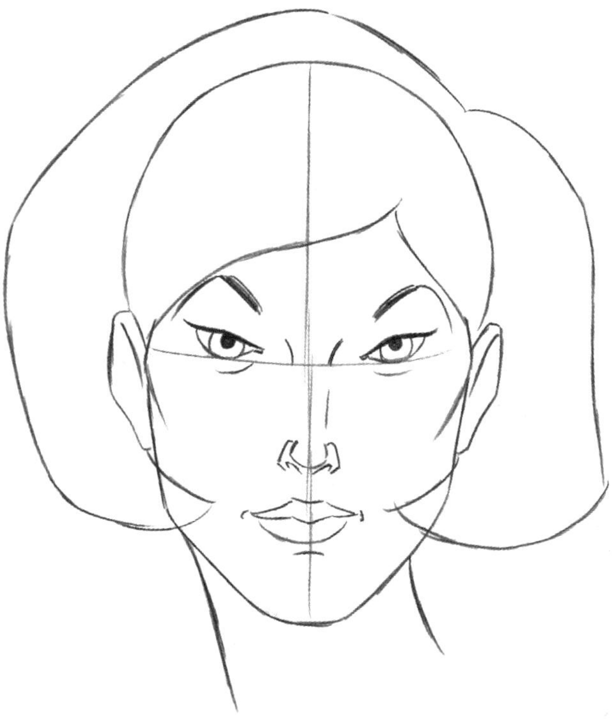

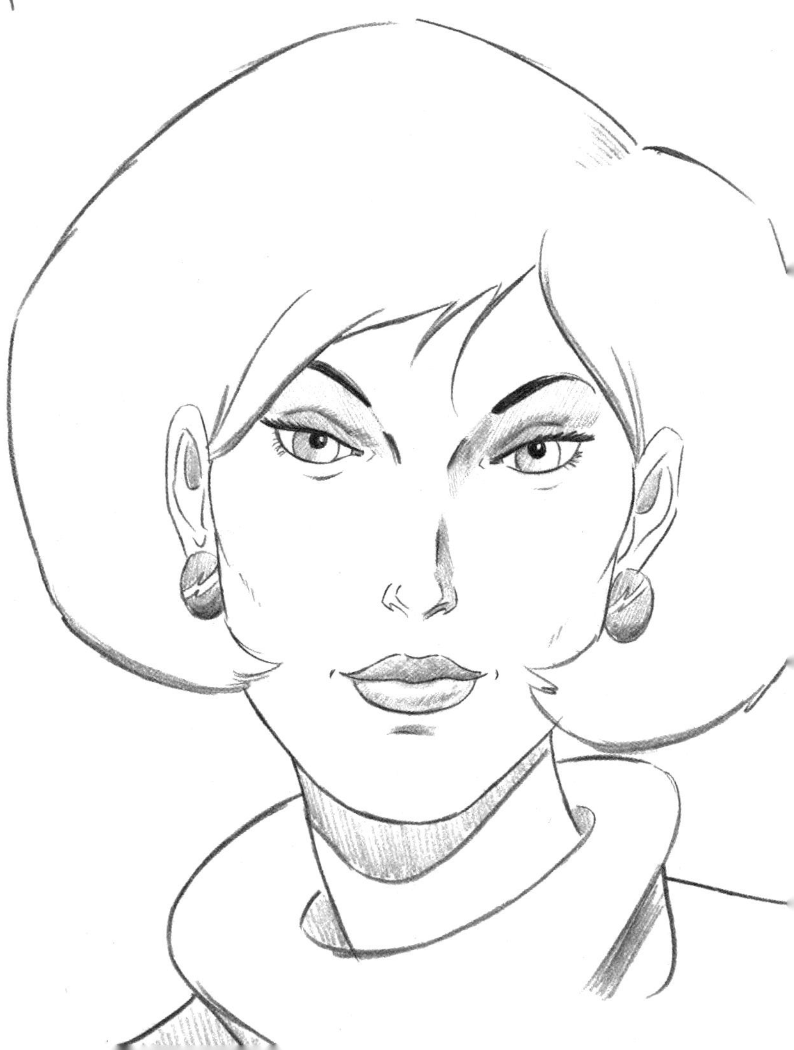

KARIKATUUR EN ANATOMIE

Door de feitelijke anatomie van het hoofd te overdrijven en de patronen te volgen van de plooien die een gezichtsuitdrukking kan achterlaten, kun je van een realistische kop een stripachtige figuur maken.

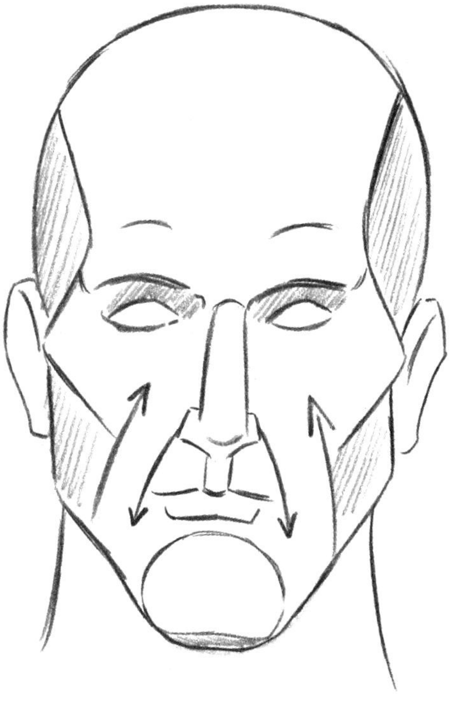

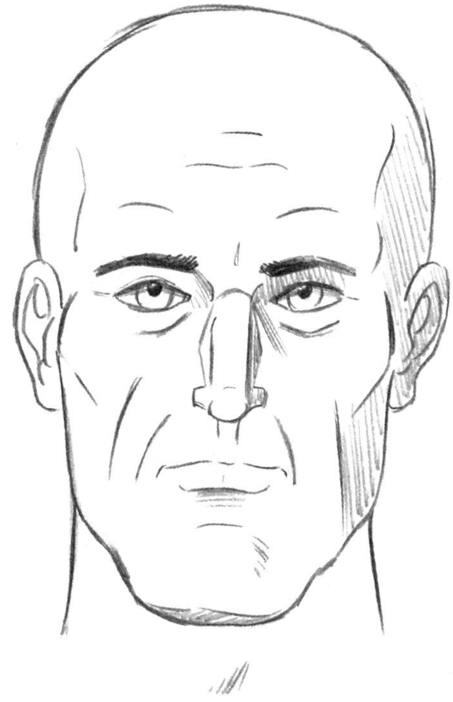

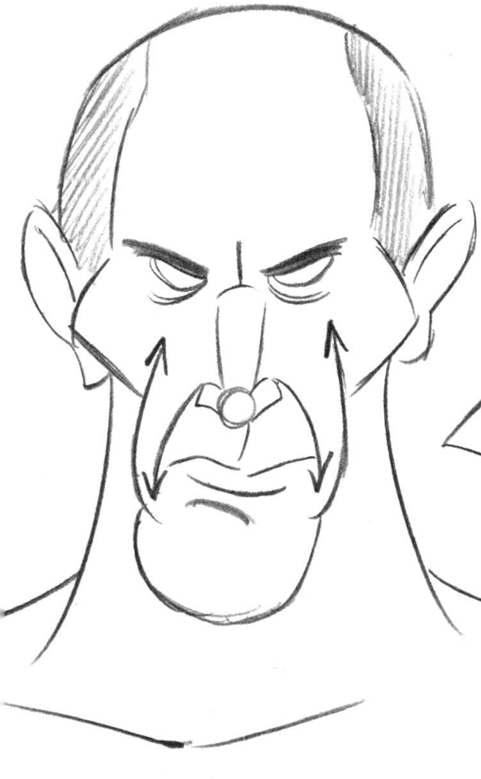

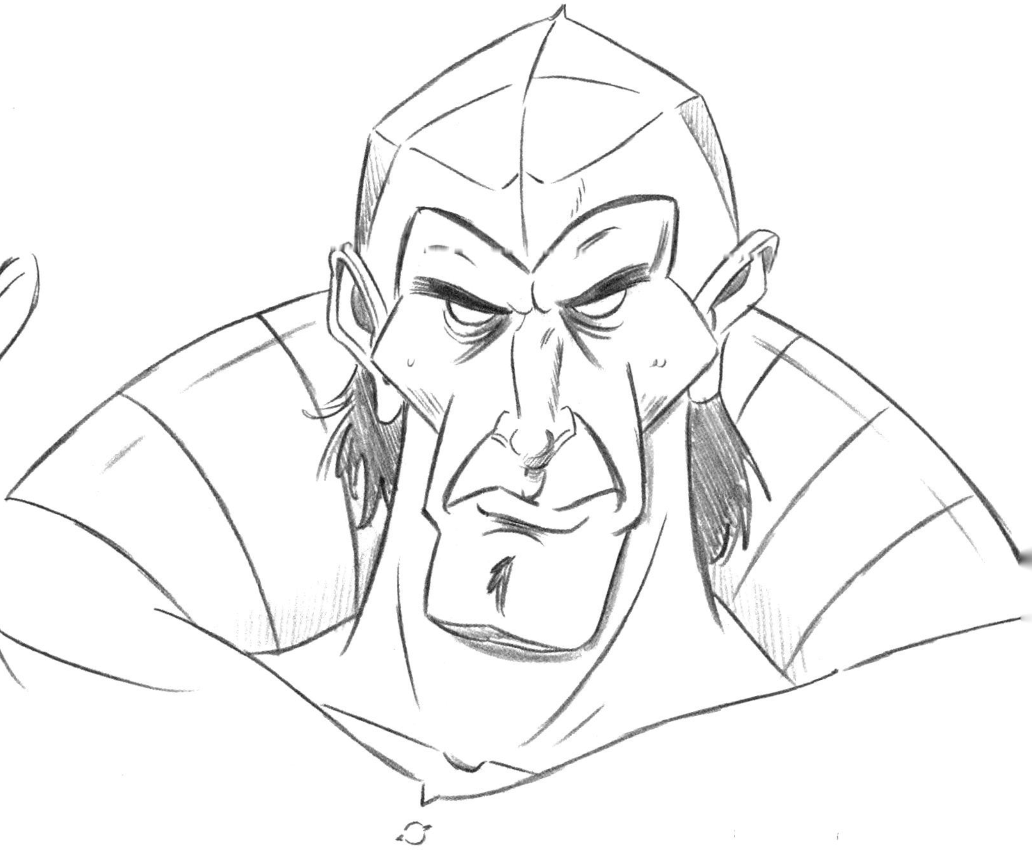

DE BOUW VAN HET SKELET

Het skelet is de basis van het lichaam, gezien vanuit het standpunt van de tekenaar. Verderop in dit boek wordt duidelijk waarom enige kennis van het skelet zo belangrijk is om een figuur te kunnen tekenen.

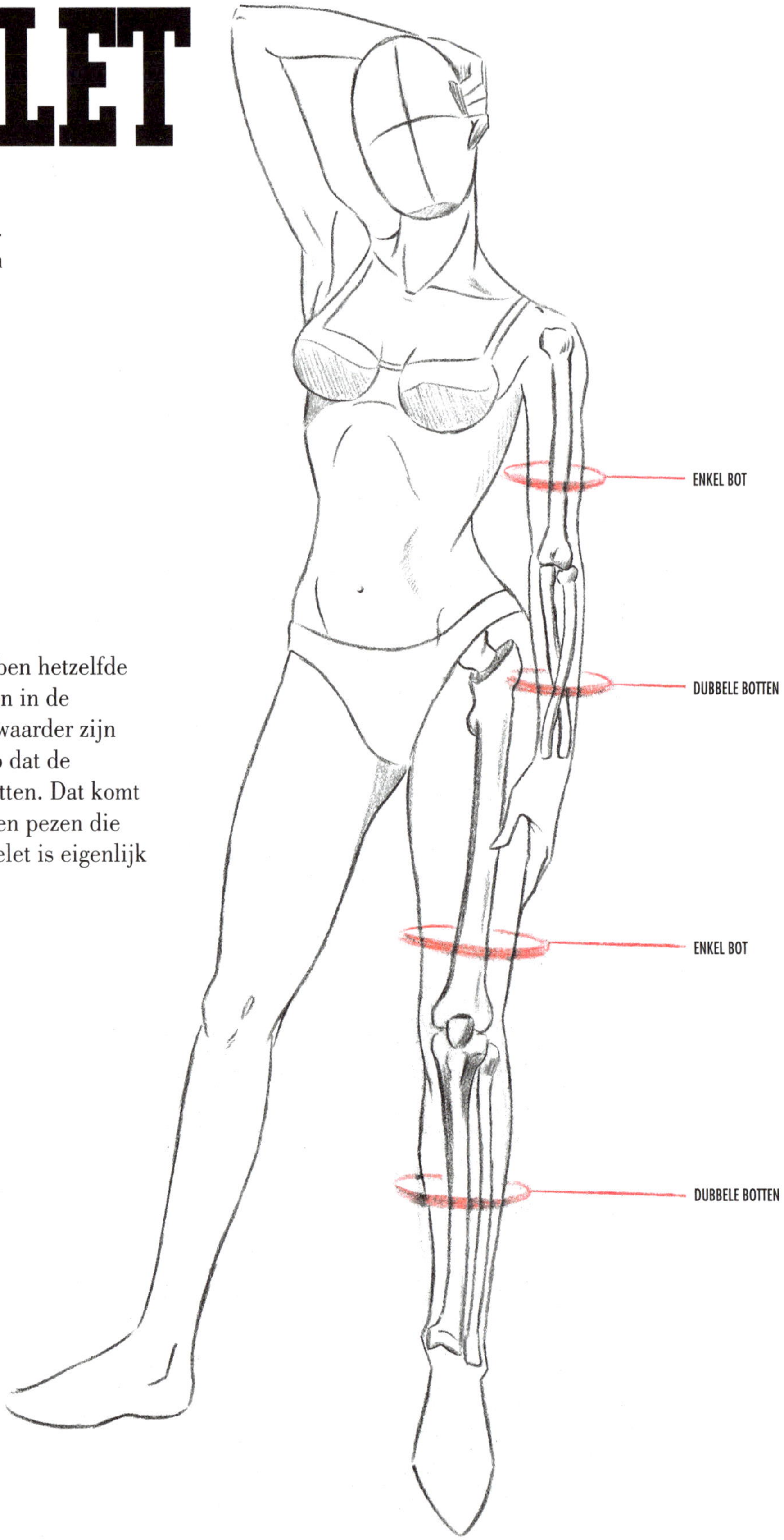

ARMEN EN BENEN

Alle beenderen van de armen en benen hebben hetzelfde patroon: een bot in de bovenkant, twee botten in de onderkant. Merk op dat de botten bovenin zwaarder zijn dan de dubbele botten onderin. Merk ook op dat de beenbotten veel zwaarder zijn dan de armbotten. Dat komt omdat daarop gewicht rust. Alle beenderen en pezen die gewicht moeten dragen zijn steviger. Het skelet is eigenlijk een prachtig stukje techniek.

HET SKELET: verhoudingen

Hier zie je het basisskelet, maar er is niet zoiets als een universele vorm. Elk skelet is anders, net zoals elk gezicht anders is. Maar we moeten uitgaan van een soort ideaal-skelet, dus dit is 'm dan. We noemen hem Hein.

DE BOTTEN EN HOE ZE HETEN

Het kan alleen maar handig zijn om de meeste botten bij naam te kennen, maar het is niet per se noodzakelijk. Ze worden vooral benoemd, zodat we er op de volgende bladzijden gemakkelijk naar kunnen verwijzen.

a clavicula (sleutelbeen)
b scapula (schouderblad)
c sternum (borstbeen)
d humerus (bovenste armbot)
e ulna (onderarmbot aan de kant van de pink)
f radius (onderarmbot aan de kant van de duim. Deze is korter dan de ulna.)
g trochanter
h femur (dijbeen)
i patella (knieschijf)
j tibia (scheenbeen)
k fibula

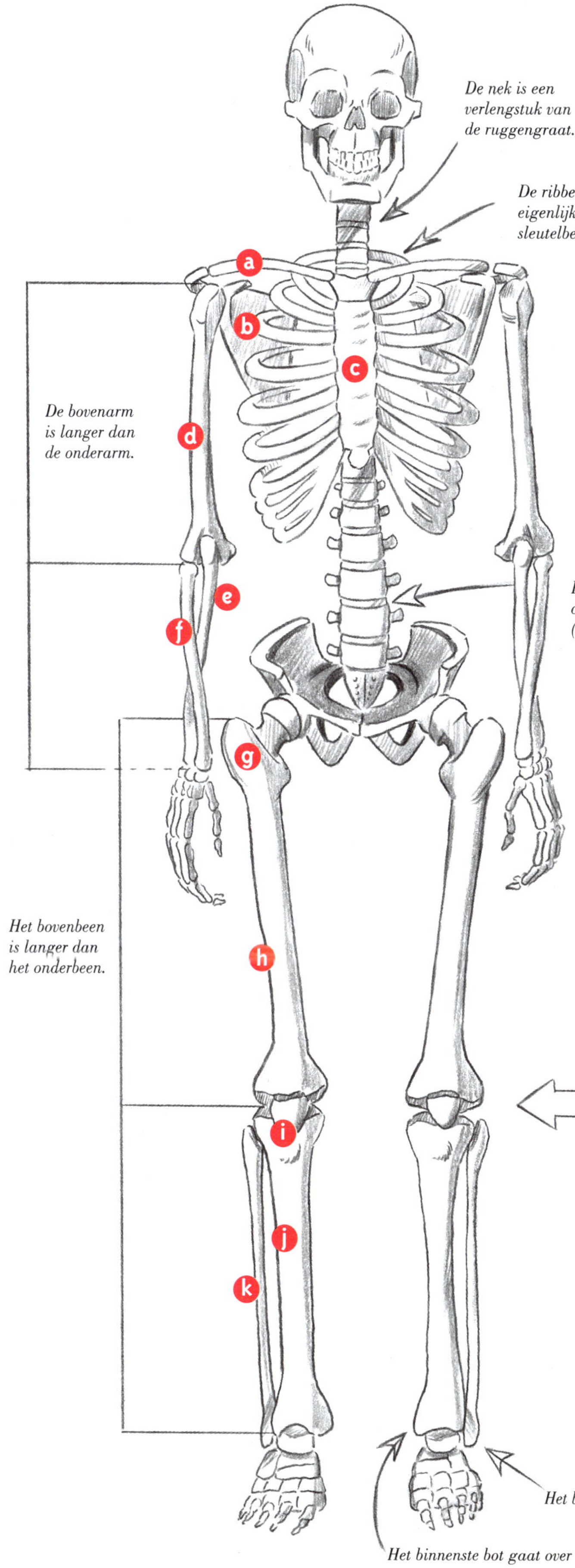

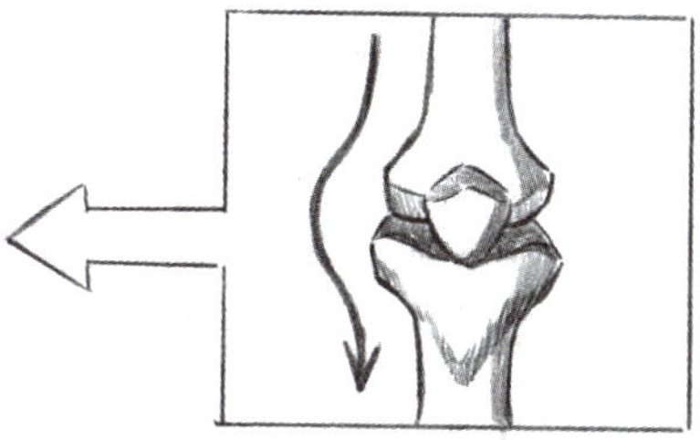

De botten zijn ter hoogte van de gewrichten altijd het breedst.

VEREENVOUDIGD SKELET: zelfcontrole van de verhoudingen

Dit is een even goede manier om het skelet te tekenen als een volledige versie. Voor de tekenaar is het skelet een middel tot een doel – een blauwdruk van de bouw van het lichaam. Ik heb lesgegeven aan klassen met echte tekentalenten, maar zonder model bakten ze er niets van. Dit soort afhankelijkheid is erg beperkend. De tekenaar moet ook een figuur kunnen tekenen zonder model, en het vereenvoudigde skelet biedt een richtlijn voor de juiste verhoudingen. Door zelfcontrole te leren uitoefenen op de verhoudingen, kun je vanuit je verbeelding werken, zonder bang te hoeven zijn dat het een figuur wordt met vreemde afmetingen.

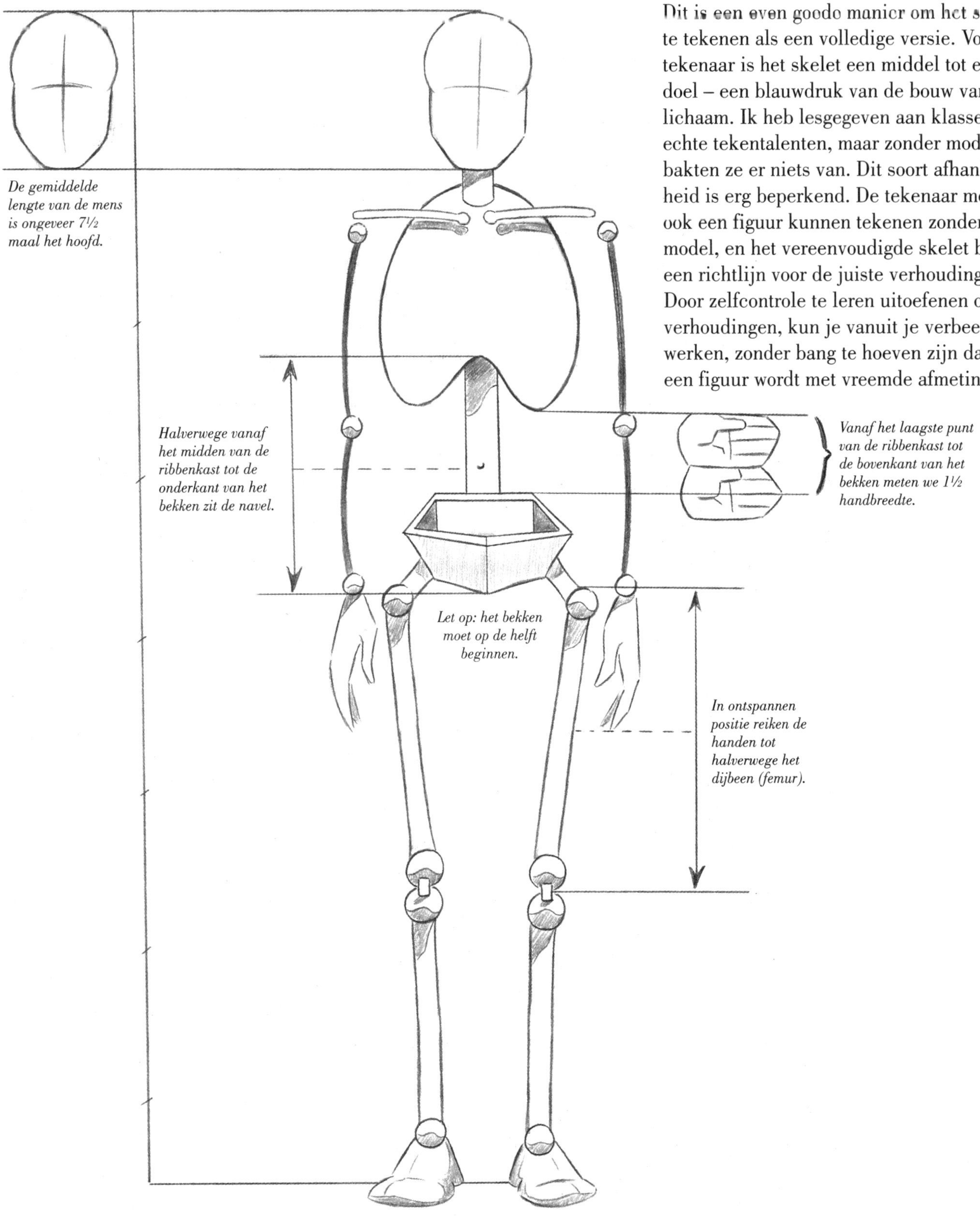

HET SKELET: achterkant

Nu bekijken we enkele posities die van nut kunnen zijn bij het tekenen van de achterkant:

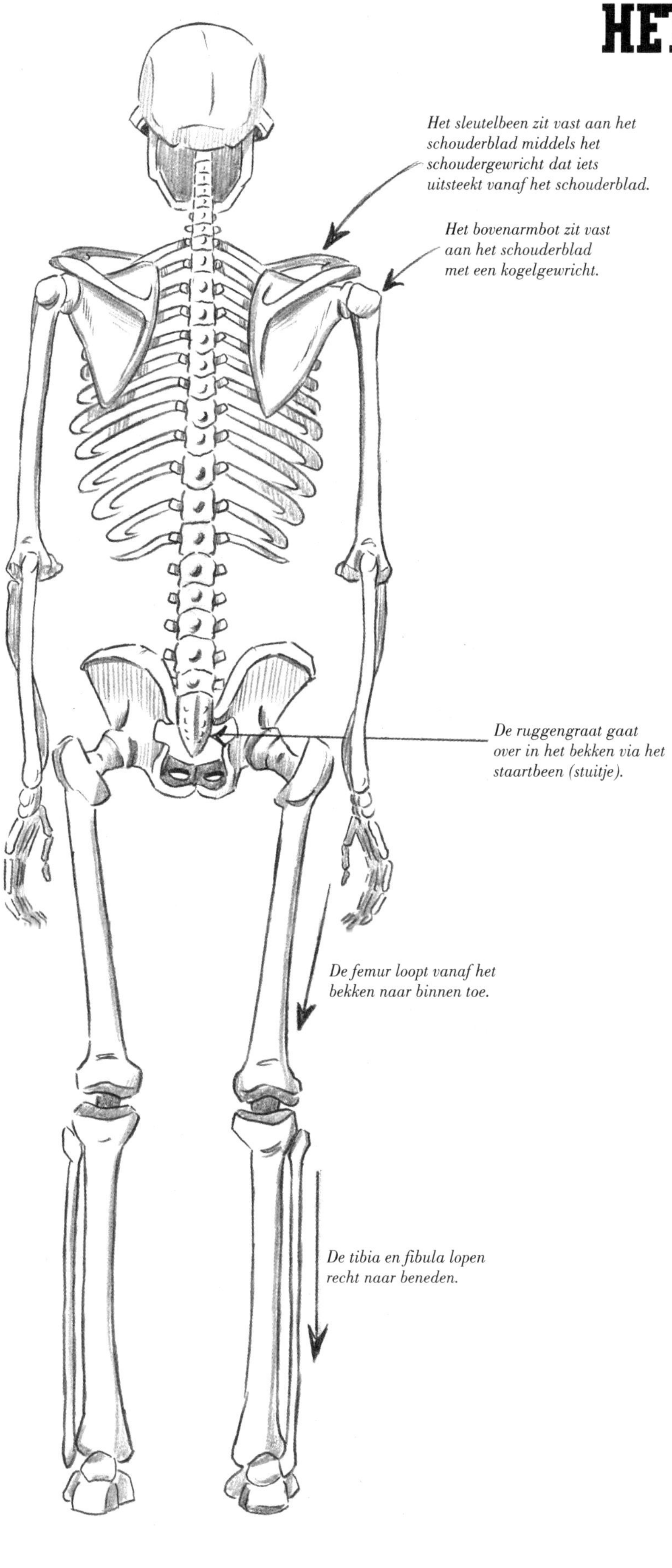

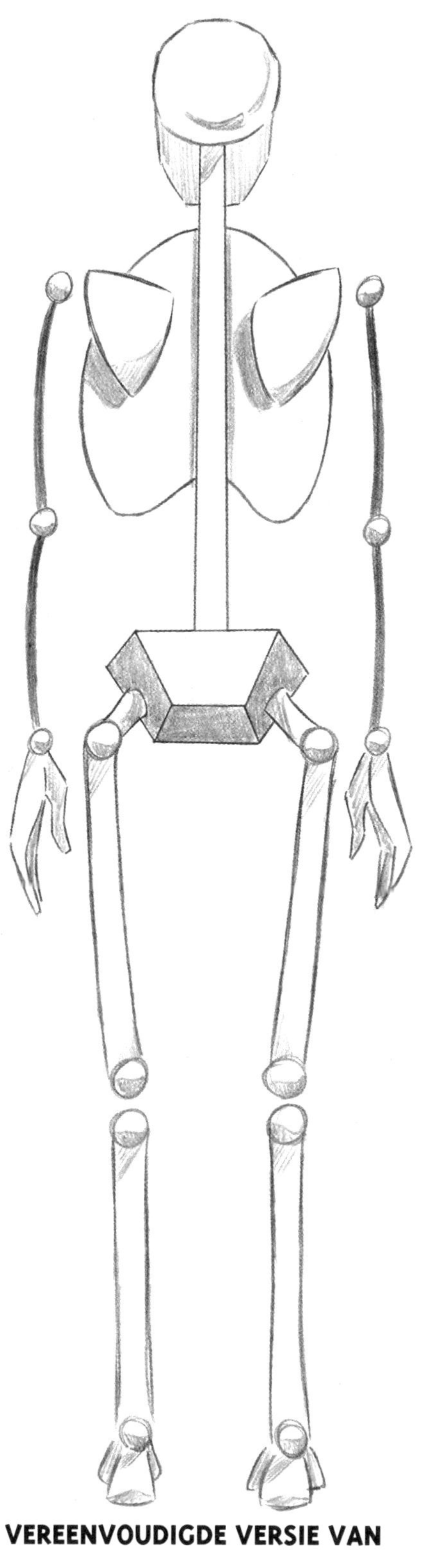

VEREENVOUDIGDE VERSIE VAN HET SKELET: ACHTERAANZICHT

HET VEREENVOUDIGD SKELET: zijaanzicht

Let op de welvingen van de nek, ruggengraat, boven- en onderbenen. Merk ook op hoe de welvingen naadloos in elkaar overgaan, zonder scherpe hoeken. Er is een golflijn te zien in het hele lichaam. Probeer die te voelen bij het tekenen van een figuur. We gaan hier nog verder op door in de volgende hoofdstukken.

Het mannelijk bekken helt iets naar voren, en het vrouwelijk bekken doet dat veel sterker.

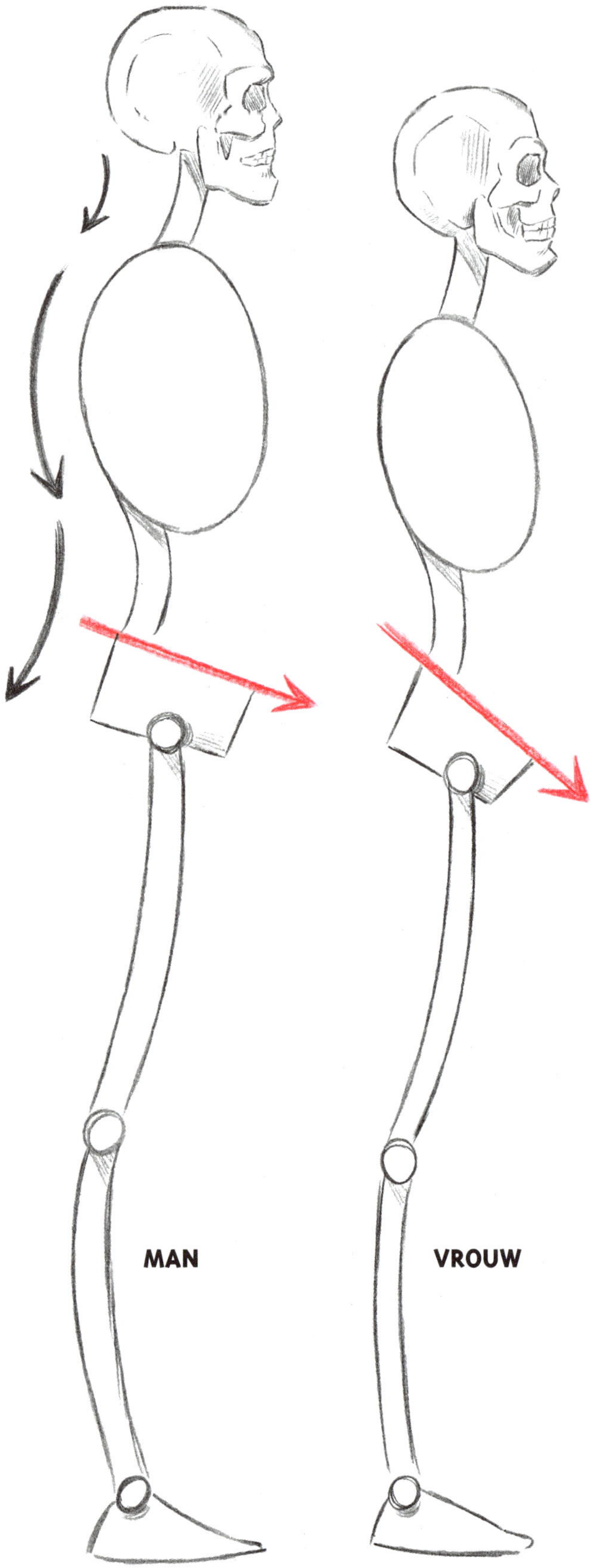

VERGELIJKENDE ANATOMIE: bekken van man en vrouw

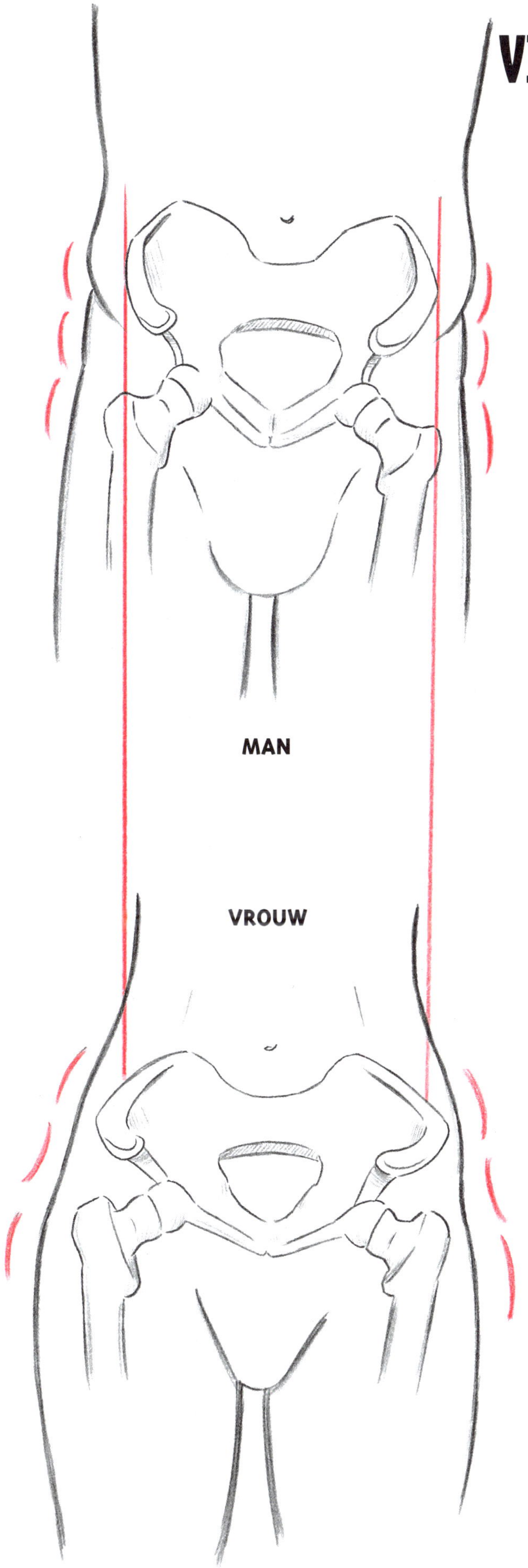

Het bekken van de man is smaller en langer dan dat van de vrouw. Het bekken van de vrouw is breder en korter dan dat van de man. Het gevolg van het bredere bekken van de vrouw is dat het de inham accentueert van het breedste stuk van het bekken en het trochanter. De man heeft niet zo'n versmalling.

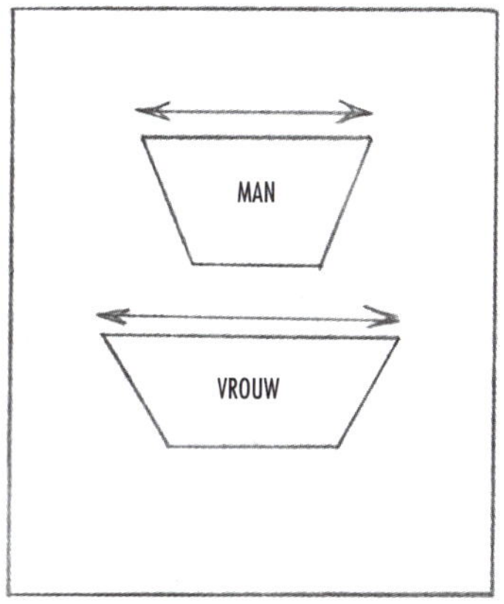

Het mannenbekken is smaller en langer, terwijl dat van de vrouw breder en korter is.

BEENDEREN DIE TE ZIEN ZIJN: vooraanzicht

Een andere belangrijke reden om de bouw van het skelet in de gaten te houden is dat het op veel plaatsen van het lichaam te zien is. Mensen zijn eraan gewend dat het skelet bulten in de huid veroorzaakt, en hier en daar door de kleding heen te zien is. Hieronder kijken we naar díe plaatsen waar het skelet het meest zichtbaar is:

a buitenste malleolus (van de fibula)
b tibia
c patella
d knokkels
e duimgewricht
f sleutelbeen
g bekkenbot
h ribbenkast
i elleboogggewricht
j deel van onderarmbot
k polsgewricht
l schoudergewricht

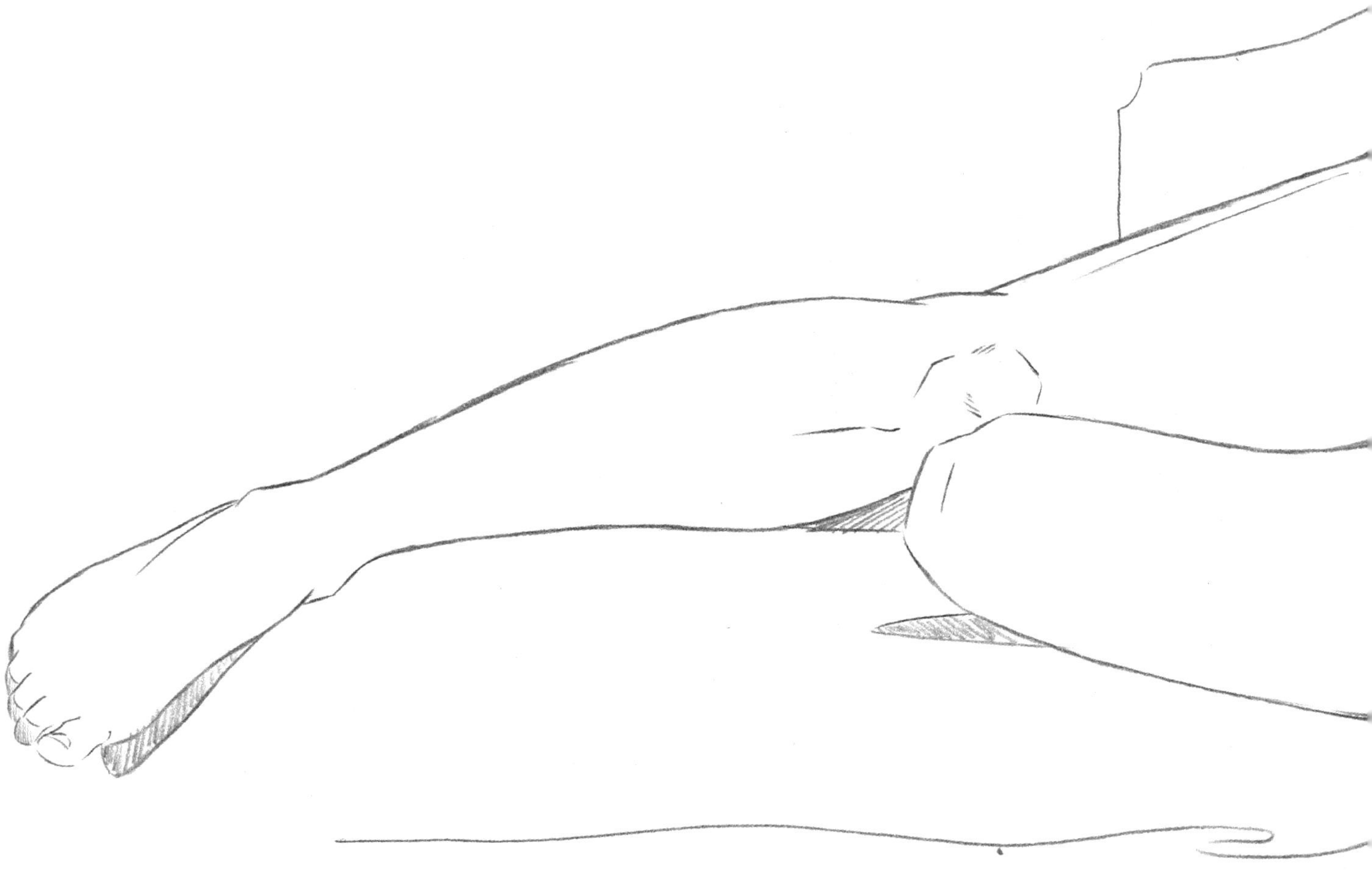

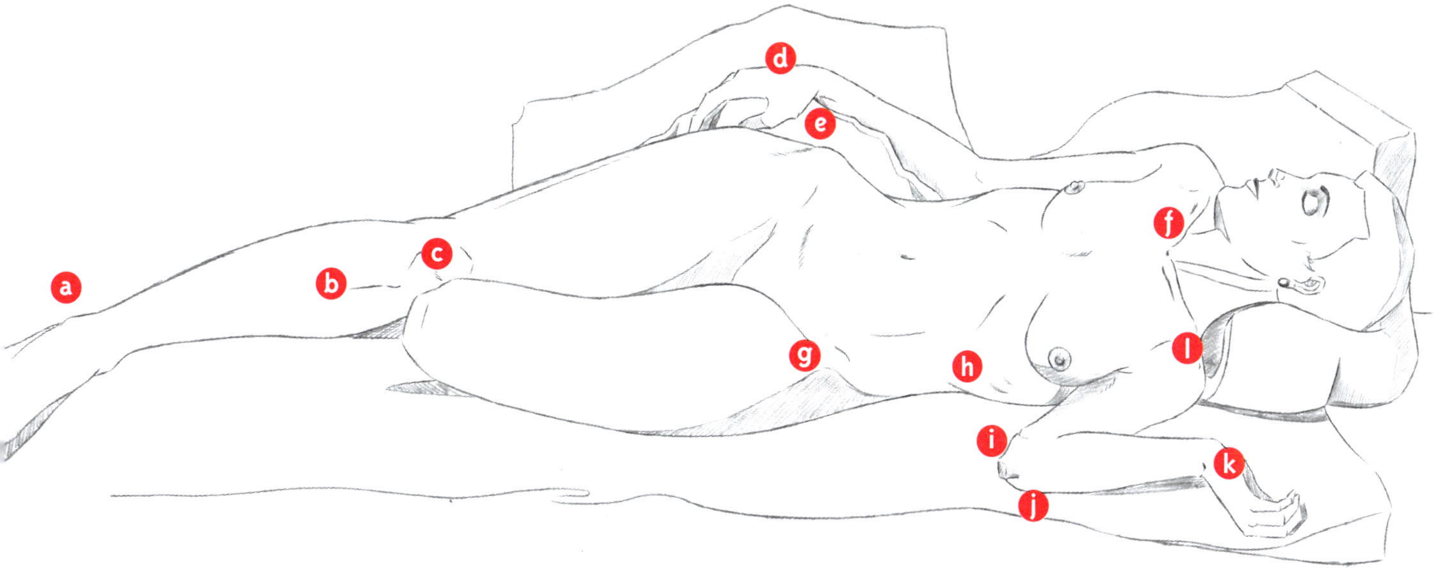
a
b
c
d
e
f
g
h
i
j
k
l

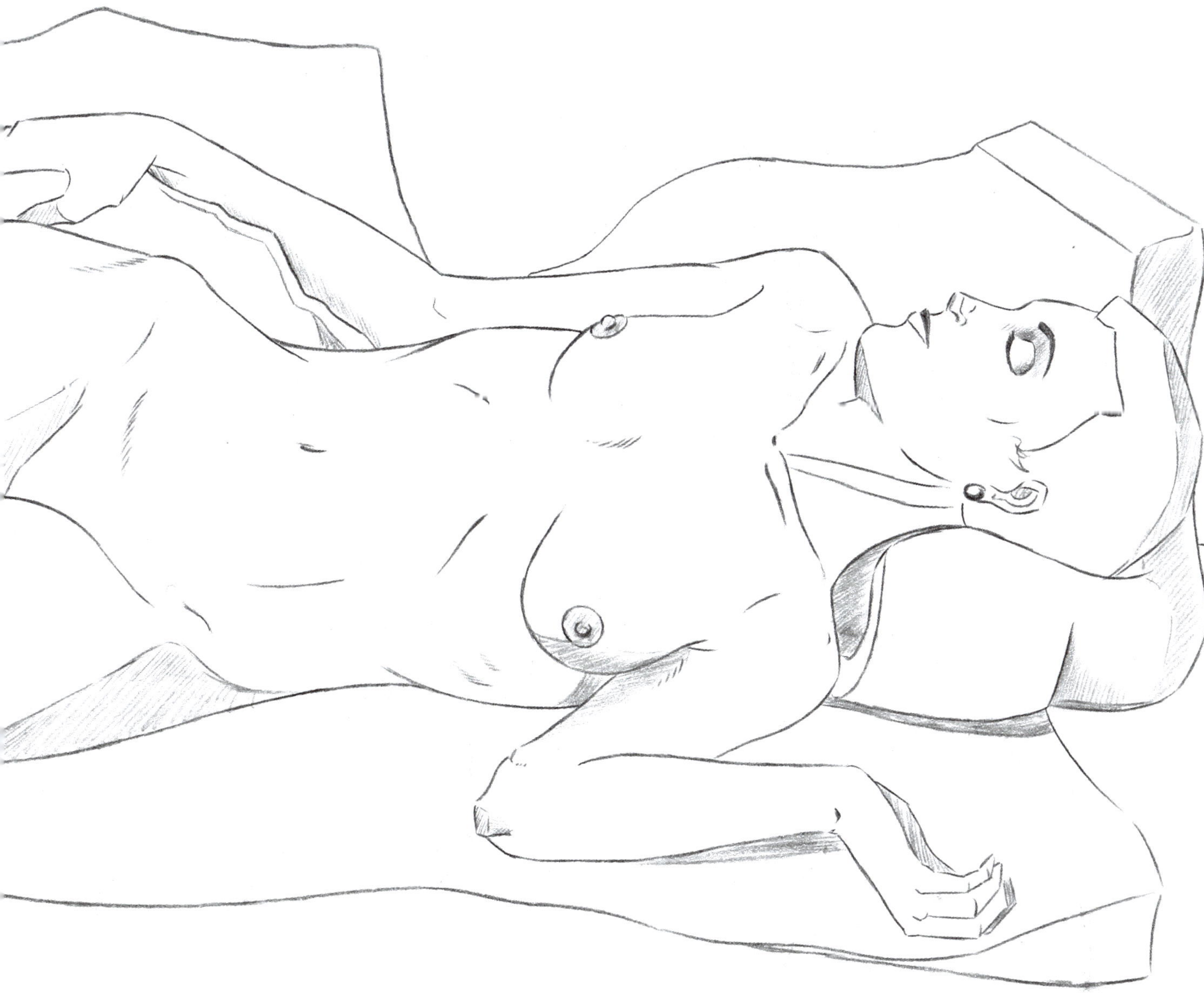

BEENDEREN DIE TE ZIEN ZIJN: achteraanzicht

Omdat op de rug minder vet- en spierweefsel zit dan aan de voorkant, zijn daar meestal een behoorlijke hoeveelheid botten zichtbaar, zelfs bij niet-atletische typen.

a zevende rugwervel
b uitstekend deel van het schouderblad
c schoudergewricht
d schouderblad
e ribbenkast
f elleboog
g deel van onderarmbot
h stuit
j buitenkant enkel

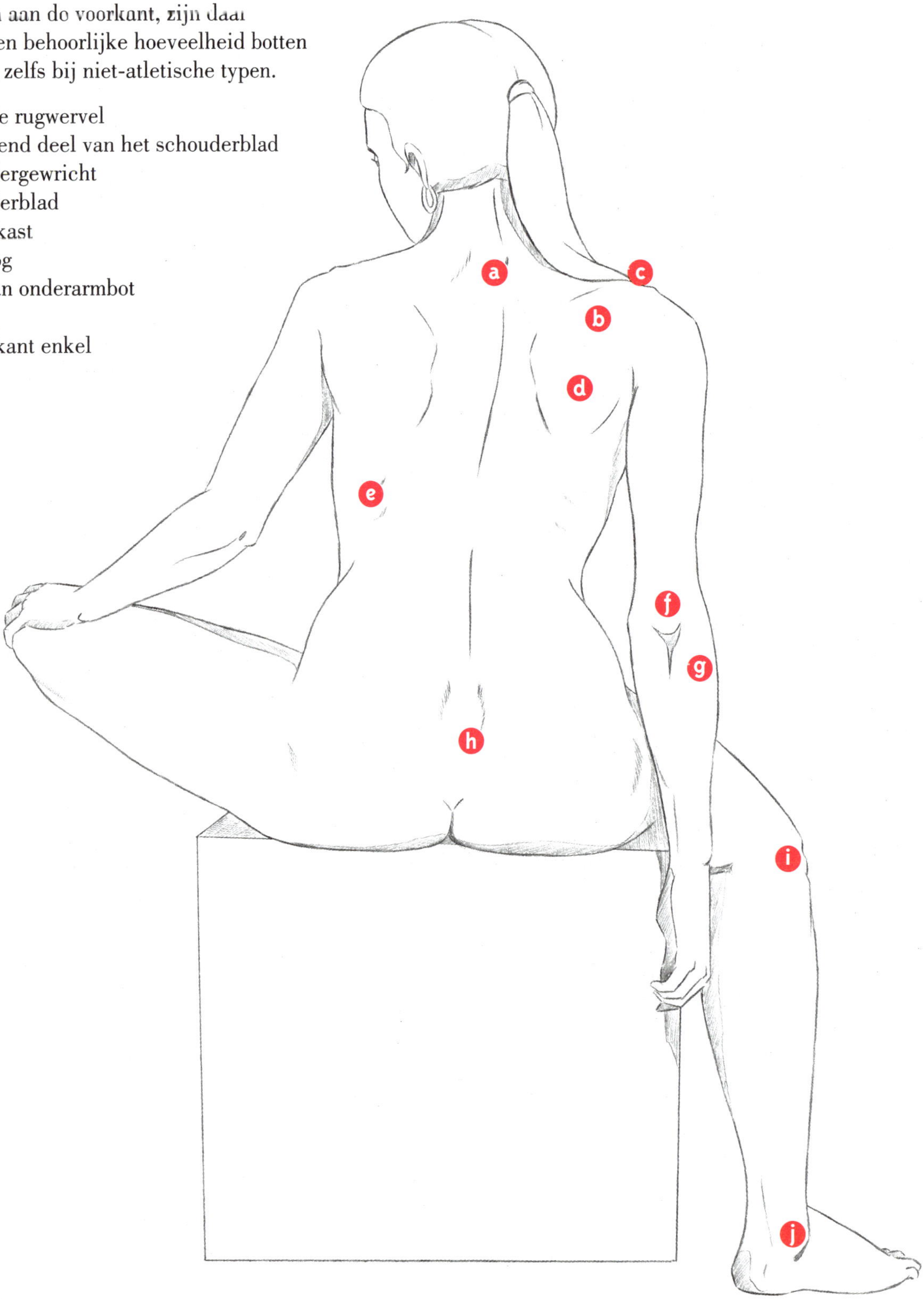

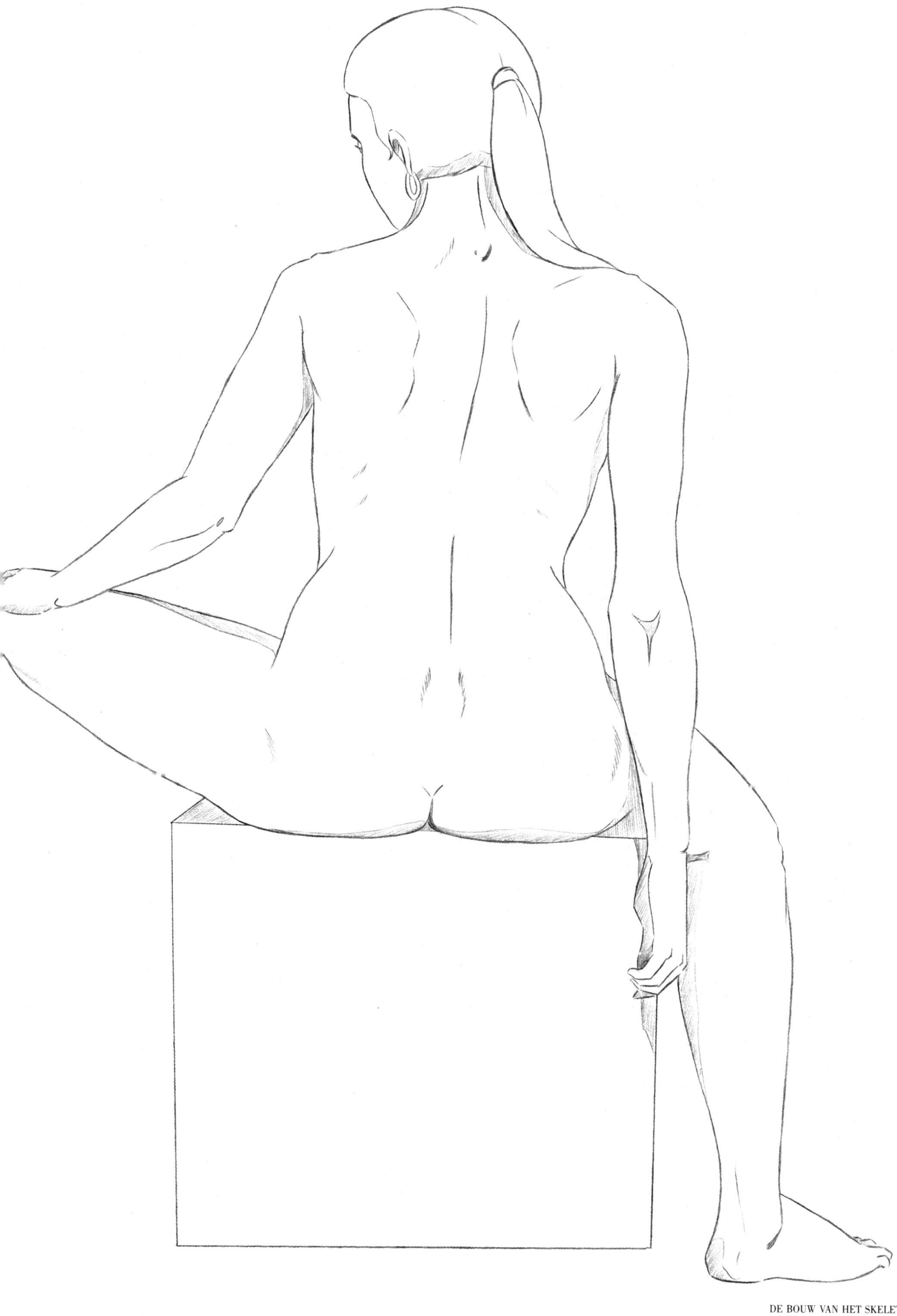

DE VEREENVOUDIGDE FIGUUR

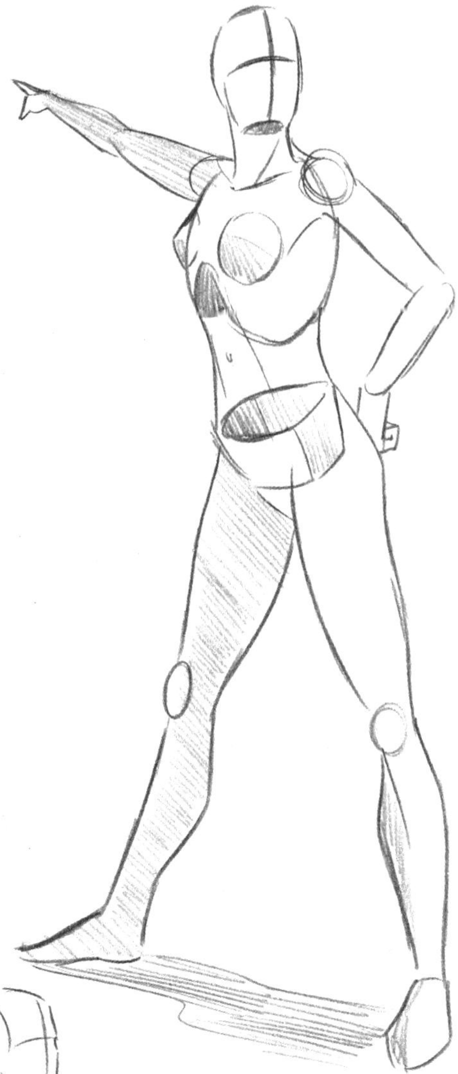

Weinig tekenaars beginnen met het tekenen van het skelet en elk spiervezeltje. Vaker schetsen ze eerst de hele figuur, die ze daarna nog kunnen uitwerken met behulp van hun kennis van de anatomie. Deze geschetste posen moeten grofweg en losjes neergezet worden. Probeer vooral de houding goed te treffen en let minder op precisie. Als de eerste schets iets levendigs heeft, behoudt de uitwerking dat ook. Maar hoeveel je ook studeert op details, een goed gevoel voor houding is belangrijker.

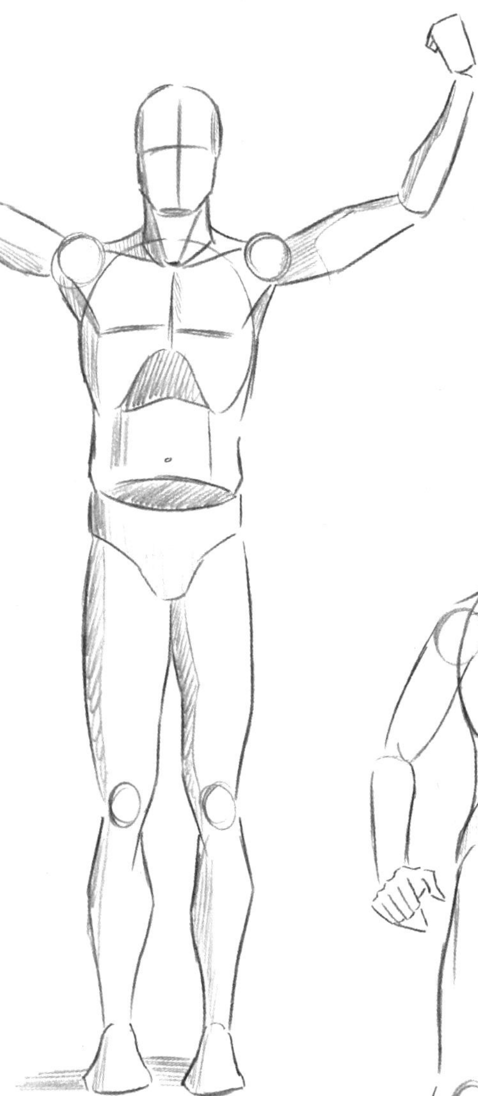

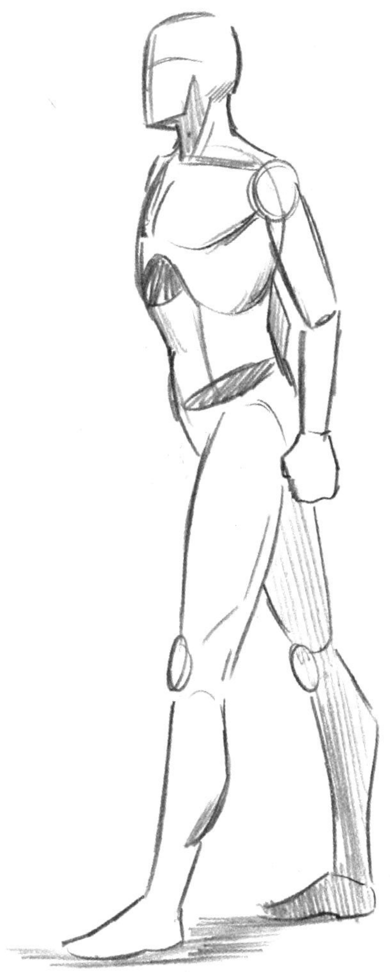

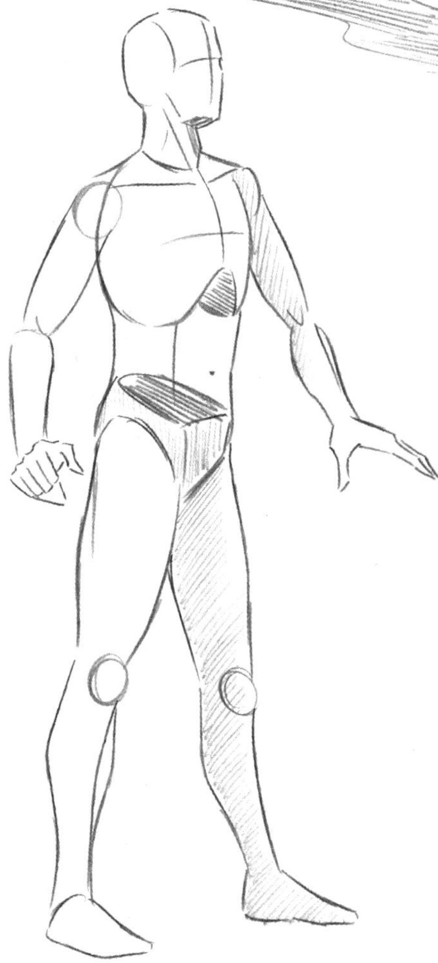

VLAKKEN VAN HET LICHAAM

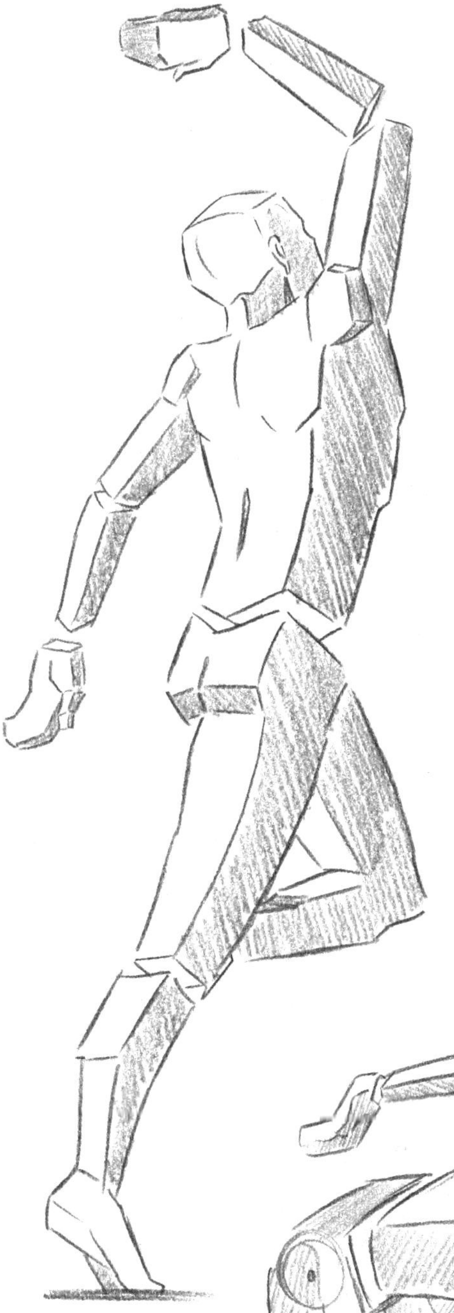

Ook het lichaam vertoont vlakken, net als het gezicht. Zoals al eerder gezegd, speelt licht een belangrijke rol in het tekenen van die vlakken. Omdat een figuur altijd op een bepaalde manier wordt belicht, is er geen vuistregel te geven voor deze vlakken. Laat daarom de houding en de lichtval de richtlijn zijn. Probeer het lichaam en zijn ledematen te zien als blokken die worden beschenen door een of twee lichtbronnen.

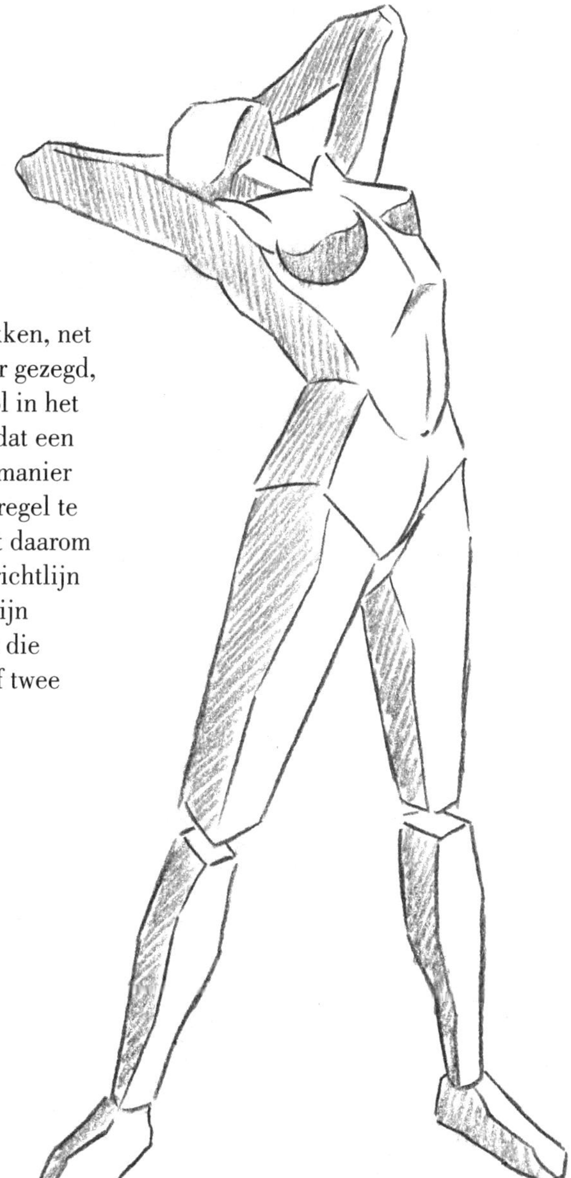

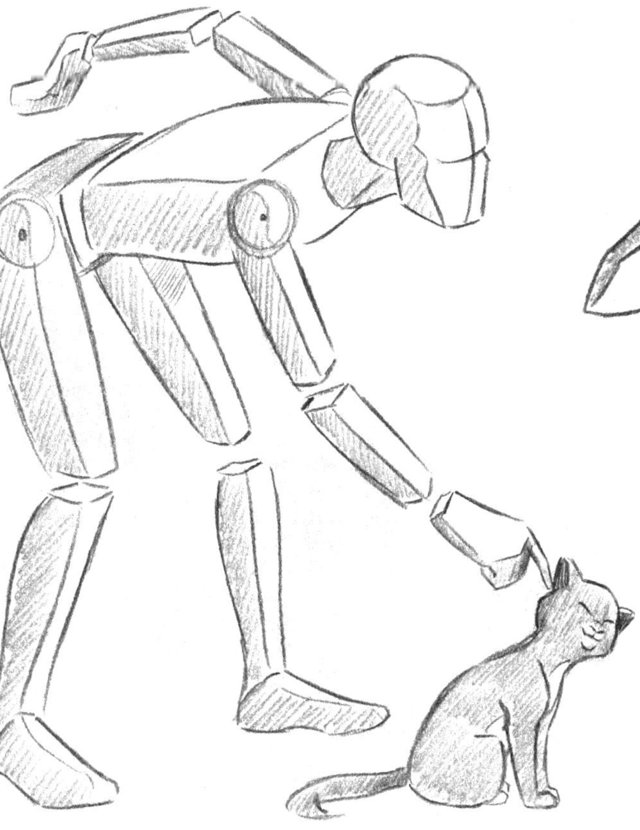

KENMERKEN VAN HET LICHAAM

BELANGRIJKE SPIEREN

Je zult vast een heleboel spieren kennen, zoals de biceps en de triceps in de arm, de belangrijkste borstpieren, de binnenste kuitspier, enz. We zien ze altijd als we in de spiegel kijken of als we in een fitnesscentrum zijn. Het is belangrijk om te weten hoe lang de spieren zijn en hoe ze verbonden zijn met andere spieren.

a sternomastoïde
b deltoïde
c pectoralis major
d biceps
e teres major
f serratus
g schuine buikspier
h rectus abdomonis
i gracilis
j sartorius
k quadriceps
l gastrocnemius
m soleus
n tibialis
o peroneus longus

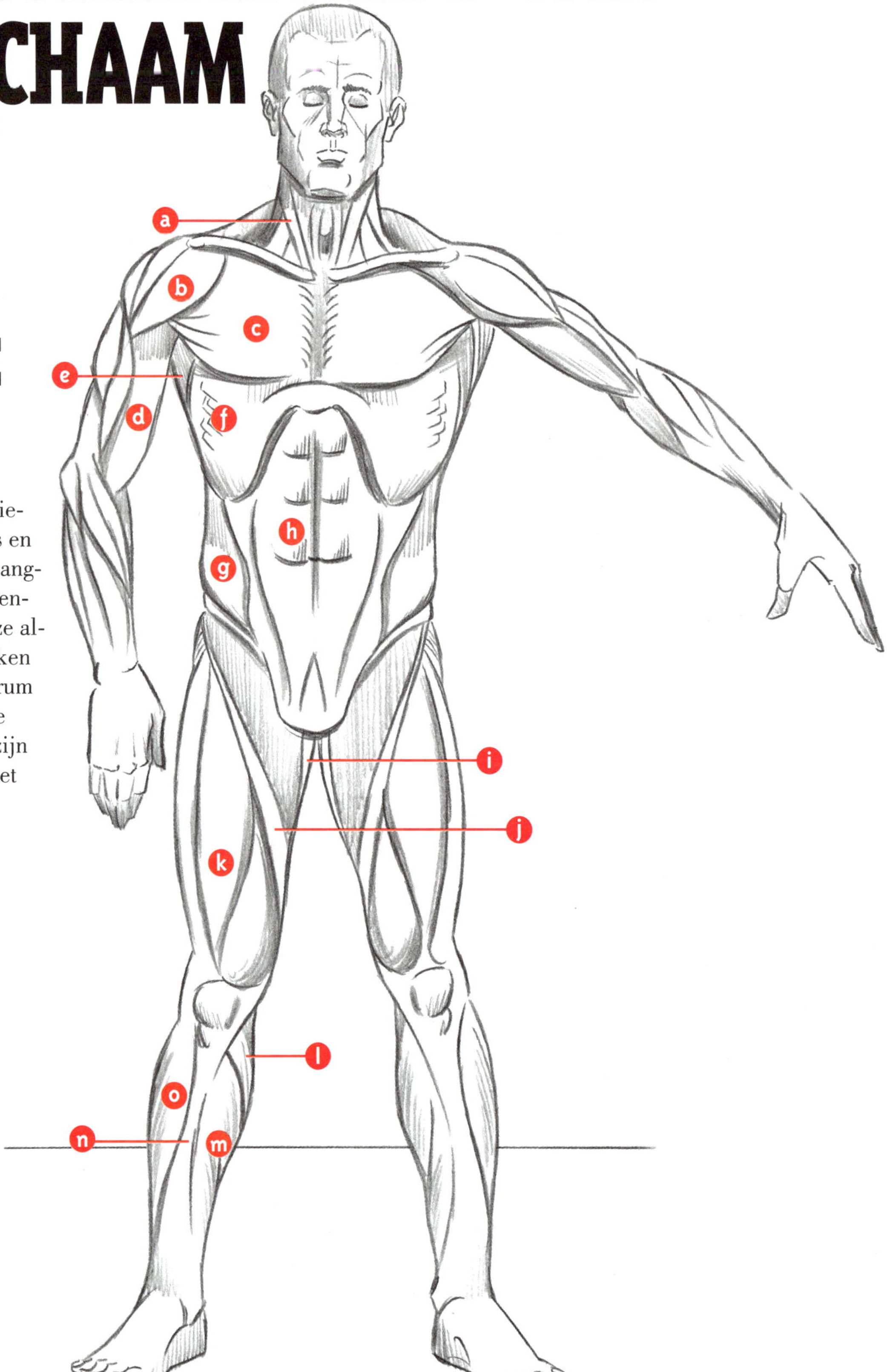

VOORAANZICHT

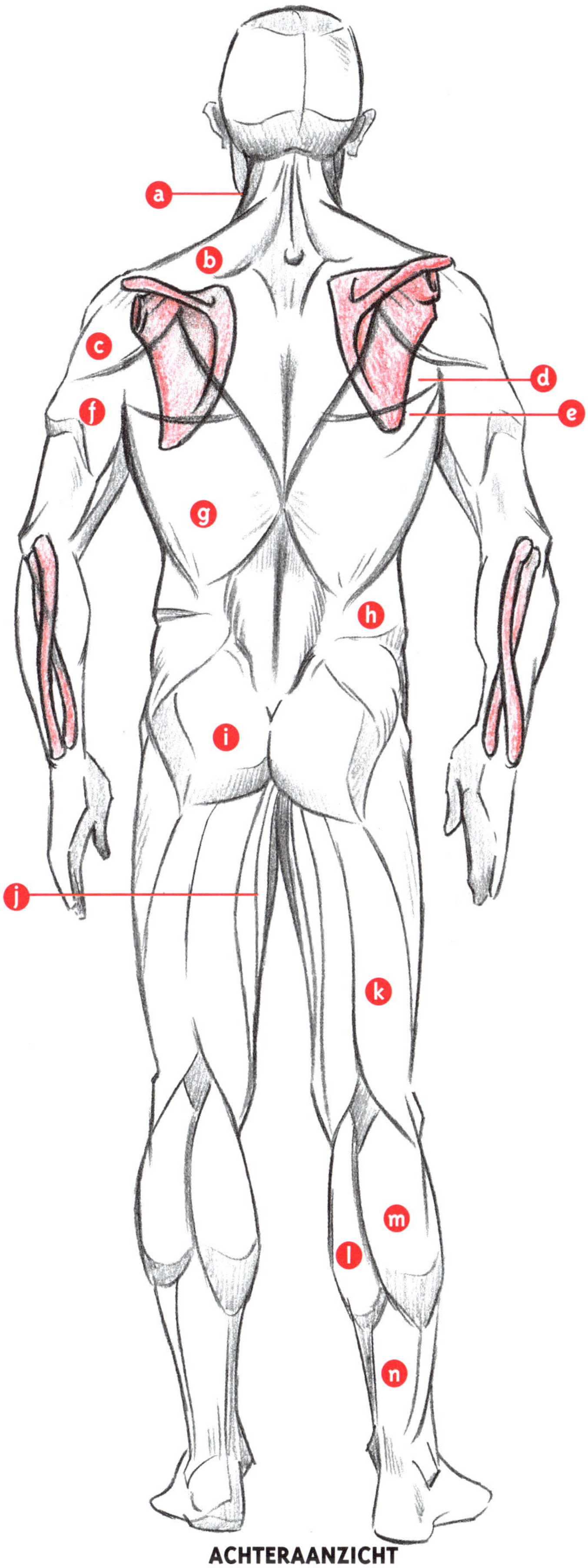

ACHTERAANZICHT

Let op de positie van de schouderbladen, die zowel vastzitten aan de schouderspieren als aan de trapeziusspier en die aan de onderkant gedeeltelijk bedekt worden door de latissimus dorsi-spieren. De onderarm bestaat uit twee botten die om elkaar heen gedraaid zitten. In een later hoofdstuk zullen we hier wat dieper op ingaan.

a sternomastoïde
b trapezius
c deltoïde
d teres minor
e teres major
f triceps
g latissimus dorsi
h schuine buikspier
i gluteus maximus
j gracilis
k biceps femoris
l gastrocnemius
m gastrocnemius
n achillespees

KEN JE SPIEREN

Je vraagt je misschien af waarom je alle details van de spieren zou moeten weten. Kunnen we niet zonder? Iedere kunstenaar zal deze vraag wel eens jammerend hebben gesteld. Helaas luidt het antwoord dat kennis van de spieren noodzakelijk is. Laten we eens kijken waarom.

FIGUUR ZONDER ANATOMISCHE KENNIS
De proporties van deze figuur zijn wel correct, maar de spieren kloppen niet. De tekenaar weet wel dat er op de borst ondiepe plekken zitten, bij het sleutelbeen en de schouder. De tekenaar kan ze zien, maar heeft geen benul van de richting die ze opgaan omdat hij niet weet hoe de botstructuur loopt, die verborgen zit onder de huid en de vetlaag.

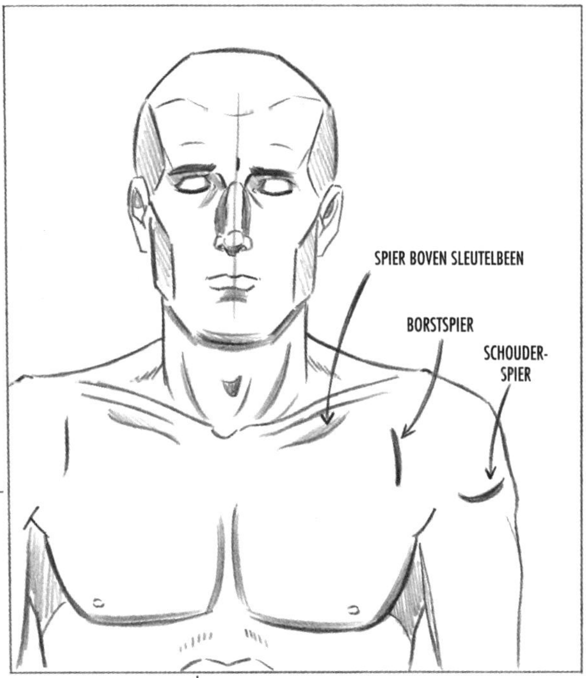

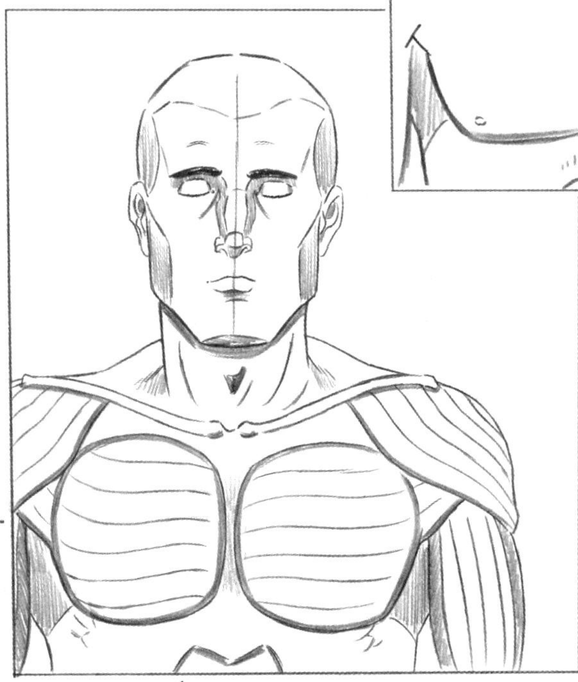

FIGUUR MET SPIEREN
Door een vluchtige blik op de spieren te werpen, zien we al snel waar de fout ligt. De ondiepe plekken zitten op de juiste plaats, maar ze gaan de verkeerde kant op.

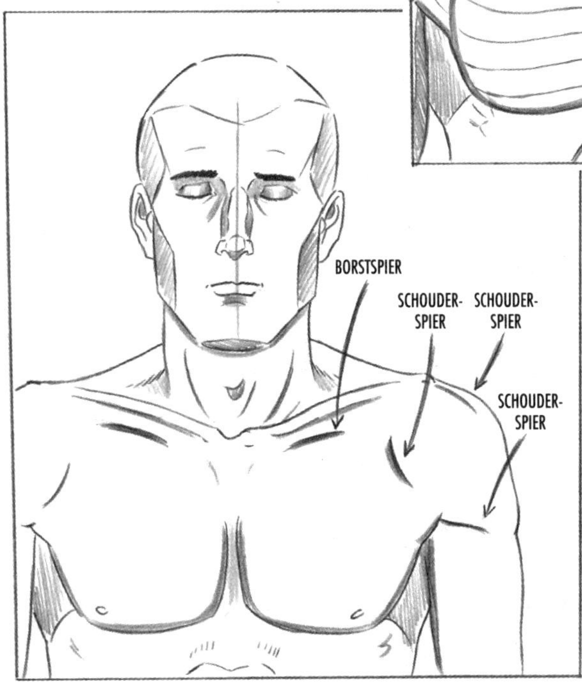

VERBETERDE FIGUUR
Nu voegen we de details toe voor de richting waar de spieren lopen. Het resultaat is een realistischer weergave.

SPIEREN EN SCHADUW

Omdat spieren hier en daar uitsteken, werpen ze kleine schaduwen op het lichaam die hun aanwezigheid zichtbaar maken. Let erop dat je geen slaaf wordt van de anatomie. Je hoeft niet elke spier in het lichaam te tekenen, sterker nog, dat is af te raden. Alleen de belangrijkste spieren moeten herkenbaar zijn.

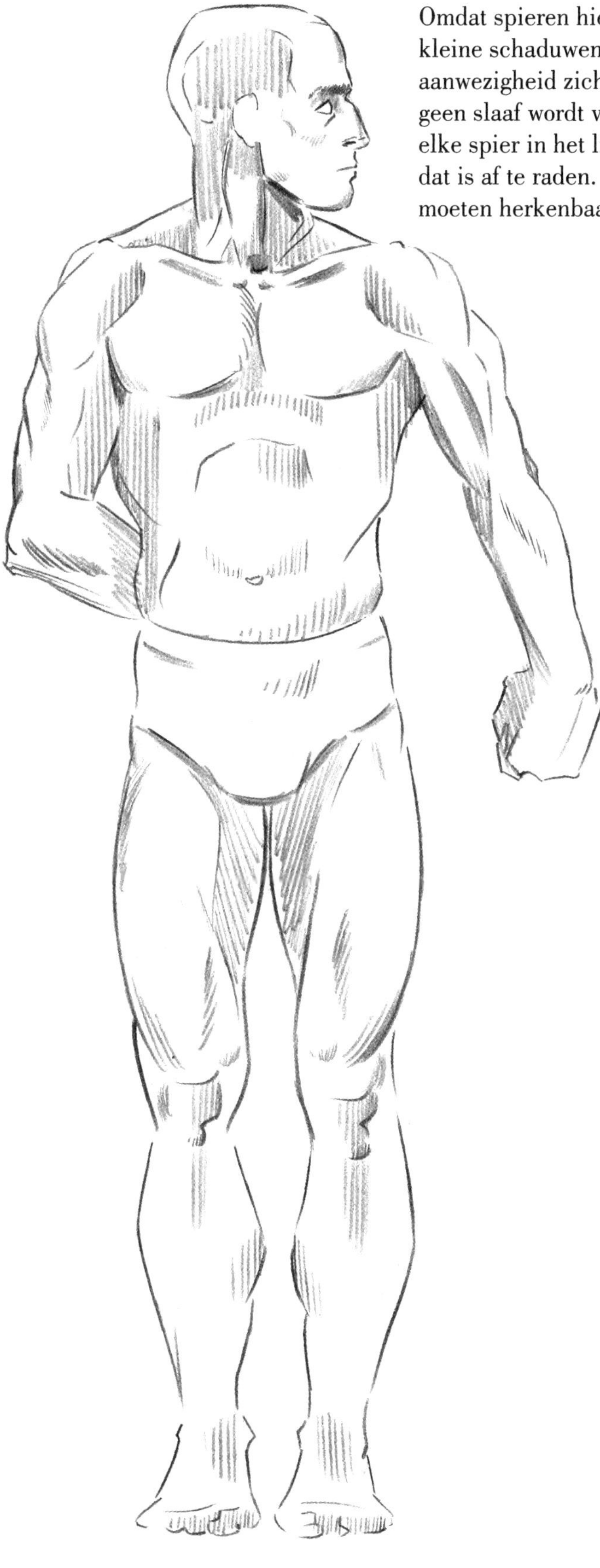

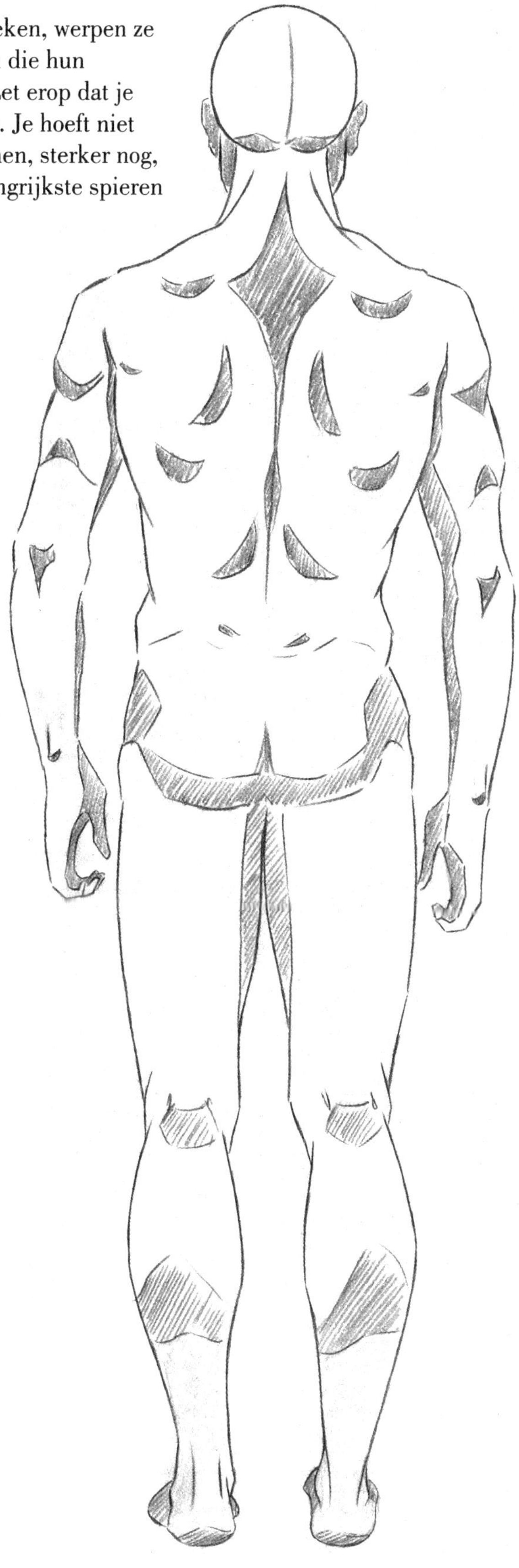

DE NEKSPIEREN

Er zitten veel spieren in de nek. We zullen ons alleen richten op die spieren die met het blote oog zichtbaar zijn. De meeste mensen hebben een nek met een duidelijk zichtbare spierstructuur. Daarbij zijn de spieren vaak opvallend dik en sterk, iets wat zeer logisch is omdat de nek zestien uur per dag een zwaar hoofd overeind moet houden. Tussen de spieren in de nek bevindt zich ruimte. Hierdoor kun je spieren gemakkelijk van elkaar onderscheiden.

a sternohyoïde (meestal alleen te zien als het hoofd achterover helt)
b sternomastoïde (opvallendste nekspier)
c sternomastoïde (de spier splitst zich en hecht zich aan het sleutelbeen)
d trapezius (deze spier loopt verder door naar het midden van de rug)

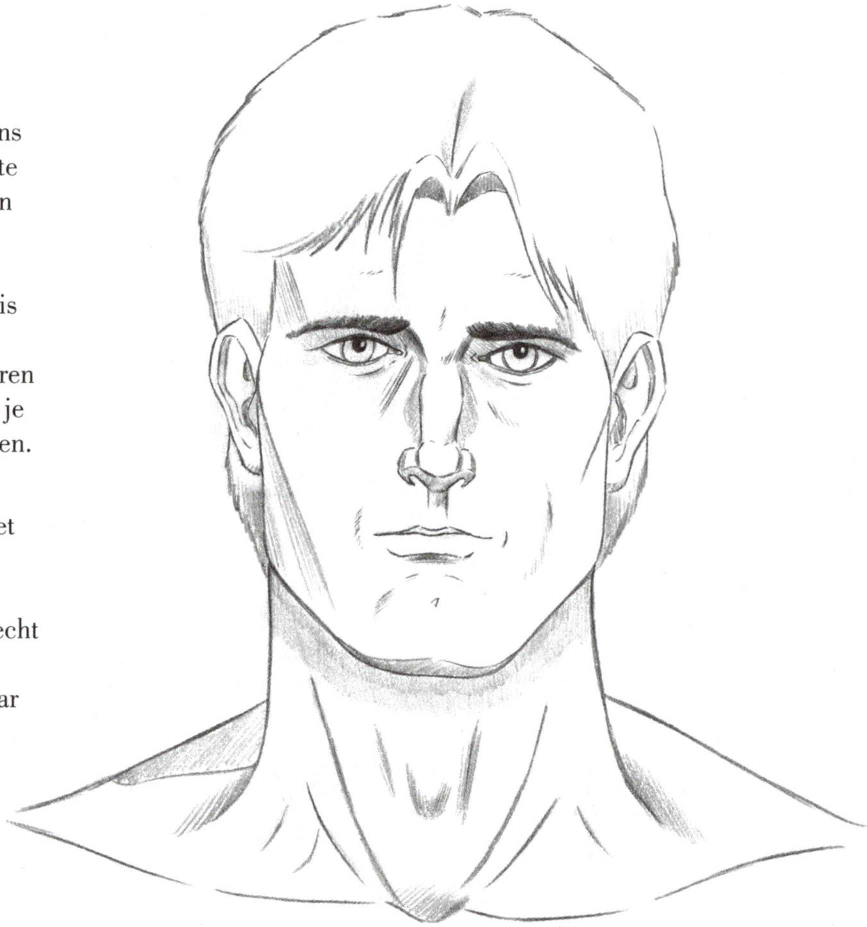

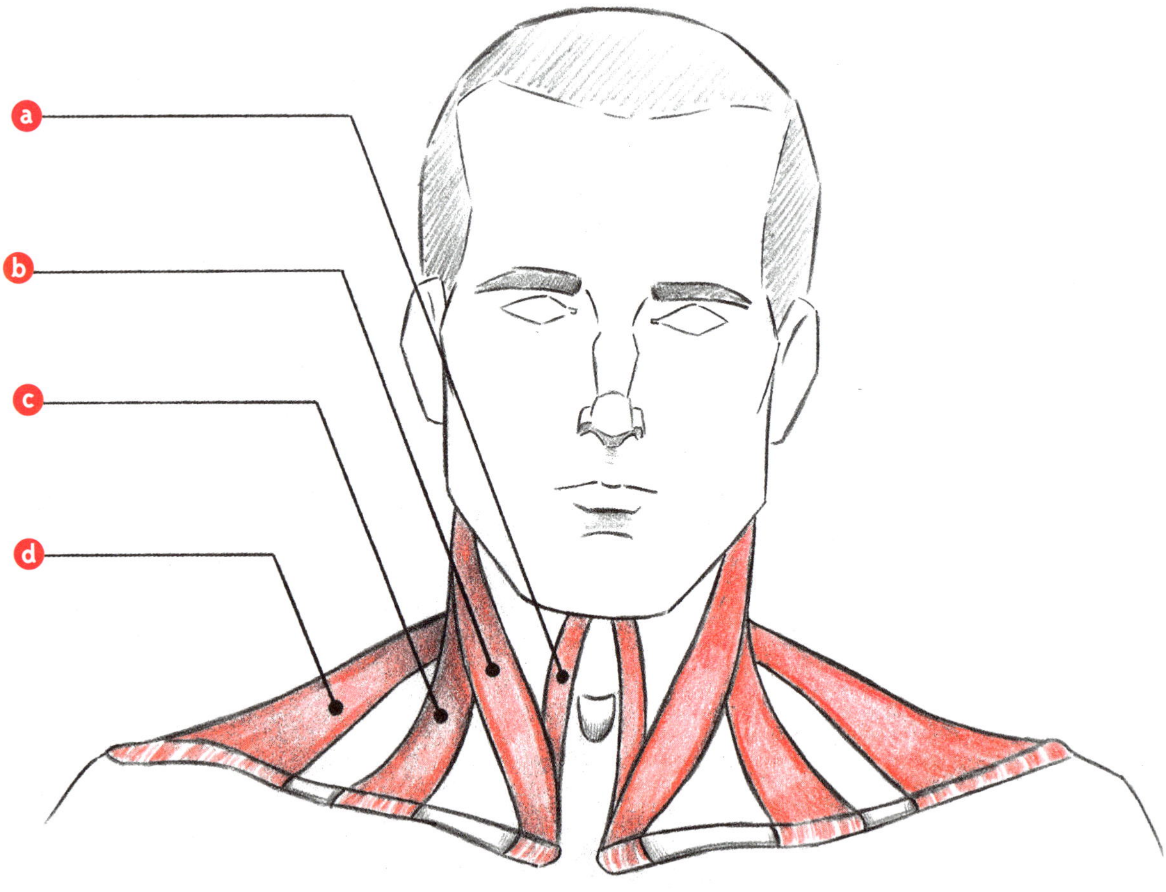

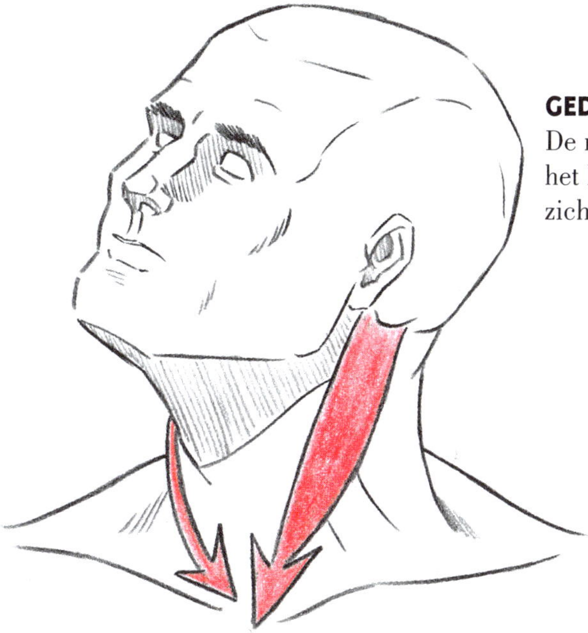

GEDRAAID, RECHTS

De nekspieren zijn erg flexibel. Bij het draaien van het hoofd wikkelen zij zich rond de nek en hechten zich aan het sleutelbeen.

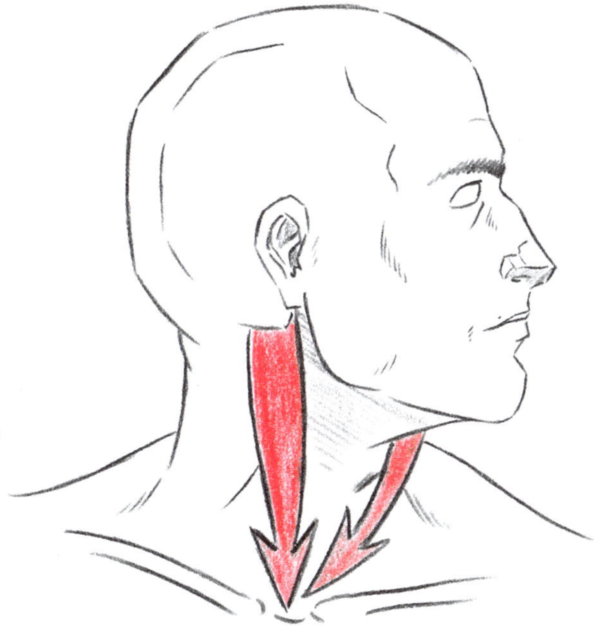

GEDRAAID, LINKS

Als het hoofd draait, zie je duidelijk dat de sterno-mastoïde zich spant.

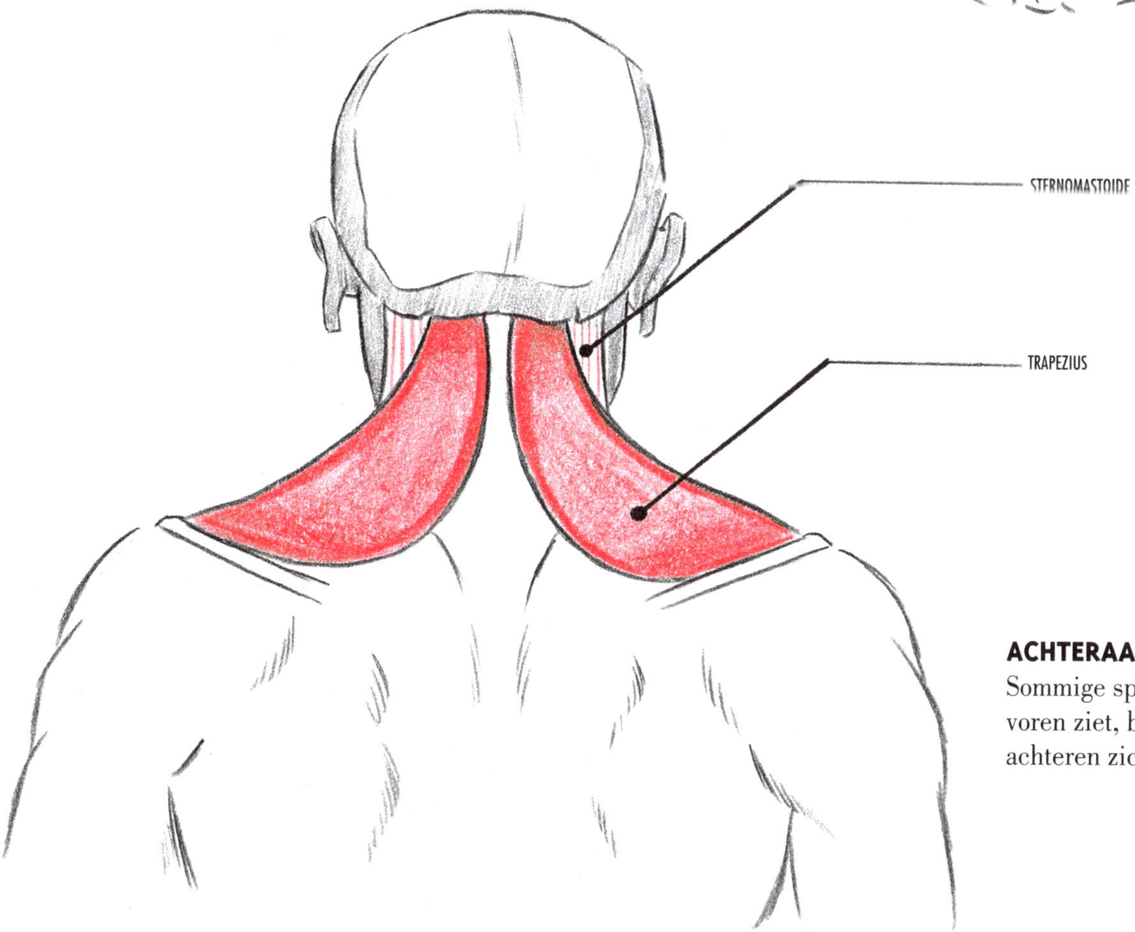

ACHTERAANZICHT

Sommige spieren die je van voren ziet, blijven ook van achteren zichtbaar.

DE ARMSPIEREN

Zoals je kunt zien bestaat de arm uit meer dan alleen de biceps en de triceps, al zijn dat wel de belangrijkste spieren in de bovenarm. Zeer belangrijk zijn de coracobrachialis aan de binnenkant van de arm en de brachialis aan de buitenkant. De spieren in de onderarm zijn dunner dan die in de bovenarm en zwellen niet op als de arm gebogen wordt, zoals dat bij de biceps en de triceps wel het geval is.

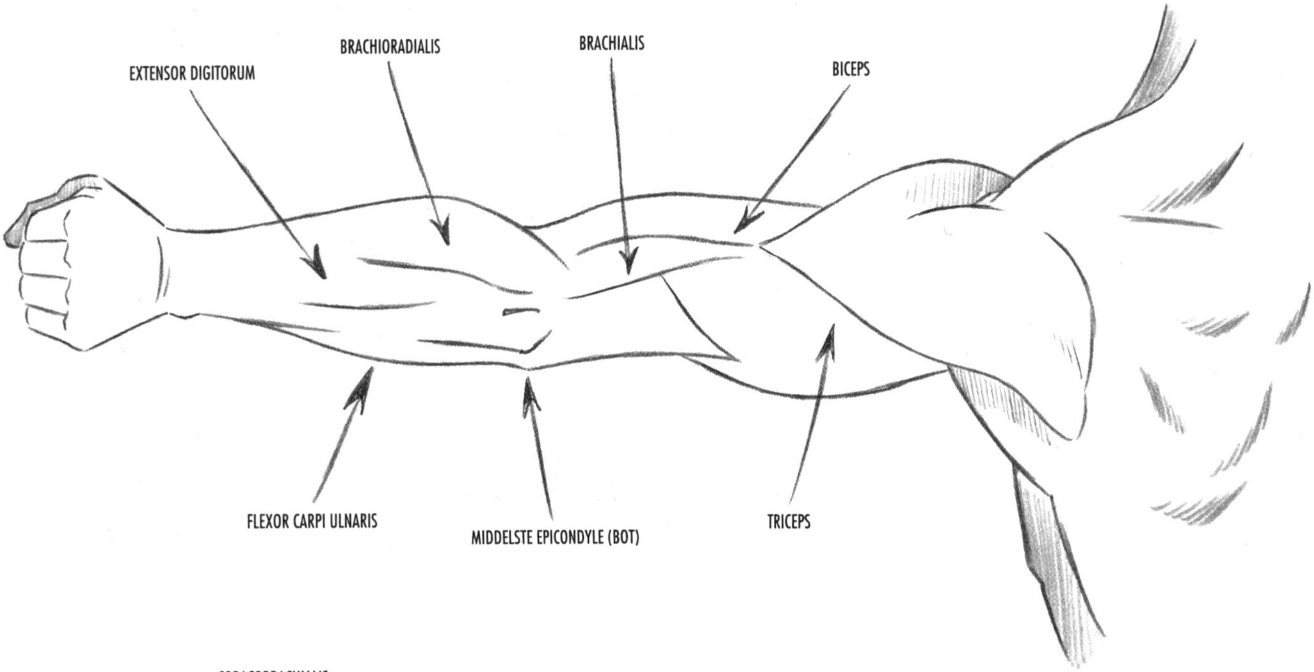

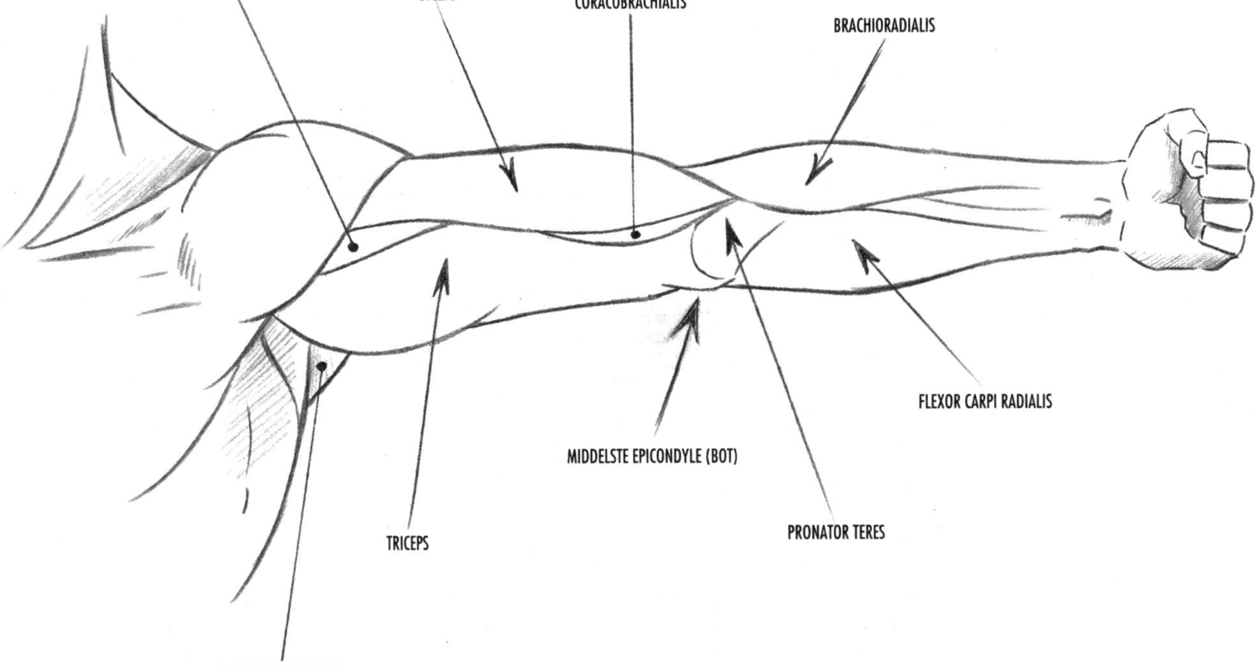

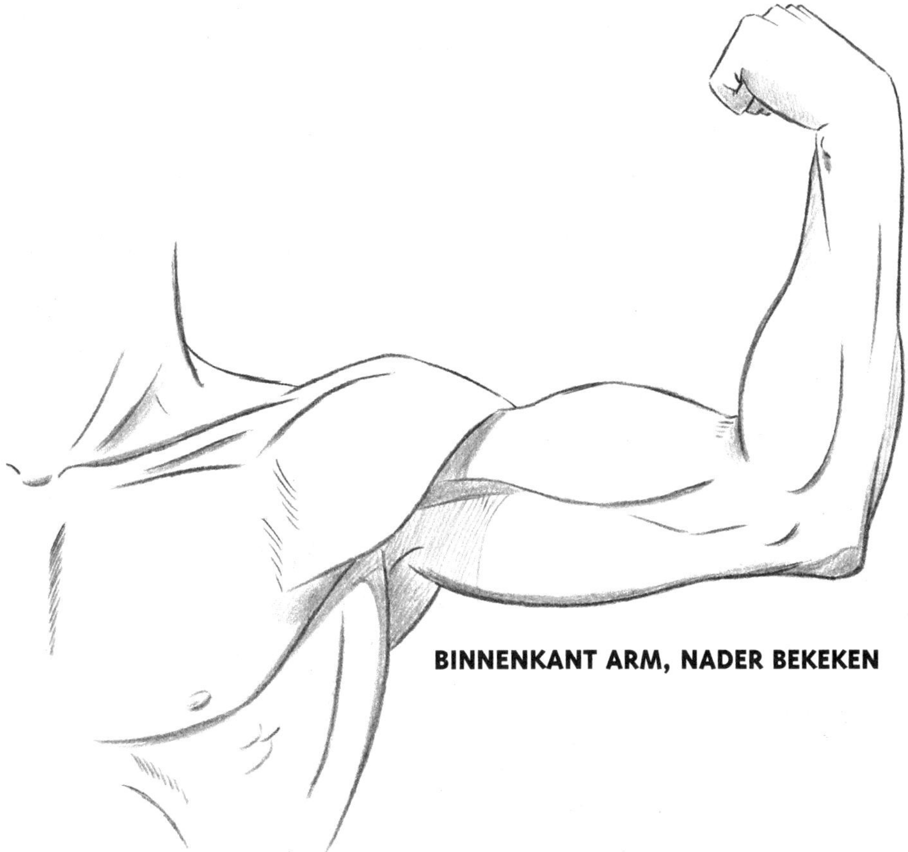

BINNENKANT ARM, NADER BEKEKEN

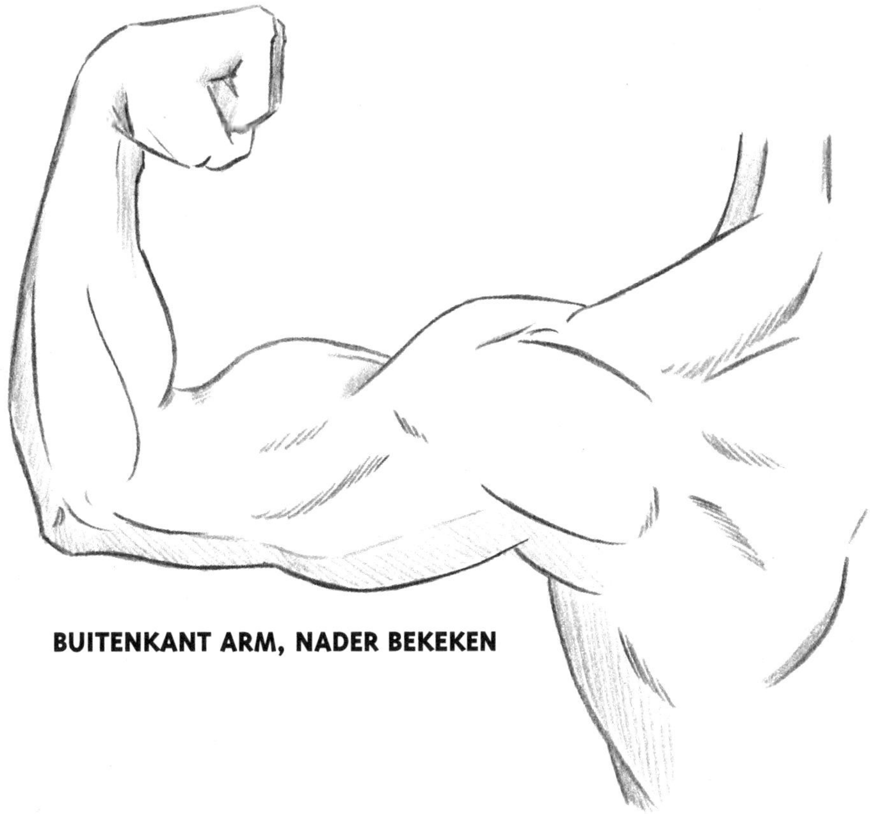

BUITENKANT ARM, NADER BEKEKEN

DE ZICHTBARE BOTTEN IN DE ARM

De armspieren worden relatief veel gebruikt en zijn daarom vaak goed ontwikkeld.

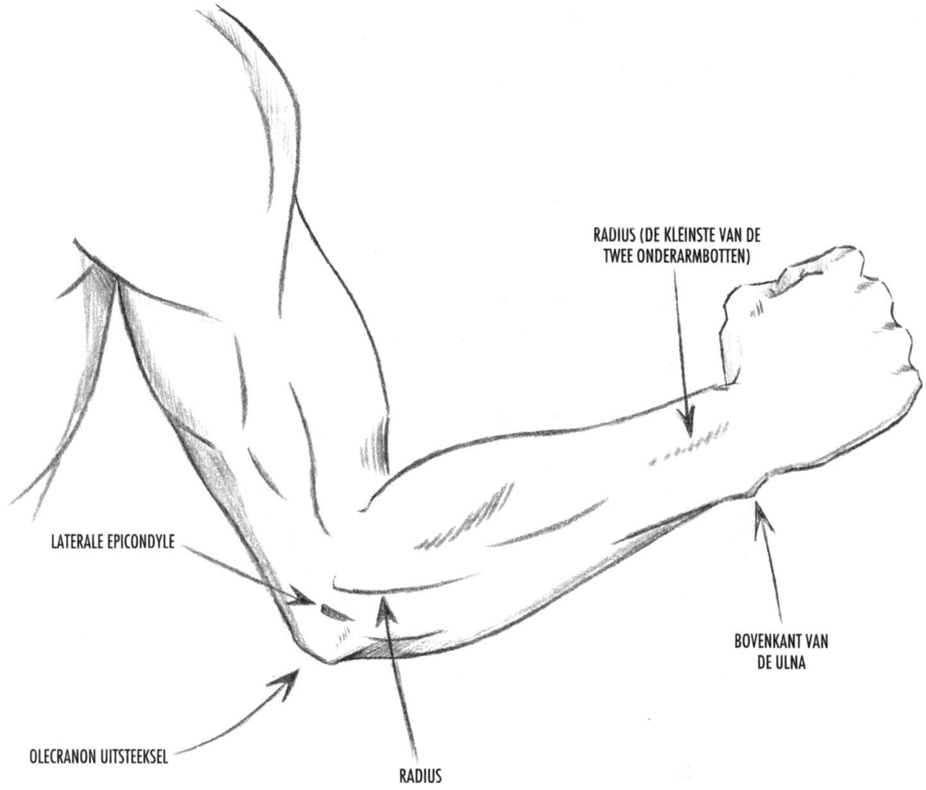

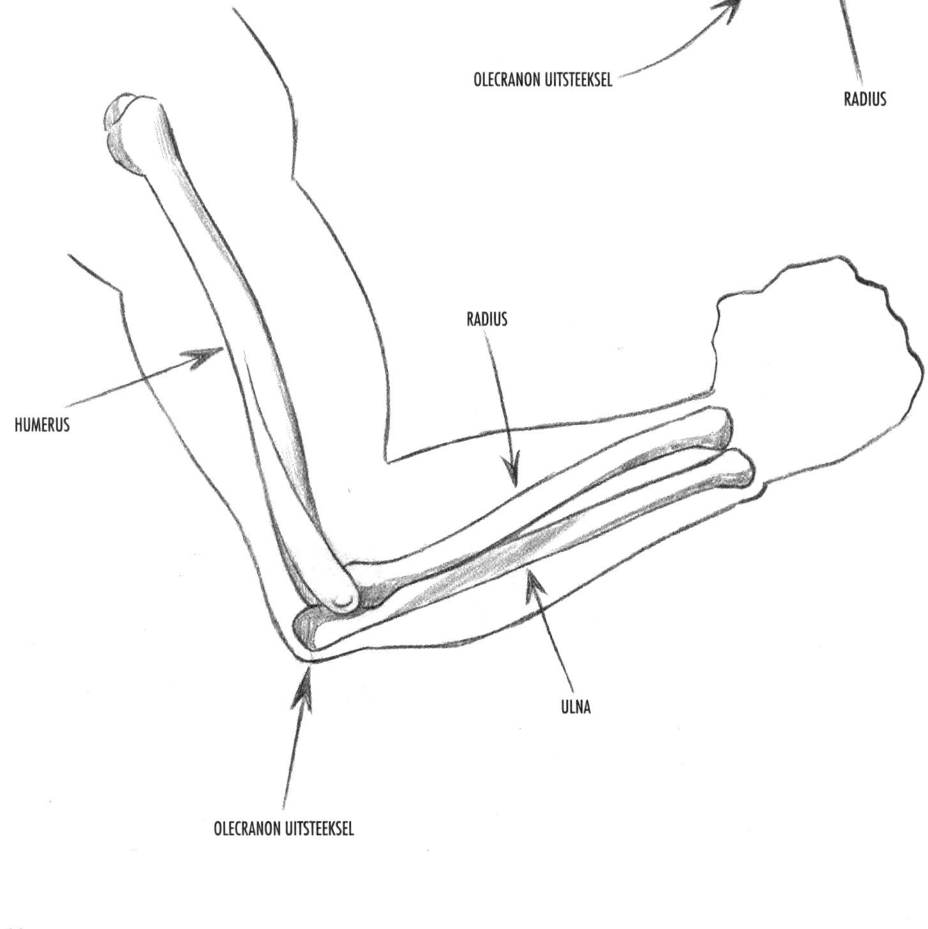

DE ONDERARM

De onderarm heeft de unieke eigenschap dat de twee parallelle botten (de ulna en de radius) bijna om elkaars as kunnen draaien. Door de draaibeweging van de onderarm spannen sommige spieren zich als een kurkentrekker, zoals je kunt zien:

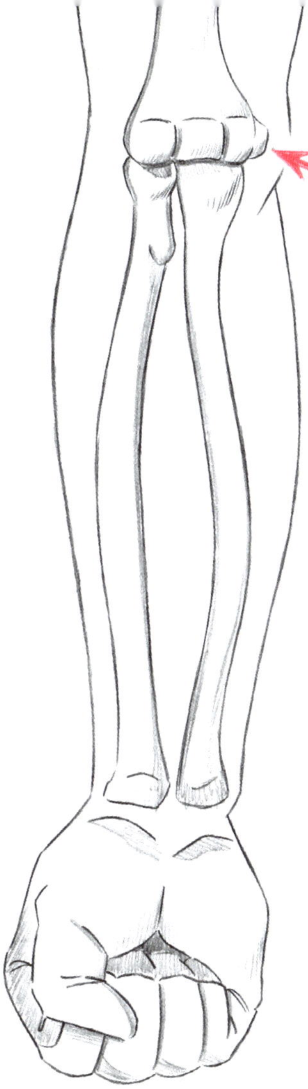

Het laterale epicondyle steekt een beetje uit vanuit het elleboog-gewricht.

SUPINATIE (KANTELING)

Supinatie betekent dat de palm naar voren of naar boven gericht is. In deze houding lopen de botten in de onderarm parallel aan elkaar. De spieren komen uit in een gewrichtsband bij de pols.

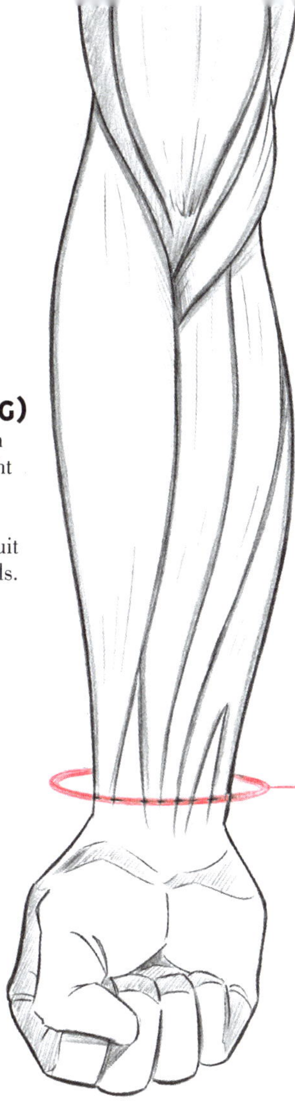

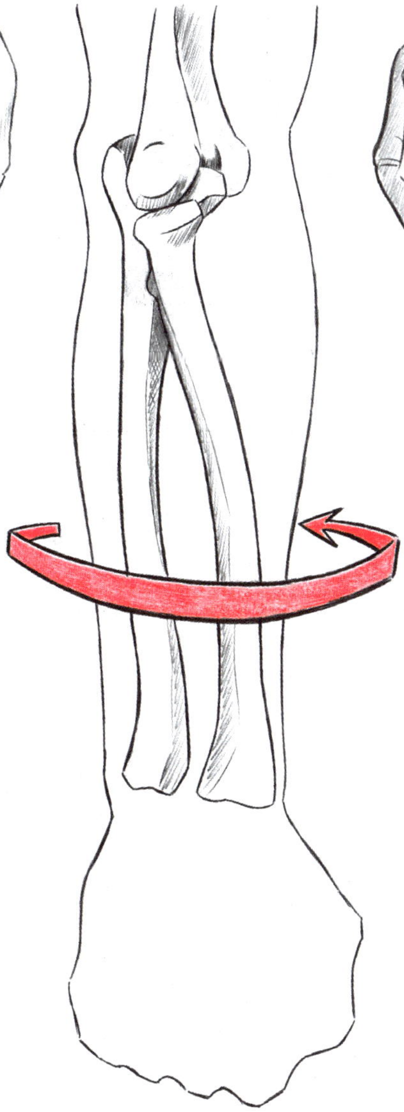

PRONATIE

Pronatie betekent dat de palm naar beneden of naar achter gericht is. Door de onderarm te draaien, kruist de radius, de kortste van de twee botten, zich over de ulna. Onthoud dat de ulna het bot is dat de elleboog een uitstekend puntje geeft, en de pols een uitstekend botje. Let op de richting van de spieren.

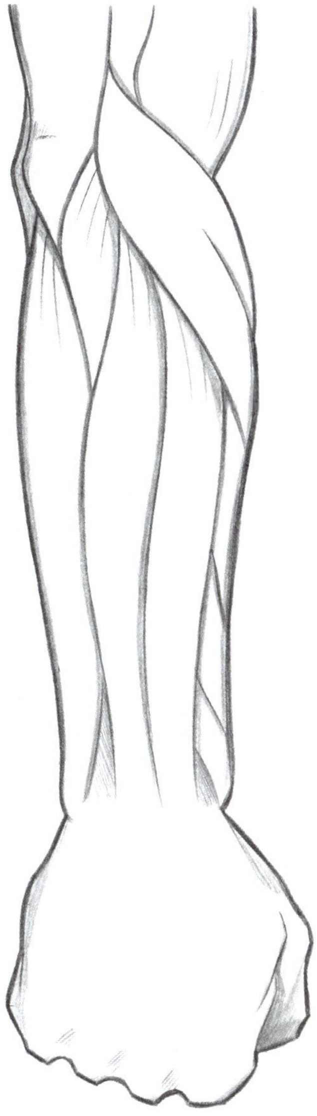

ONDER DE ARM

Als de arm wordt opgeheven, wordt de spier teres major zichtbaar. Dit kan verwarrend werken, want op het eerste gezicht lijkt het de schouderspier. In werkelijkheid is het de teres major-spier, die helemaal rond de schouder loopt, boven en onder de arm.

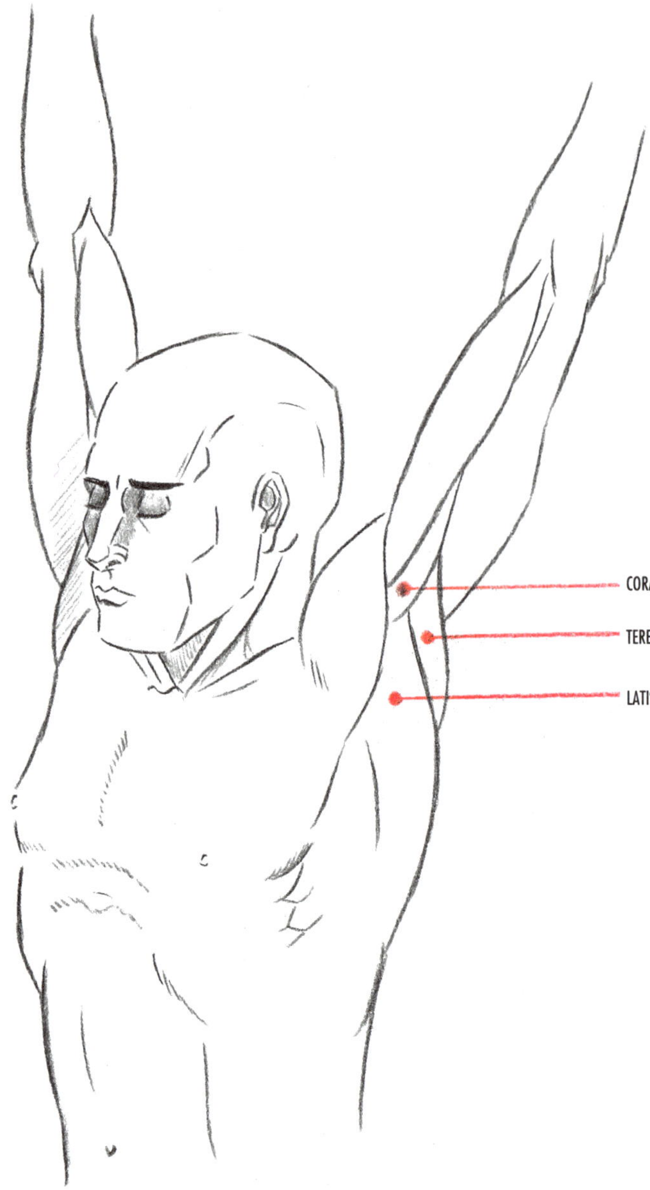

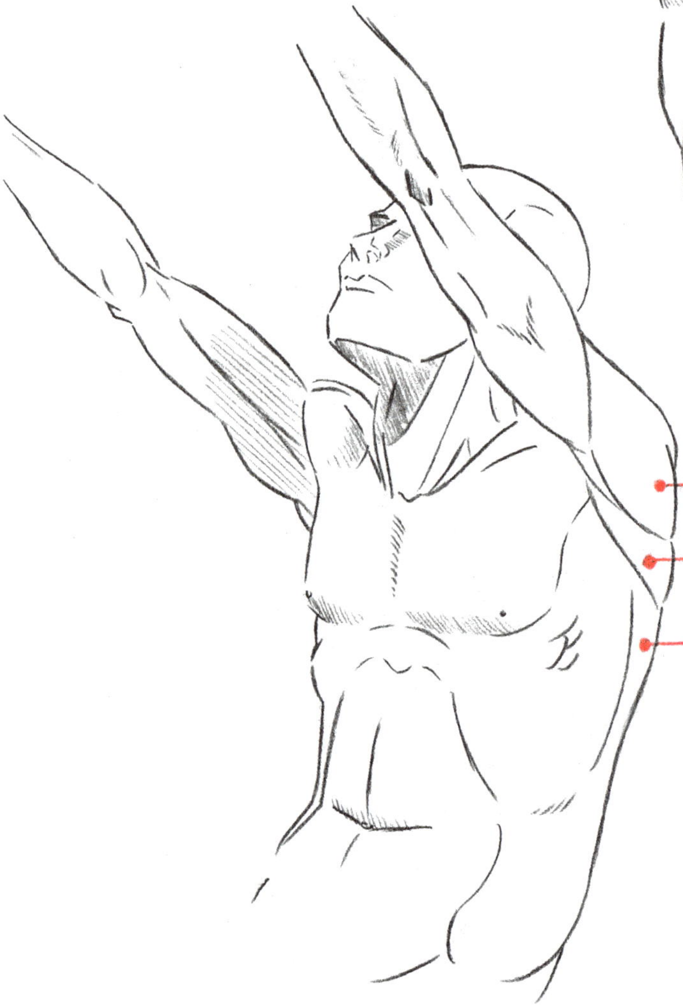

DE SCHOUDER

De schouderspier, ofwel deltoïde, bestaat uit drie delen: de achterkant, het midden en de voorkant. Meestal zijn die delen niet goed te zien, behalve bij atleten en als de arm in de juiste positie staat. Als de arm bijvoorbeeld boven de schouder wordt opgeheven, zijn de drie delen van de deltoïde beter zichtbaar.

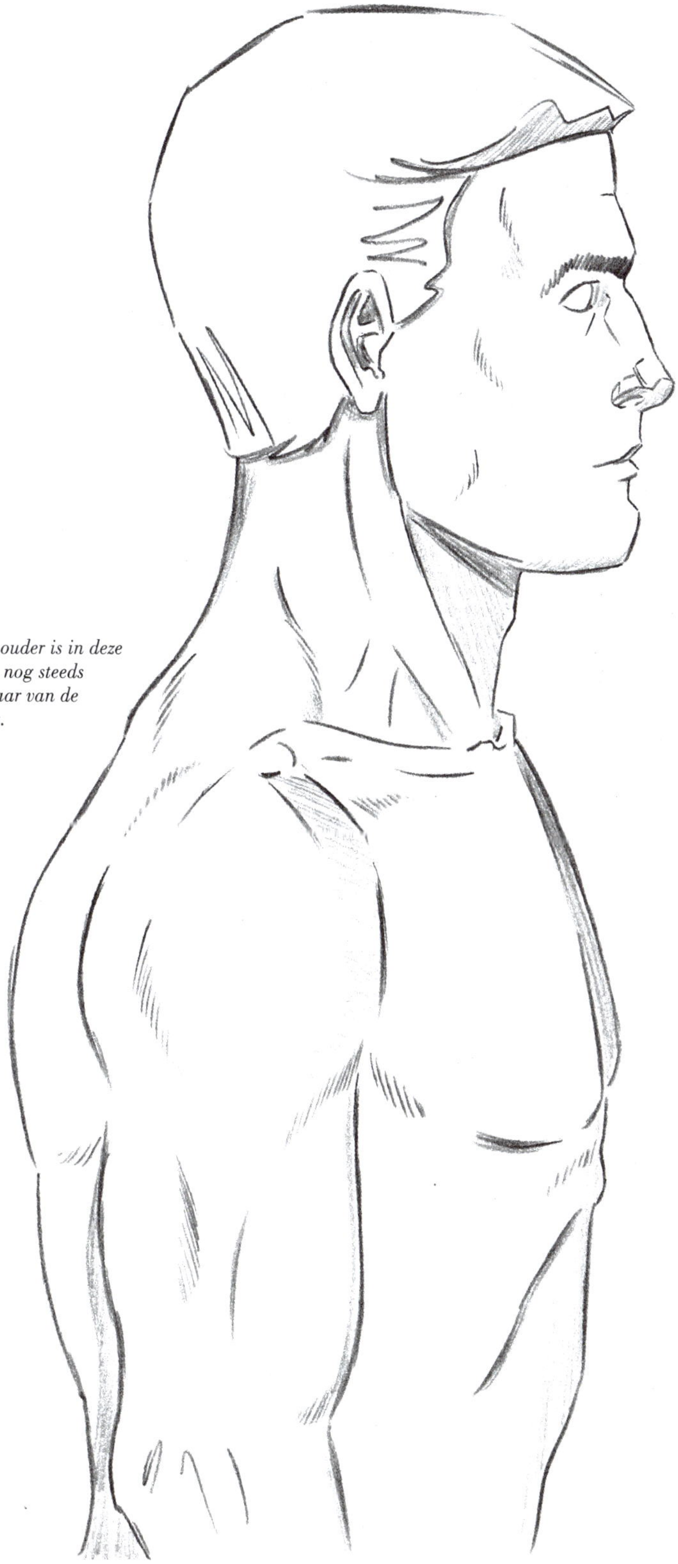

De schouder is in deze positie nog steeds zichtbaar van de zijkant.

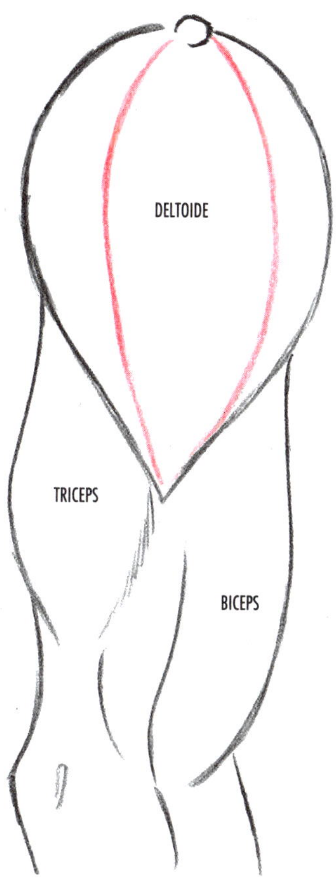

HET SCHOUDERBLAD (SCAPULA)

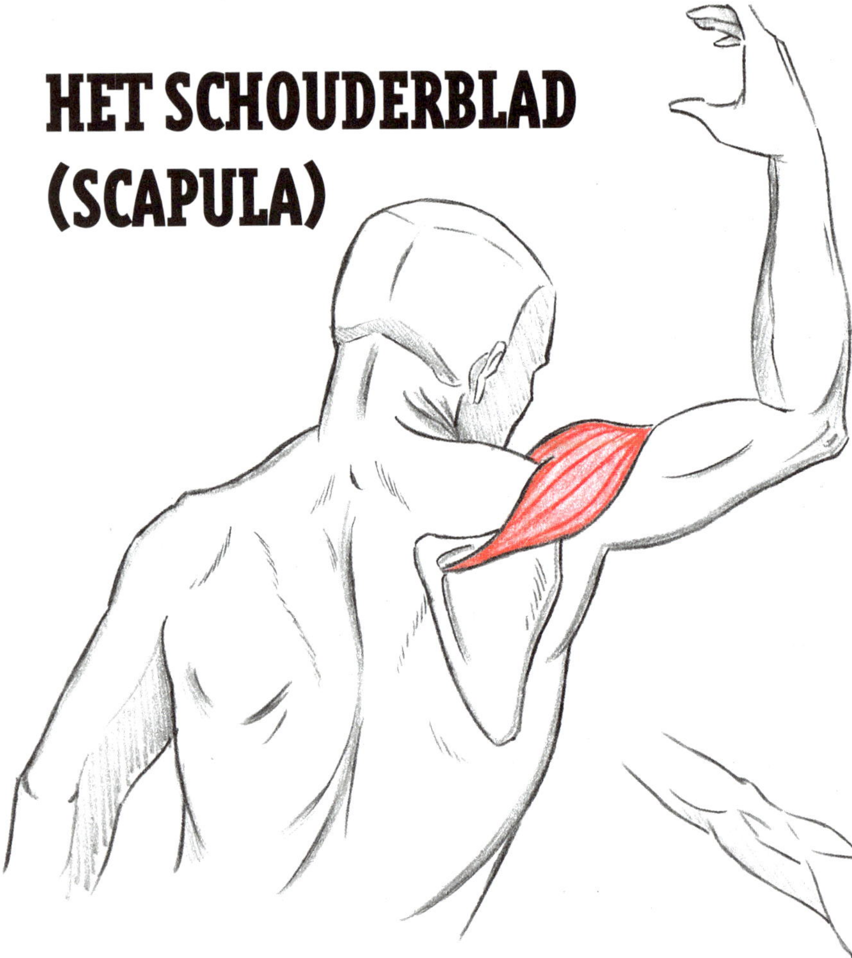

De schouderspieren worden steeds dunner richting het schouderblad. Ze hechten zich daar aan een opstaande rand. Let erop hoe de schouder van de achterkant naar de voorkant van het lichaam loopt.

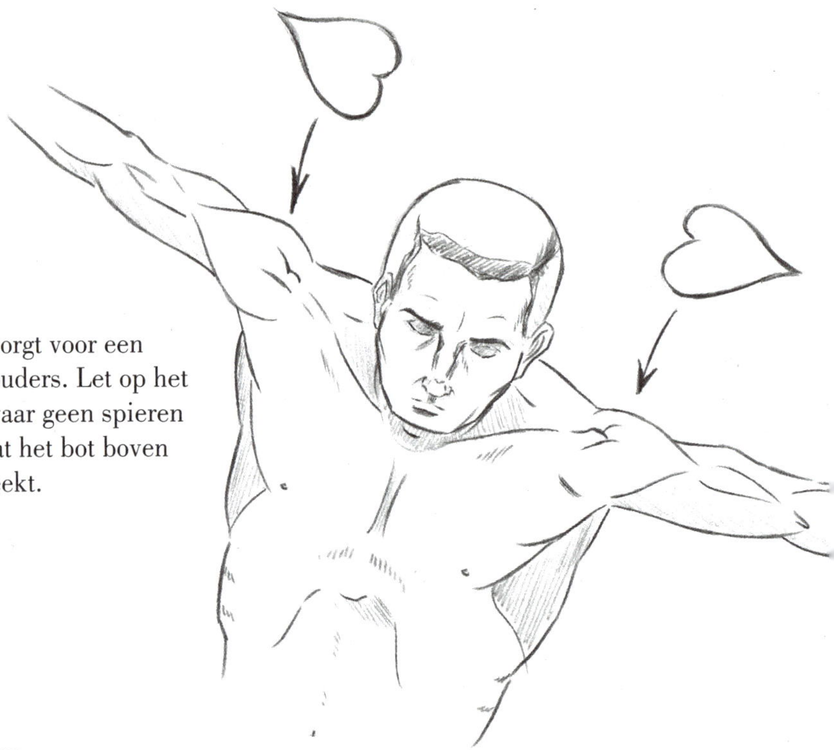

Een opgeheven arm zorgt voor een hartvorm van de schouders. Let op het acromionisch punt, waar geen spieren overheen liggen, zodat het bot boven op de schouder uitsteekt.

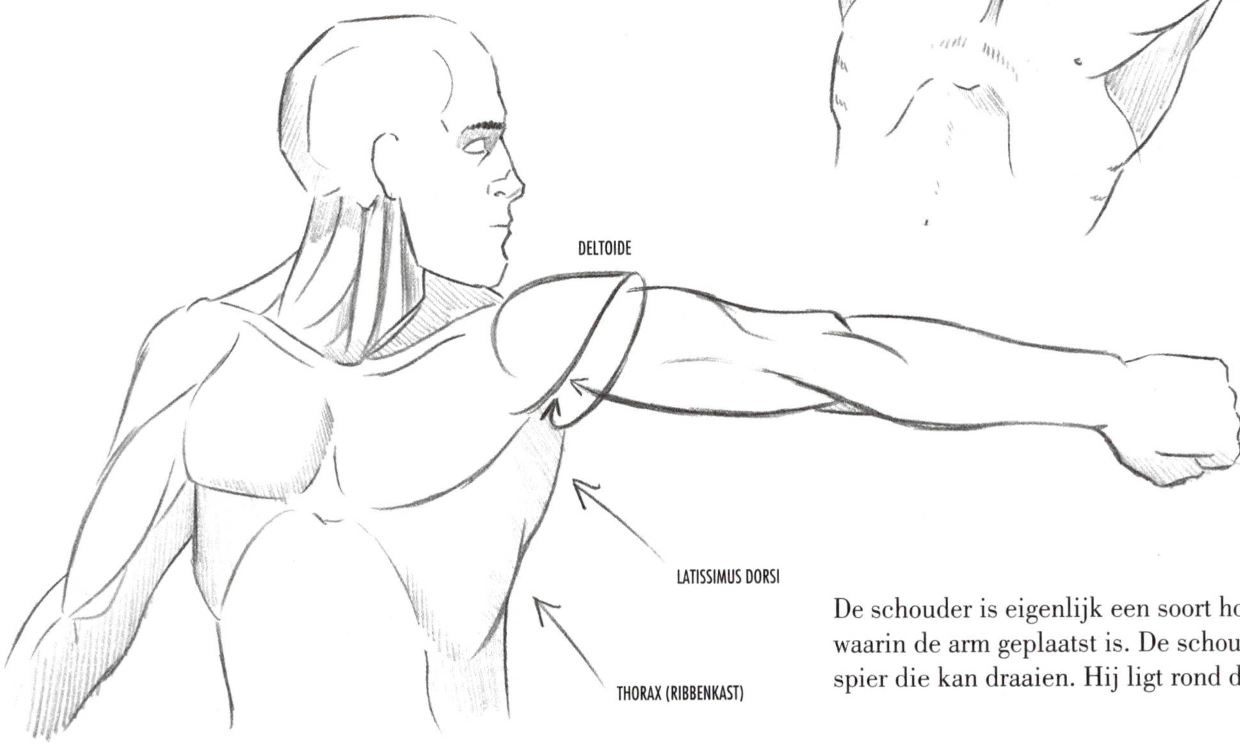

De schouder is eigenlijk een soort holster waarin de arm geplaatst is. De schouder is een spier die kan draaien. Hij ligt rond de arm.

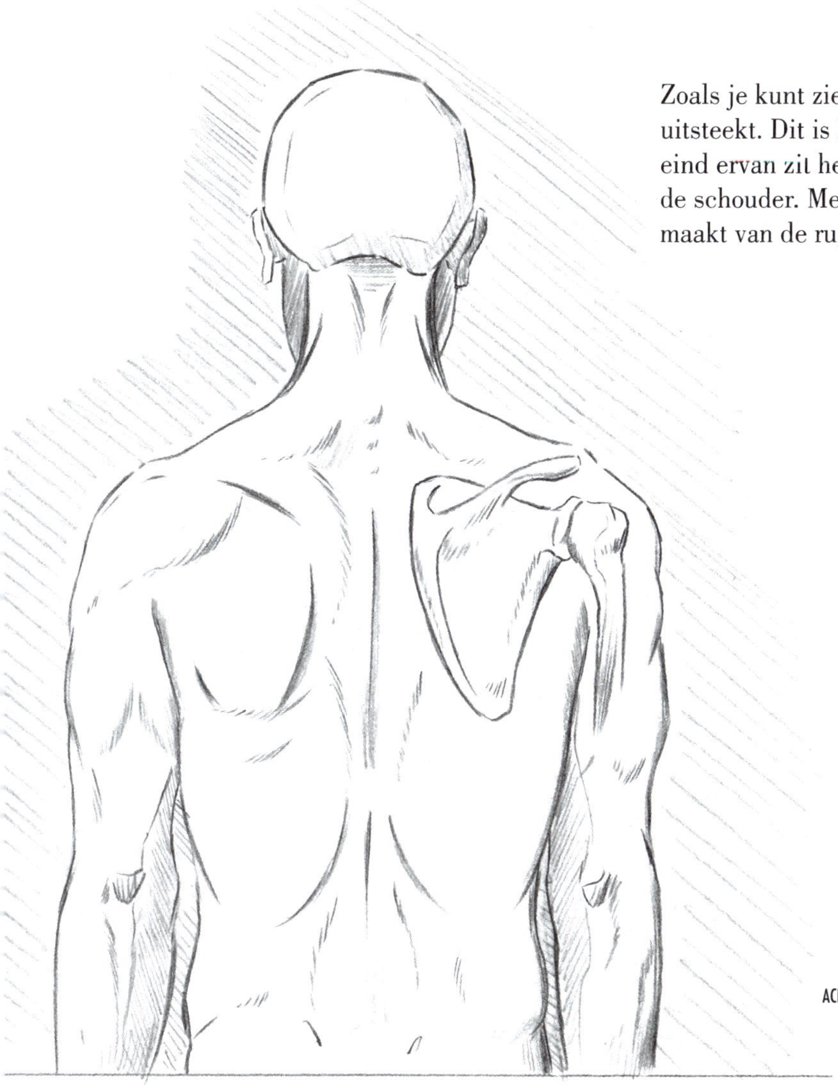

Zoals je kunt zien heeft het schouderblad een randje dat erboven uitsteekt. Dit is het uitsteeksel van het schouderblad en aan het eind ervan zit het acromionische punt. Dit vormt een bobbel op de schouder. Meestal loopt de welving die het schouderblad maakt van de ruggengraat af.

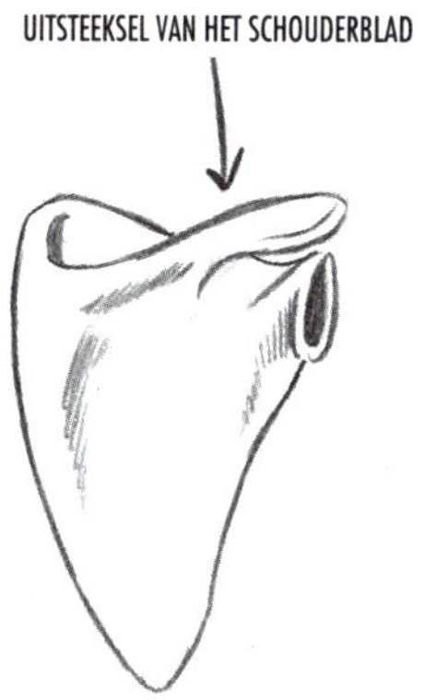

POSITIE VAN HET SCHOUDERBLAD

Het schouderblad steekt verder uit dan de ribbenkast.

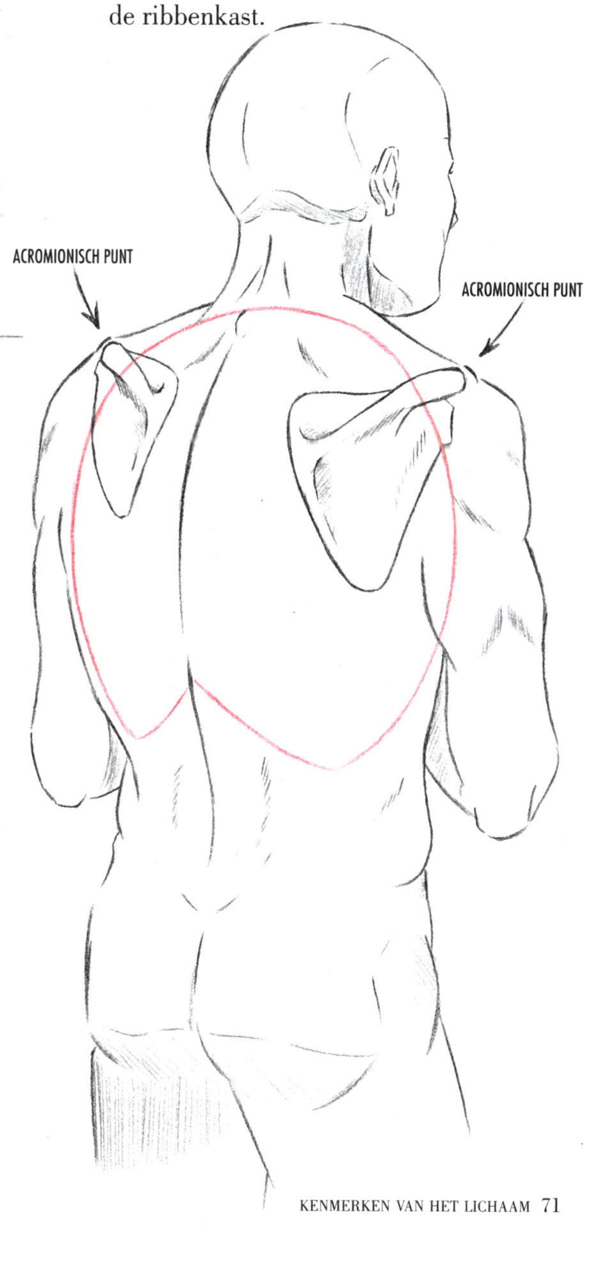

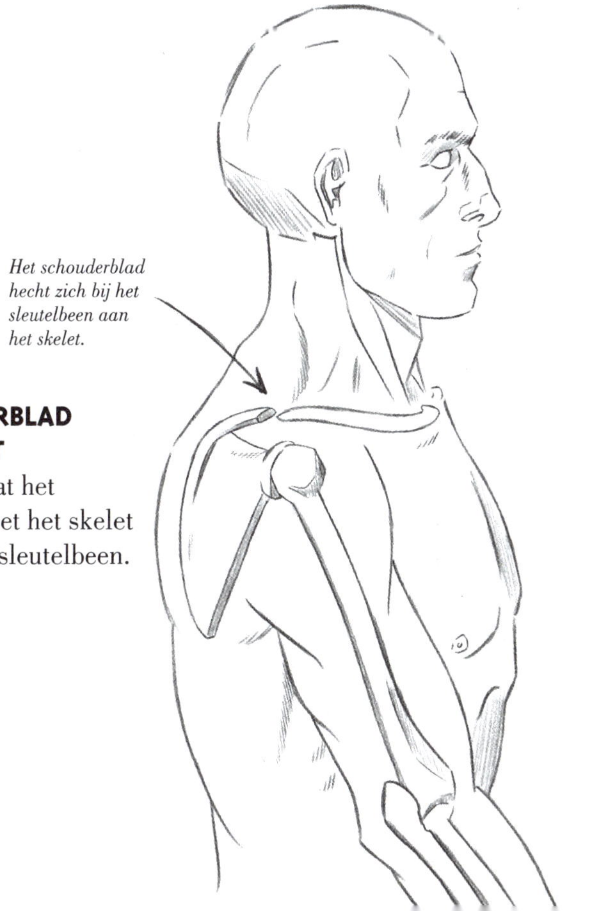

HET SCHOUDERBLAD EN HET SKELET

Het enige bot dat het schouderblad met het skelet verbindt, is het sleutelbeen.

DE BEWEEGBAARHEID VAN DE SCHOUDERBLADEN (SCAPULAE)

Omdat de schouderbladen niet op een enkel punt vastzitten aan de rug, kunnen ze voor een groot deel met de arm meebewegen.

De schouderbladen kunnen afzonderlijk van elkaar bewegen.

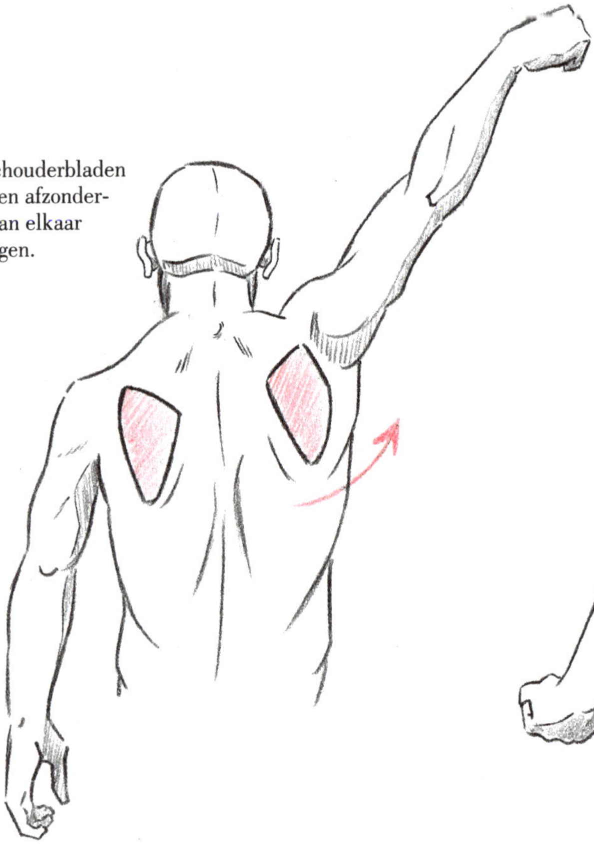

Je kunt ze naar elkaar toe brengen met behulp van de spieren boven de ruggengraat.

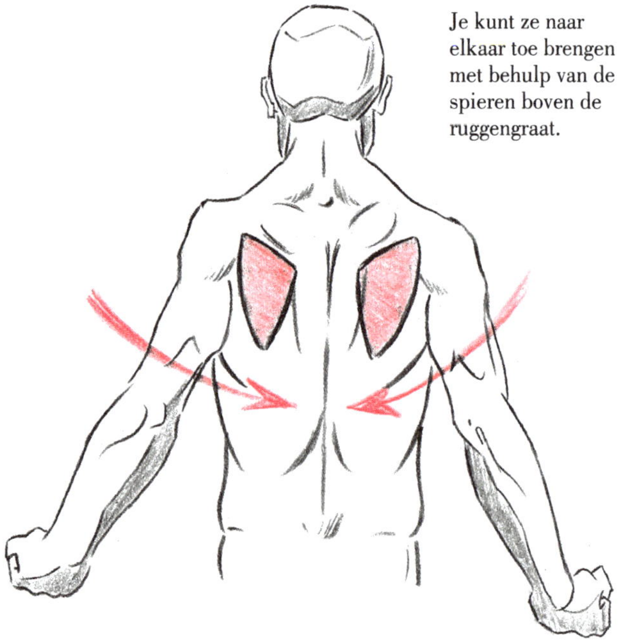

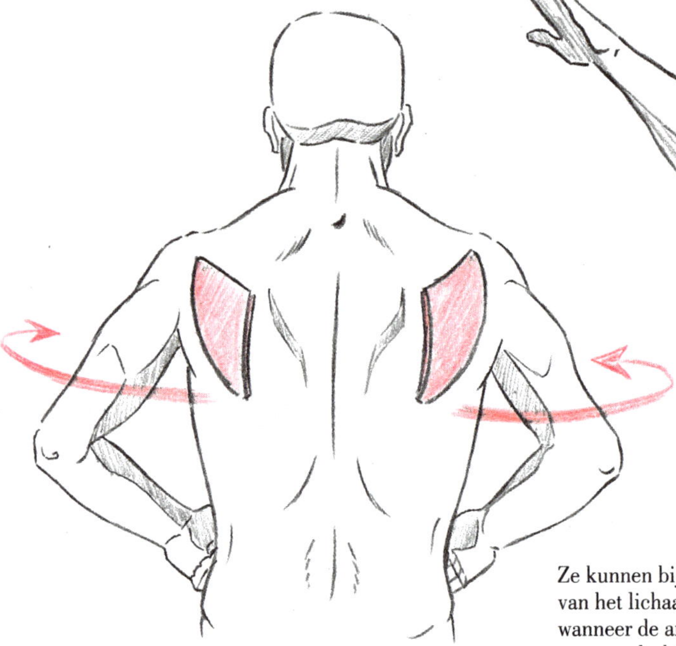

Ze kunnen bijna opzij van het lichaam komen wanneer de armen naar voren gedrukt worden.

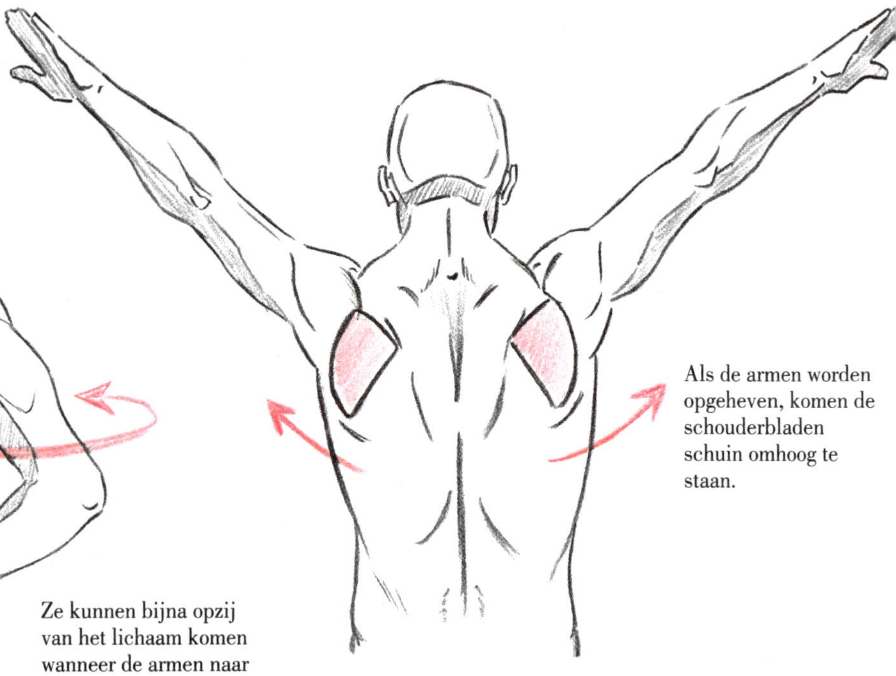

Als de armen worden opgeheven, komen de schouderbladen schuin omhoog te staan.

DE RUG, ZONDER SPIEREN

De rug is een verzameling van een heleboel spieren. Laten we de belangrijkste bekijken – één spiergroep tegelijk. Om te beginnen kijken we naar de skeletstructuur. We laten de ribbenkast even weg om er geen kliederboel van te maken en kijken naar de opvallendste punten in de rug. Belangrijke elementen zijn de zevende wervel van de ruggengraat – die de nek van de rug scheidt en iets uitsteekt –, de schouderbladen en het bekken, dat zich onder aan de ruggengraat bevindt.

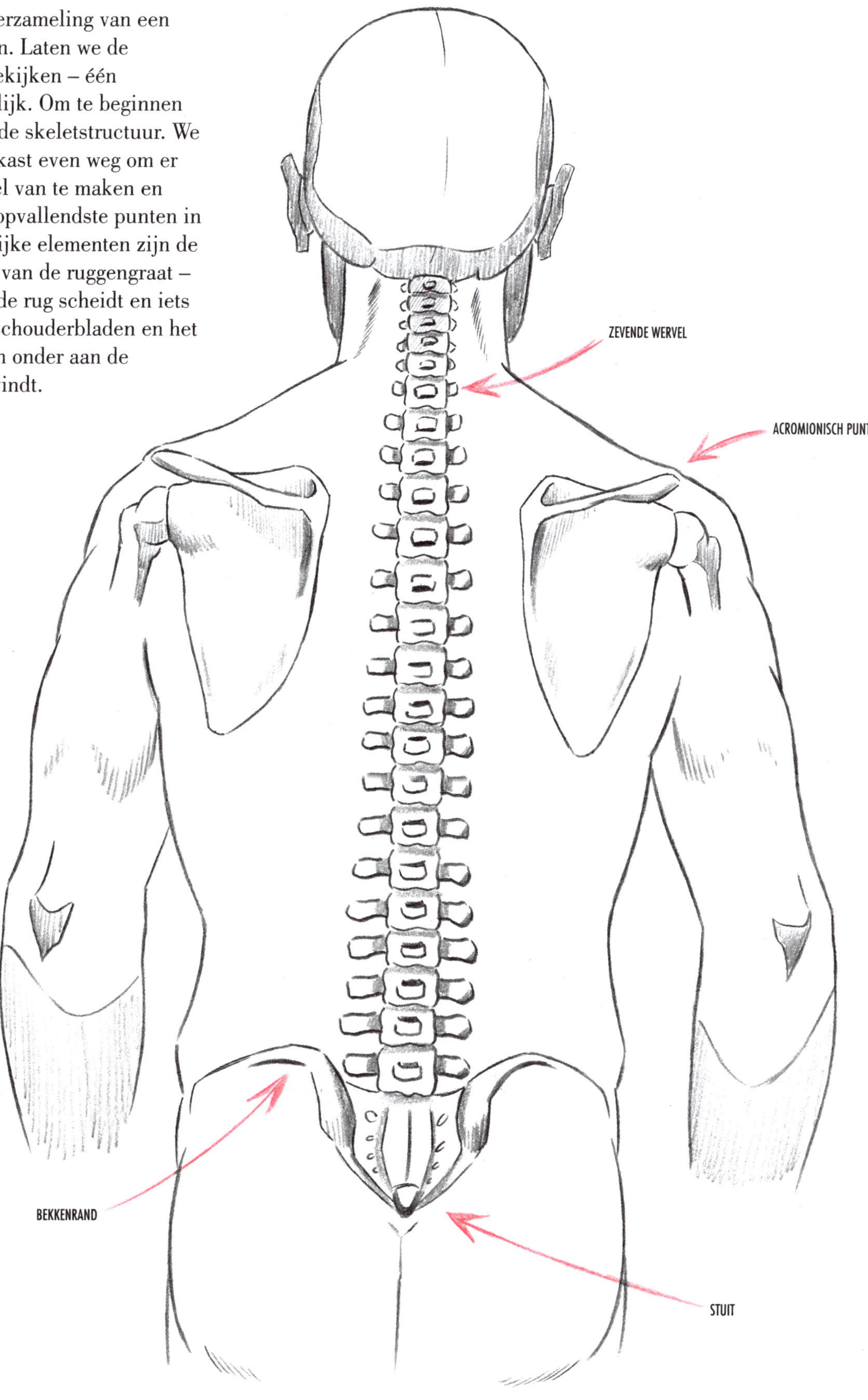

DE BELANGRIJKSTE RUGSPIEREN

We voegen de bovenste helft van de trapezius toe, die uit één stuk vanaf de onderkant van de schedel naar het midden van de rug loopt. Daarna tekenen we de latissimus dorsi, de grootste spieren in het midden van de rug.

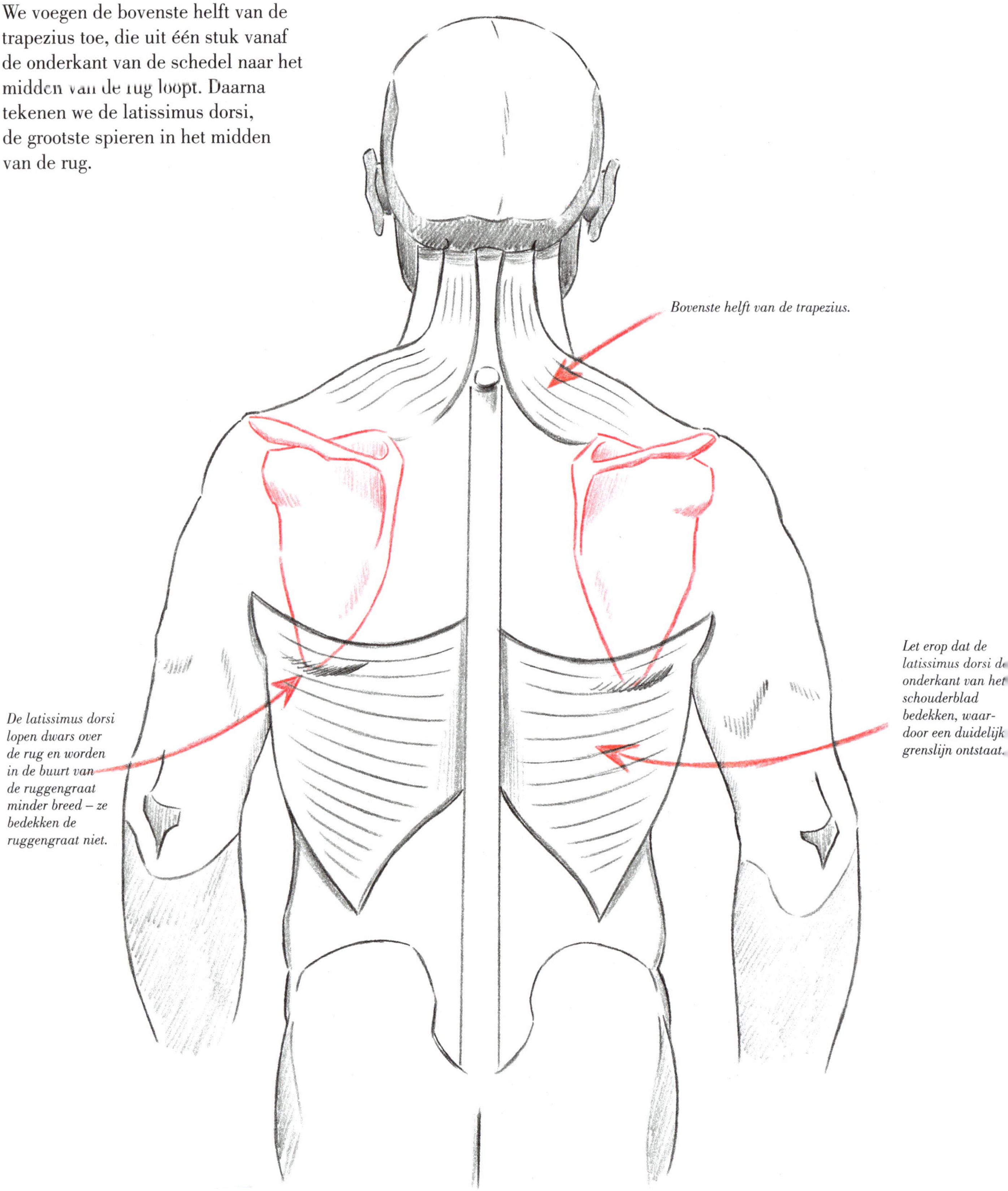

DE OVERIGE RUGSPIEREN

Nu voegen we de onderste helft van de trapezius toe. Rond de zevende wervel zie je een verlaging in de spieren. Aan de schouderbladen zitten ook verschillende belangrijke spieren vast. Een waarschuwing is hier op zijn plaats: behalve als je een gespierde atleet tekent, kun je het beste de meeste spieren rond de schouderbladen weglaten. Dit geldt zeker voor vrouwen, die over het algemeen minder grote spieren hebben. Teken in plaats daarvan gedeeltelijk de buitenste lijn van de schouderbladen en de spiergroep van de latissimus dorsi, het stuk waar ze de onderkant van de schouderbladen overlappen.

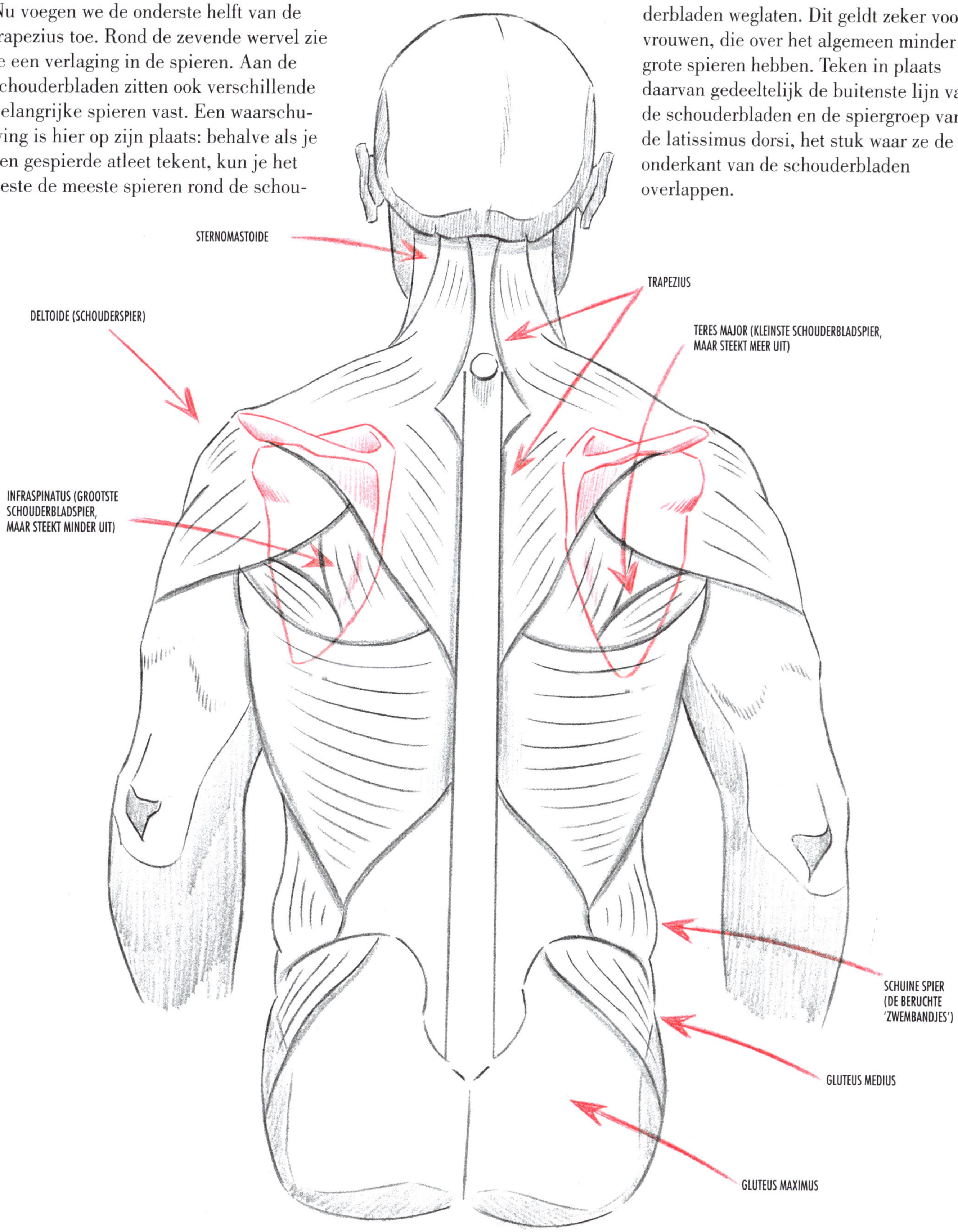

ZICHTBARE SPIEREN OP DE RUG:
de atleet

Zo zien de spieren op de rug van een getraind mens eruit. Kijk hoe de deltoïden de neiging hebben om op de rug op te zwellen. De spieren die de schouderbladen overlappen zijn niet ingewikkeld, maar je moet de anatomie ervan even doorhebben. De latissimus dorsi zijn de grootste rugspieren. Zoals je ziet zijn grote delen van de ruggengraat niet duidelijk zichtbaar. Rond de zevende wervel ligt een ondiepe ruimte die bij de nek begint.

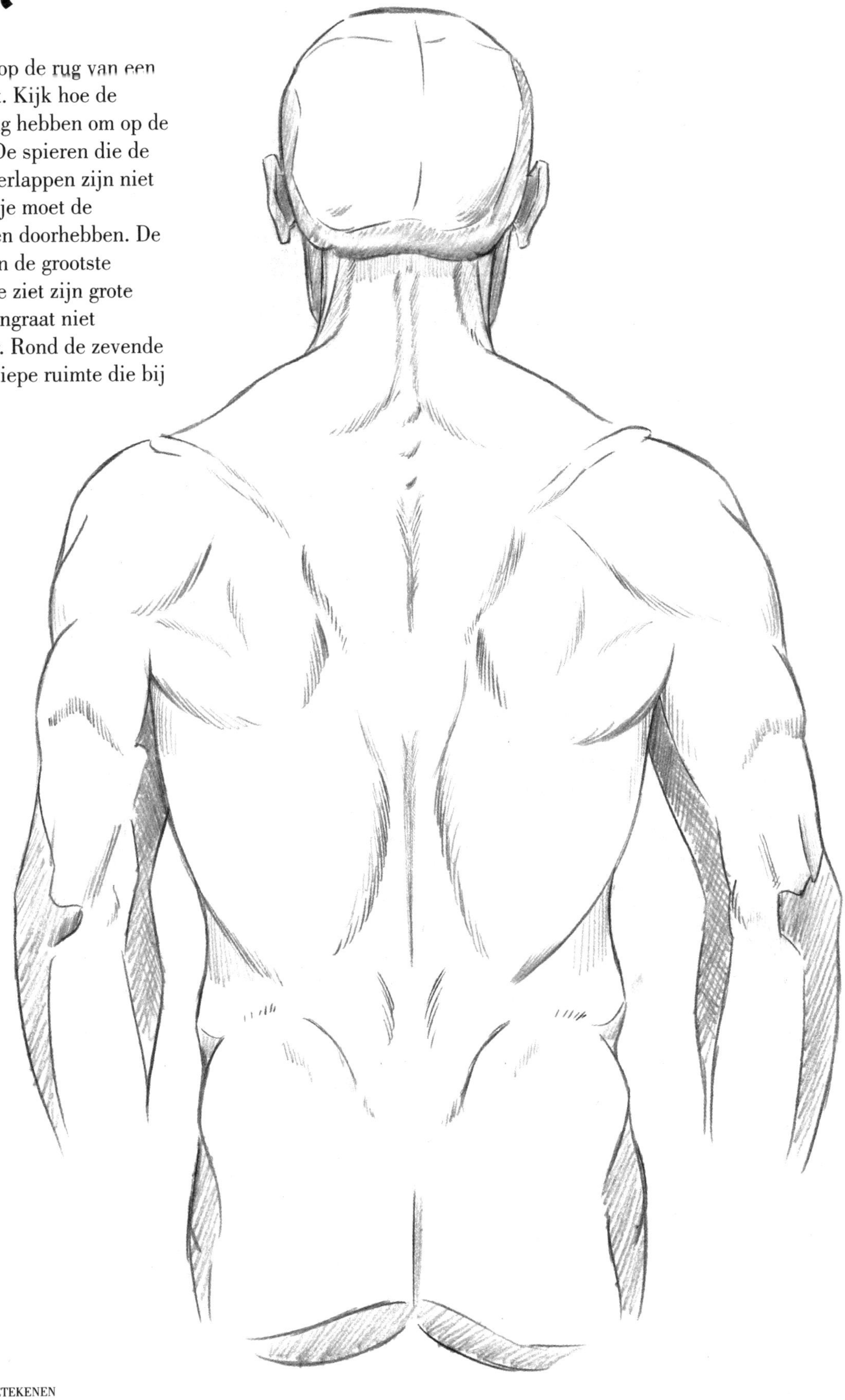

DE ANATOMIE VAN DE RUG: de gemiddelde man

Niet iedereen heeft zulke ontwikkelde rugspieren. Maar zelfs bij minder gespierde lichamen is het belangrijk om aan te geven waar de onderste latissimius dorsi-spieren eindigen, namelijk net boven het middel. Zet ook de ruggengraat licht aan, vooral bij de zevende wervel. Het is niet nodig om alle spieren te tekenen die de schouderbladen bedekken. Zet alleen de ruggengraat en de schouderbladen aan. (Zie de illustraties op blz. 66.)

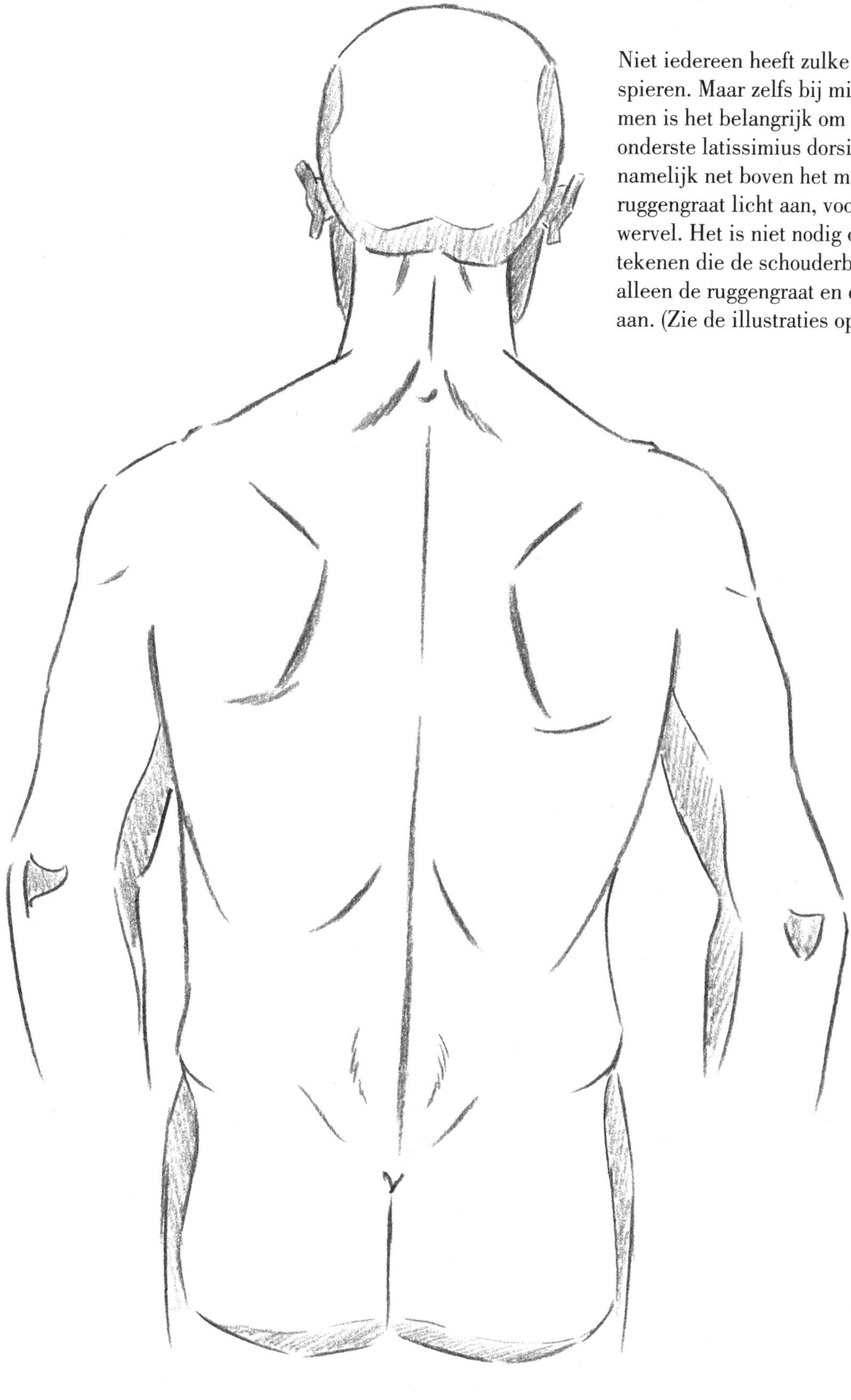

BORST EN RIBBENKAST

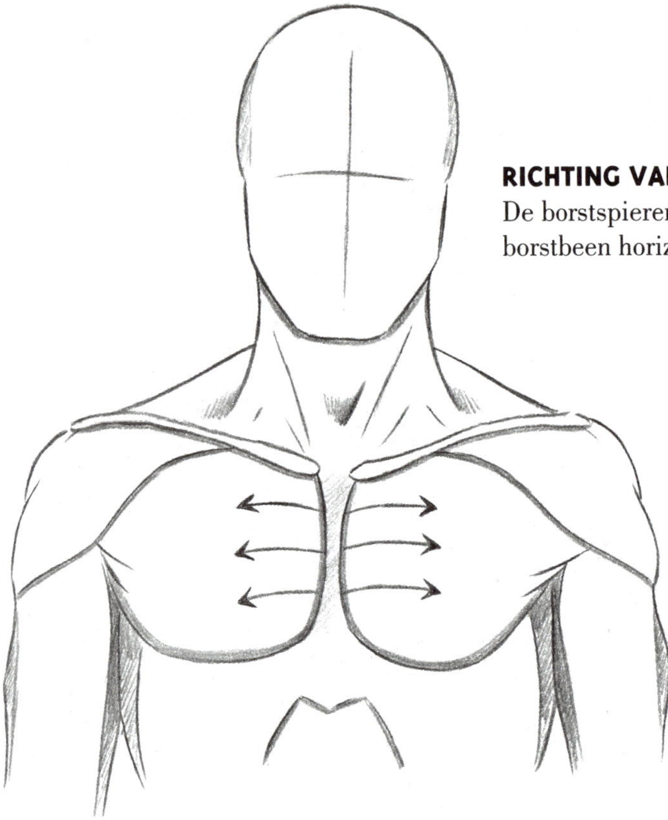

RICHTING VAN DE BORSTSPIEREN
De borstspieren lopen vanaf het borstbeen horizontaal naar de oksels.

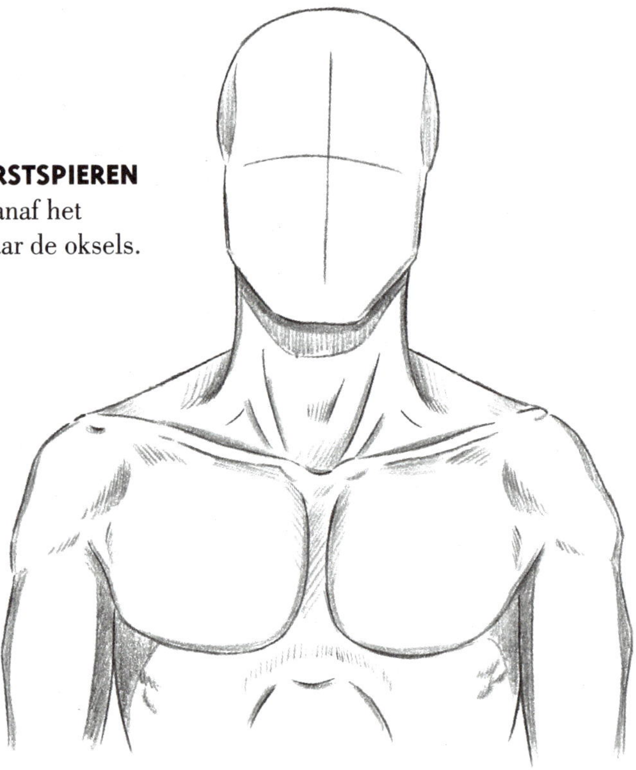

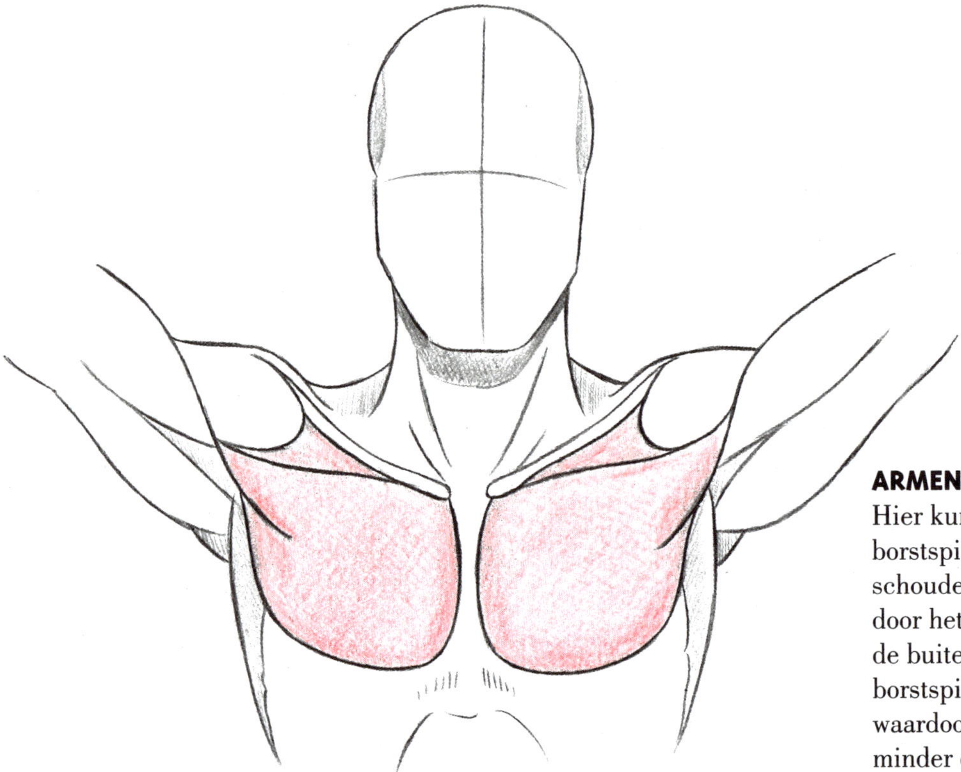

ARMEN OMHOOG
Hier kun je zien hoe de borstspieren vastzitten aan de schouderspieren. Je ziet dat door het heffen van de armen de buitenkant van de borstspieren omhooggaat, waardoor de borstspieren minder duidelijk te zien zijn.

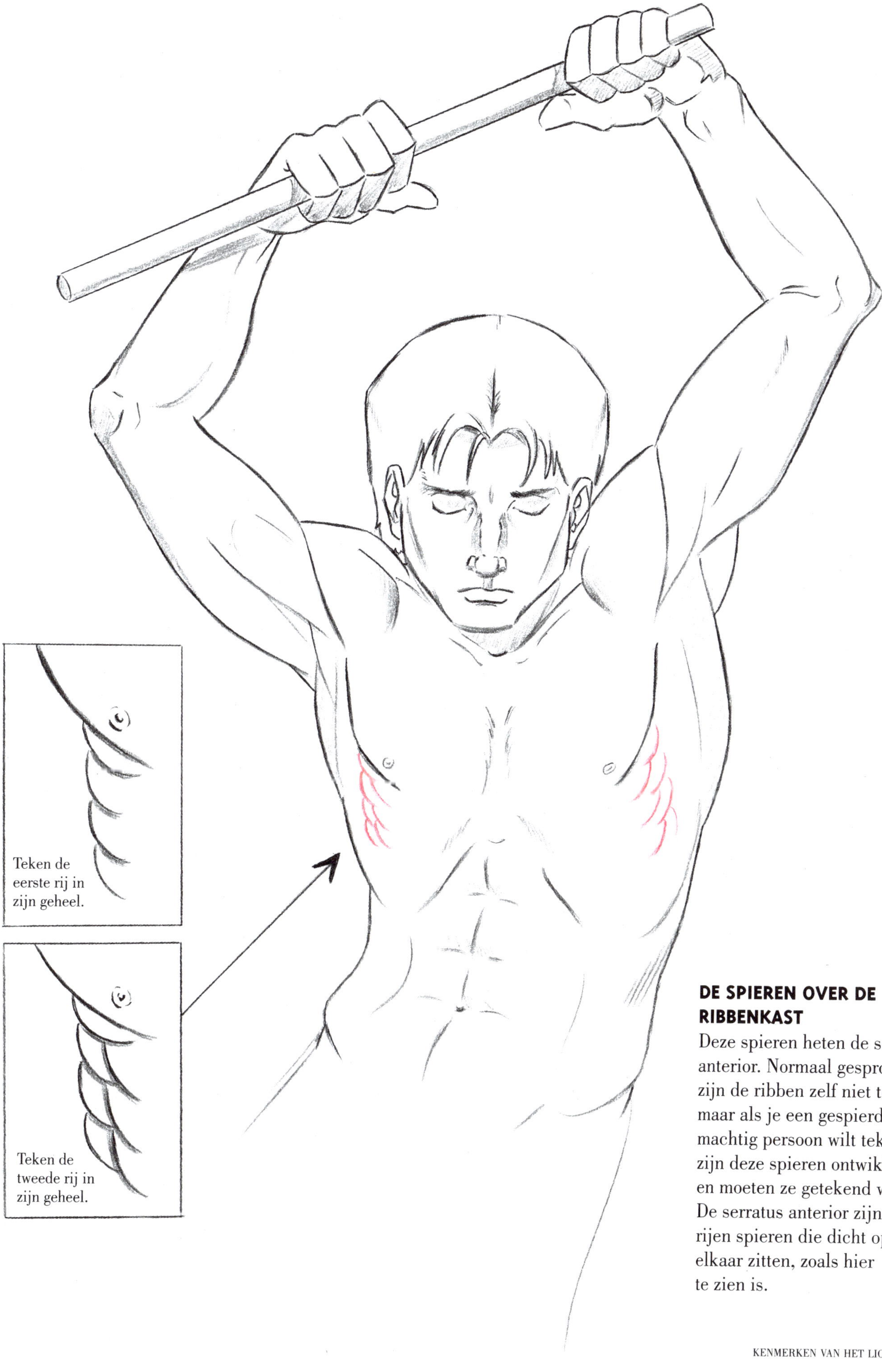

DE SPIEREN OVER DE RIBBENKAST

Deze spieren heten de serratus anterior. Normaal gesproken zijn de ribben zelf niet te zien, maar als je een gespierd of machtig persoon wilt tekenen, zijn deze spieren ontwikkeld en moeten ze getekend worden. De serratus anterior zijn twee rijen spieren die dicht op elkaar zitten, zoals hier te zien is.

SLANKE PERSONEN

Het is bij vrouwen en 'gemiddelde' mannen meestal genoeg om slechts gedeeltelijk de ribbenkast te schetsen. Door haar borst uit te zetten en haar adem in te houden, maakt deze vrouw haar ribbenkast duidelijk zichtbaar.

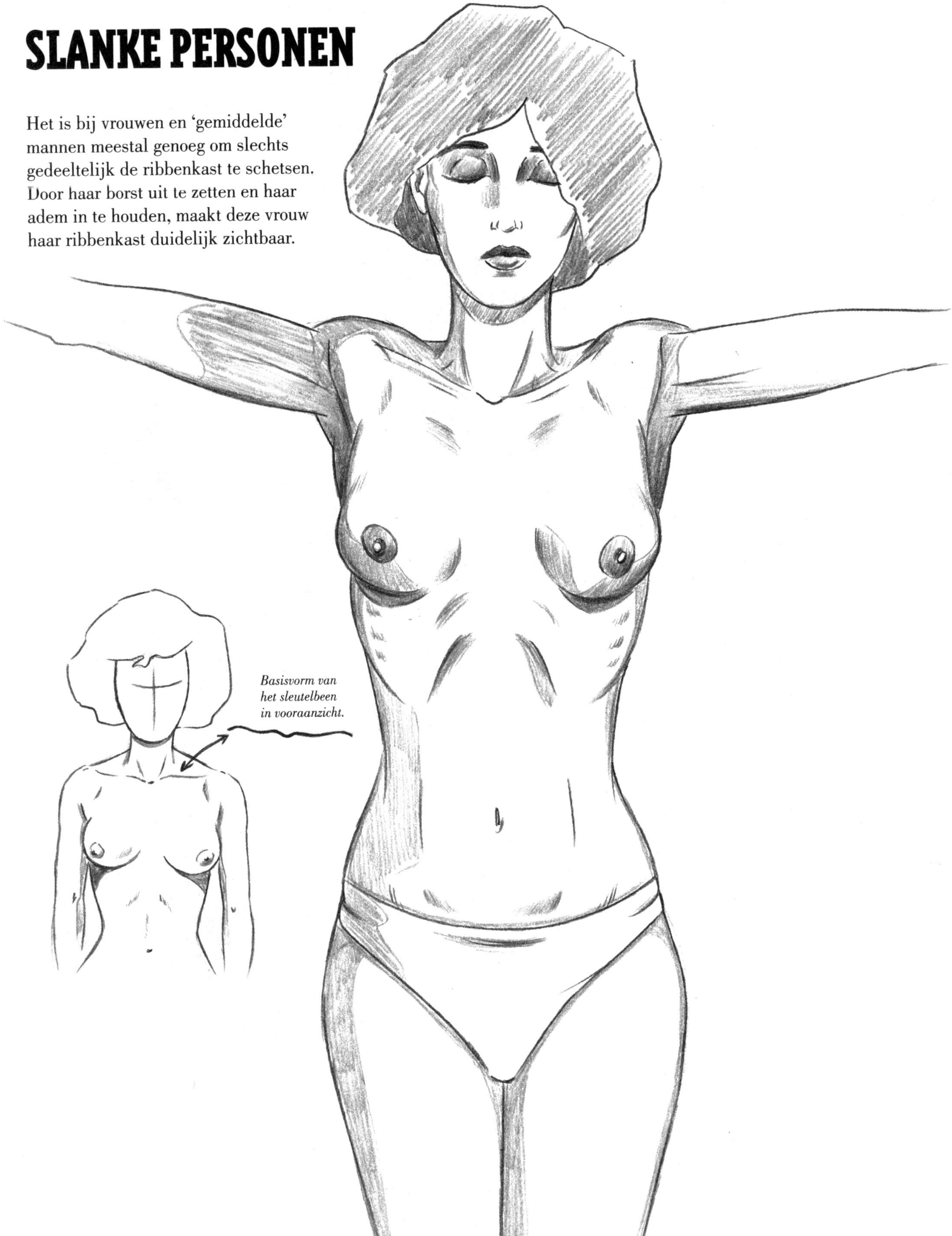

DE BELANGRIJKSTE BEENSPIEREN: vooraanzicht

De beenspieren zijn lang en meestal niet zo goed zichtbaar als in de armen, behalve bij atletische typen. Maar de beenspieren geven het totale been zijn gewelfde vorm.

De rode spier is de sartorius, de langste spier van het lichaam. Deze spier geeft het been de golvende lijn vanaf de binnenkant van de knie tot aan de heup. De kuit is niet overal bedekt met spieren. Een deel van het scheenbeen ligt aan de oppervlakte. Daardoor is dit lichaamsdeel zo kwetsbaar.

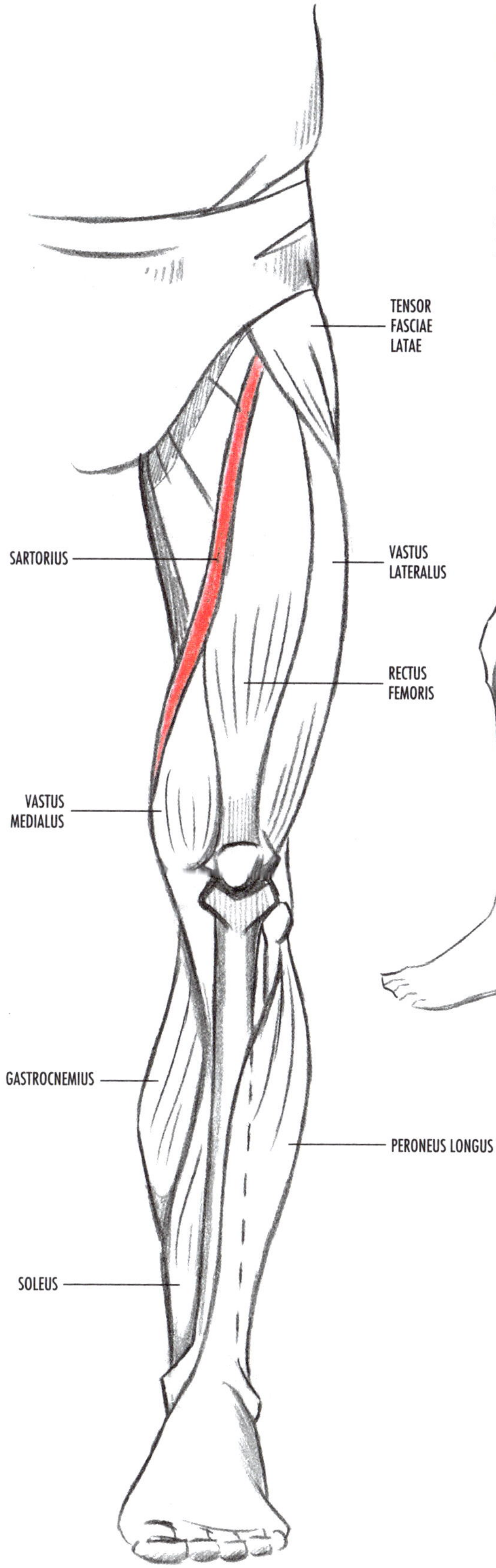

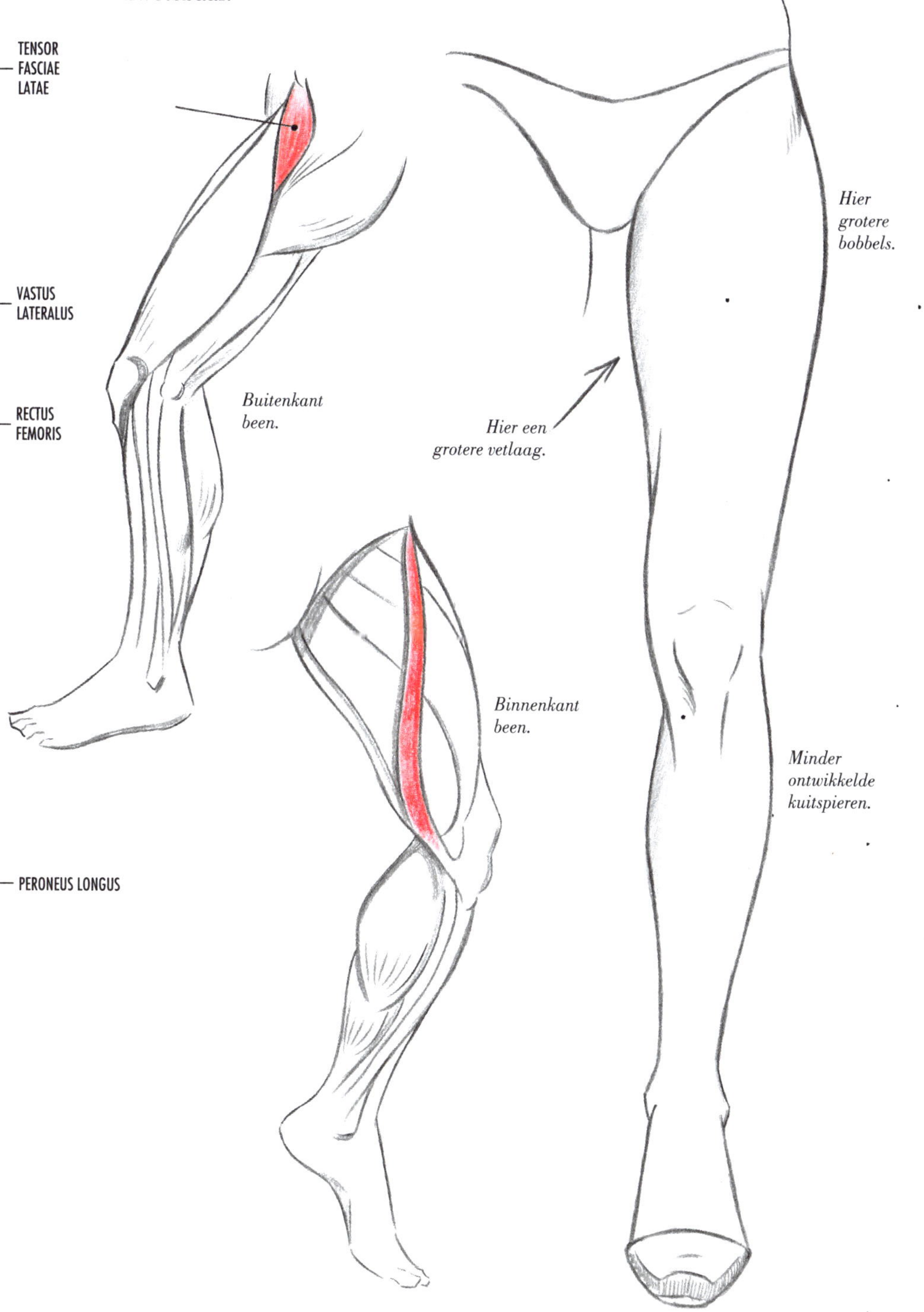

DE BELANGRIJKSTE BEENSPIEREN: zijaanzicht

Zoals je kunt zien is de dij aan beide kanten rond. De kuit is van achteren ook rond, maar het scheenbeen is min of meer recht, al zit er een kleine bocht in bij de voet, in de richting van de tenen. Let op de vetophoping boven de knie, die je ziet als je knie 'op slot' staat. De kop van de fibula is net onder de knie zichtbaar.

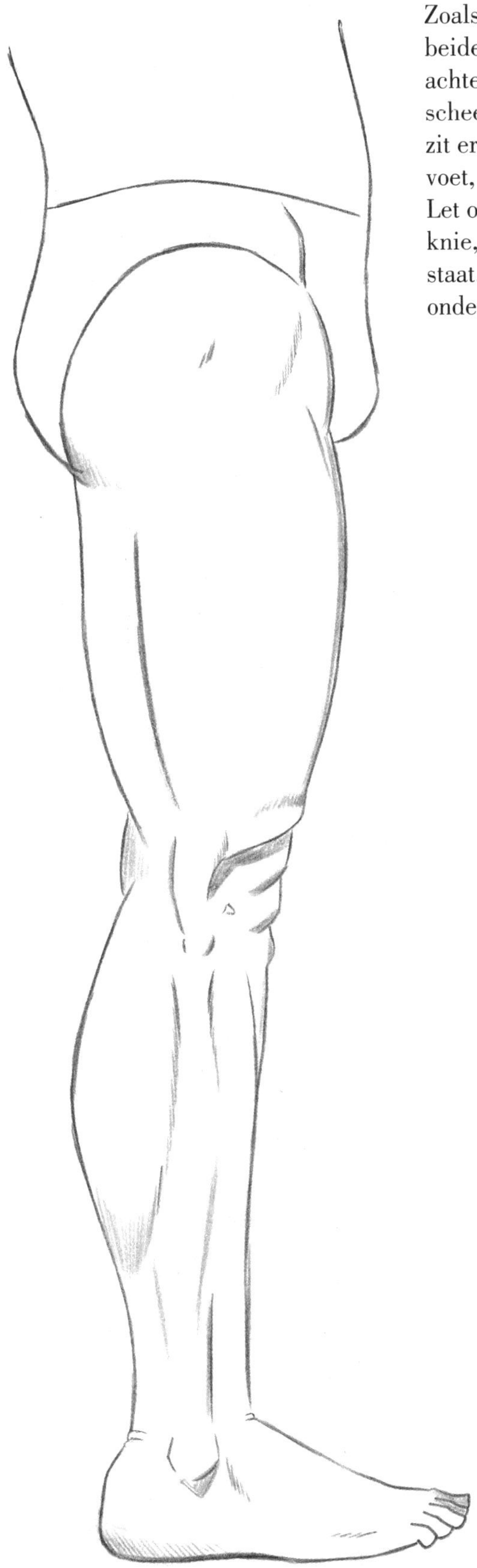

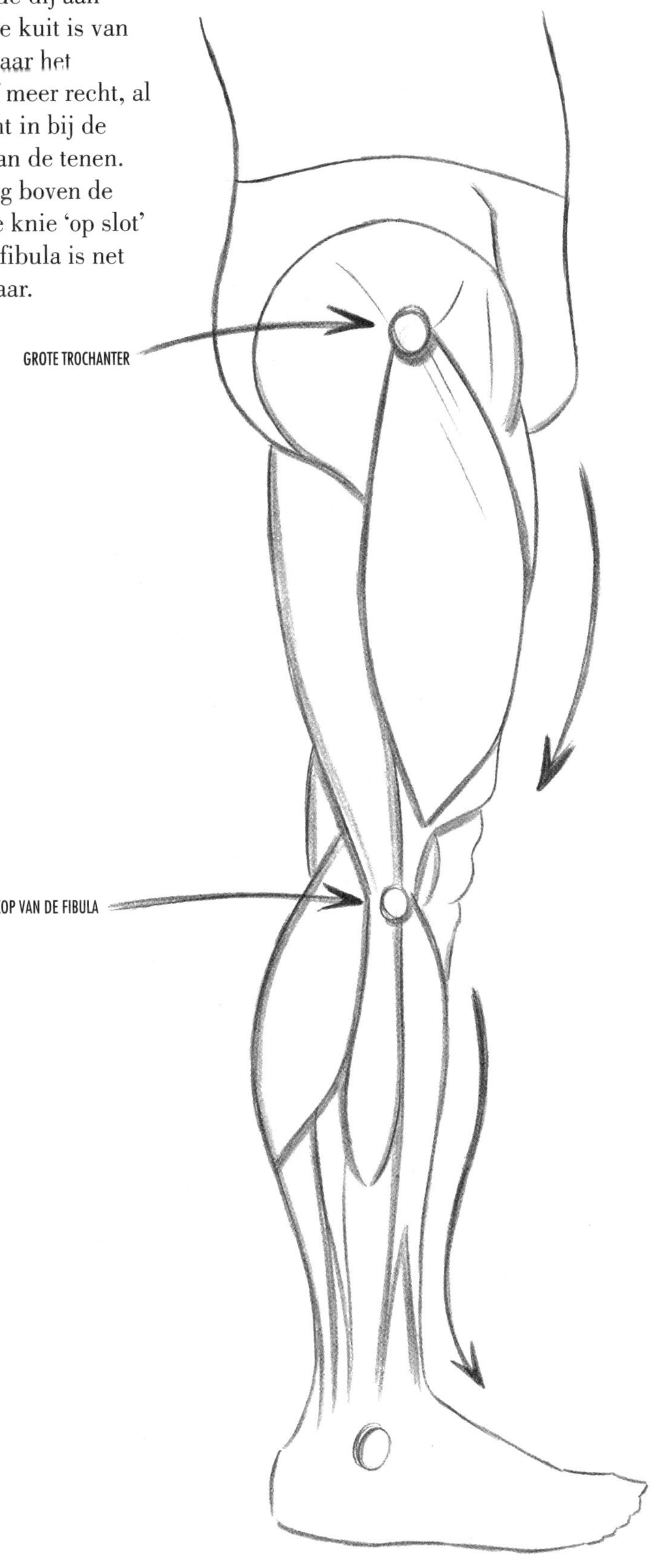

DE BELANGRIJKSTE BEENSPIEREN: achteraanzicht

Let erop hoe de pezen van het onderbeen vanaf de andere kuitspieren naar de hiel lopen. Pezen zitten vast aan spieren en gewrichtsbanden zitten vast aan het bot. Je ziet dat er twee grote spieren in de kuit zitten: de laterale en de middenspier van de gastrocnemius.

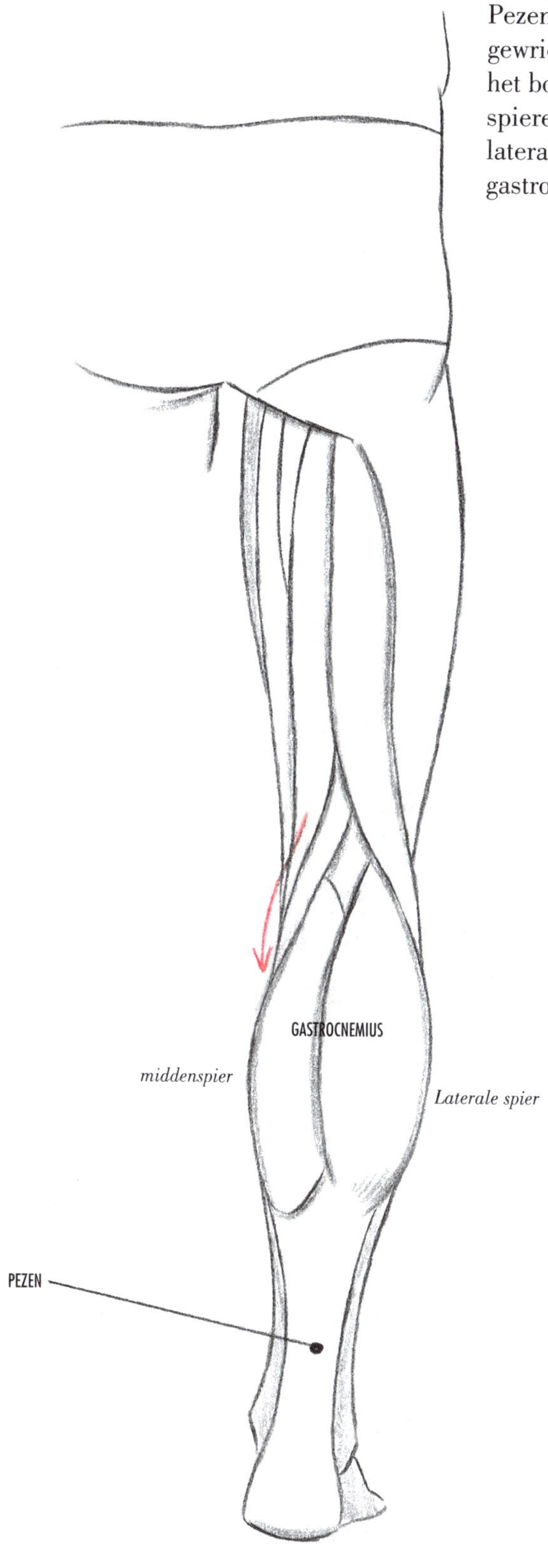

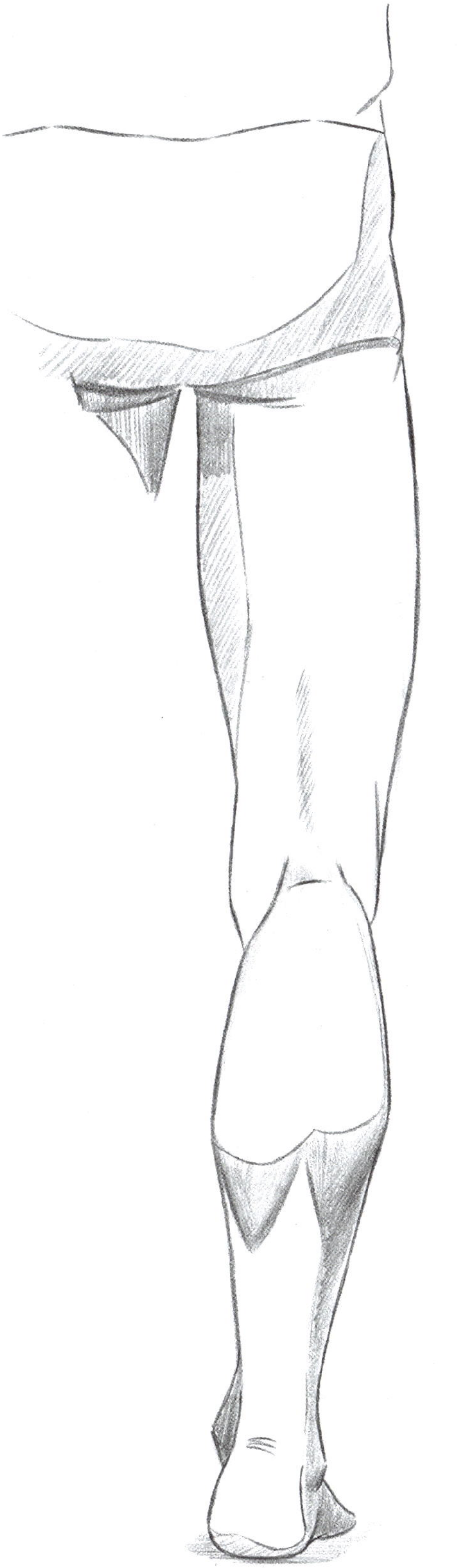

COMPRESSIELIJNEN

Als een ledemaat sterk buigt, veroorzaakt de samenkomst van spieren rond het gewricht een contourlijn die in een richting loopt en dan weer terugbuigt in de tegenovergestelde richting, in een S-vorm.

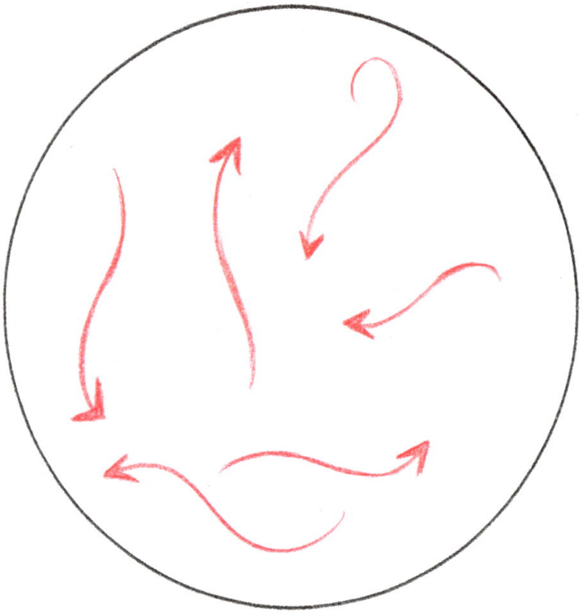

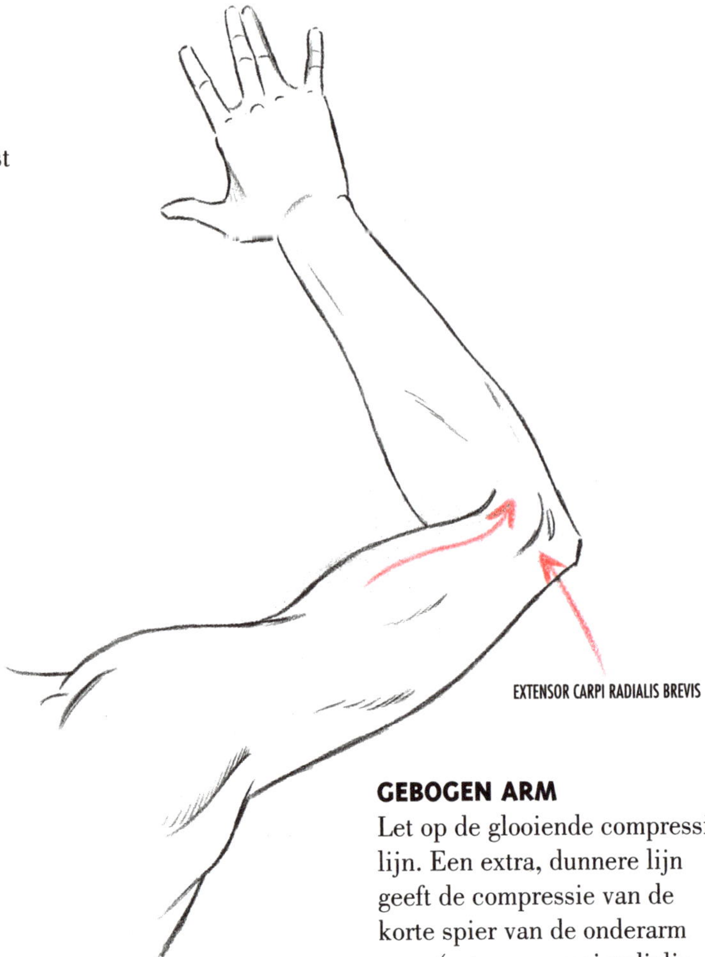

COMPRESSIELIJNEN
Elke lijn buigt in twee richtingen, zoals een 's'.

GEBOGEN ARM
Let op de glooiende compressielijn. Een extra, dunnere lijn geeft de compressie van de korte spier van de onderarm weer (extensor carpi radialis brevis). De extensor-spieren laten de palm en de vingers strekken.

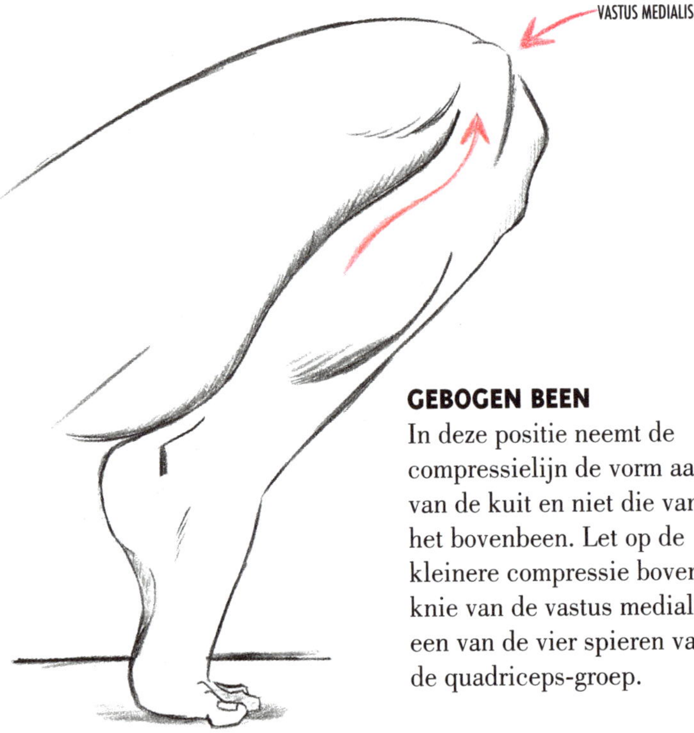

GEBOGEN BEEN
In deze positie neemt de compressielijn de vorm aan van de kuit en niet die van het bovenbeen. Let op de kleinere compressie boven de knie van de vastus medialis, een van de vier spieren van de quadriceps-groep.

TOEPASSING VAN COMPRESSIELIJNEN

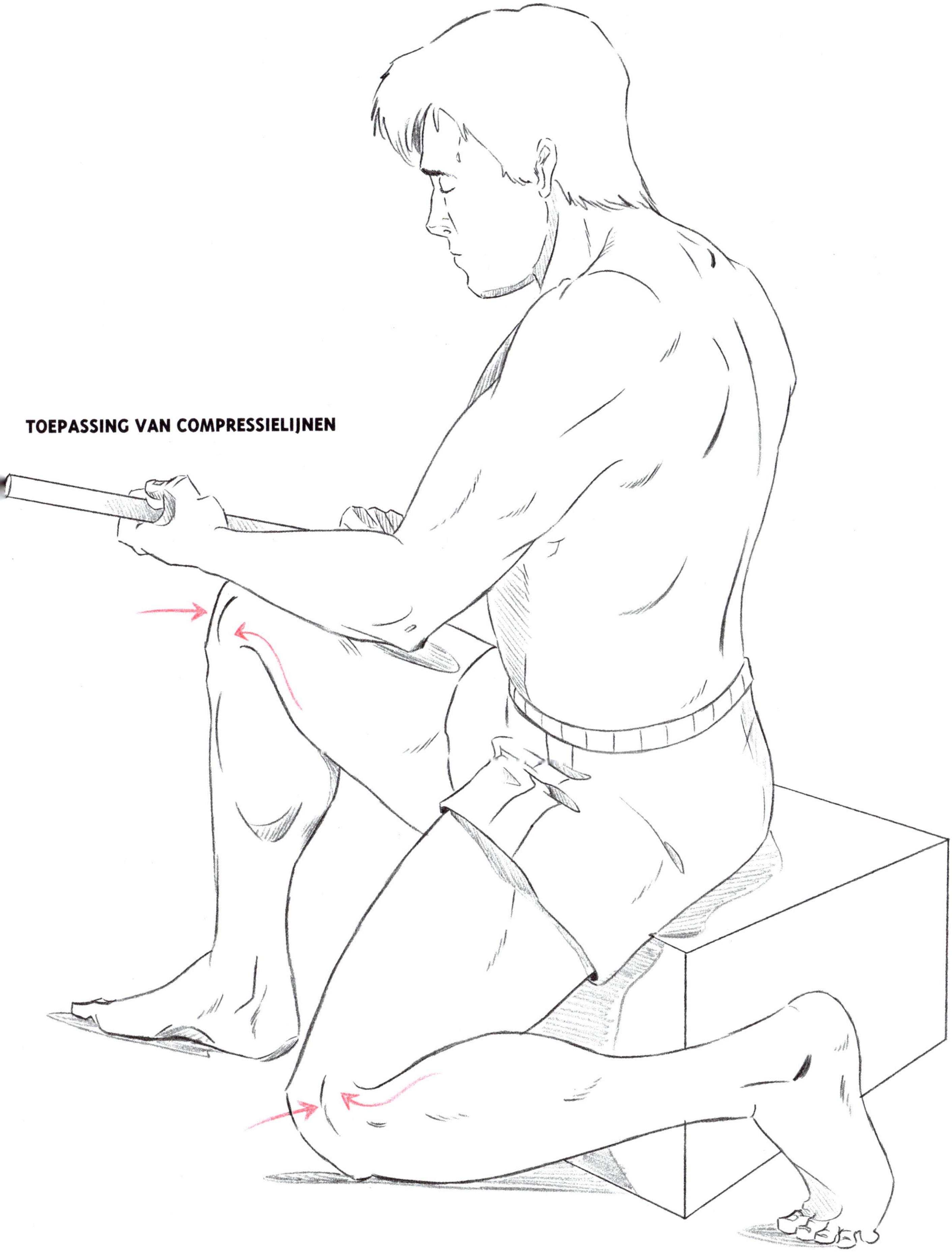

DE KNIE

Om de knie te tekenen hoef je alleen maar goed naar het skelet te kijken. Zo simpel is het. Het kniegewricht is een combinatie van het gewricht van de femur, tibia, patella en uitsteeksels van botten net onder en aan de buitenkant van de knie.

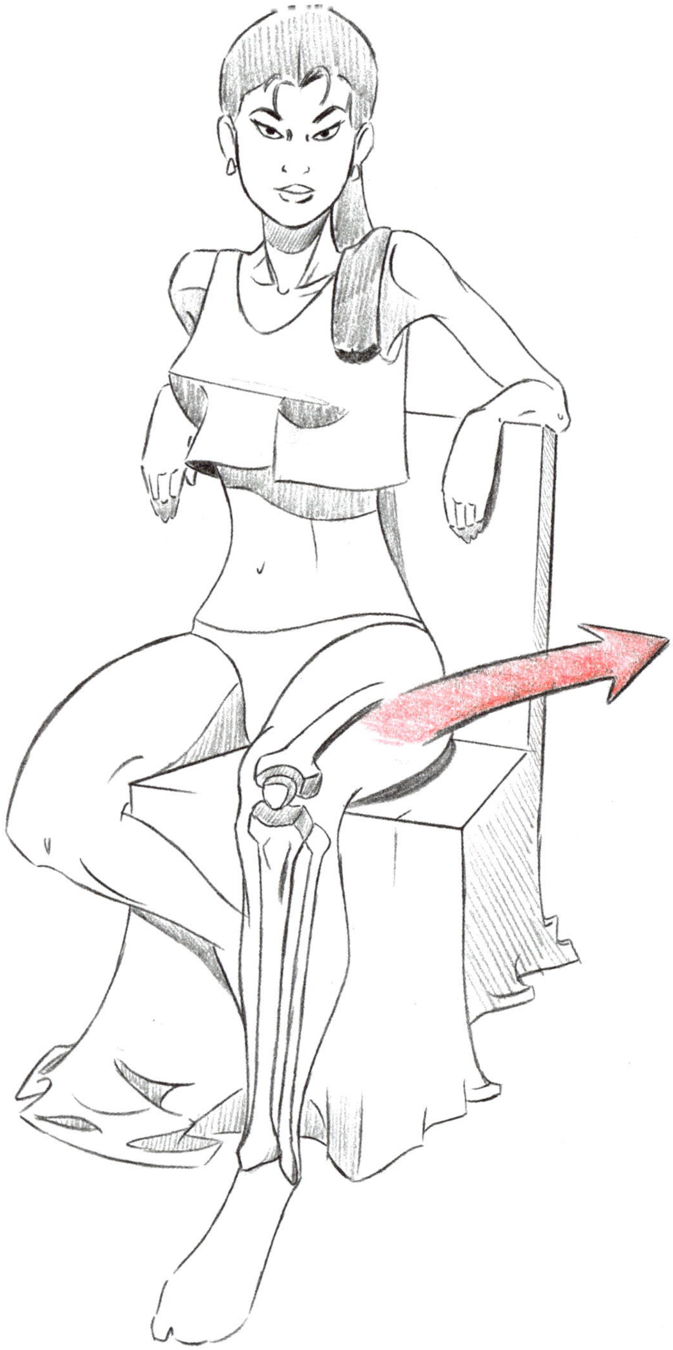

DE KNIE IN DETAIL

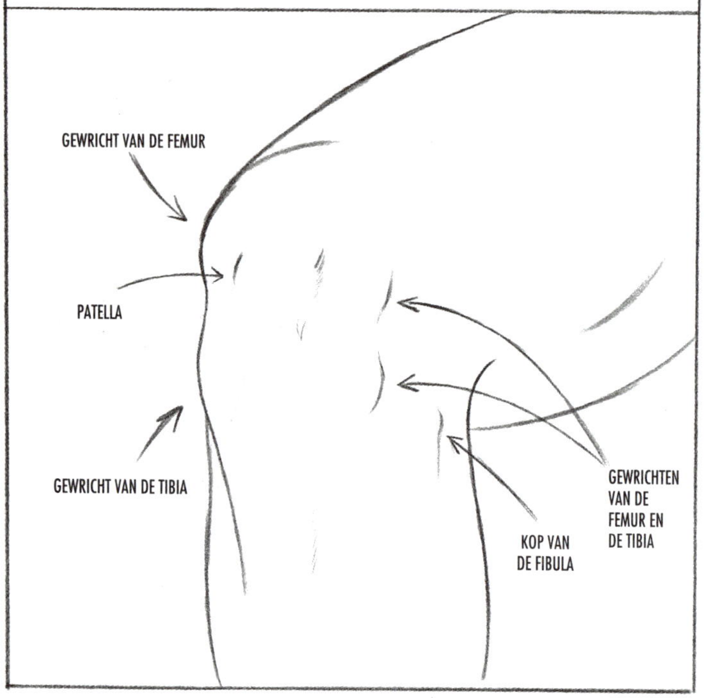

DE KNIE, VARIATIES

KNIEEN IN EEN HOEK VAN 45 GRADEN

Deze man zit met zijn knieën in een hoek van 45 graden voor de beschouwer. Vanuit dit standpunt is het niet nodig om de patella te tekenen. Zet alleen de gewrichten van de femur en tibia aan. Je ziet dat er net onder de knie een klein bobbeltje zit. Deze bobbel hoort bij de tibia, net onder het gewricht.

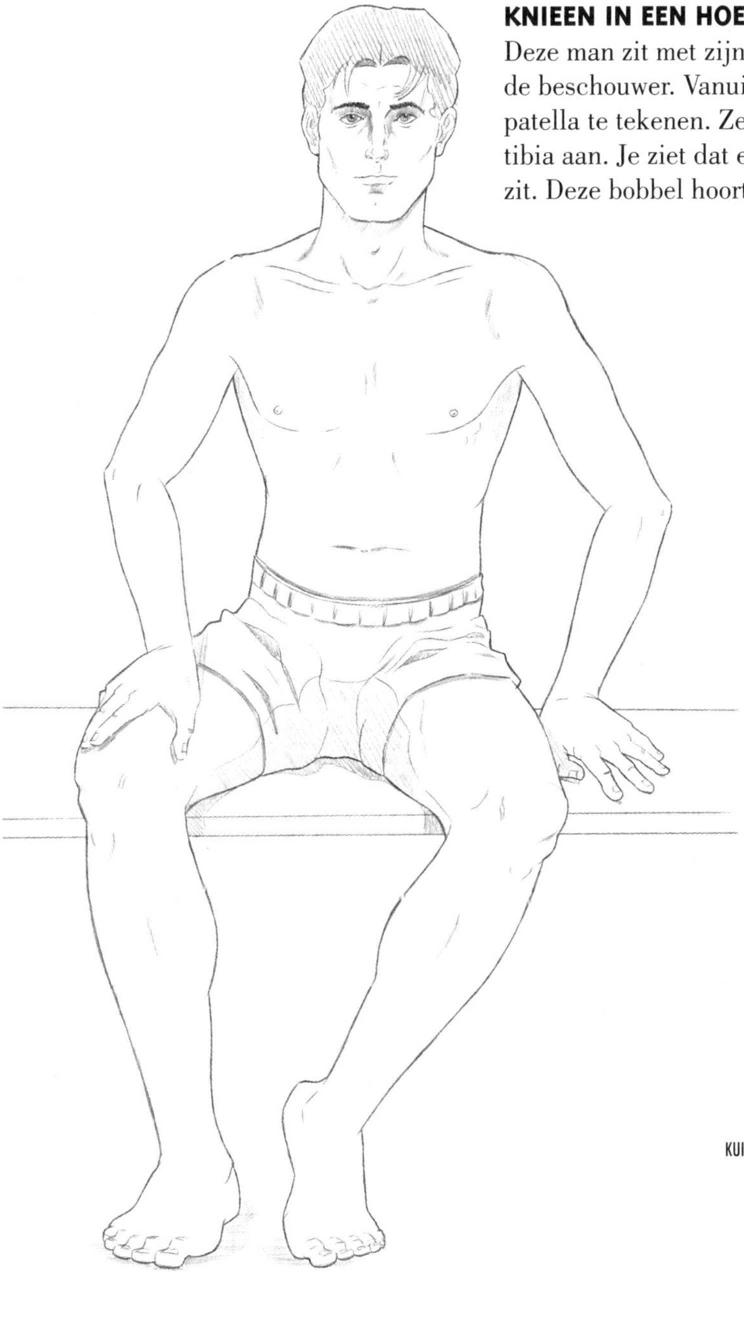

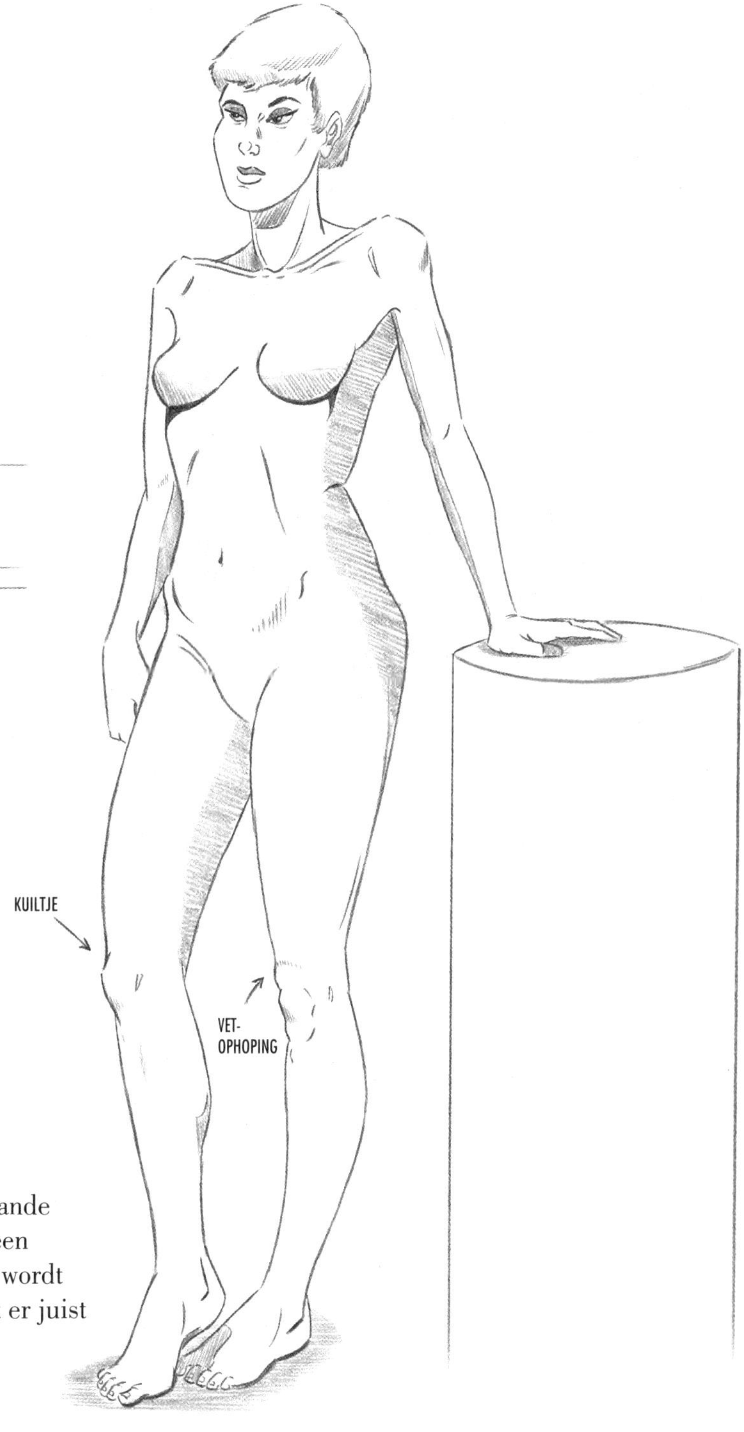

VETOPHOPING BOVEN DE KNIE

Als de knie 'op slot' staat in de staande positie, ontstaat er boven de knie een vetkussentje. Als de knie gebogen wordt verdwijnt het kussentje en ontstaat er juist een kuiltje.

DE HAND

Besteed extra aandacht aan het tekenen van de hand, want verkeerd getekende handen vallen helaas erg op. Intuïtief zul je veel van je hand weten. Nu is het een kwestie van het in de praktijk brengen van deze kennis.
Je weet bijvoorbeeld dat je middelvinger de langste vinger is, dan volgt je ringvinger, dan je wijsvinger en als laatste je pink. Zo moet je de vingers natuurlijk ook tekenen, evenals de knokkels en gewrichten die uitsteken. Let op de vingertoppen. Het zijn net kleine kussentjes. Ze zijn ronder en zachter dan de rest van de vinger. De pink is klein en zwak in vergelijking met de andere vier vingers. Kijk naar de belangrijkste lijnen die kriskras over de handpalm lopen. Let ook op lijntjes tussen de vingers en op de kromming van de duim.

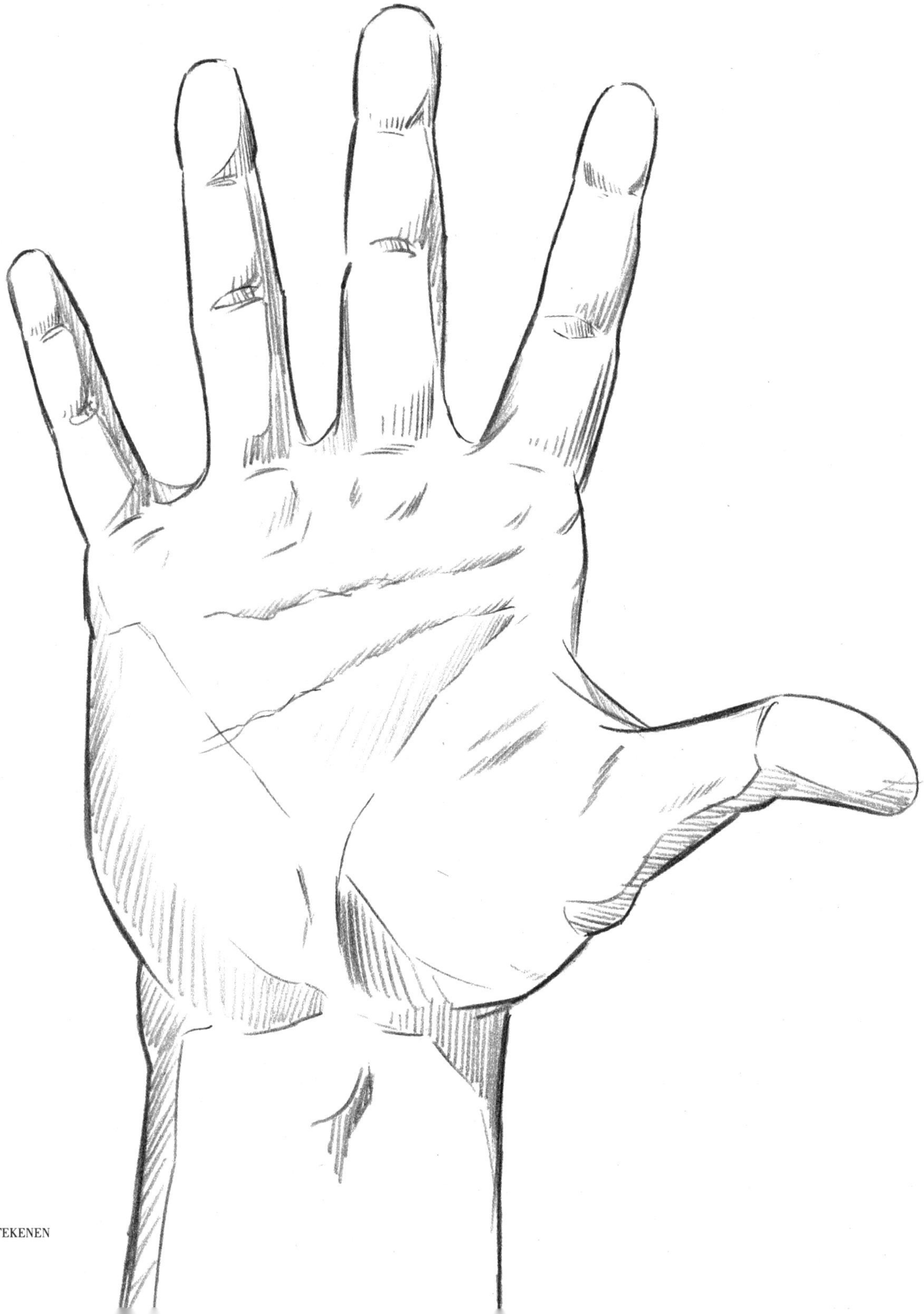

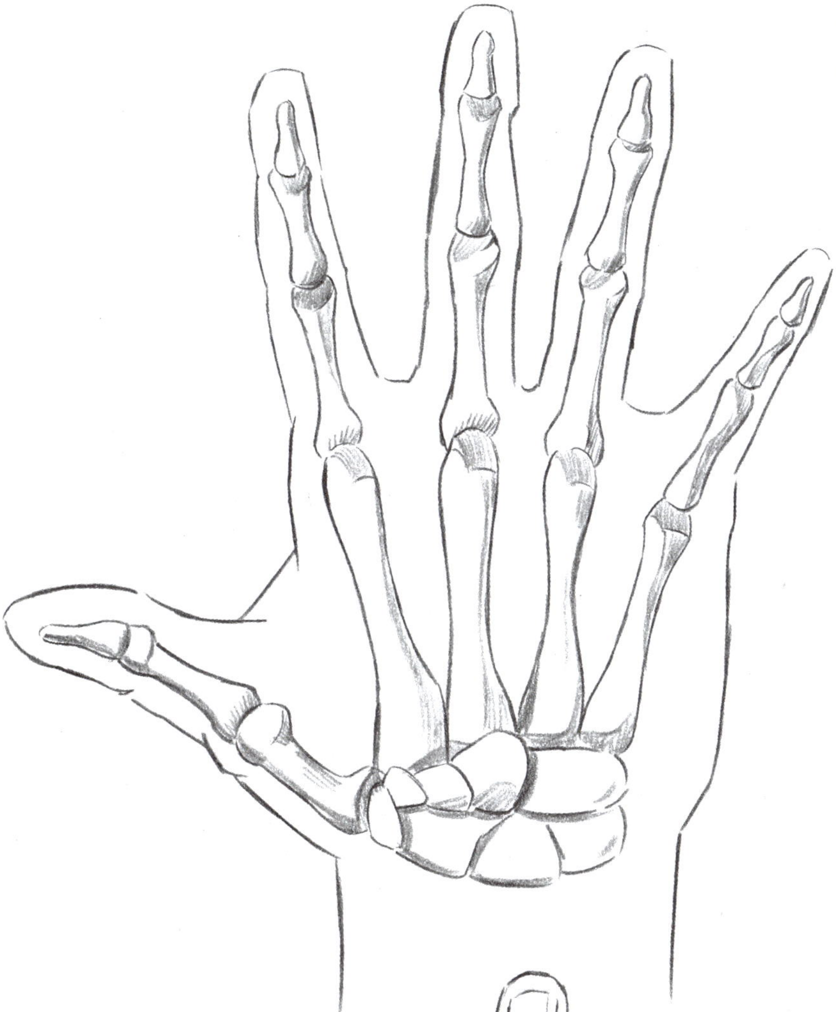

DE RUG VAN DE HAND

DE BOTTEN

Let erop dat de hand uit een heleboel botjes en gewrichten bestaat, dat de palm eigenlijk niets meer dan een verlenging van de vingers is en dat de basis van de hand vrij klein is.

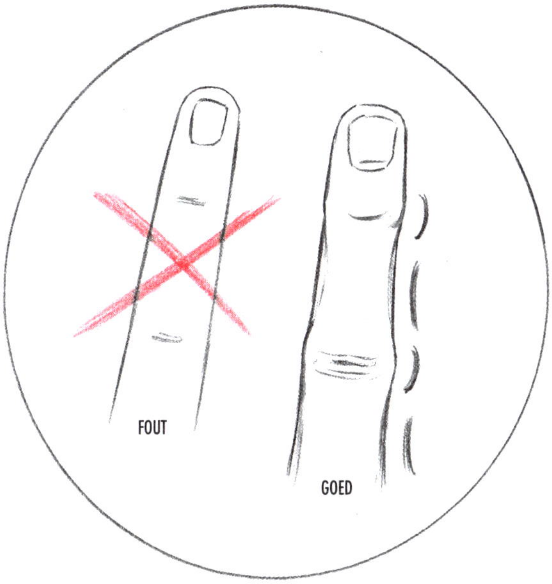

VINGERS IN DETAIL

Vingers zijn niet kaarsrecht. Zoals dat in het hele skelet het geval is, zijn de botten bij de gewrichten het breedst.

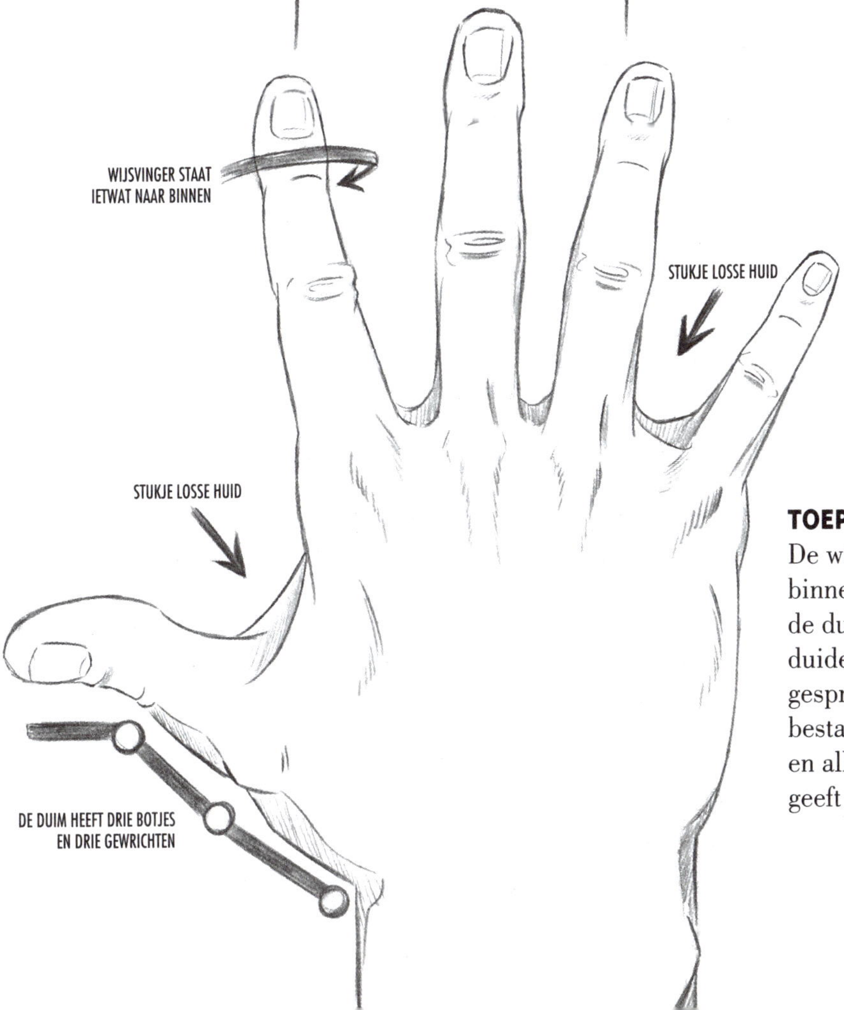

TOEPASSING

De wijsvinger staat een beetje naar binnen gedraaid. Tussen de vingers en de duim zit een stukje los weefsel, wat duidelijk te zien is als de hand gespreid is. En onthoud: de duim bestaat uit drie botjes – niet uit twee – en alleen het derde en laatste botje geeft de duim zijn kromming.

MEER TIPS VOOR HANDEN

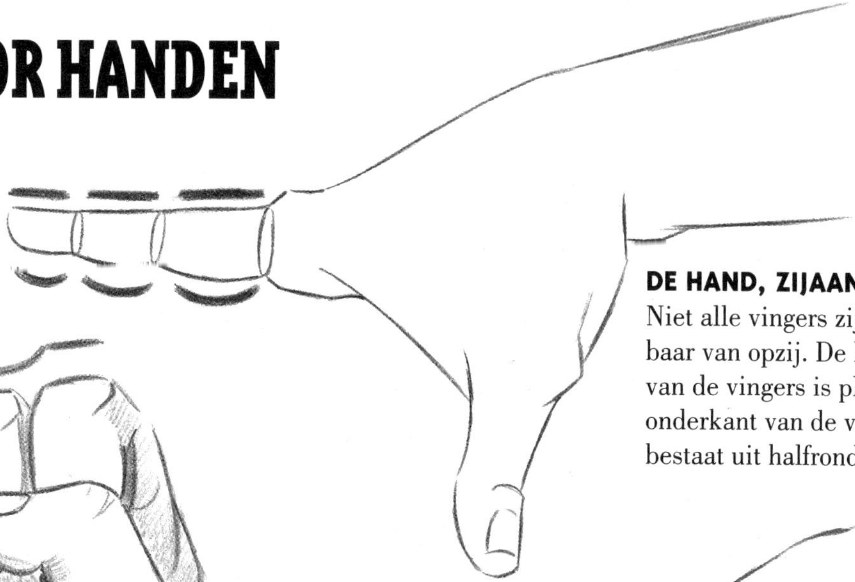

DE HAND, ZIJAANZICHT

Niet alle vingers zijn zichtbaar van opzij. De bovenkant van de vingers is plat en de onderkant van de vingers bestaat uit halfronde lijntjes.

Let op deze bobbel als de hand tot een vuist wordt gebald.

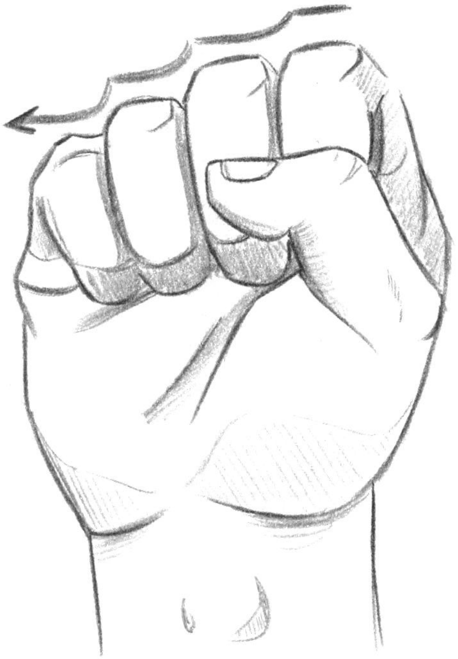

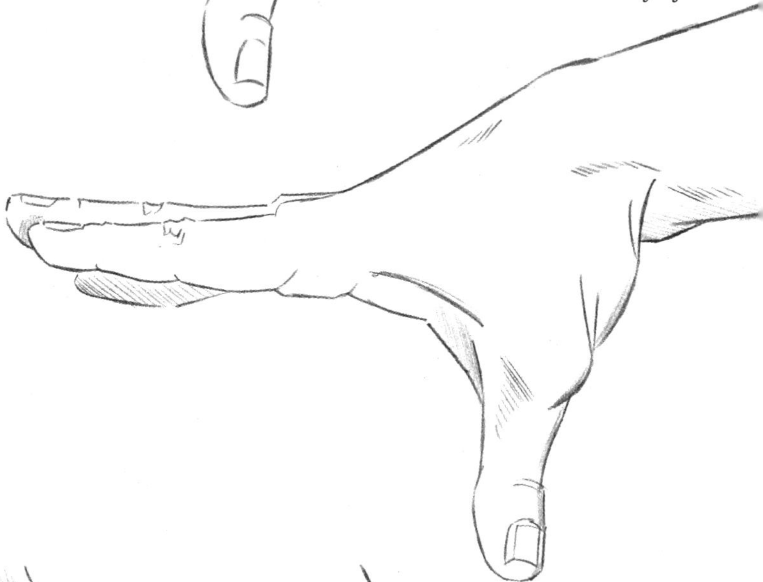

DE VUIST

In een vuist lopen de dichtgeklemde vingers trapsgewijs naar beneden. Je vraagt je misschien af waarom de middelvinger in een vuist niet uitsteekt boven de andere vingers, aangezien de middelvinger toch de langste is. Het antwoord is dat de lengte van de vingers niets zegt over de hoogte waarop ze zich in een vuist bevinden. De duimspier daaronder bepaalt de hoogte van de vingers. De duimspier steekt iets uit, en aangezien de vingers van de duim vandaan lopen, wordt de duimspier kleiner en lopen de vingers trapsgewijs omlaag.

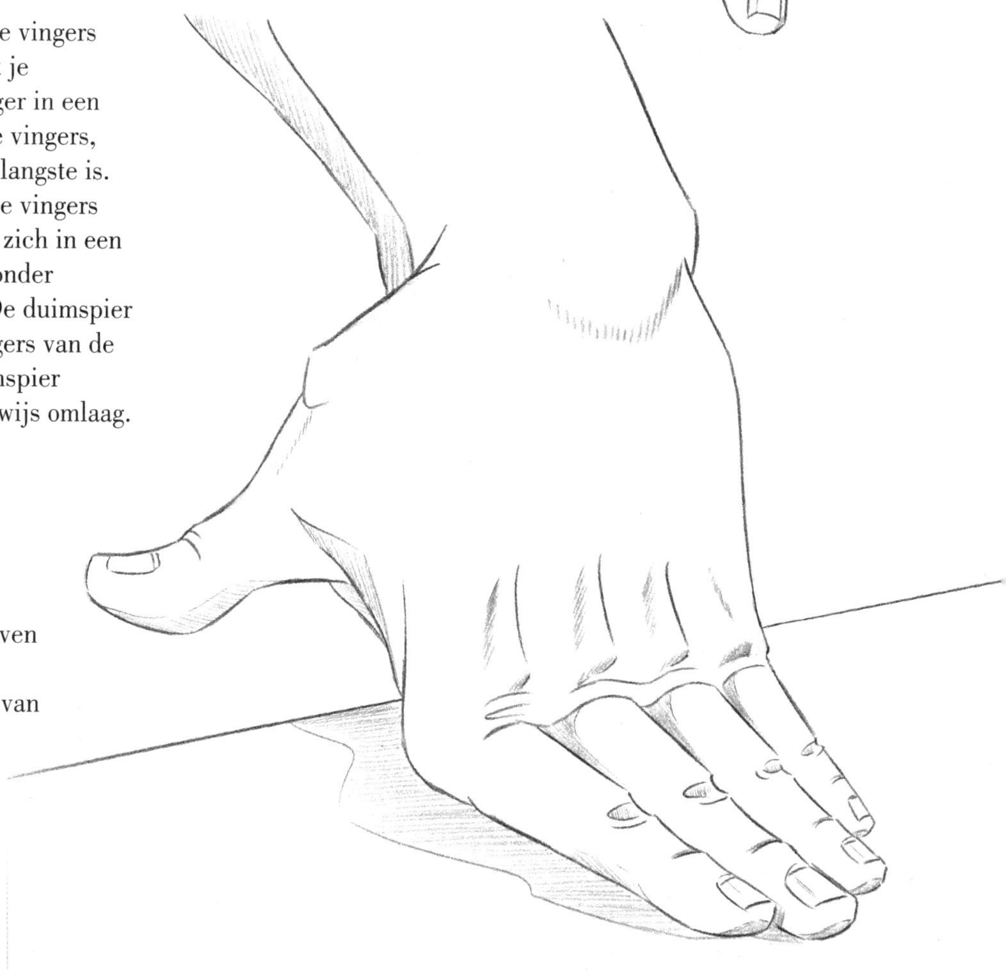

DE FLEXIBELE HAND

De hand kan veel interessante bewegingen maken. Let op twee dingen in deze houding: de huid boven de knokkels zit nogal los en is 'kreukelig', en het tweede gewricht van de duim is het meest uitspringende gewricht van de hand.

VROUWENHANDEN

Bij het tekenen van vrouwenhanden is het van belang dat de knokkels minder zwaar aangezet worden en dat de vingers taps toelopen. Teken minder lijntjes en plooien, en natuurlijk wel nagels.

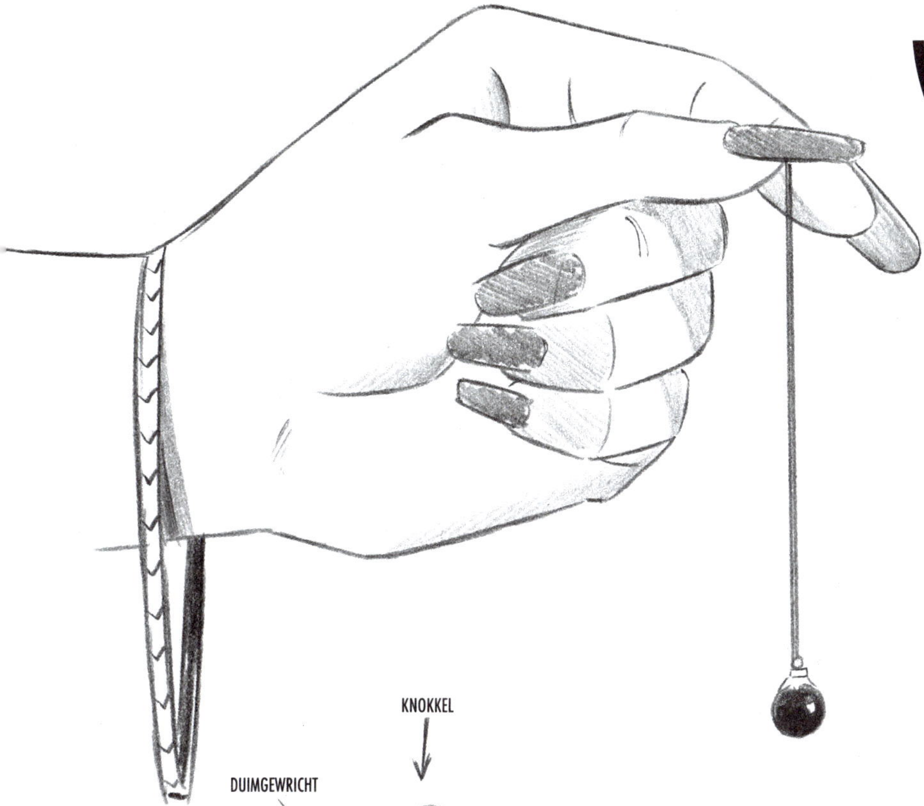

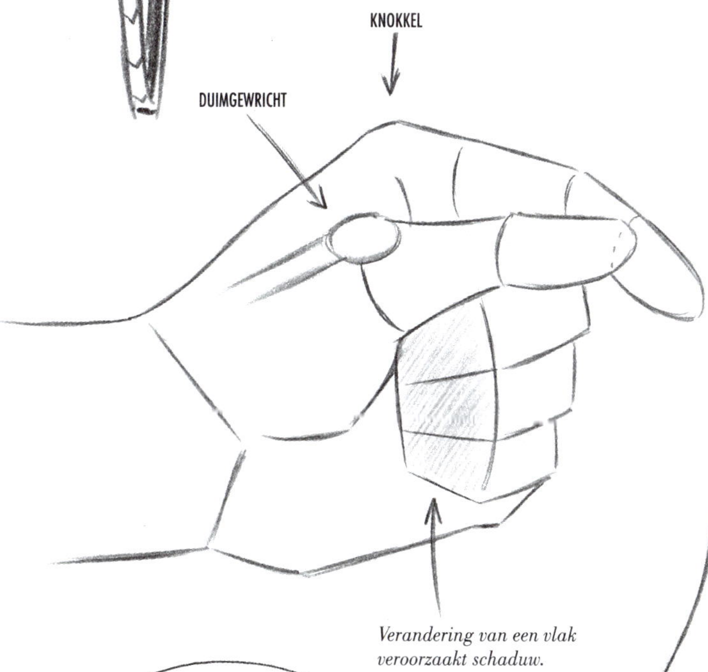

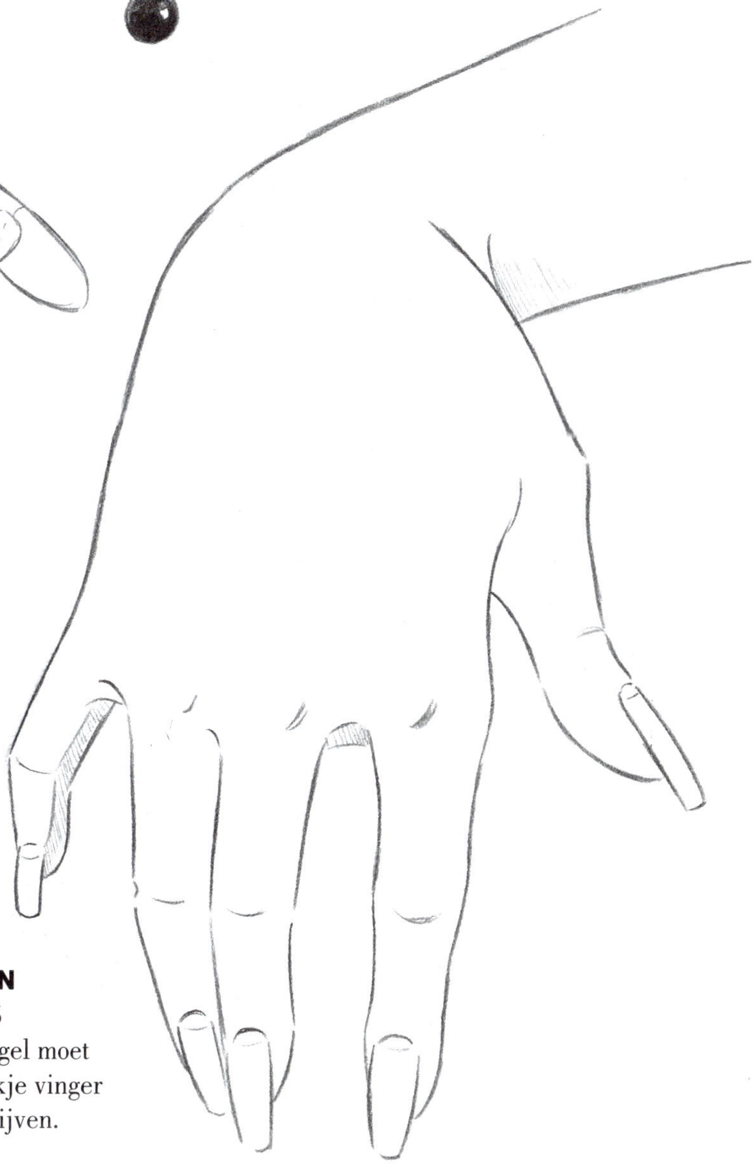

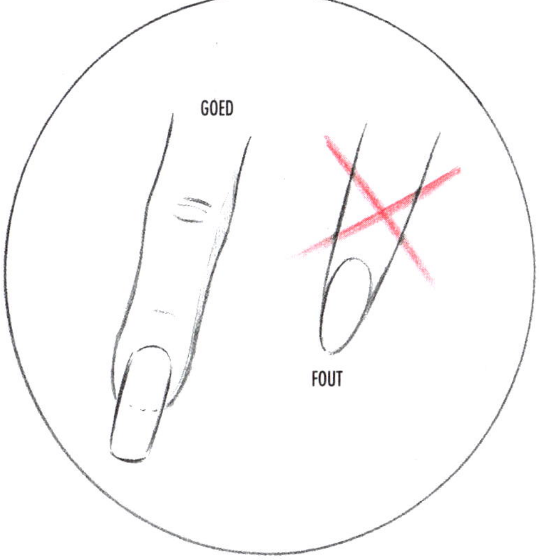

DETAIL VAN DE NAGELS

Naast de nagel moet nog een stukje vinger zichtbaar blijven.

DE VOETEN

Gelukkig zijn de voeten tamelijk massief, dus als je de vorm eenmaal goed hebt gezien, ben je feitelijk klaar. Toch kan de voet moeilijk te tekenen zijn, vooral vanuit verschillende hoeken. Laten we de voeten eens nader bekijken.

BINNENKANT VAN DE VOET

Let op de zes belangrijkste delen: hiel, enkel, wreef, bal van de voet, voetzool en tenen.

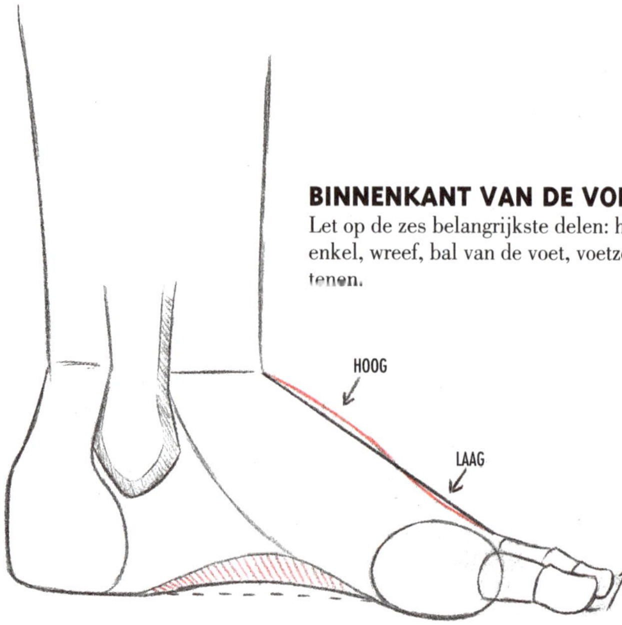

De voet heeft twee welvingen: de zool die altijd contact heeft met de grond, en de voetholte. De tweede teen is langer dan de grote teen.

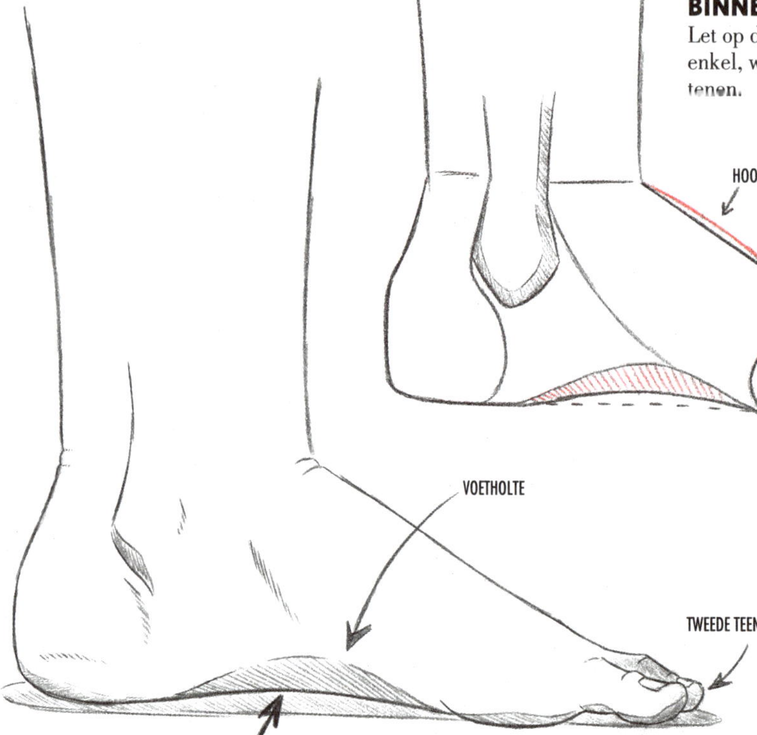

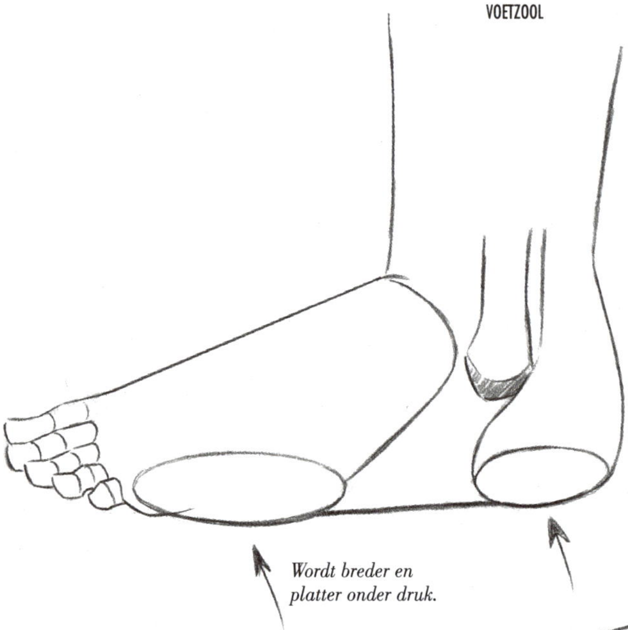

BUITENKANT VAN DE VOET

Vanuit deze hoek heeft de voetzool geen welving, maar het is ook geen rechte lijn. Er zijn een paar lichte welvingen door de verdikking bij de hiel en de breedte van de botten net voor de kleine teen.

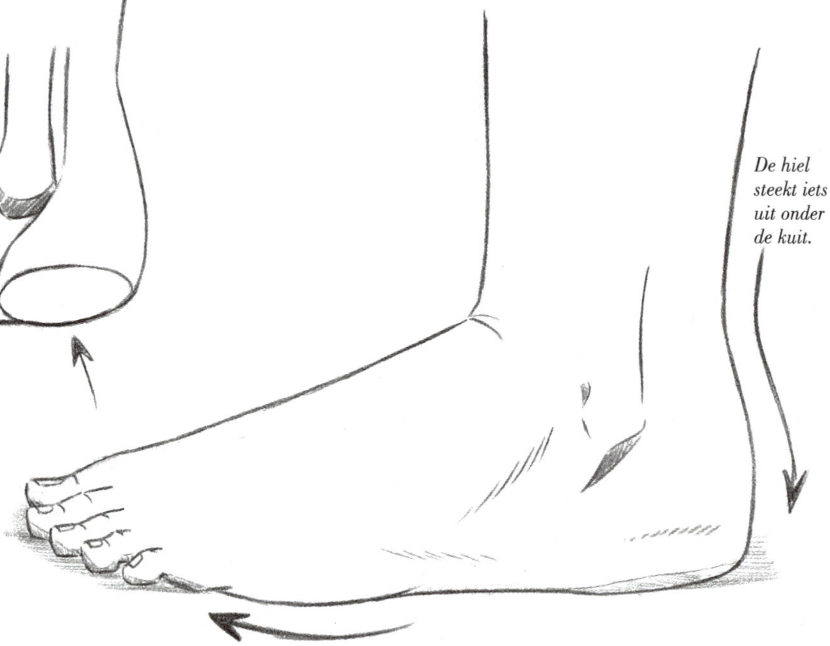

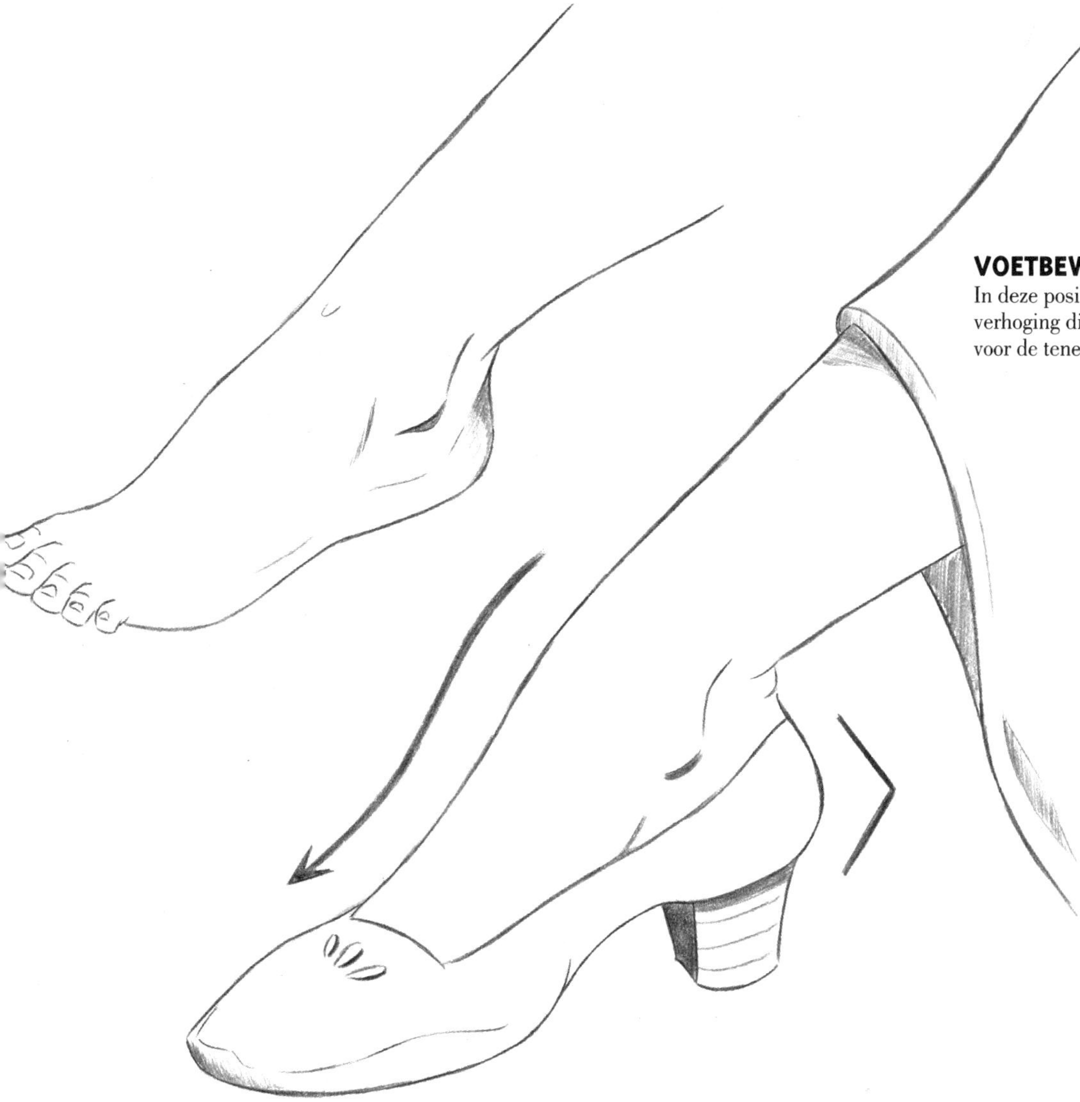

VOETBEWEGINGEN

In deze positie vormt de wreef van de voet een verhoging die schuin afloopt naar een dal, vlak voor de tenen. Let erop hoe ver de hiel uitsteekt.

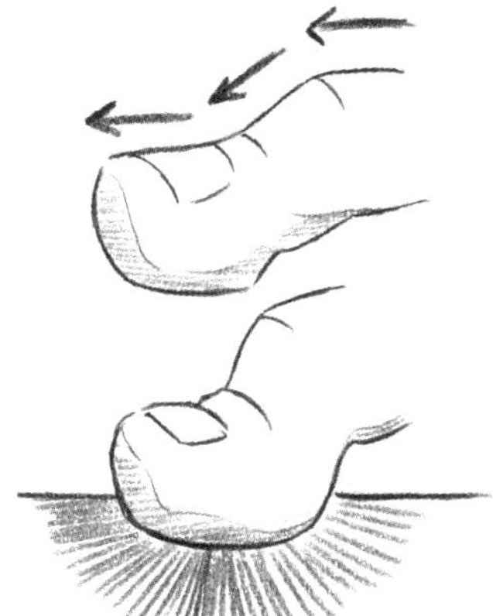

TEENGEWRICHTJES

Met uitzondering van de grote teen, die twee gewrichten heeft, bestaan de tenen uit drie gewrichten, die drie vlakjes creëren.

DE ENKEL

De hoek van de enkel is opmerkelijk: het buitenste deel van de enkel ligt verder naar achteren dan het binnenste deel.

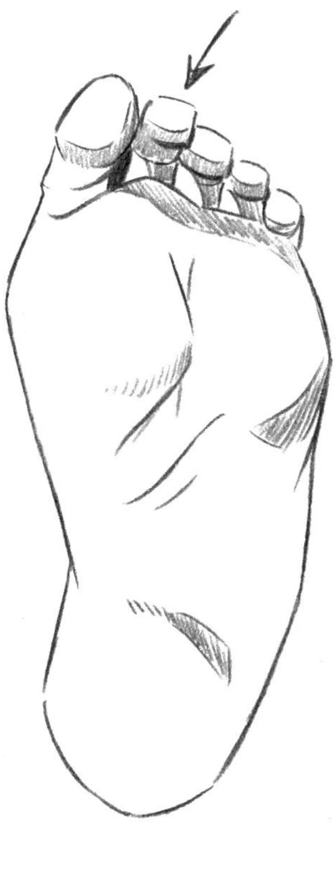

DE VOETZOOL

In ontspannen positie lijkt de middelste teen korter dan de grote teen, wat niet zo is, omdat hij opkrult. Let op de scherpe hoek van de zool.

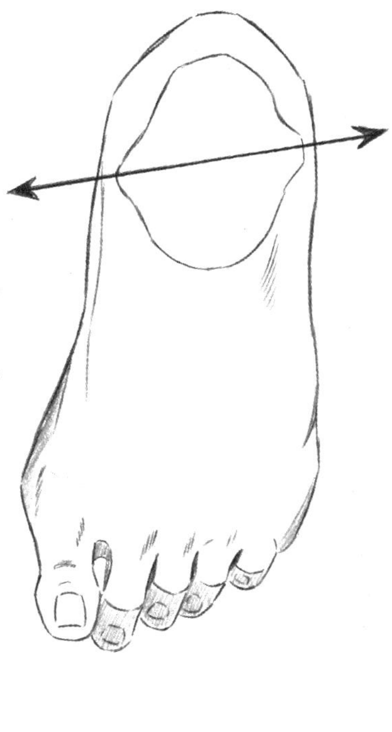

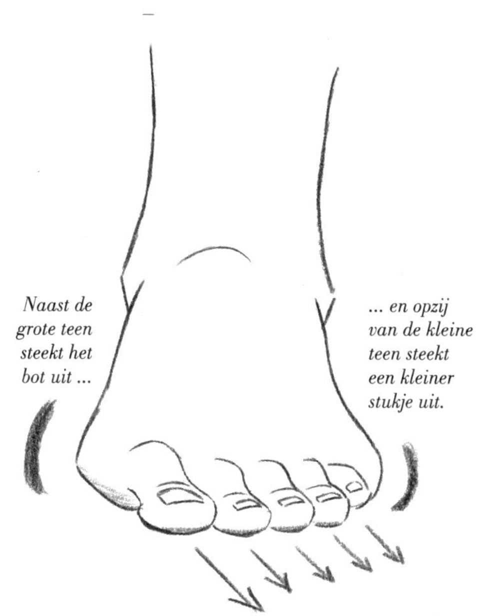

RICHTING VAN DE TENEN

De tenen wijzen niet recht vooruit, zelfs niet als de voet recht naar voren staat. De tenen wijzen naar buiten in een hoek van iets minder dan 45 graden.

BEWEGINGEN VAN HET LICHAAM

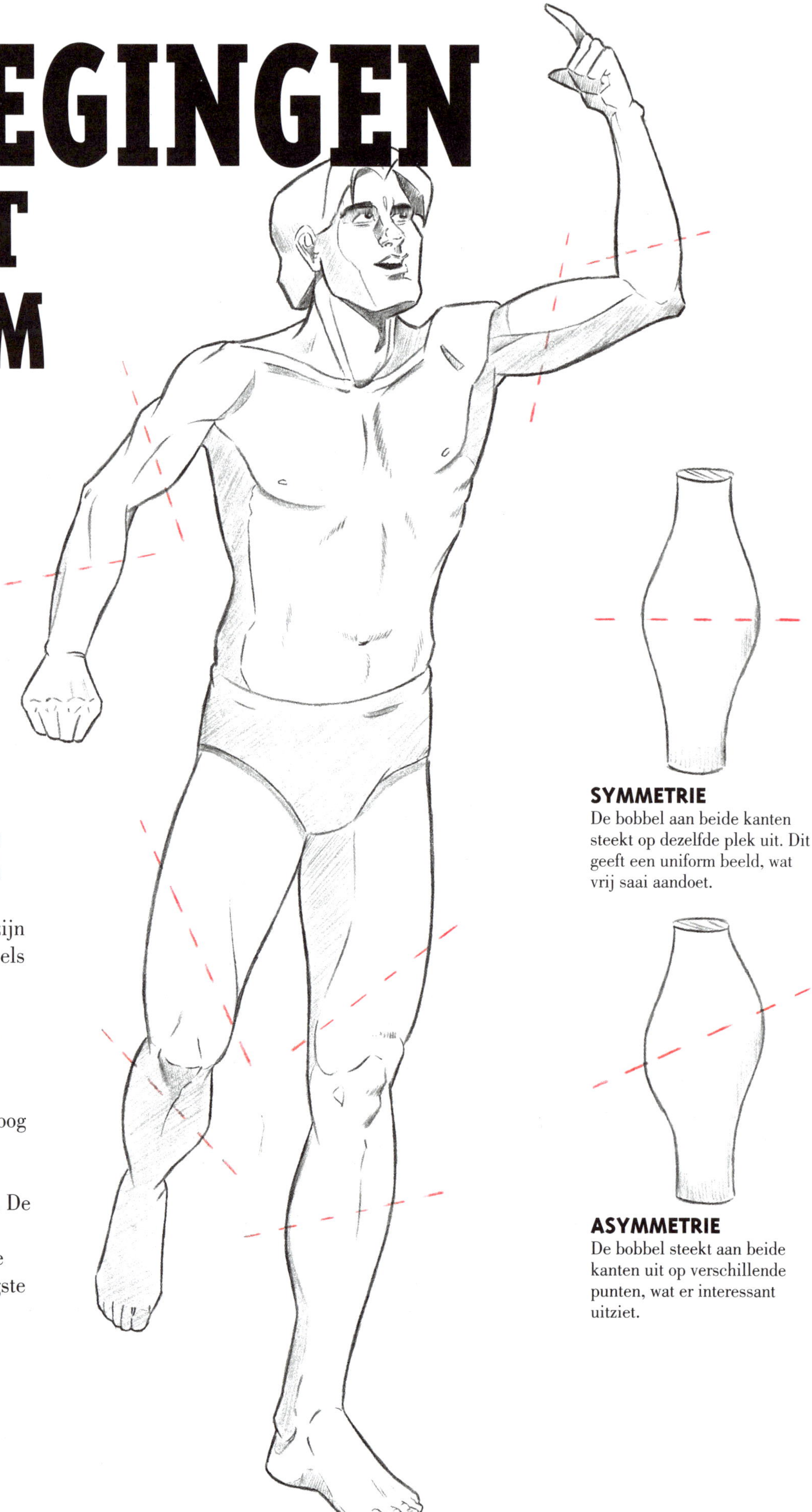

ASYMMETRIE

Het menselijk lichaam dankt zijn sierlijke verschijning grotendeels aan het feit dat de spieren asymmetrisch zijn. Met asymmetrie bedoel ik groepen spieren die op verschillende plekken uitsteken. De triceps bijvoorbeeld loopt verder omhoog op de arm dan de biceps. Hierdoor is de arm niet eenvormig, maar altijd anders. De asymmetrie van deze lopende man wordt aangegeven door de stippellijnen, die door de hoogste punten van een ledemaat of spiergroep lopen.

SYMMETRIE
De bobbel aan beide kanten steekt op dezelfde plek uit. Dit geeft een uniform beeld, wat vrij saai aandoet.

ASYMMETRIE
De bobbel steekt aan beide kanten uit op verschillende punten, wat er interessant uitziet.

ASYMMETRIE VAN DE BOVENARM

De triceps zwelt meer op dan de biceps.

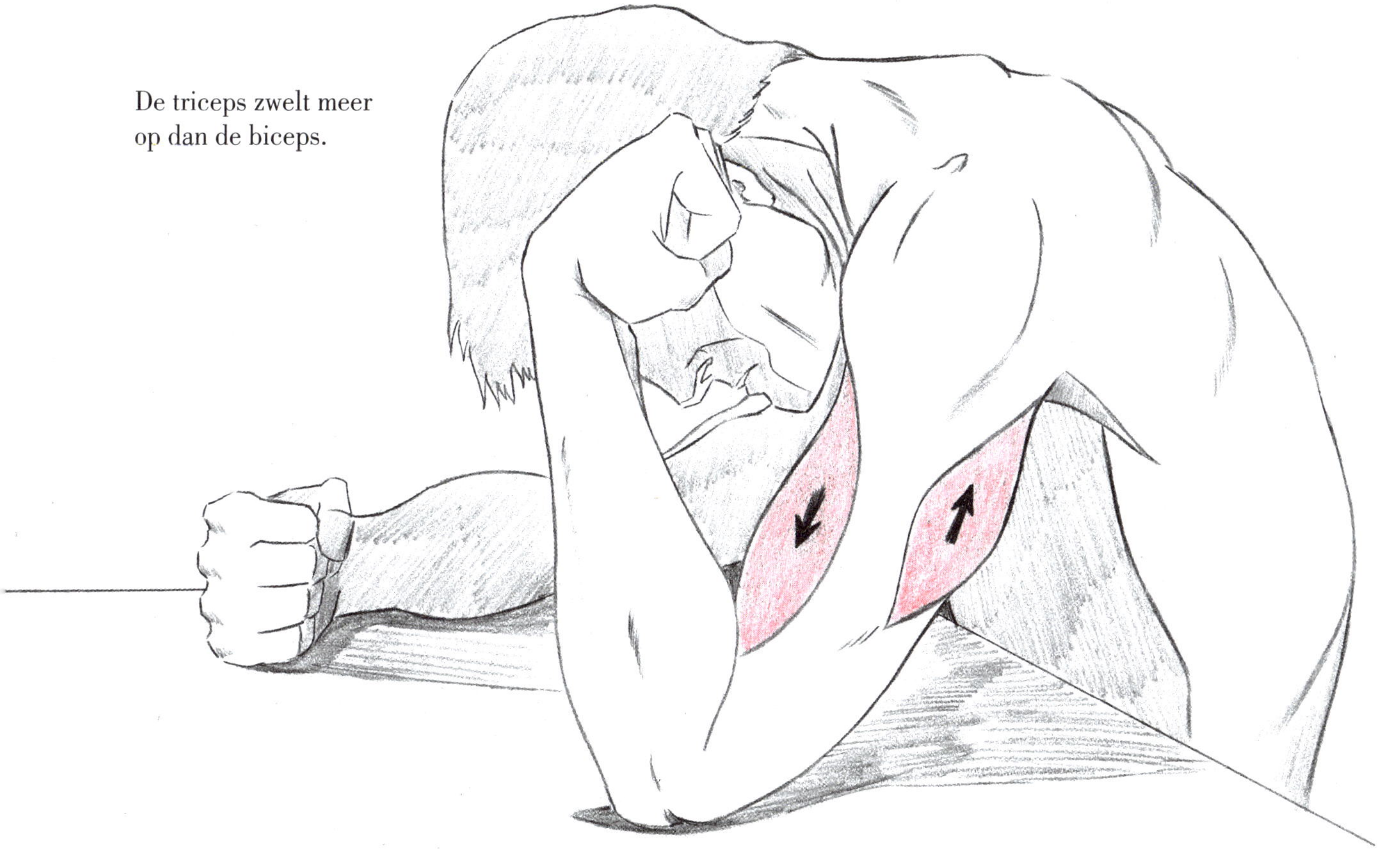

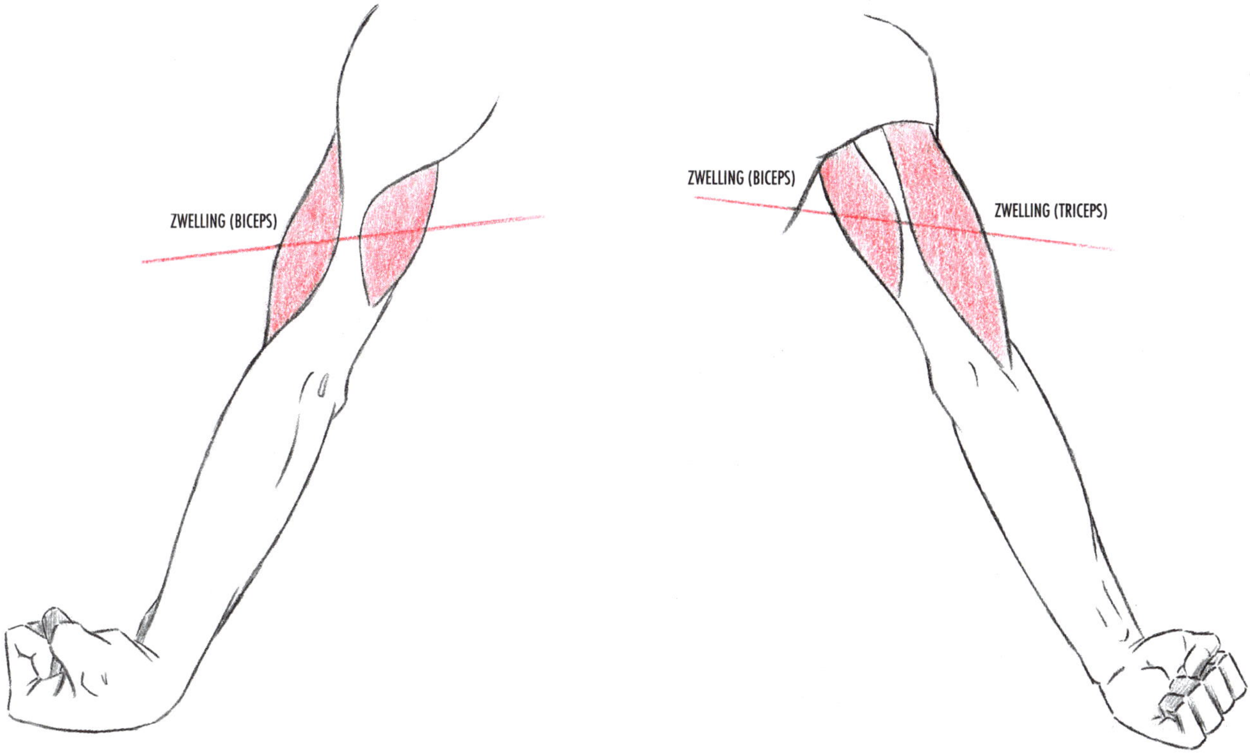

ASYMMETRIE VAN DE TRICEPS

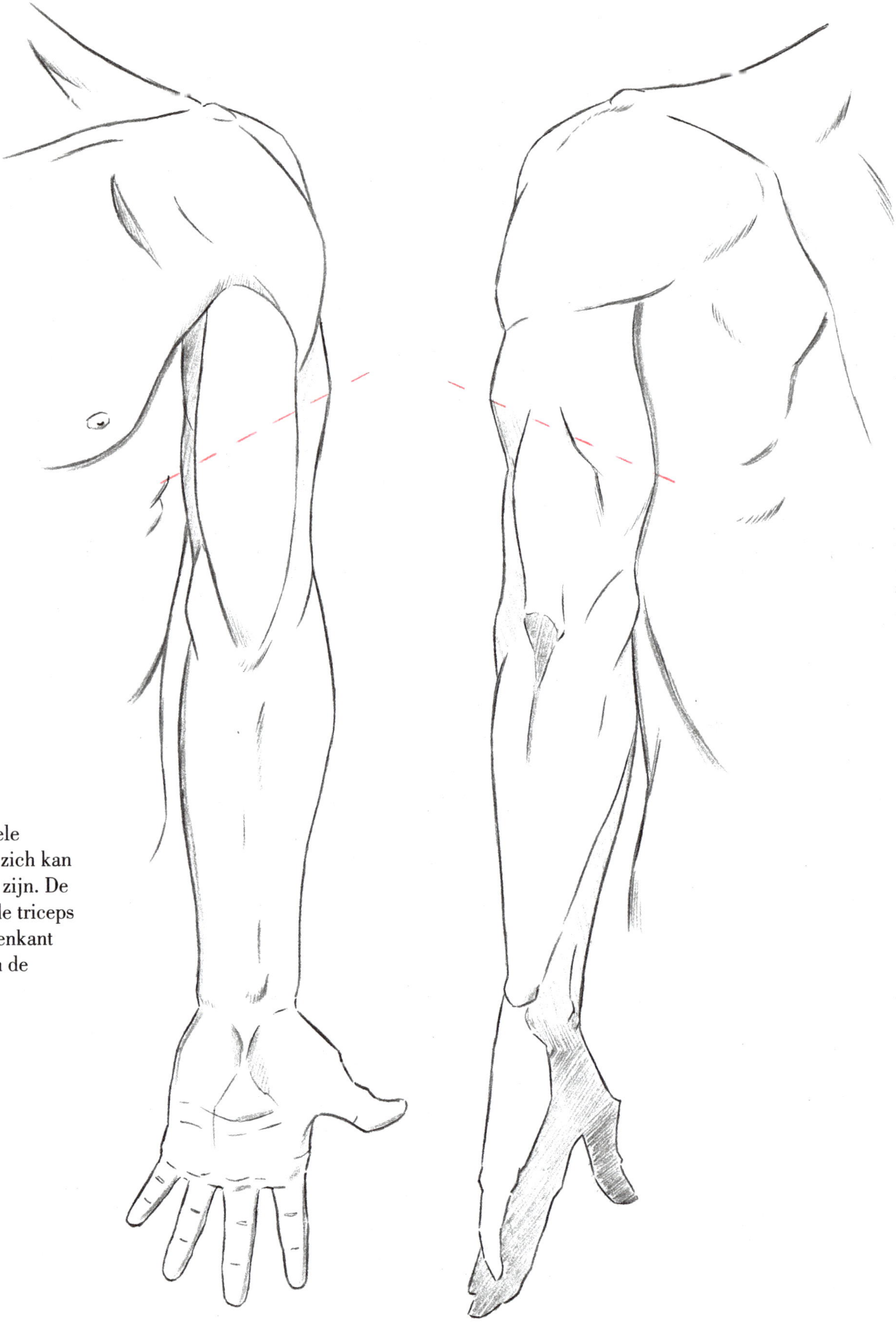

Zelfs een enkele spiergroep op zich kan asymmetrisch zijn. De zwelling van de triceps is aan de buitenkant groter dan aan de binnenkant.

ASYMMETRIE VAN DE ONDERARM

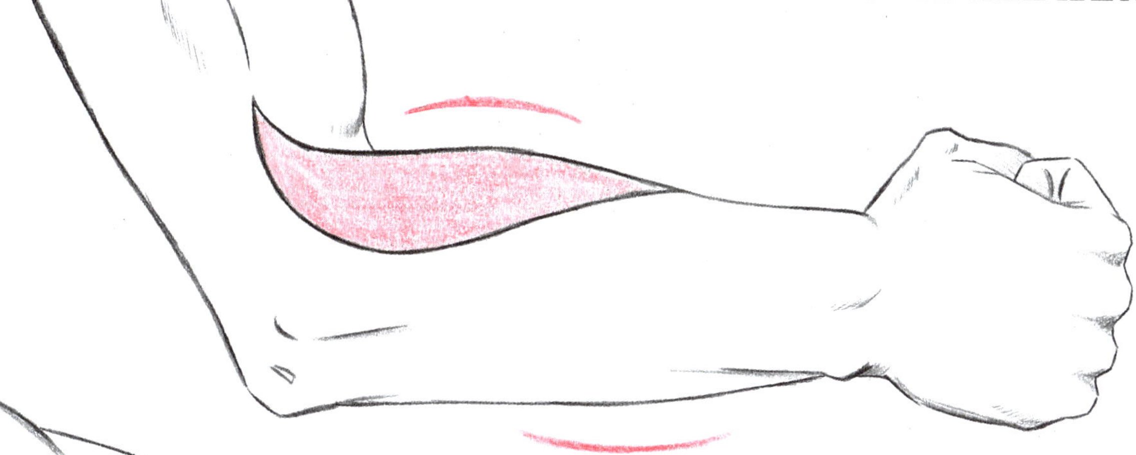

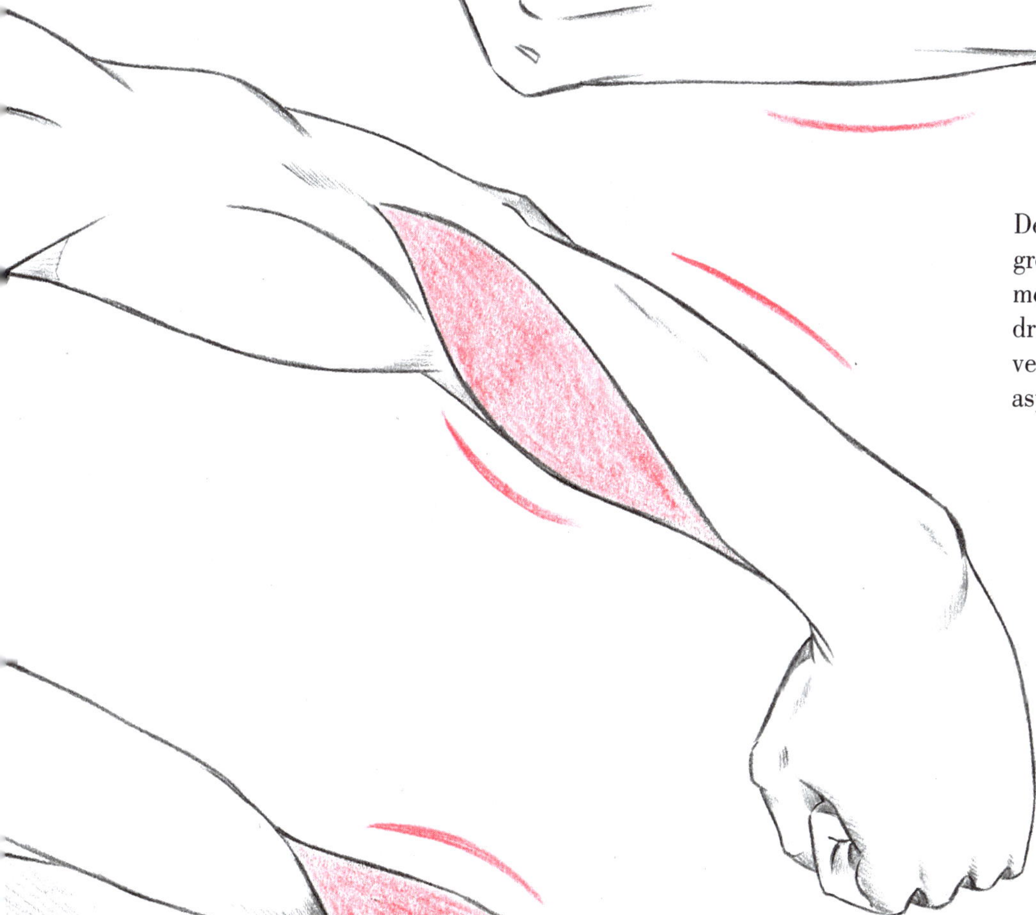

De rood aangegeven spiergroepen op de onderarm draaien mee als de arm en de hand draaien. Deze spiergroep is verantwoordelijk voor de asymmetrie van de onderarm.

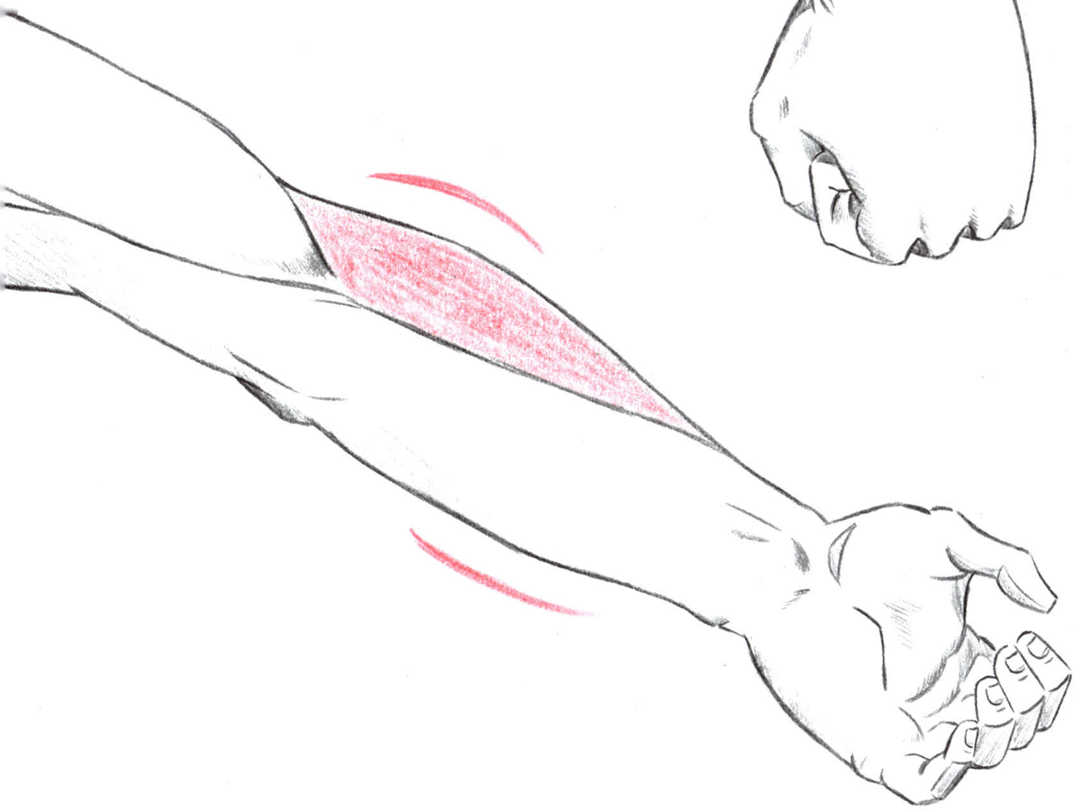

ASYMMETRIE VAN KNIE EN KUIT

De buitenste kuitspier zwelt meer op dan de binnenste kuitspier. De knie lijkt aan de voorkant meer uit te steken. Dit komt door de patella die vastzit aan de femur.

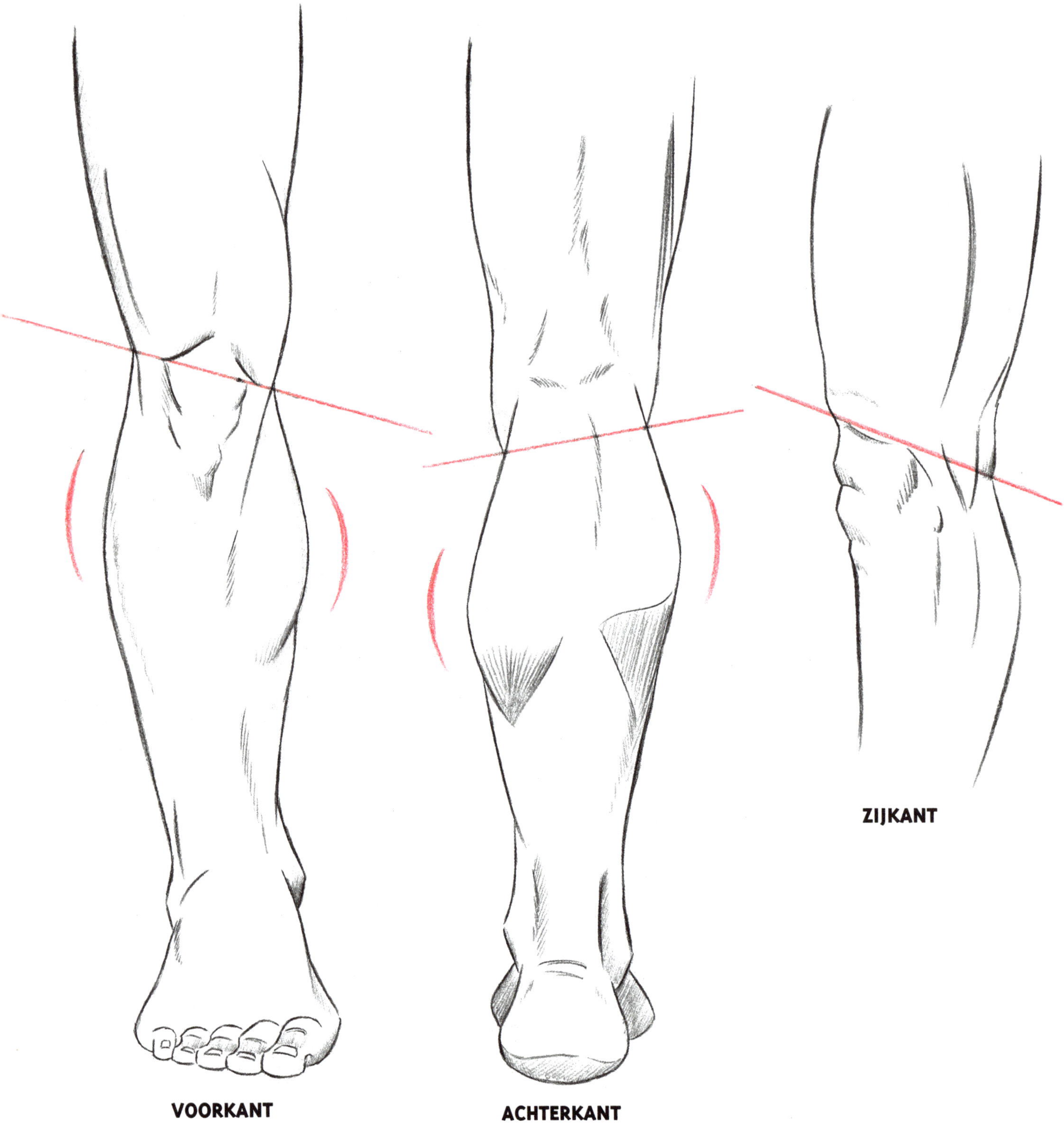

ASYMMETRIE VAN DE ENKEL

De binnenkant van de enkel is altijd hoger dan de buitenkant, zoals hieronder te zien is.

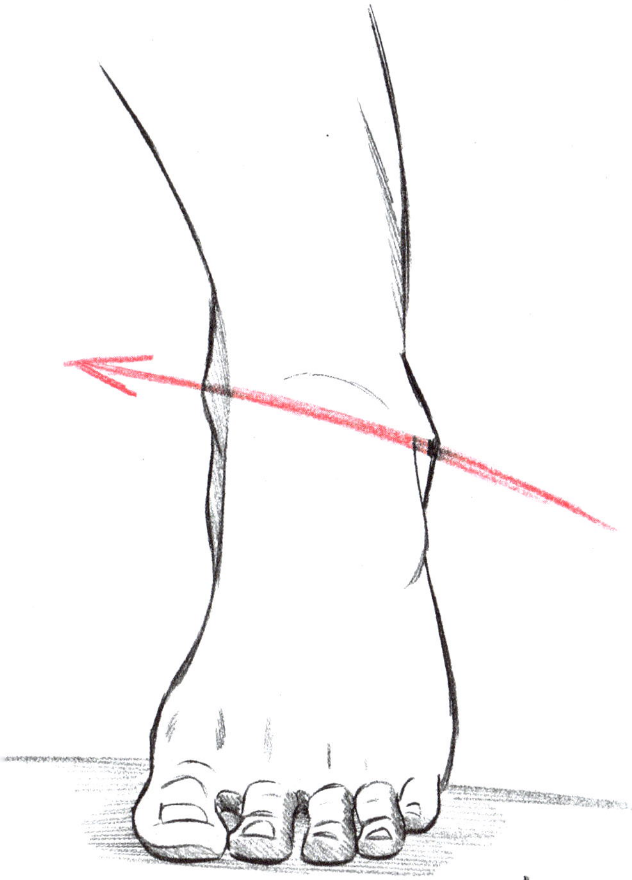

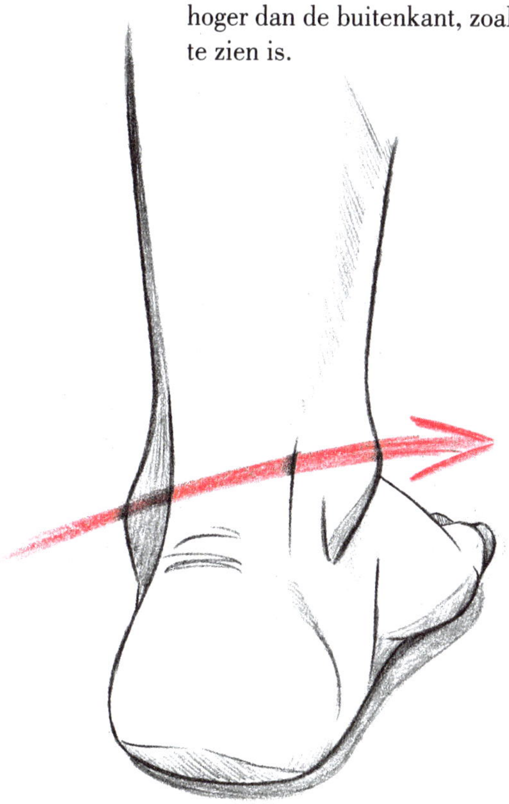

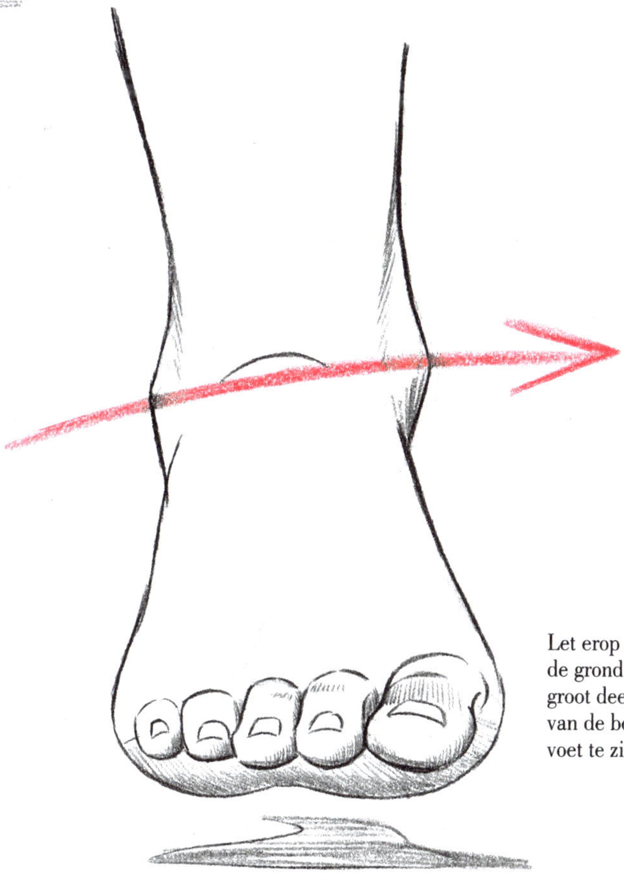

Let erop dat als de voet van de grond komt, er zowel een groot deel van de zool als van de bovenkant van de voet te zien is.

SPIEREN: STREKKEN EN BUIGEN

Als een ledemaat zich buigt, trekken de spieren aan de buigkant samen en worden dikker, terwijl de spieren aan de andere kant van het ledemaat zich strekken en langer worden.

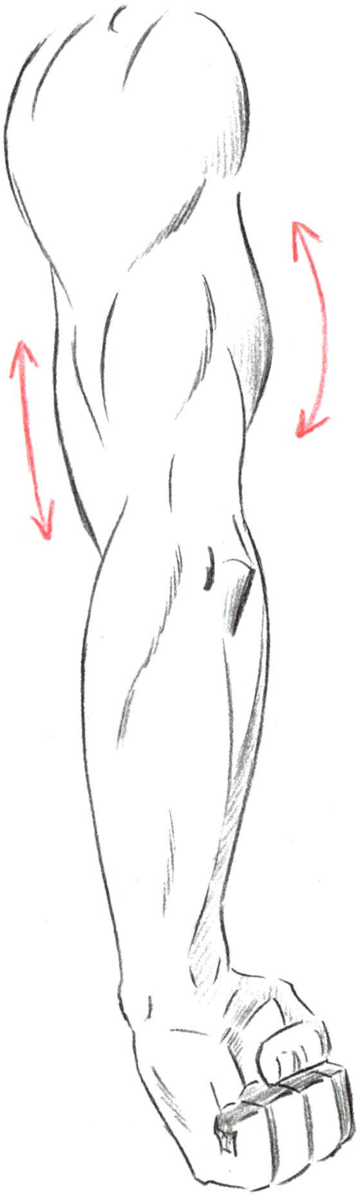

ARM, GESTREKT
Als de arm gestrekt wordt, trekt de triceps samen en bolt op, terwijl de biceps strakker en langer wordt.

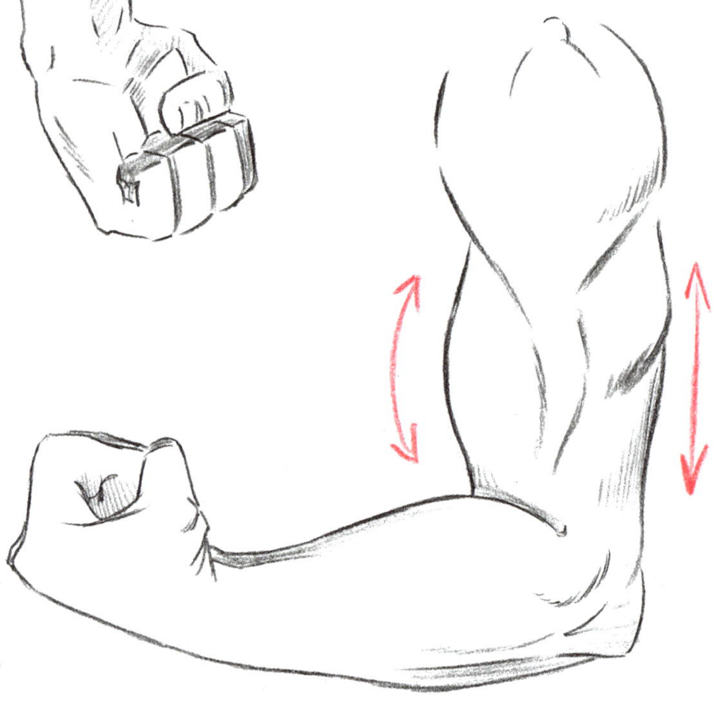

ARM, GEBOGEN
Wanneer de arm buigt, bolt de biceps op, terwijl de triceps strakker en langer wordt.

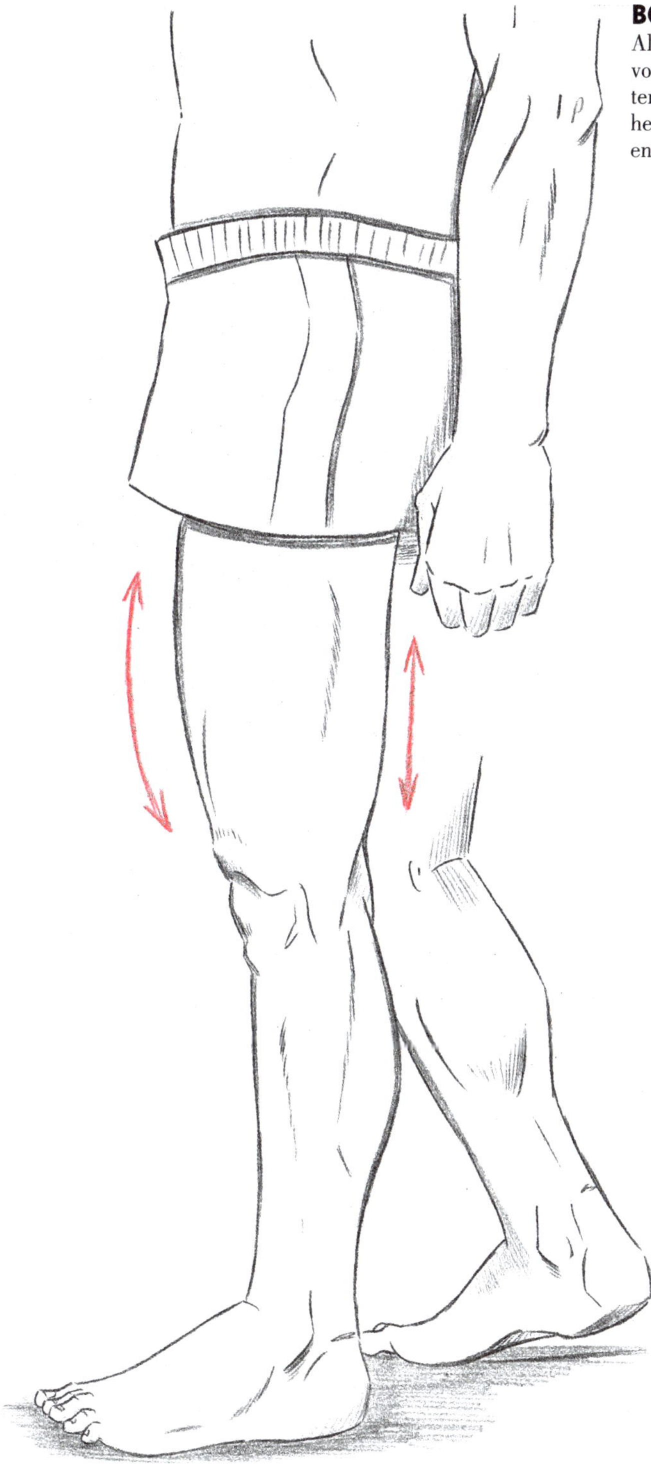

BOVENBEEN, GESTREKT

Als het been 'op slot' staat, trekt de voorkant van de dij samen en bolt op, terwijl de spieren aan de achterkant van het been – de hamstring – zich strekken en langer worden.

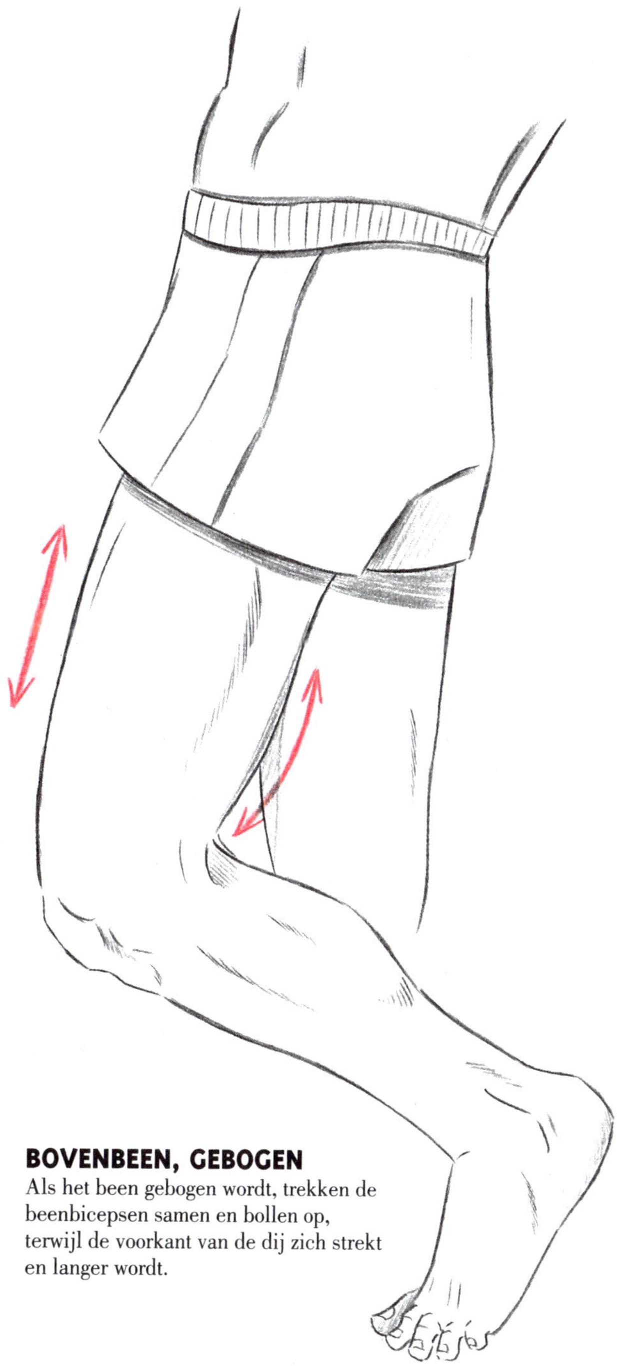

BOVENBEEN, GEBOGEN

Als het been gebogen wordt, trekken de beenbicepsen samen en bollen op, terwijl de voorkant van de dij zich strekt en langer wordt.

VERKLEINING

Verkleining treedt op wanneer een object zich van je af lijkt te bewegen. Het object lijkt daardoor kleiner. Het bekendste voorbeeld hiervan is de treinrails die in de verte smaller worden.

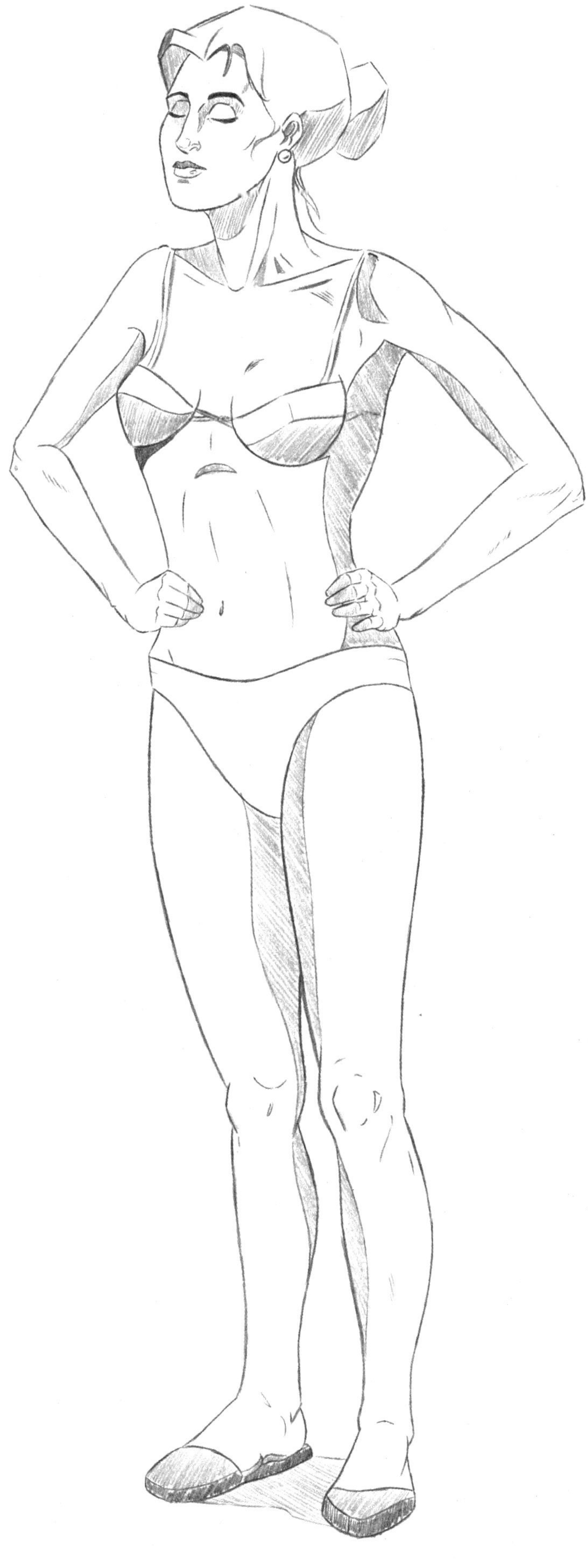

VERKLEINING: DE ARM

Een onervaren kunstenaar zou deze vrouw misschien twee even lange armen geven. Hij is zich er niet van bewust dat de achterste arm kleiner getekend moet worden, omdat de vrouw niet recht voor hem staat.

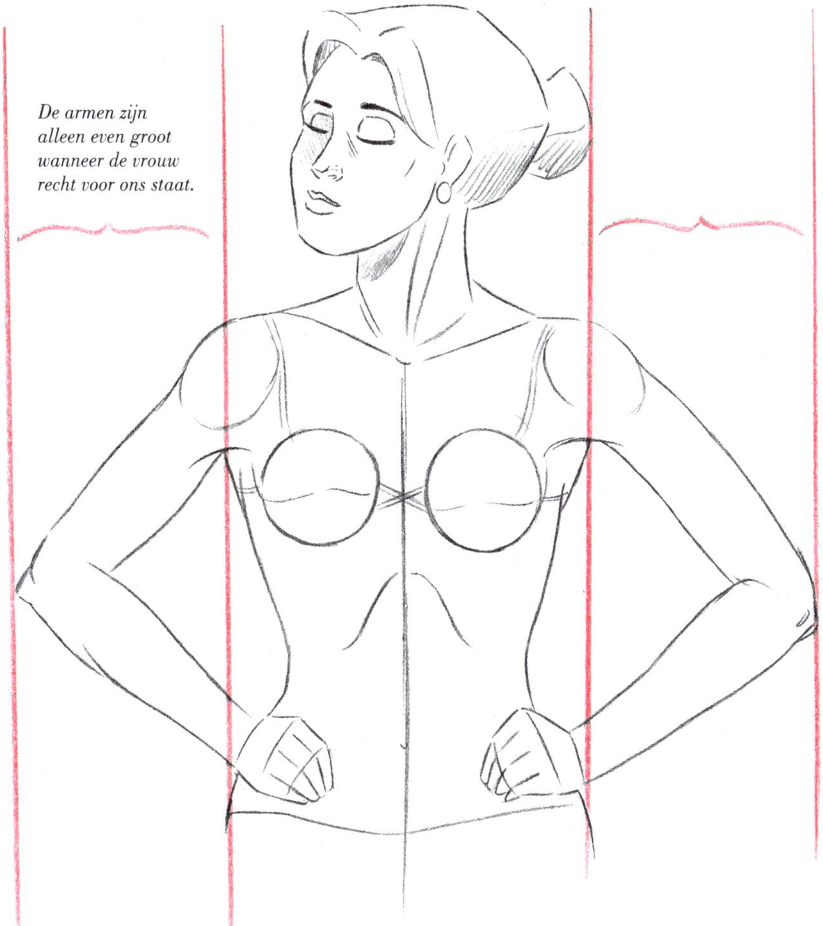

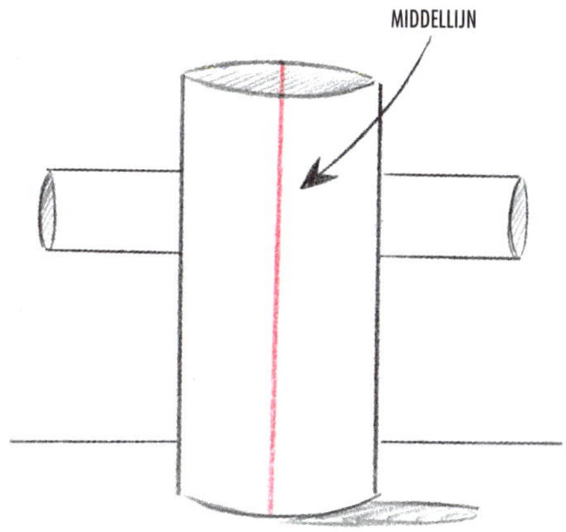

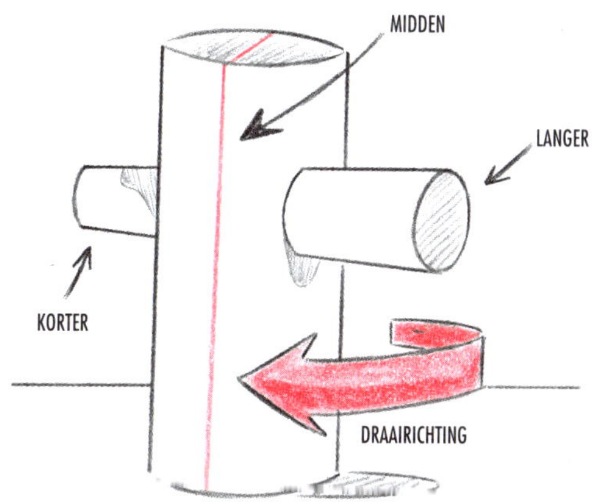

Hier is een voorbeeld van hoe verkleining werkt.

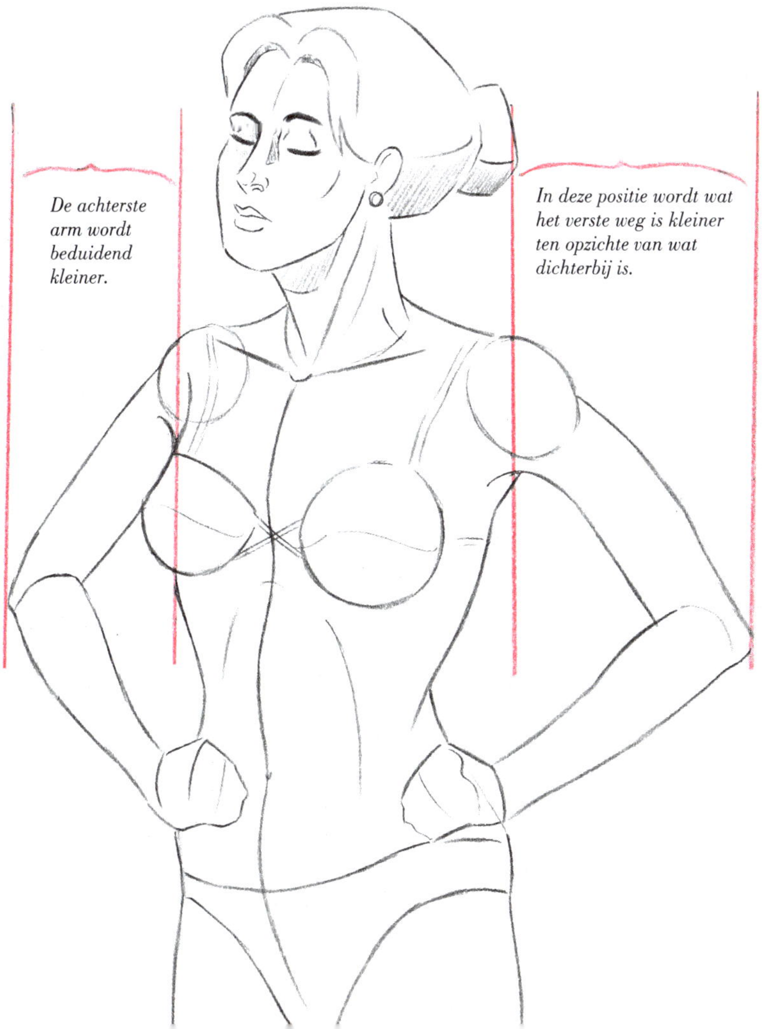

Vanwege de scherpe hoek van de achterste arm is deze kleiner getekend. De enige reden waarom dat er niet vreemd uitziet, is dat de arm een scherpe hoek maakt in de verte. Let erop hoe de rechterhand de rechteronderarm overlapt ter hoogte van de pols, en hoe de rechteronderarm de rechterbovenarm overlapt.

VERKORTING

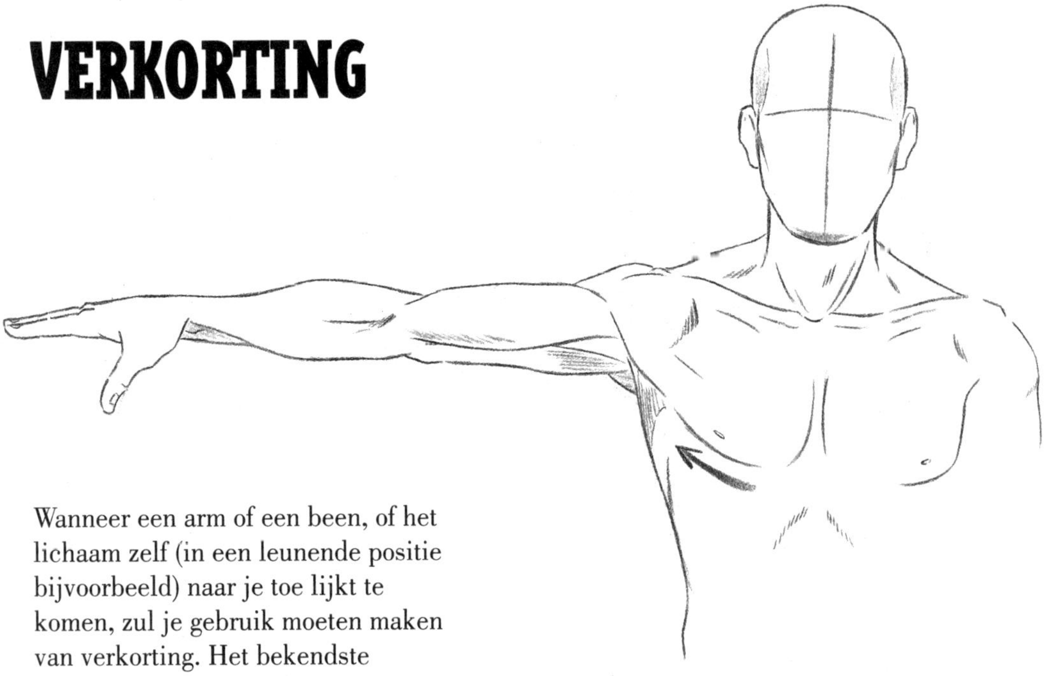

DE ARM

In deze positie is er van verkorting geen sprake, omdat de arm parallel loopt aan de rest van het plaatje. De arm beweegt niet van ons af en komt ook niet naar ons toe. Let erop dat als de arm omhooggaat, de borstspieren meebewegen.

Wanneer een arm of een been, of het lichaam zelf (in een leunende positie bijvoorbeeld) naar je toe lijkt te komen, zul je gebruik moeten maken van verkorting. Het bekendste voorbeeld is de poster waarop Uncle Sam met zijn vinger naar je wijst. Verkorting vlakt af en verkort de lengte om perspectief te creëren.

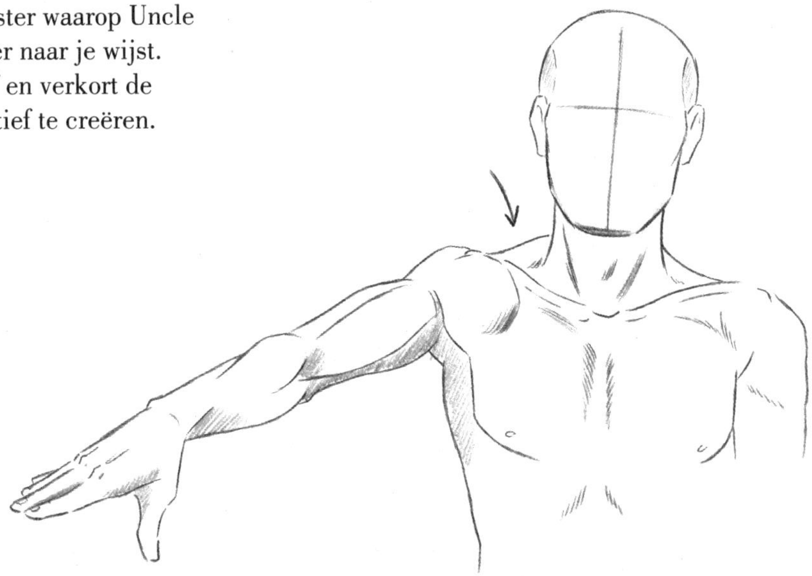

Er treedt nu wat verkorting op, omdat de arm in de richting van de beschouwer wijst. Teken de arm wat korter en laat enkele spieren overlappen. De trapezius spant zich bij het opheffen van de arm.

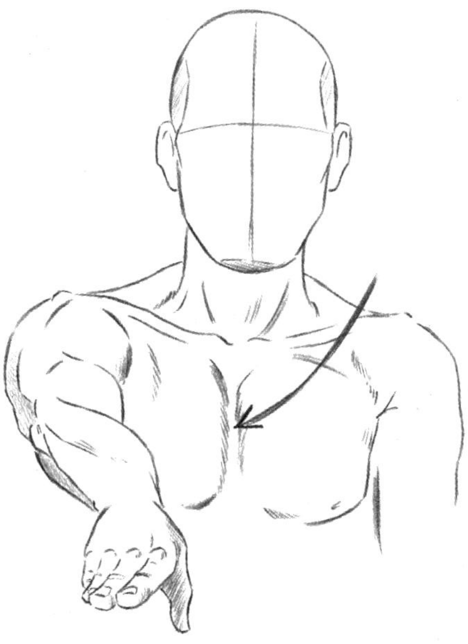

In deze positie is duidelijk sprake van verkorting. De armspieren overlappen elkaar, maar de kenmerken van de arm zijn nog duidelijk zichtbaar: de schouderspieren, de bovenarmspieren, de elleboog, de spieren van de onderarm en de hand. De borstspier naast de opgeheven arm spant zich.

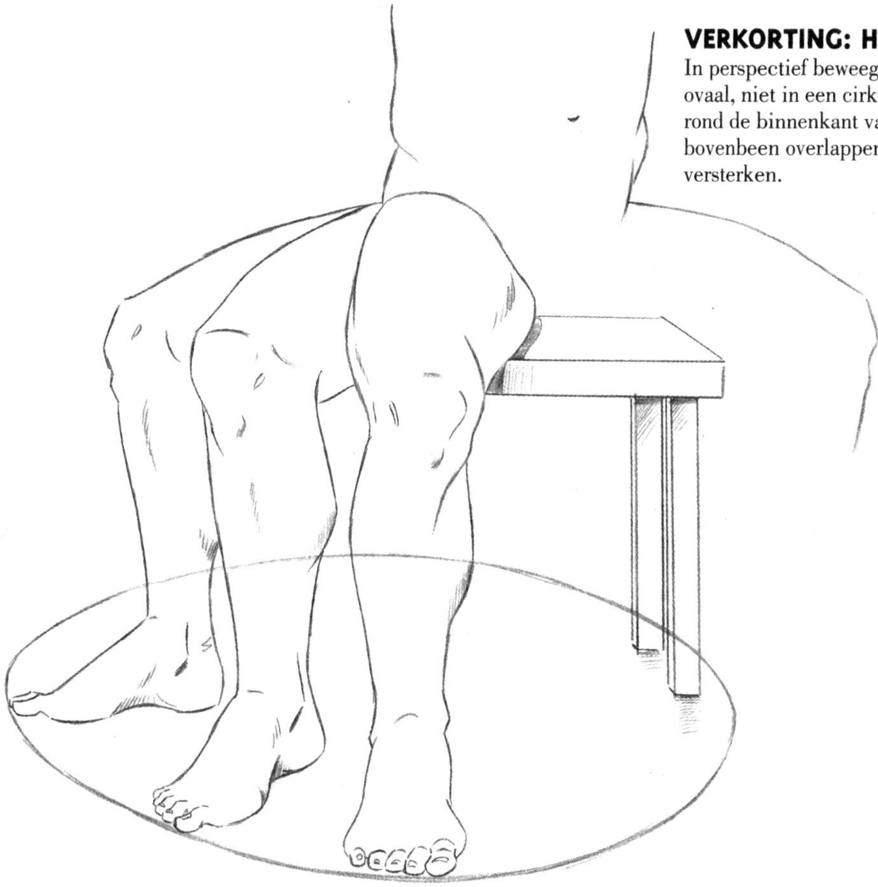

VERKORTING: HET BEEN

In perspectief beweegt het been naar voren in een ovaal, niet in een cirkel. Let erop hoe de spieren rond de binnenkant van de knie het onder- en bovenbeen overlappen om het verkortingseffect te versterken.

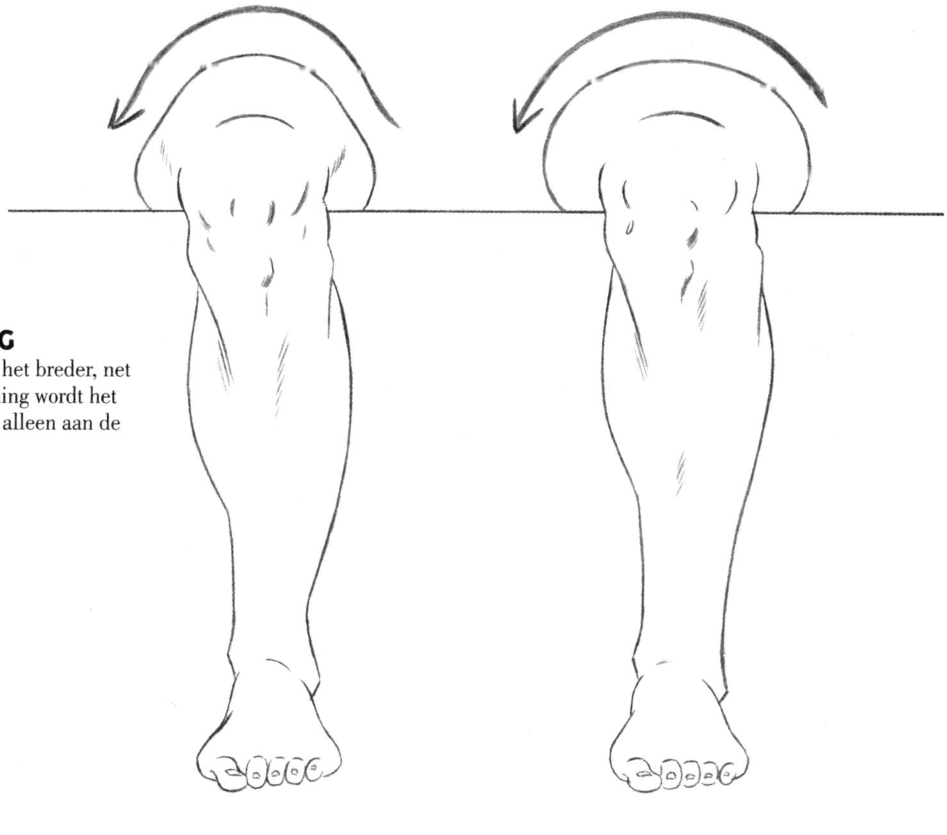

COMPRESSIE EN VERKORTING

Als een been ergens plat op ligt, wordt het breder, net als een waterballon. Door de spiervorming wordt het been niet aan alle kanten breder, maar alleen aan de onderkant.

VERKORTING EN WEGLATEN

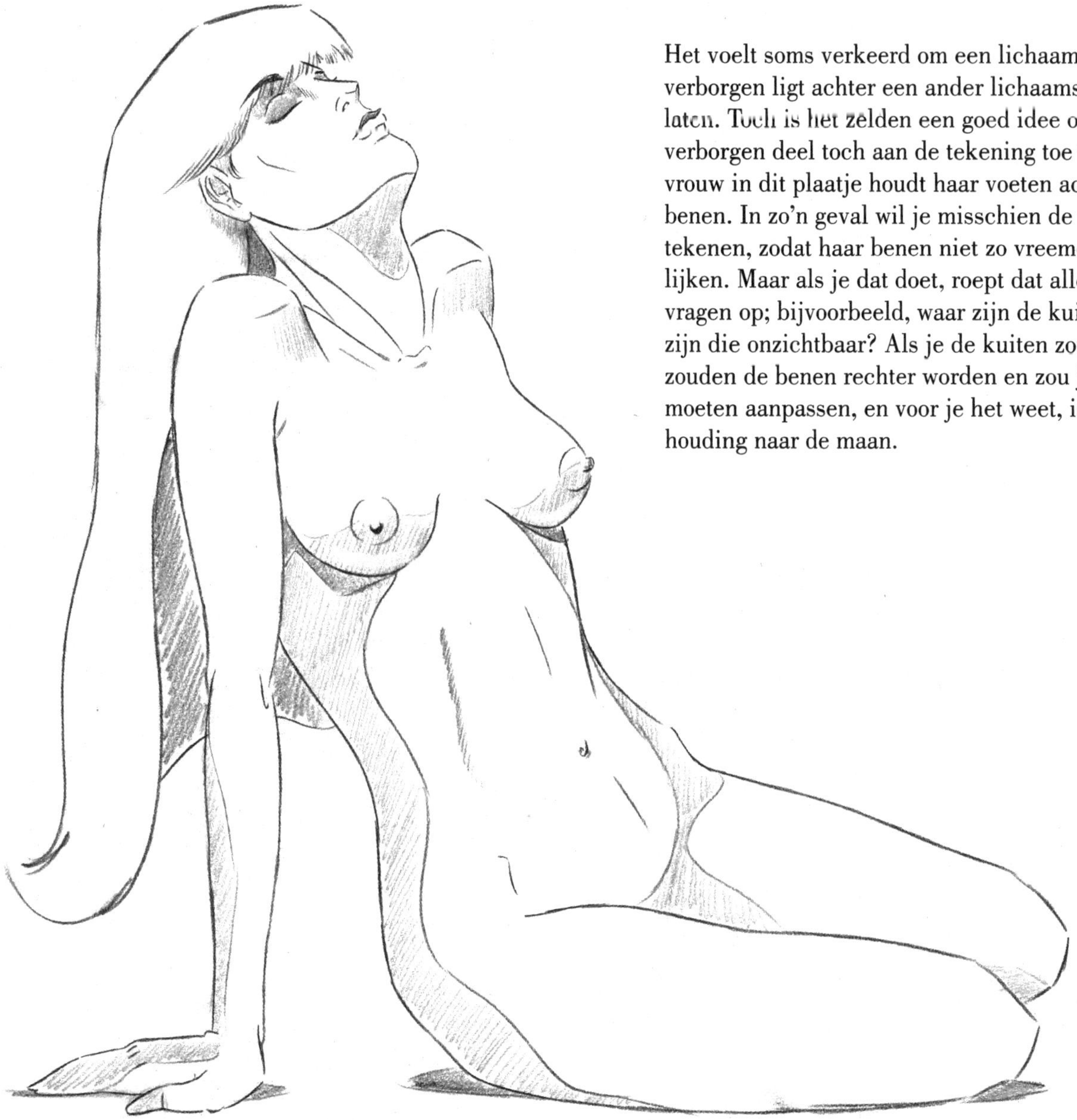

Het voelt soms verkeerd om een lichaamsdeel dat verborgen ligt achter een ander lichaamsdeel weg te laten. Toch is het zelden een goed idee om zo'n verborgen deel toch aan de tekening toe te voegen. De vrouw in dit plaatje houdt haar voeten achter haar benen. In zo'n geval wil je misschien de voeten toch tekenen, zodat haar benen niet zo vreemd afgesneden lijken. Maar als je dat doet, roept dat alleen maar meer vragen op; bijvoorbeeld, waar zijn de kuiten? Waarom zijn die onzichtbaar? Als je de kuiten zou toevoegen, zouden de benen rechter worden en zou je haar houding moeten aanpassen, en voor je het weet, is de hele houding naar de maan.

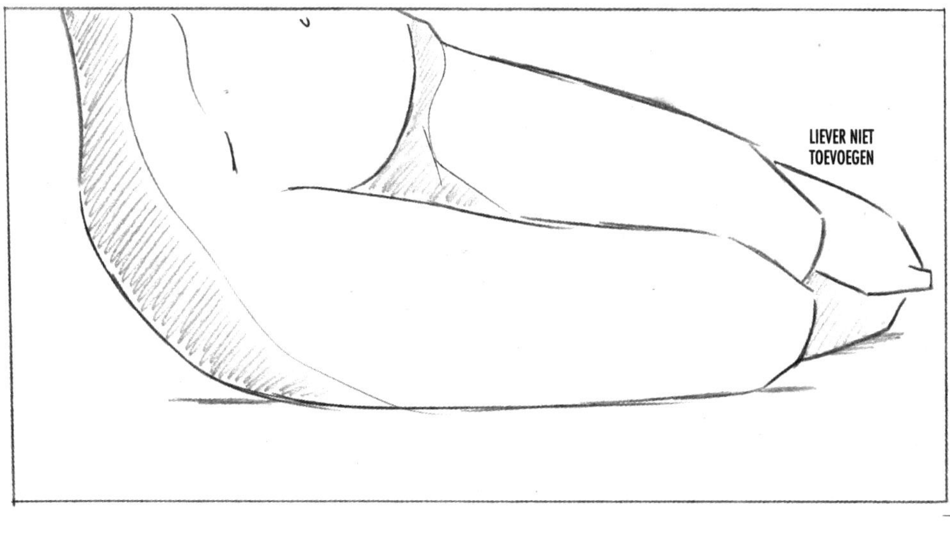

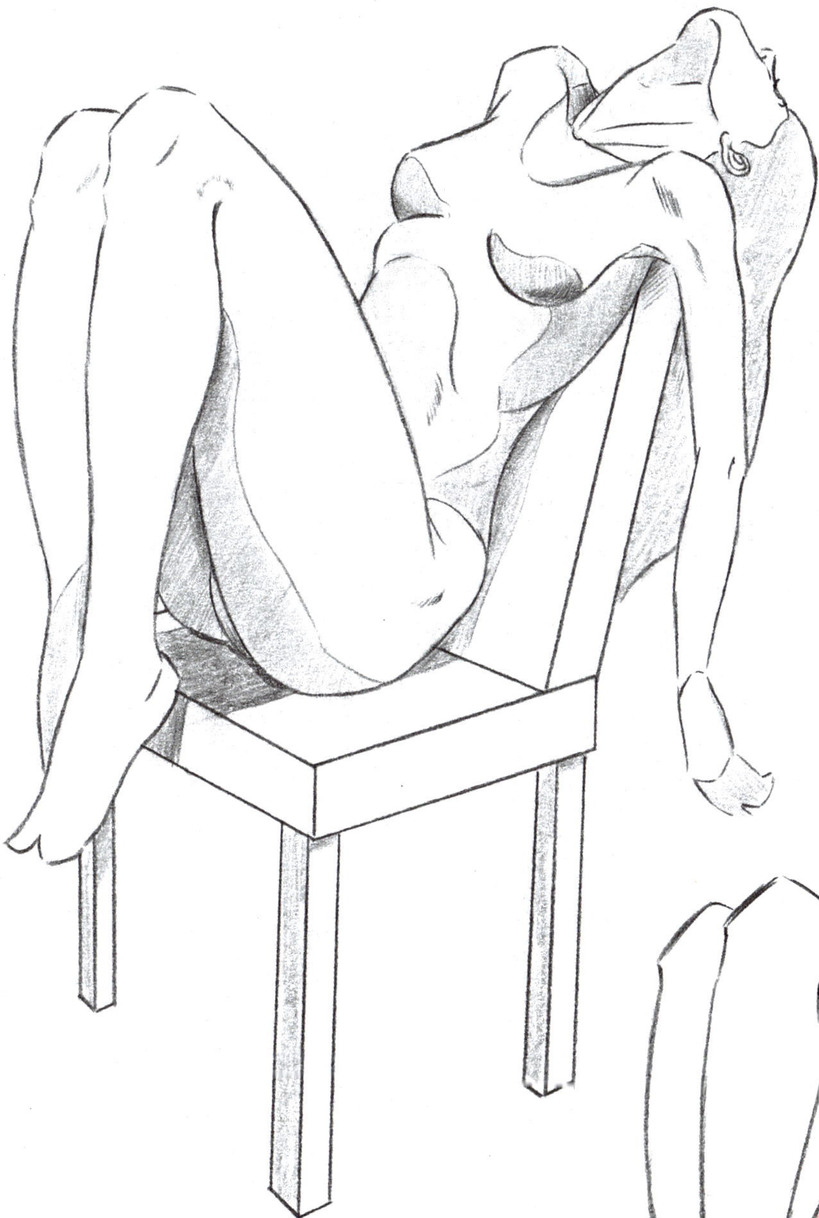

In dit voorbeeld is een groot deel van het lichaam weggelaten, omdat de benen dat gedeelte overlappen. Zo lijken de benen dichterbij te komen. In de ruwe schets moet je echter wel het deel dat je weg wilt laten, tekenen. Als je deze fase overslaat, kun je gemakkelijk de proporties en de gewrichtsstructuur uit het oog verliezen.

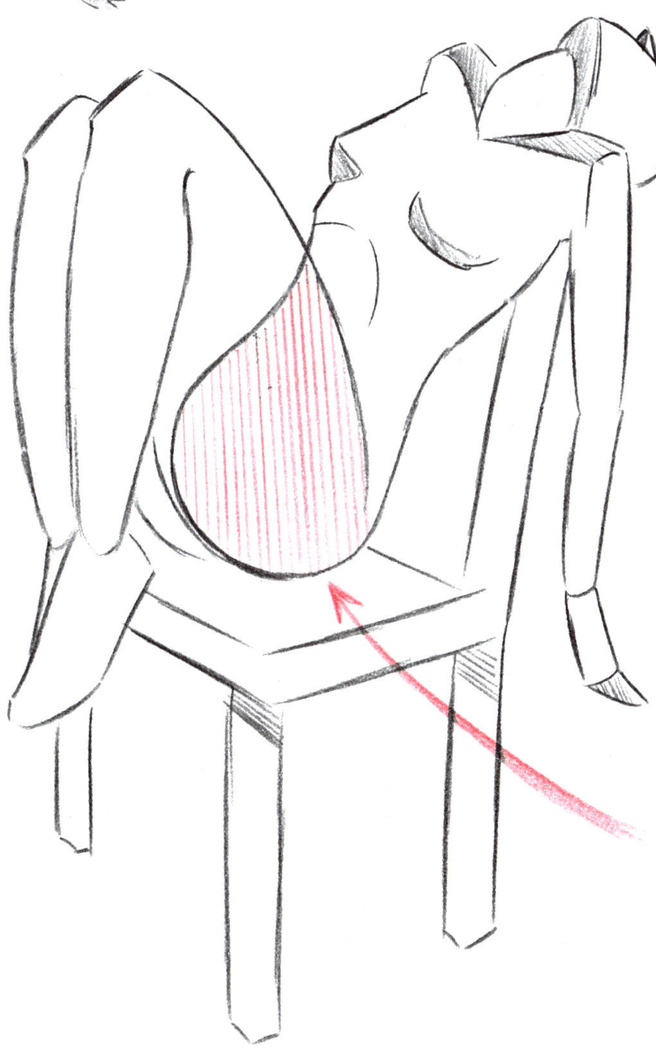

MAAK ALLES KLEINER WAT NIET PARALLEL LOOPT AAN HET MIDDEN.

Elk ledemaat in deze tekening dat niet naar links of rechts loopt, maar gebogen zodat het van ons afloopt, moet kleiner getekend worden. Hoe groter de hoek van het ledemaat dat van ons afbeweegt, hoe kleiner het moet worden.

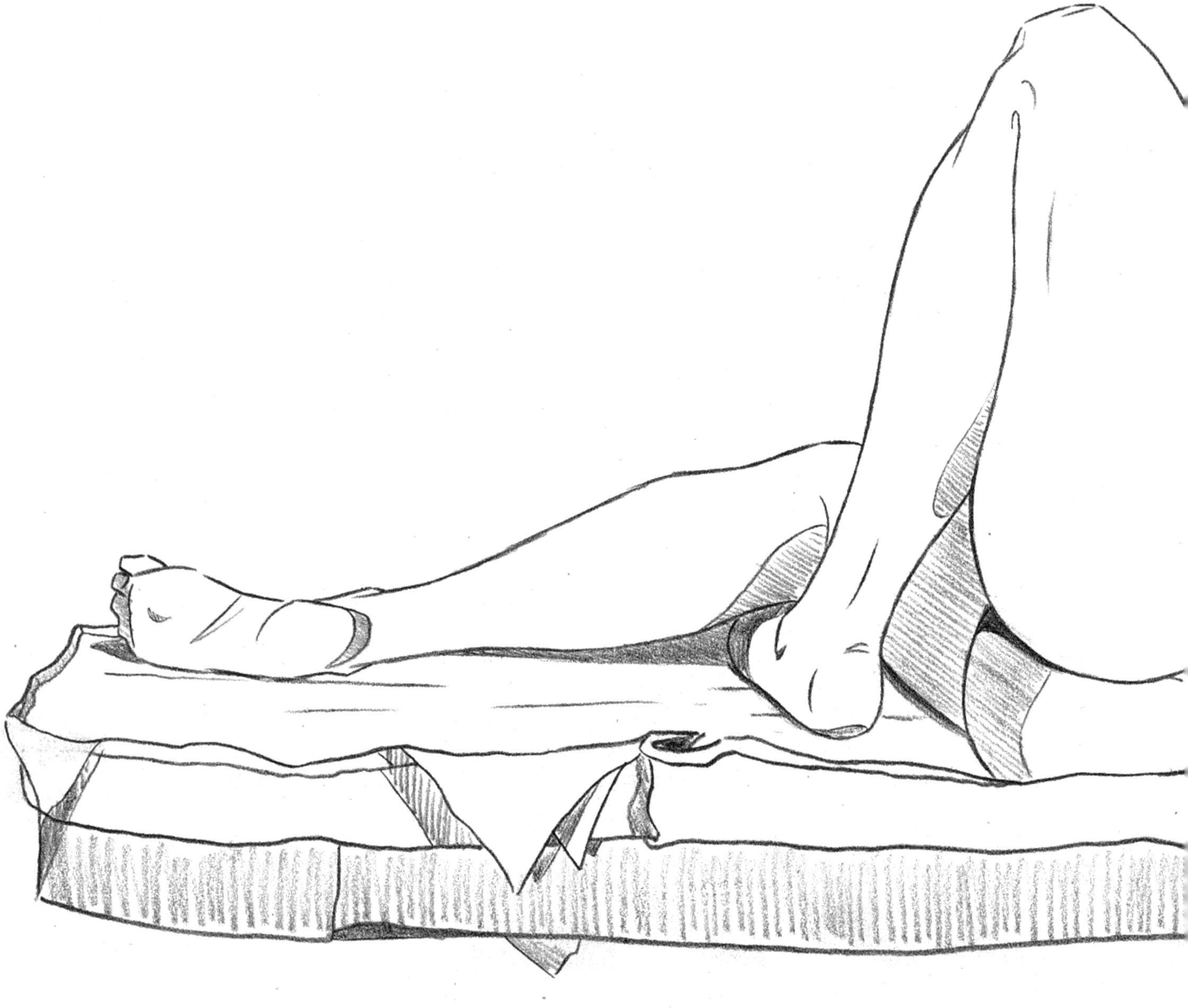

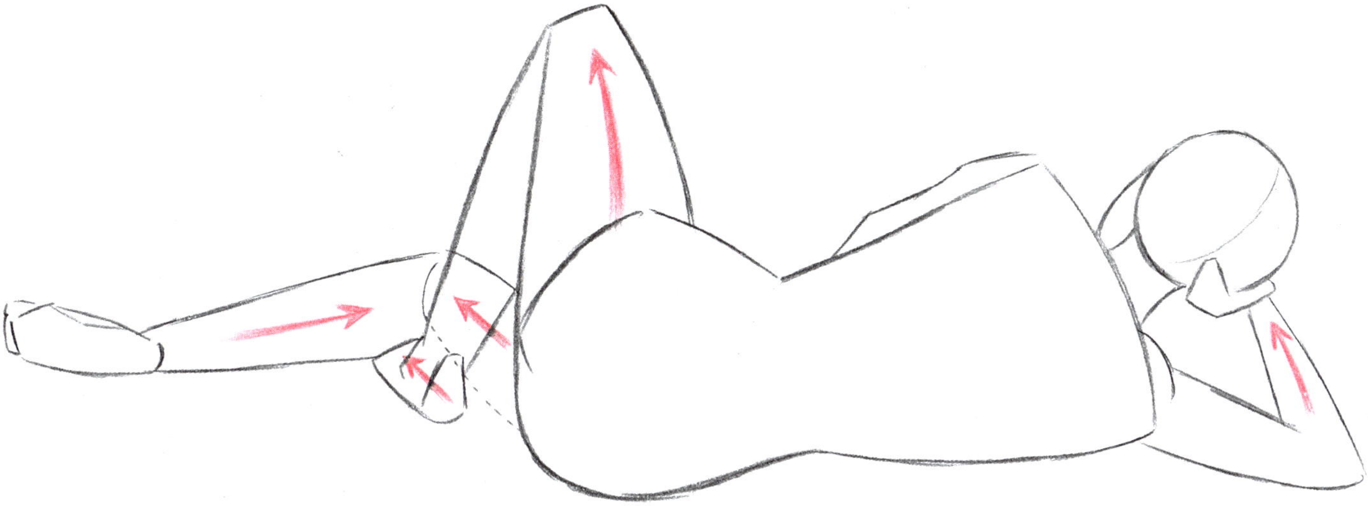

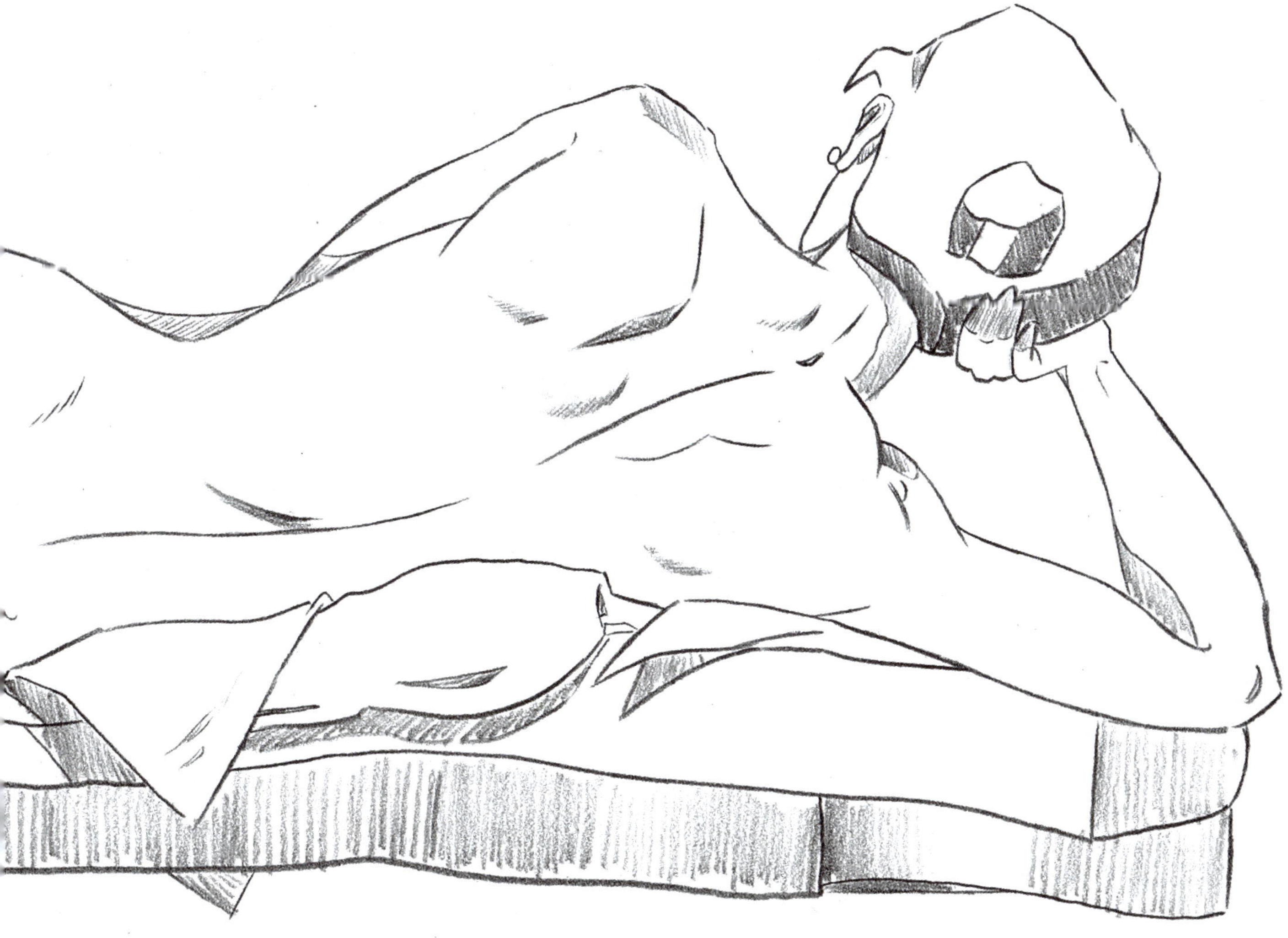

GEWICHT EN BALANS

Sommige mensen staan met hun gewicht gelijkmatig verdeeld over beide benen. Maar meestal brengen mensen het grootste deel van hun gewicht op één voet, vooral als ze langer dan dertig seconden stilstaan. Wanneer dit gebeurt, neemt het lichaam een voor tekenaars gunstige positie aan. Het lichaam wordt dynamischer. Van het ene been dat zich strekt om het gewicht aan te kunnen, gaat de knie 'op slot' en wordt de heup omhooggebracht. Om het optillen van de heup te compenseren, zakt de schouder aan dezelfde kant, waardoor de arm lager komt te hangen. Om de hangende schouder te compenseren, draait het hoofd van de kant die het gewicht draagt weg.

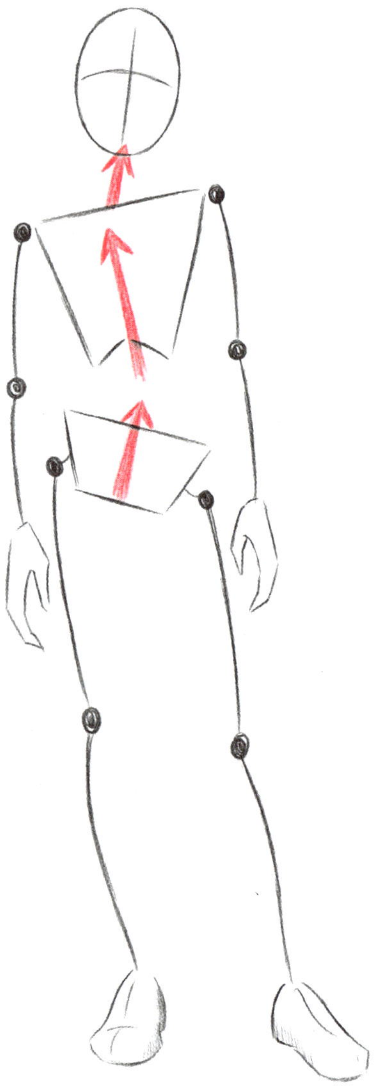

Het gewicht rust op het rechterbeen. Het been dat 'op slot' staat, duwt de heup omhoog, waardoor de schouder en de arm zakken.

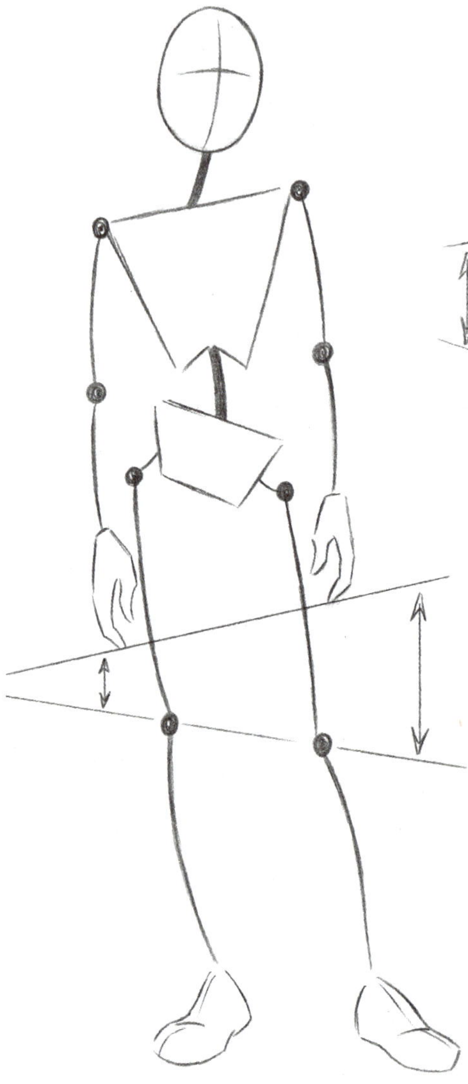

Hierdoor is de hand aan de gewichtdragende kant dichter bij de knie dan de andere hand.

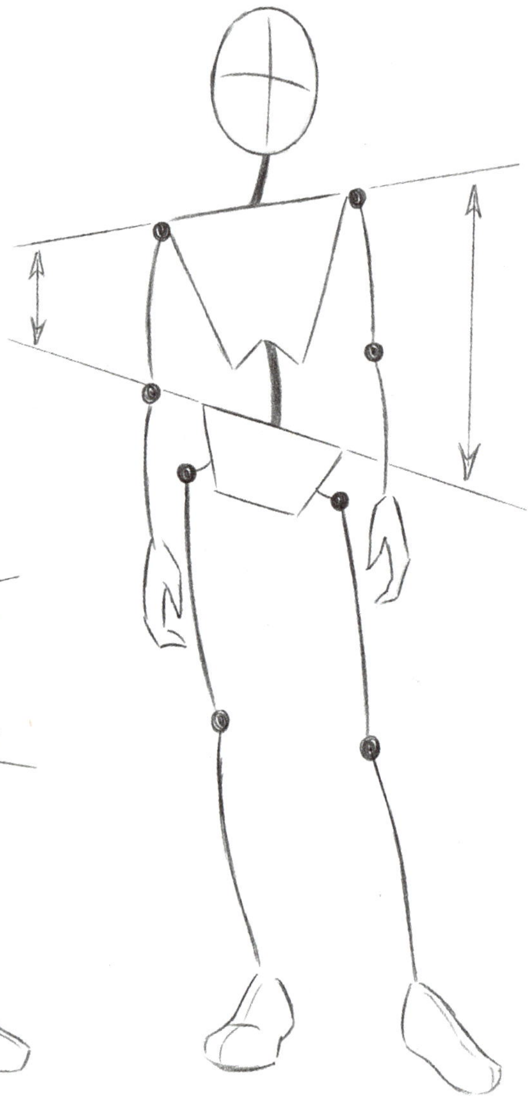

Let erop dat de ene kant van het lichaam langer en de andere kant korter wordt.

WAAROM ZAKT DE HEUP?

Beschouw de benen als twee pilaren die de heupen omhooghouden. Als een pilaar breekt, zal het bouwwerk aan die kant instorten. Als je een been optilt om te lopen, zakt de heup aan die kant in.

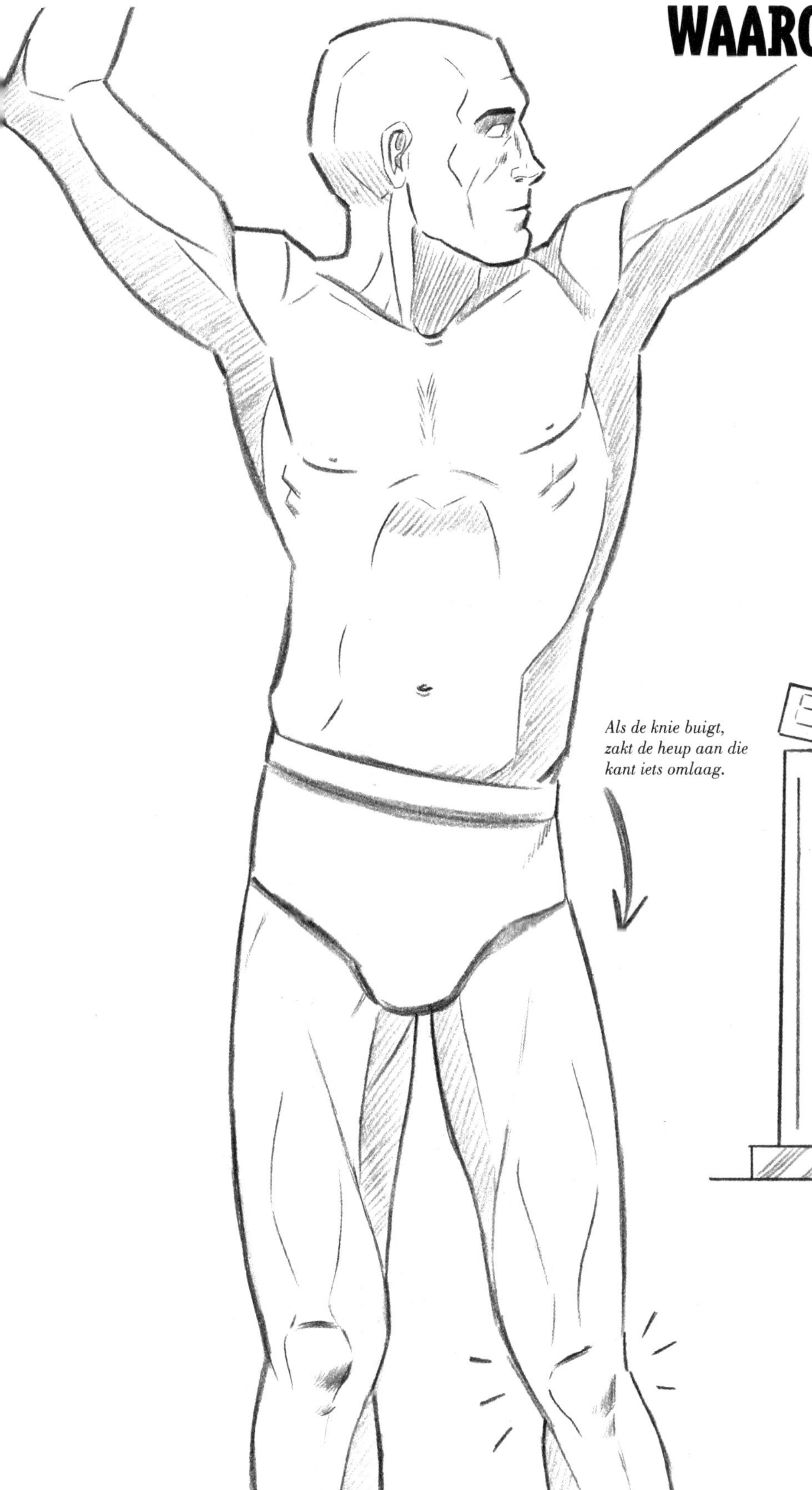

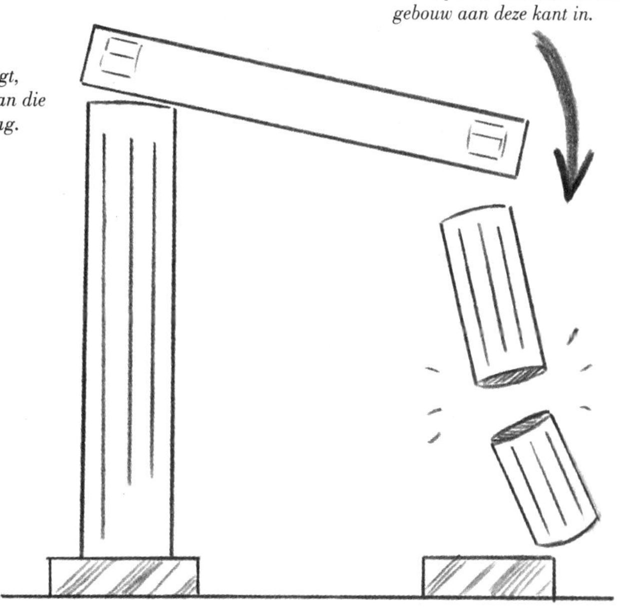

HET STANDBEEN

Hier zie je meer voorbeelden van posities waarbij het grootste deel van het gewicht op één been rust. Als je niet weet welk been het gewicht draagt, kijk dan naar de heupen. De hoogste heup is het standbeen.

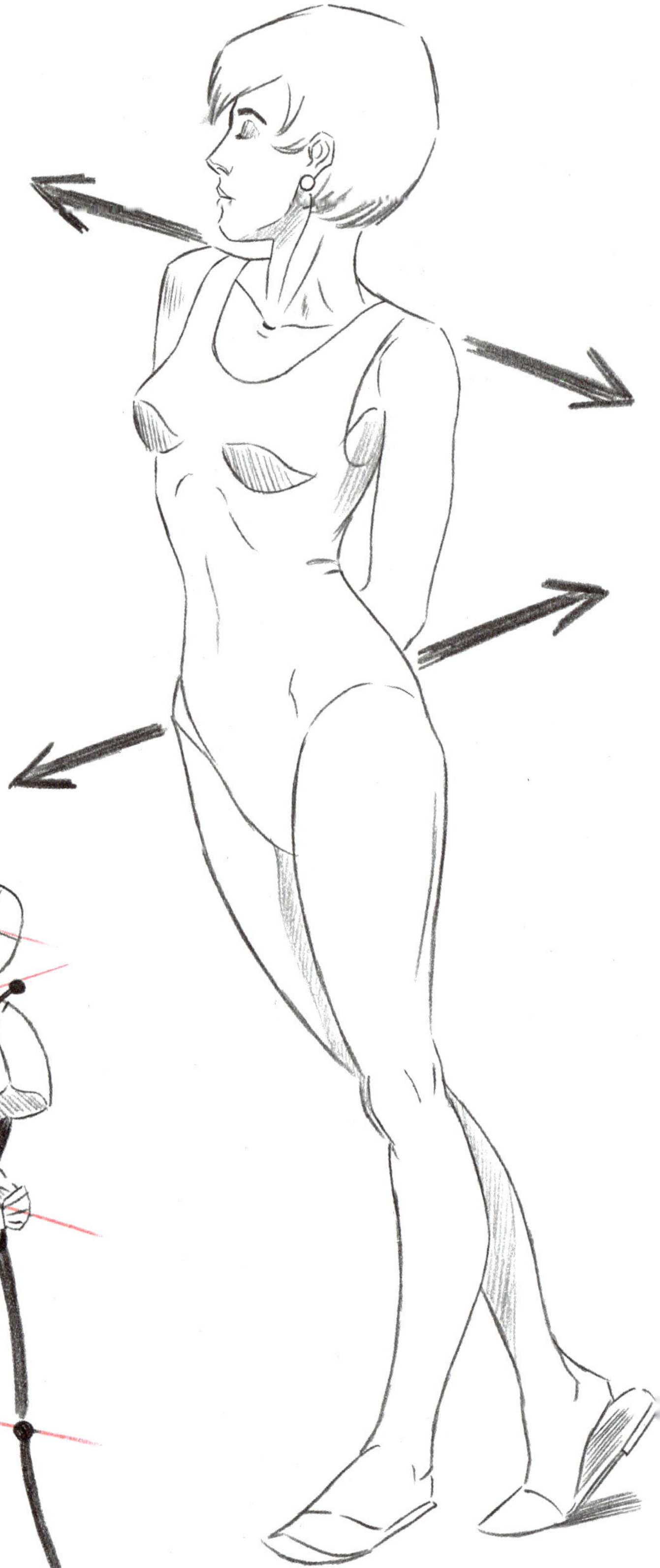

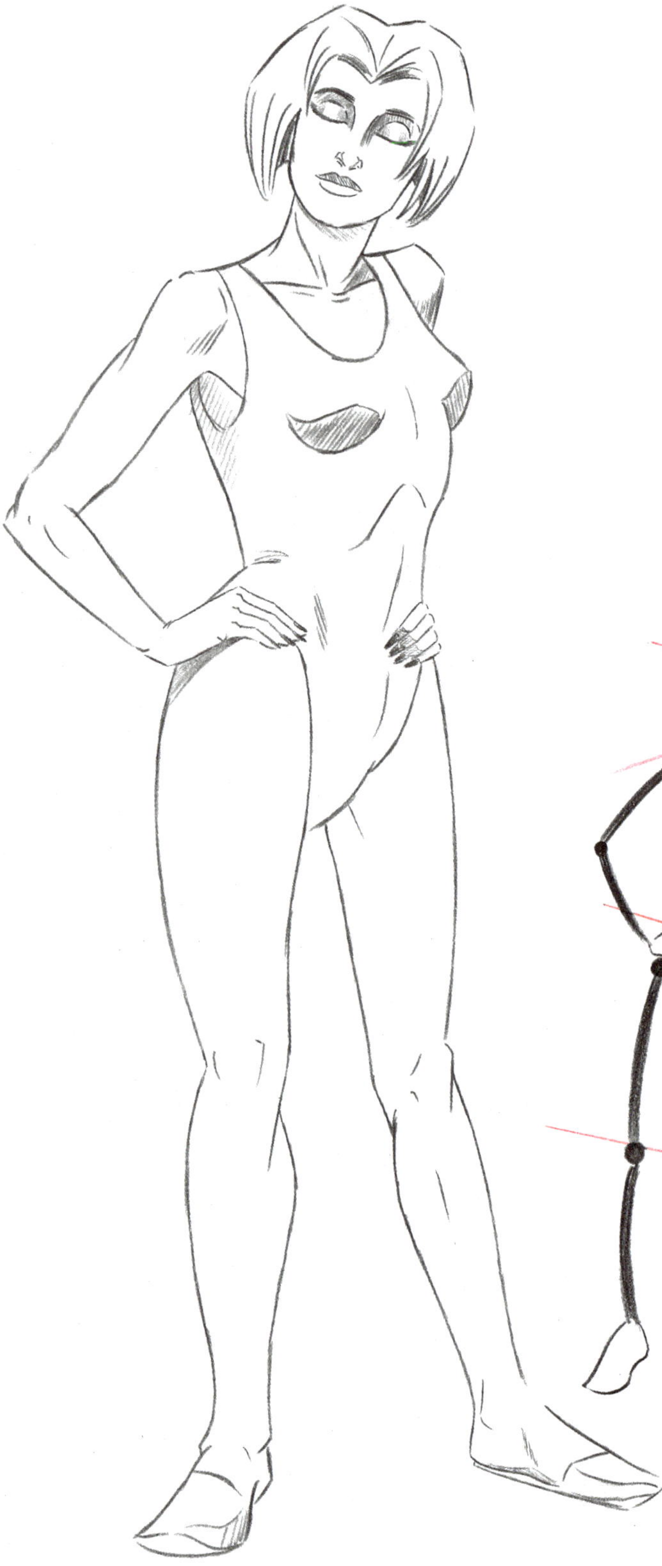

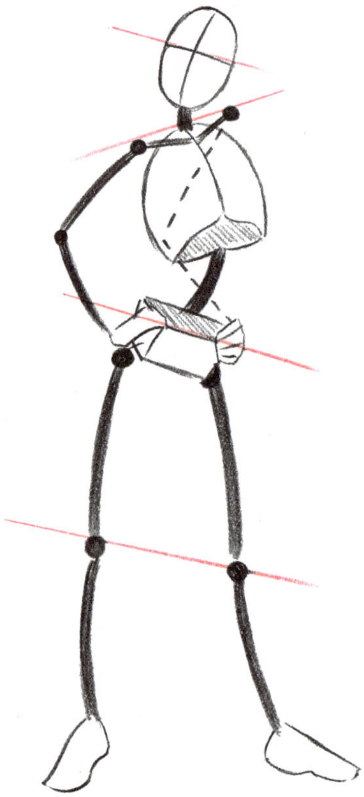

MEETPUNTEN VOOR GEWICHTDRAGENDE POSITIES

Waar moet je kijken om de schuinte van de heupen goed te zien? Bij een vooraanzicht kun je het best de uitstekende botten van het bekken als meetpunt gebruiken. Deze botten kun je zelf heel goed voelen. In het plaatje staan er rode kruisjes bij. In een achteraanzicht kun je het beste zoeken naar het hoogste punt in de heupen, oftewel de hoogste uitsteeksels van het bekken.

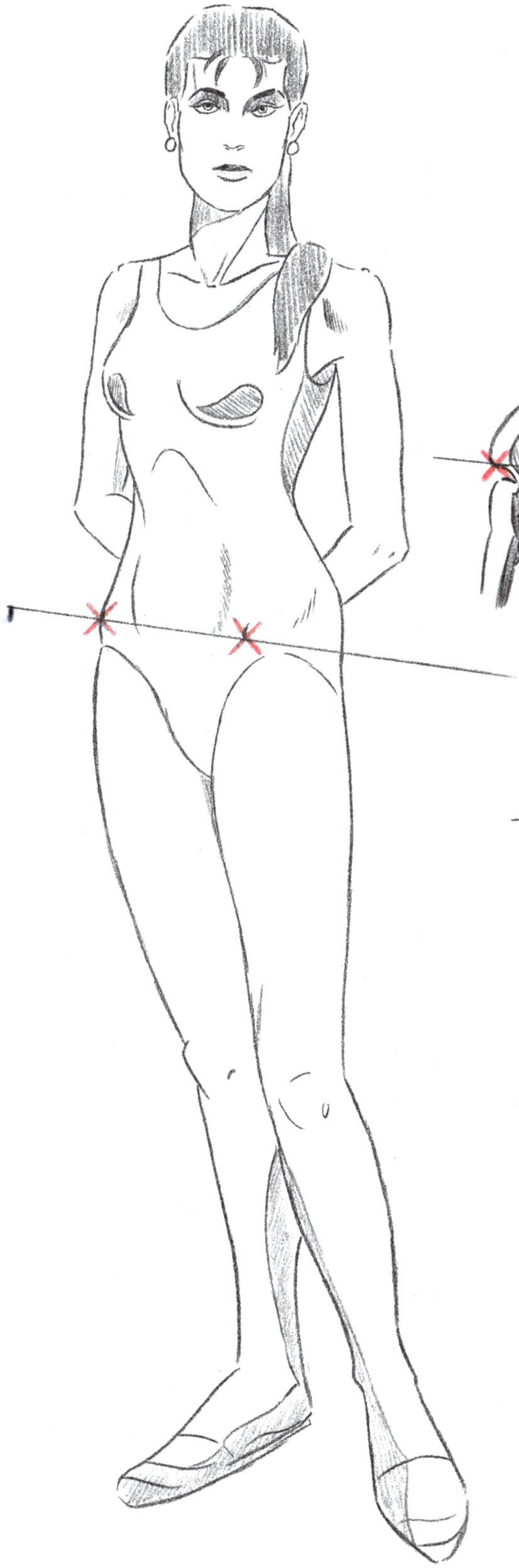

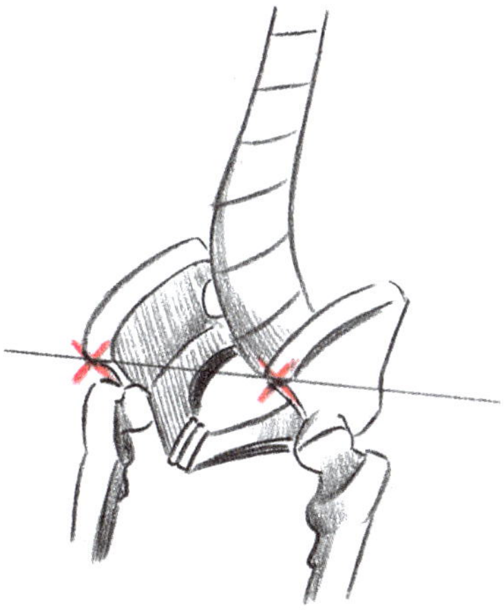

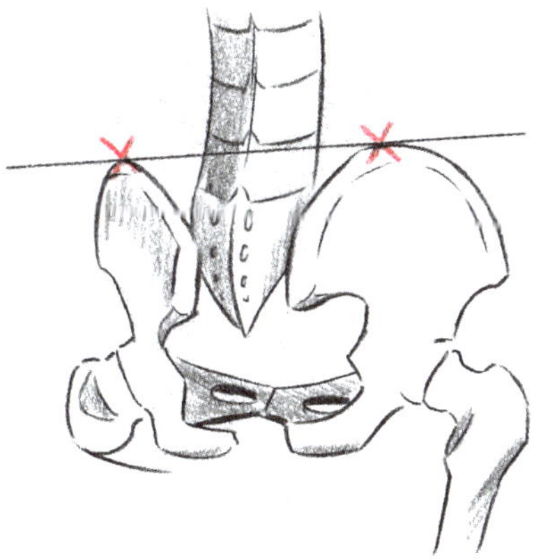

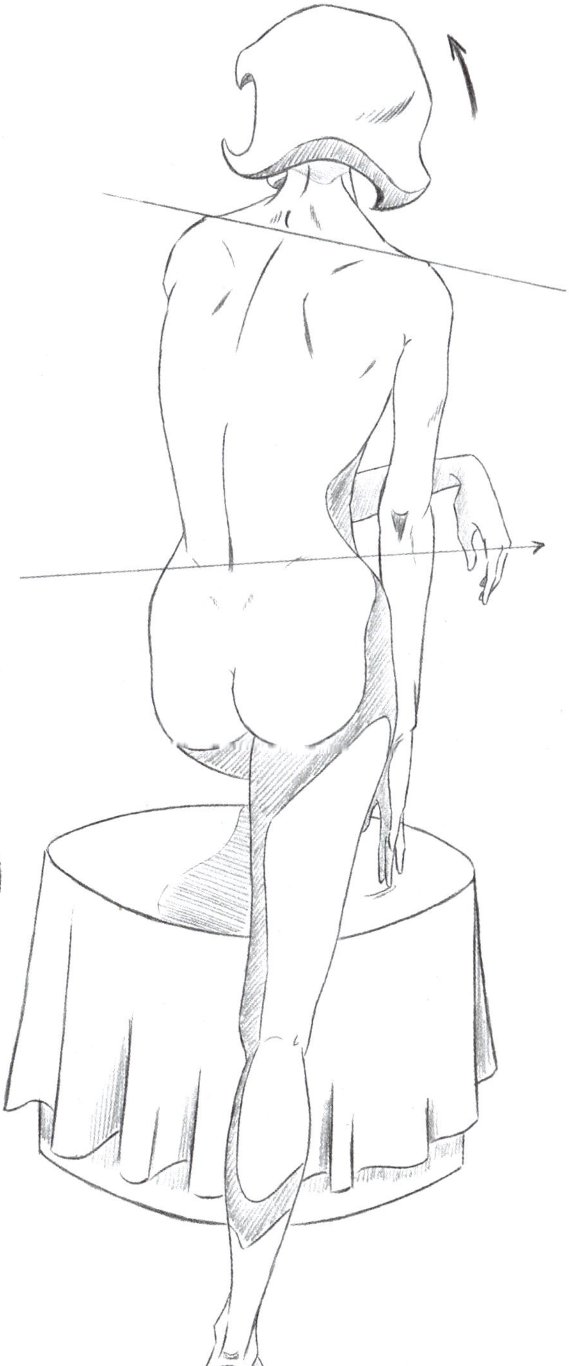

DE MISLEIDENDE KNIE

Op de vorige bladzijde raadde ik aan om naar de heupen te kijken als je het standbeen wilt vinden. Waarom niet naar de knie, vraag je je misschien af. Een antwoord is niet nodig

Bekijk deze houding eens goed. Het been dat 'op slot' staat, draagt het meeste gewicht, zoals je aan de schuinte van de heupen kan zien. De knie die het gewicht draagt, is daarentegen wel lager dan de knie in rust. Doordat deze vrouw op de bal van haar voet staat, heeft ze haar been dan wel hoger gezet, maar het gewicht steunt nog altijd op het andere been.

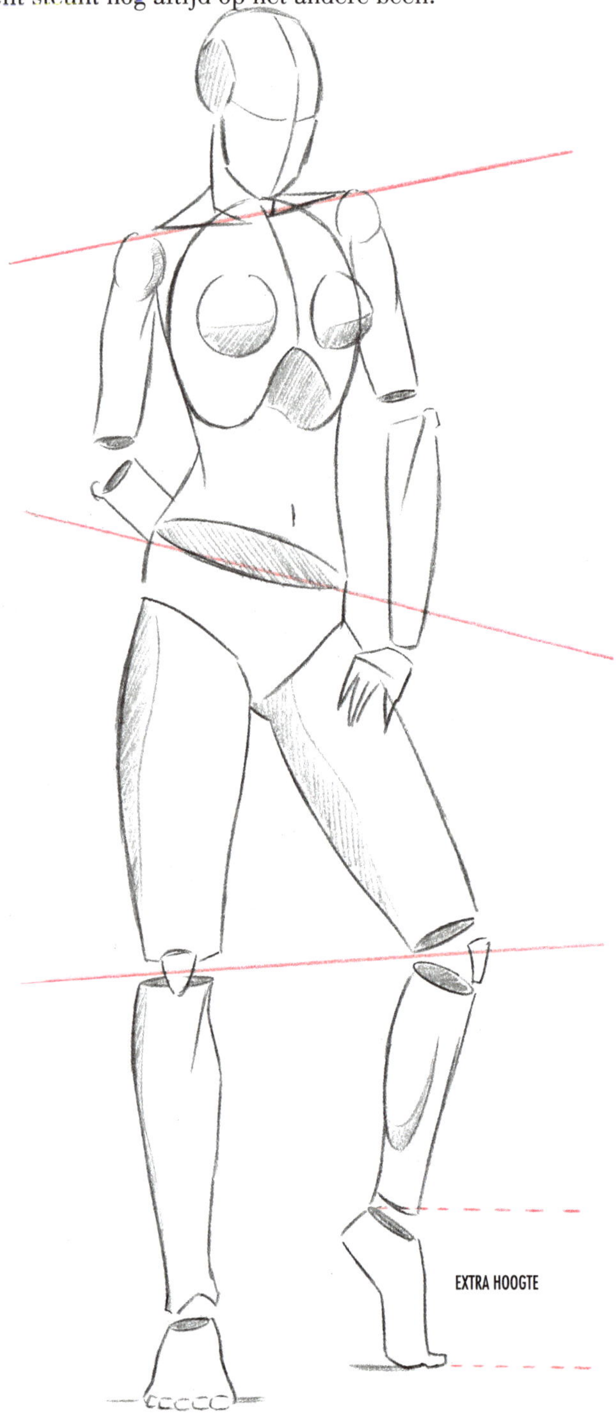

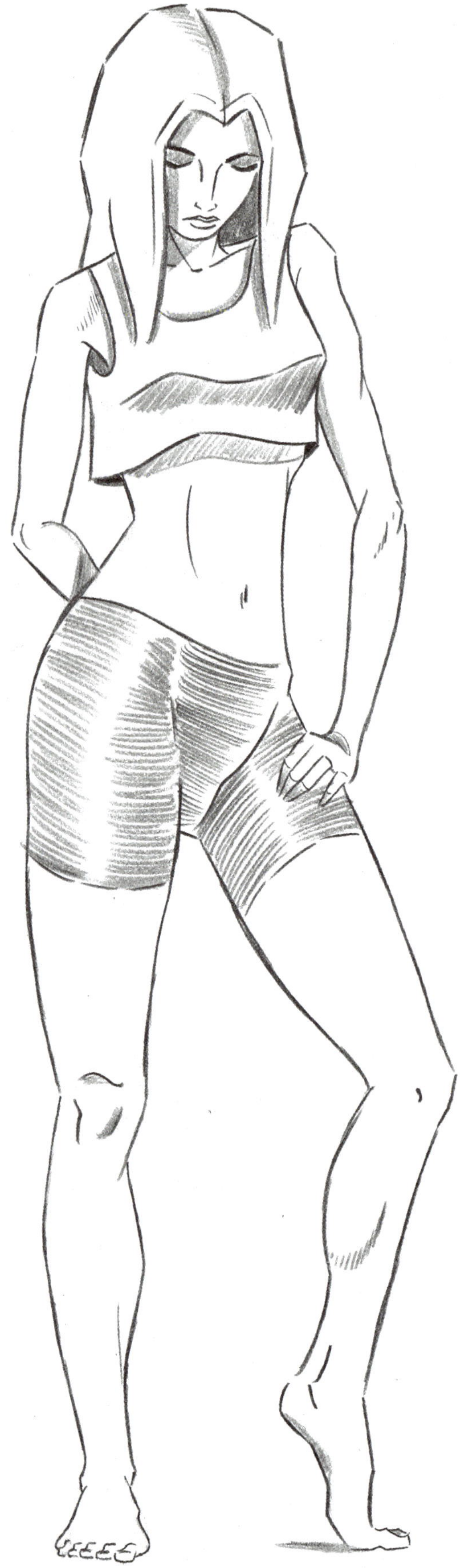

In al deze posities is de hoogte van de knie onafhankelijk van de schuinte van de heupen. Een paar voorbeelden:

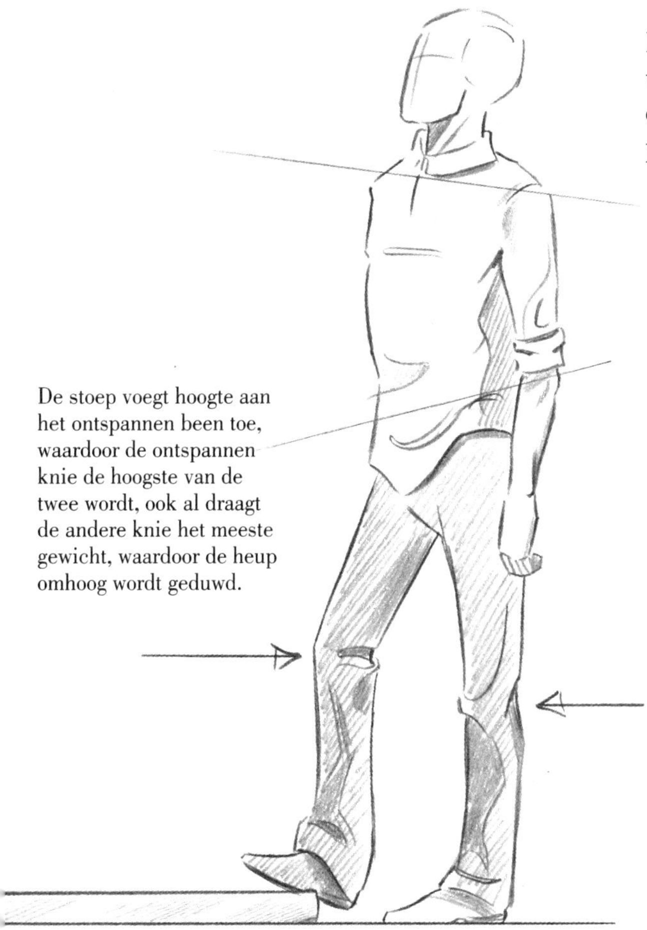

De stoep voegt hoogte aan het ontspannen been toe, waardoor de ontspannen knie de hoogste van de twee wordt, ook al draagt de andere knie het meeste gewicht, waardoor de heup omhoog wordt geduwd.

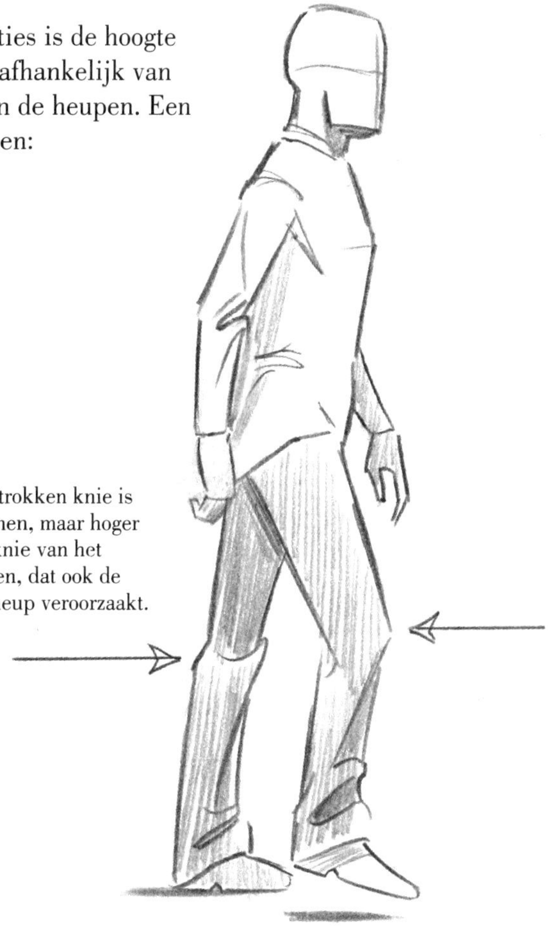

De opgetrokken knie is ontspannen, maar hoger dan de knie van het standbeen, dat ook de hogere heup veroorzaakt.

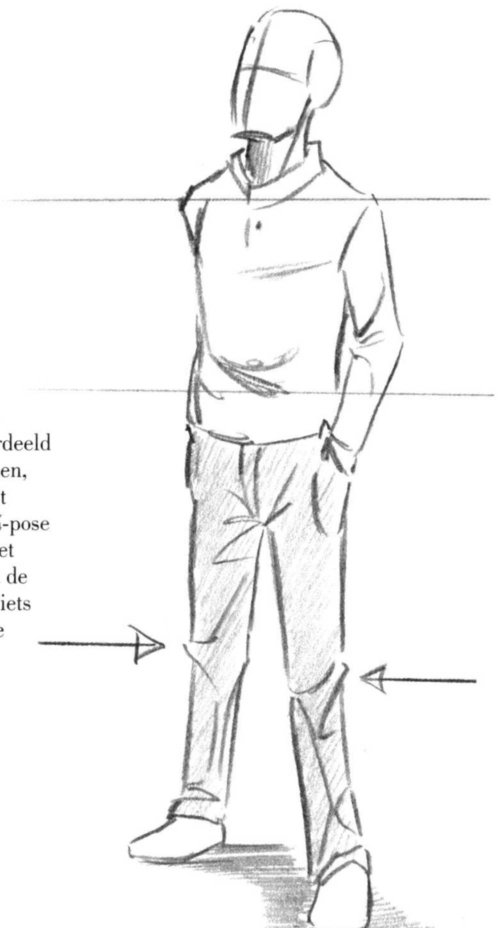

Het gewicht is gelijkmatig verdeeld over beide benen, maar omdat het model in een ¾-pose staat, vereist het perspectief dat de achterste knie iets hoger is dan de voorste.

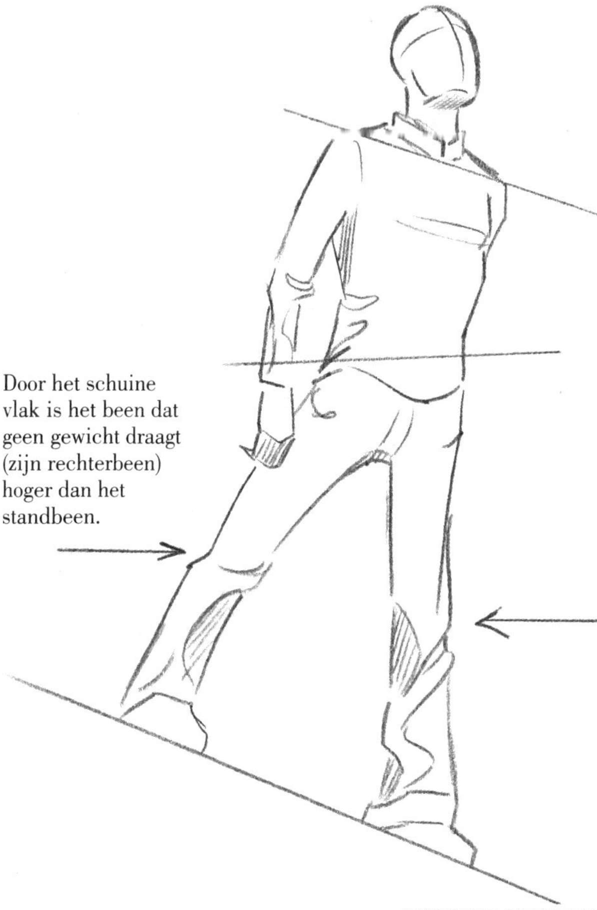

Door het schuine vlak is het been dat geen gewicht draagt (zijn rechterbeen) hoger dan het standbeen.

MODELTEKENEN: het gebruik van meetpunten

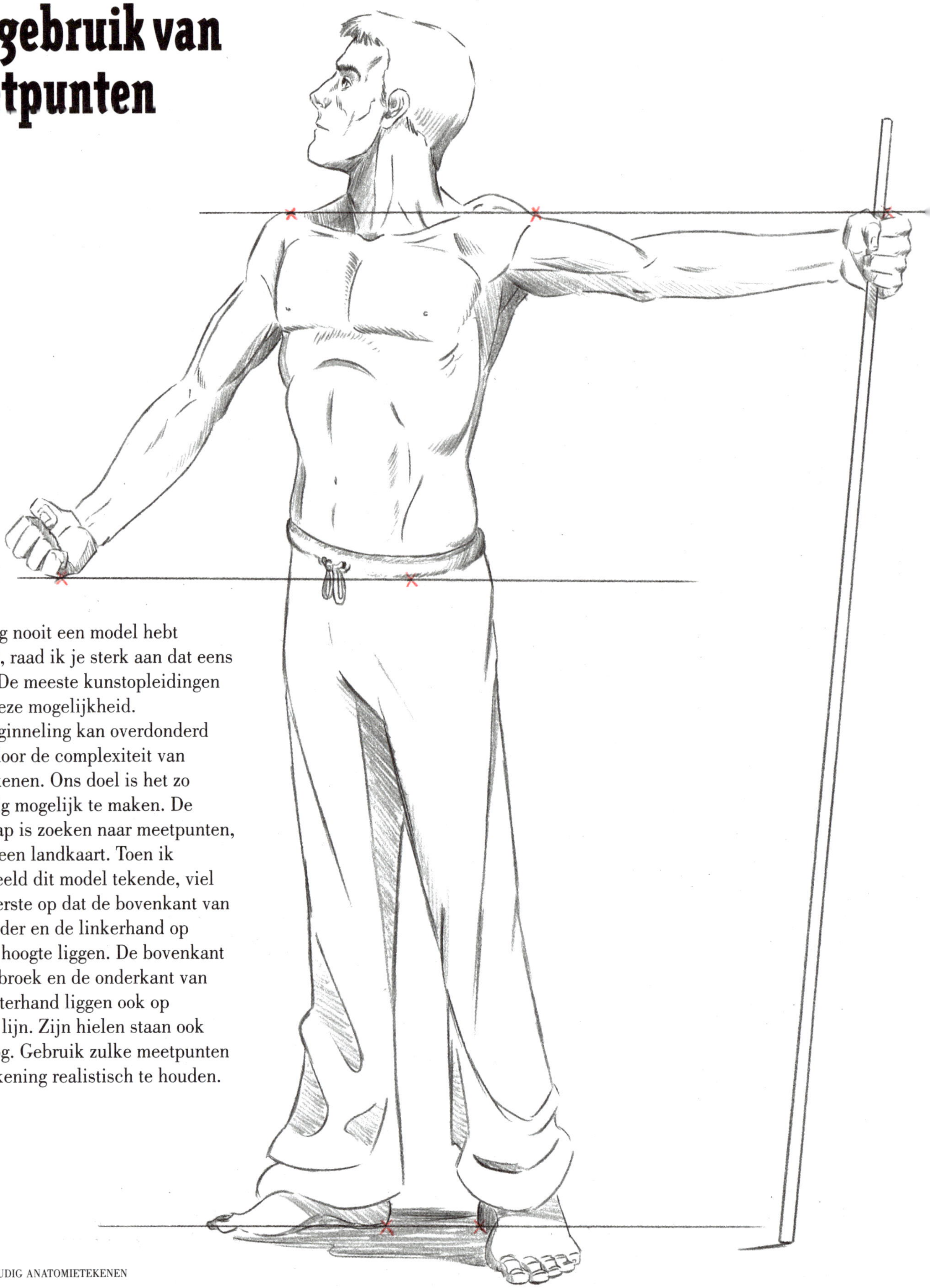

Als je nog nooit een model hebt getekend, raad ik je sterk aan dat eens te doen. De meeste kunstopleidingen bieden deze mogelijkheid.

De beginneling kan overdonderd worden door de complexiteit van modeltekenen. Ons doel is het zo eenvoudig mogelijk te maken. De eerste stap is zoeken naar meetpunten, zoals op een landkaart. Toen ik bijvoorbeeld dit model tekende, viel me als eerste op dat de bovenkant van de schouder en de linkerhand op dezelfde hoogte liggen. De bovenkant van zijn broek en de onderkant van zijn rechterhand liggen ook op dezelfde lijn. Zijn hielen staan ook even hoog. Gebruik zulke meetpunten om je tekening realistisch te houden.

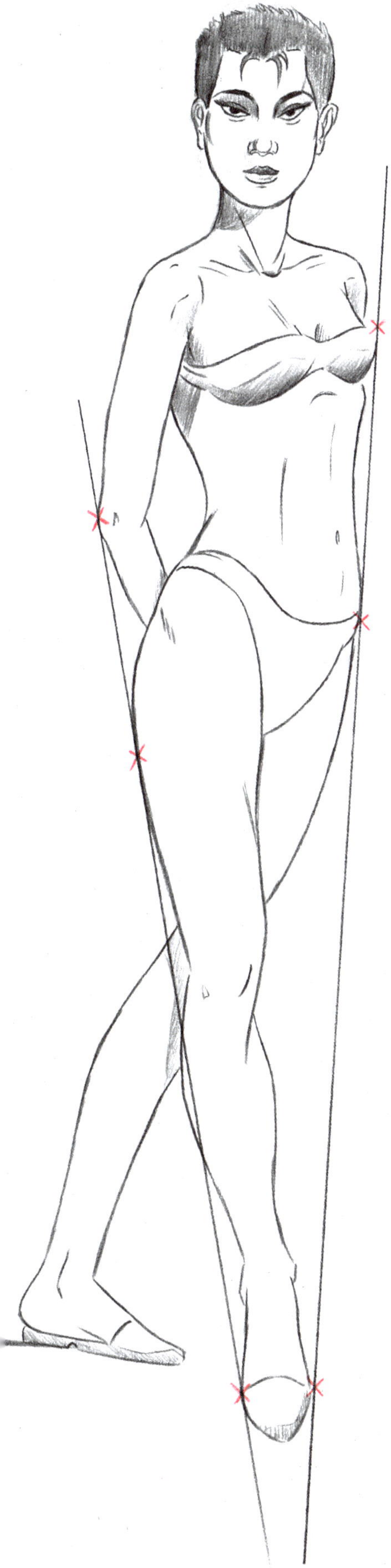

Let op de gebogen ruggengraat, die zelfs niet helemaal recht wordt wanneer de rug recht lijkt.

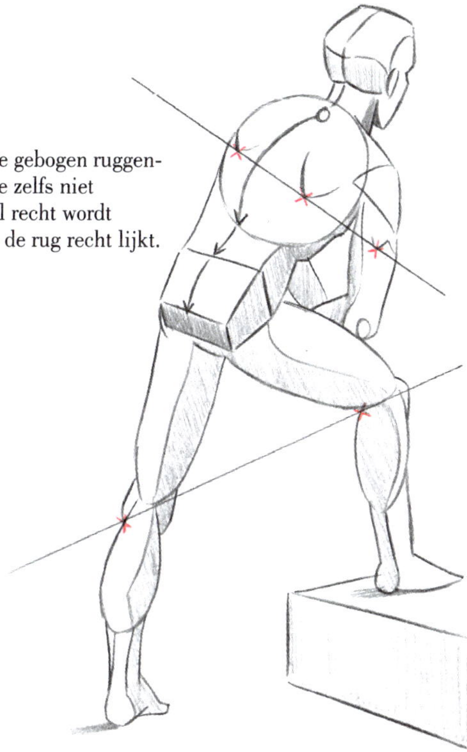

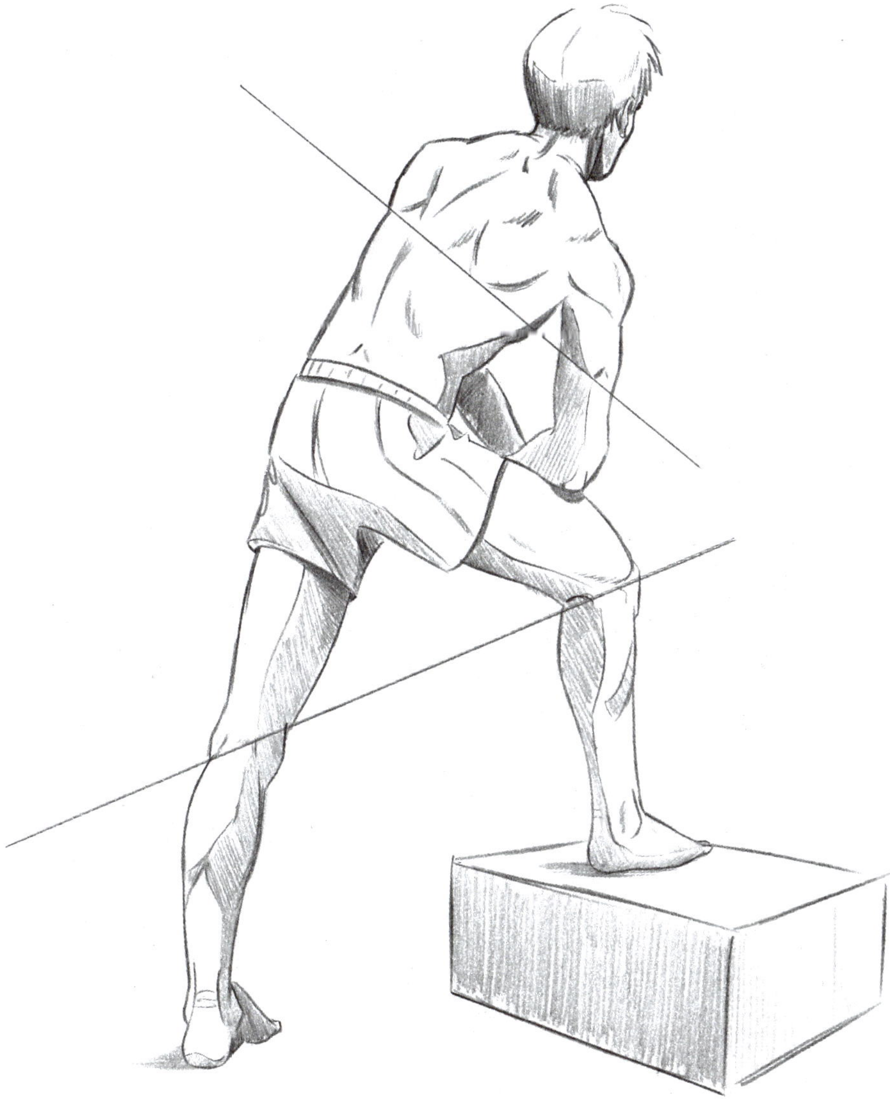

RESTVORMEN

Een andere manier om je model met het blote oog op te meten is de restvormen te bekijken die in een pose ontstaan. Restvormen zijn de ruimten die de omtreklijnen van de positie overlaten. Kijk bijvoorbeeld naar de driehoekige restvorm onder het opgetrokken been. Als je dit model zou tekenen, en de restruimte zou kleiner uitvallen dan deze in werkelijkheid is, zou je snel zien dat je een fout hebt gemaakt.

Je kunt restruimten ook gebruiken als je uit je hoofd tekent. Goede restruimten geven iets ruimtelijks aan je tekening.

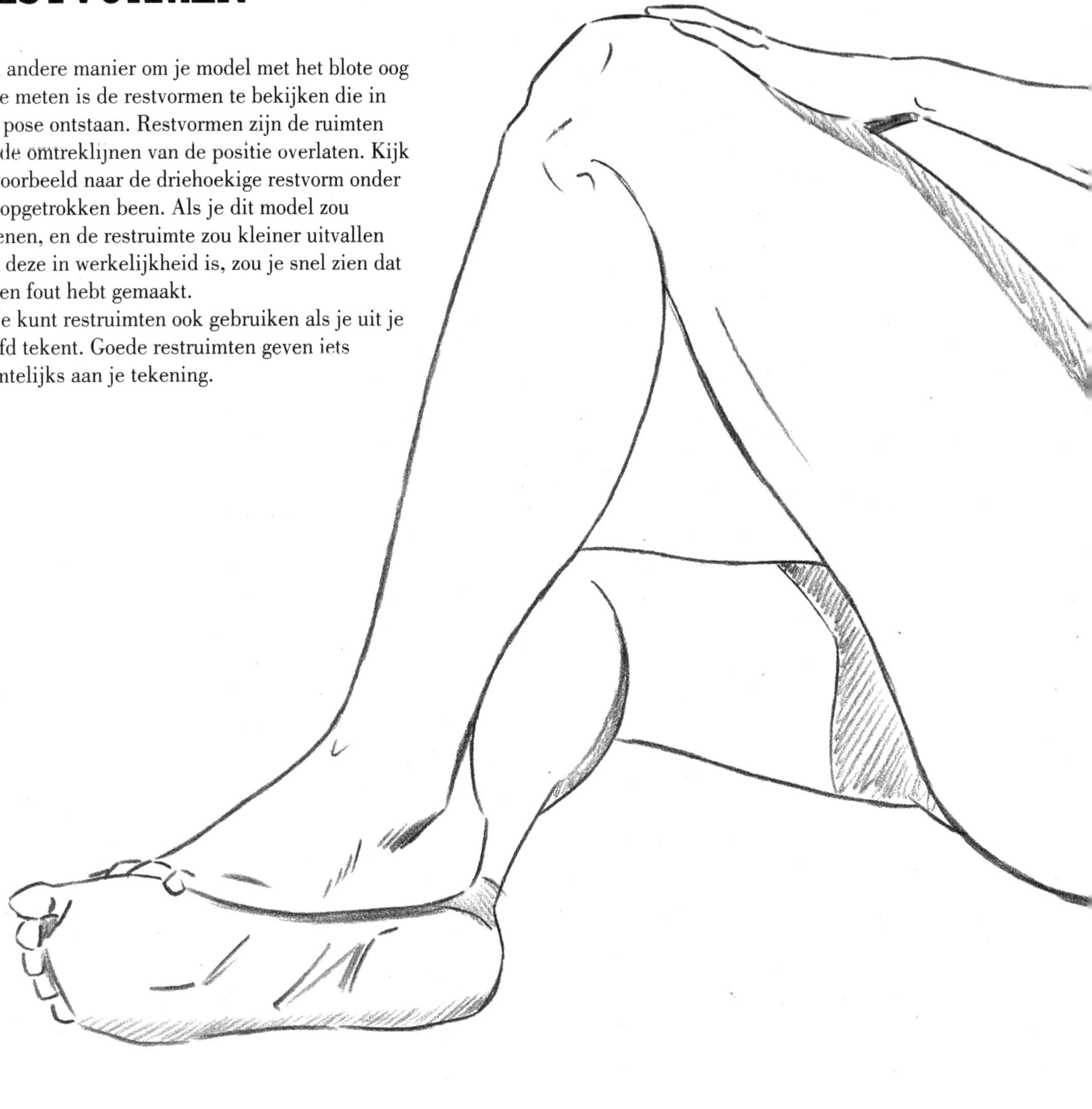

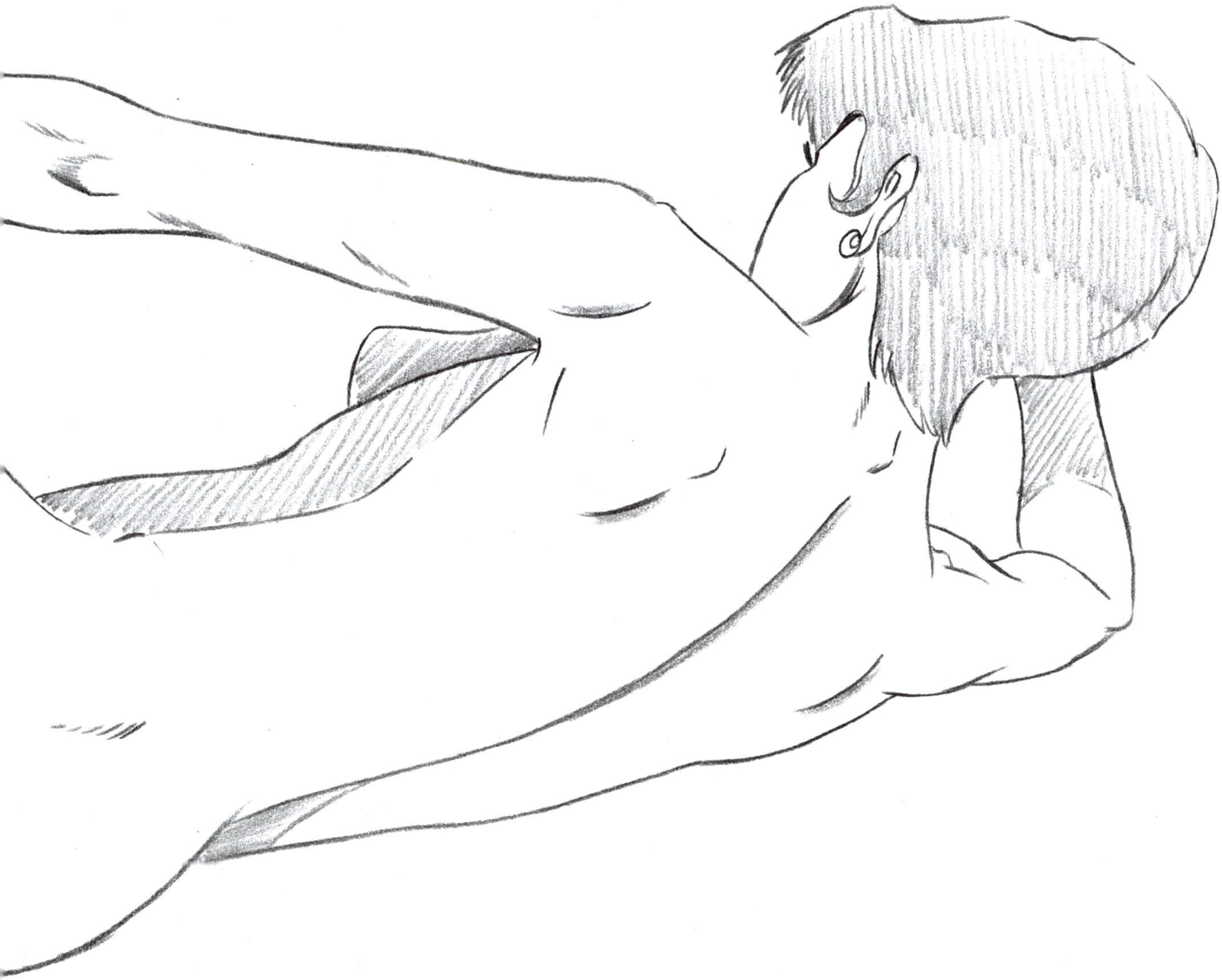

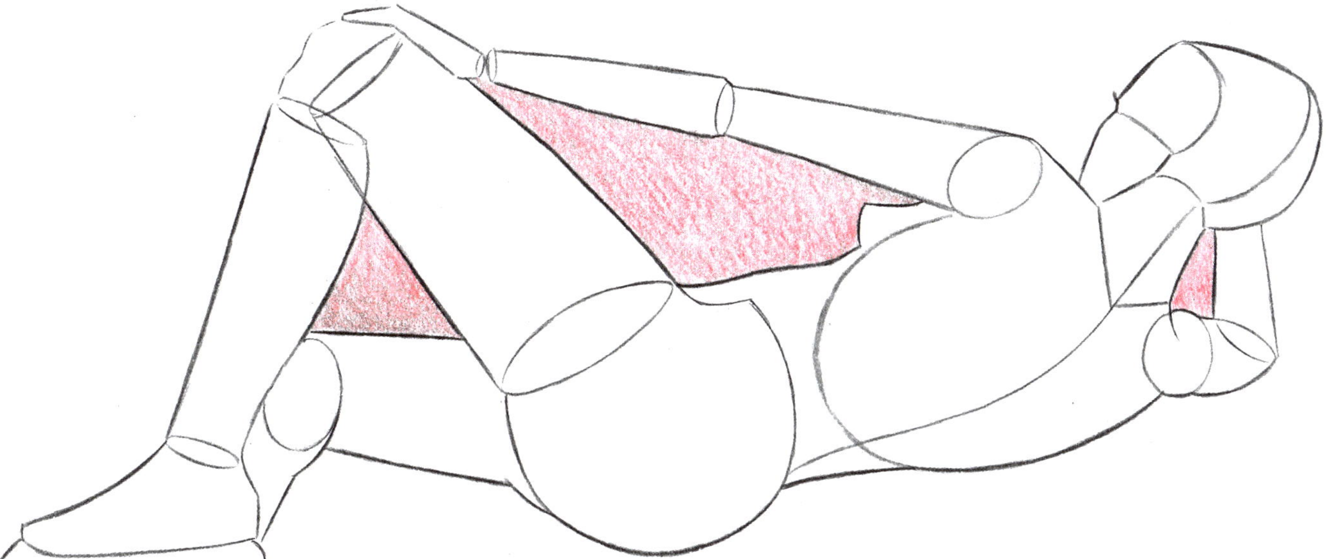

LOPEN

Let erop wat voor effect gewichtsverdeling heeft op verschillende plaatsen in het lichaam.

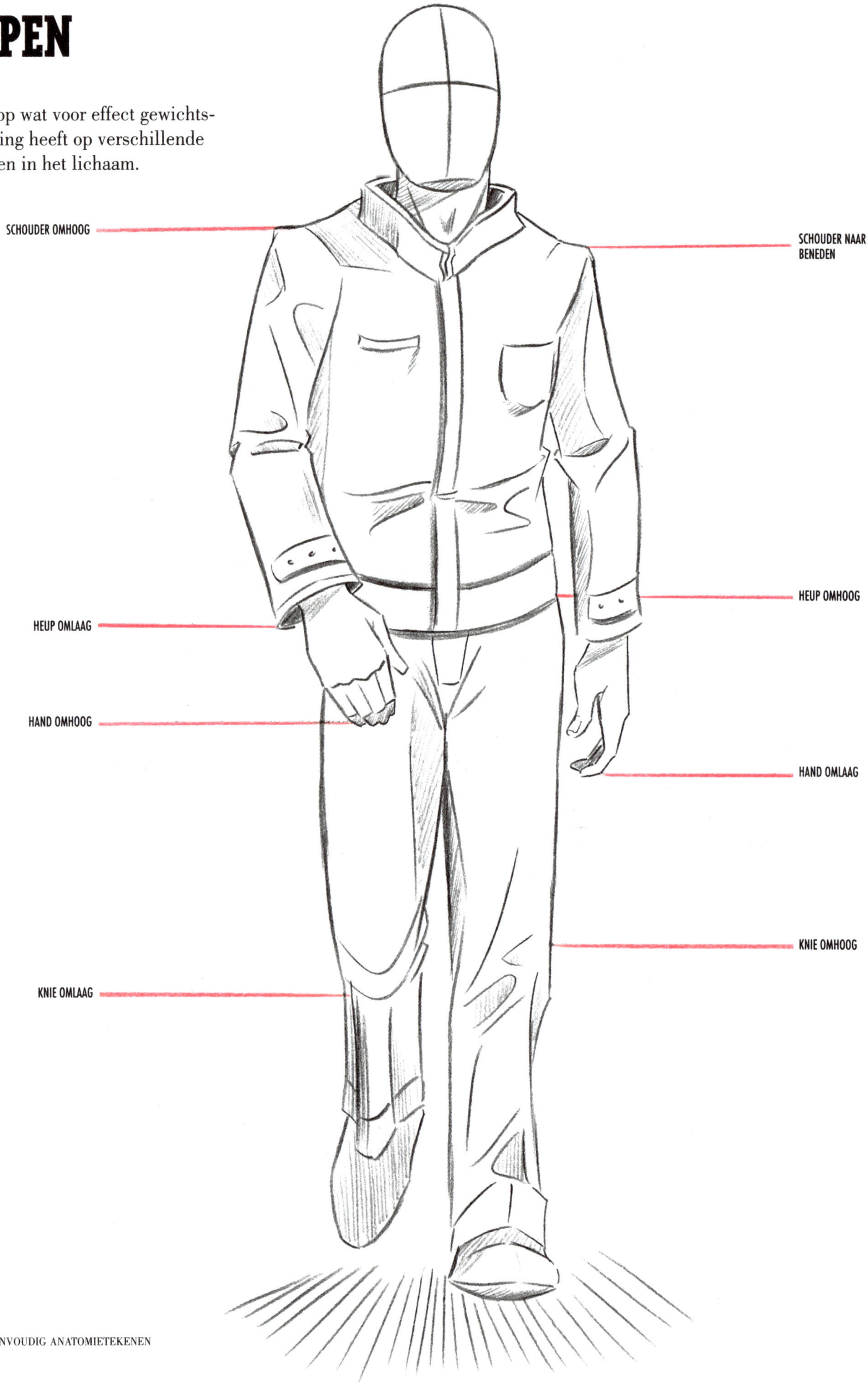

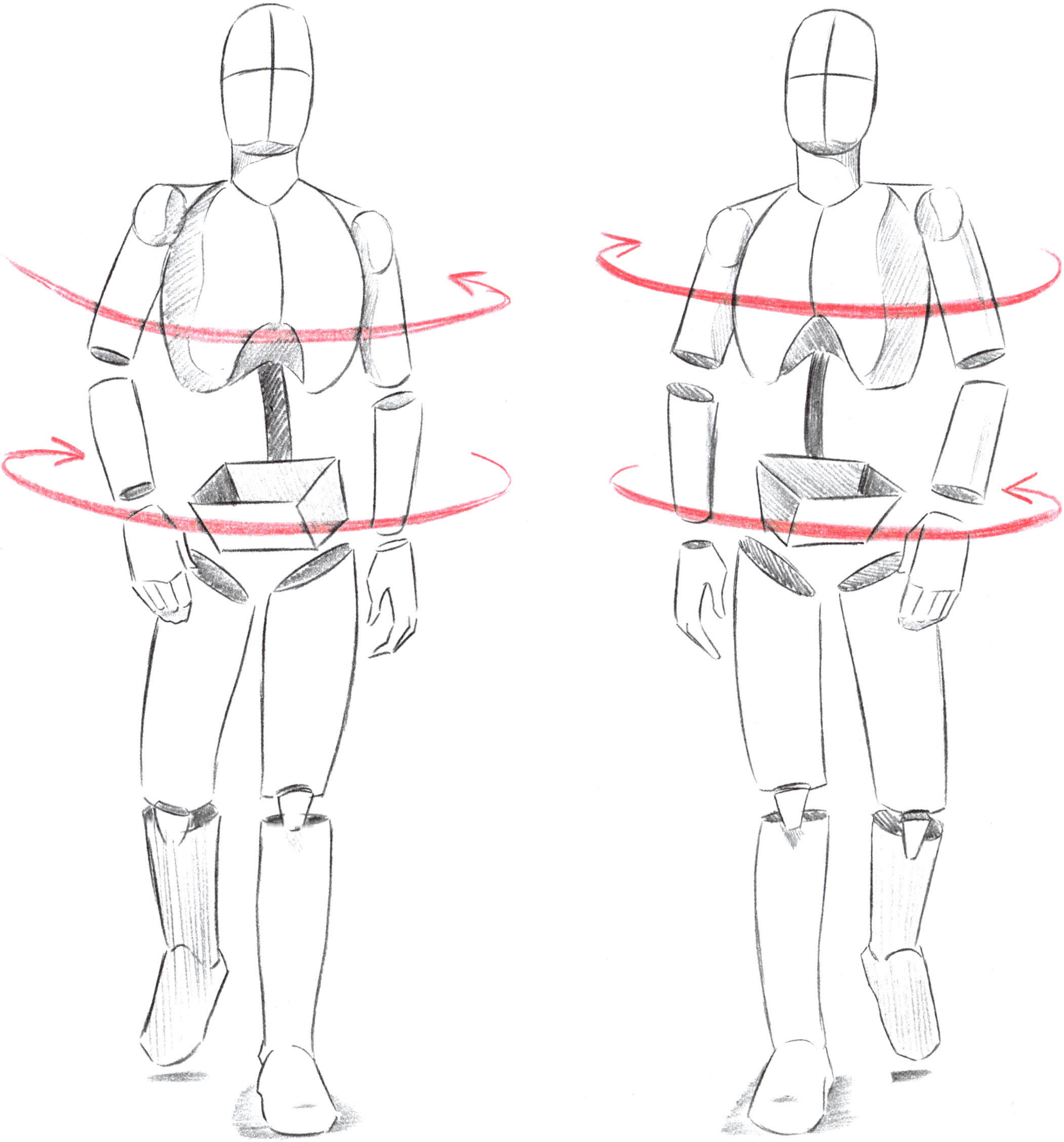

HOE HET LICHAAM DRAAIT BIJ HET LOPEN

Wanneer je loopt, bewegen het bekken en het been in een tegenovergestelde richting ten opzichte van de ribbenkast en arm aan dezelfde kant. De arm die naar voren gaat, brengt de ribbenkast mee naar voren, en de arm die naar achter beweegt, neemt de ribbenkast mee naar achteren. Zo trekt ook het voorste been het bekken mee naar voren en het achterste been het bekken mee naar achteren.

VLOEIENDE POSITIES EN BEWEGINGSLIJN

Tot nu toe hebben we ons voornamelijk gericht op het tekenen van verschillende lichaamsdelen. Allemaal prima, maar ik heb altijd gevonden dat anatomieboeken in gebreke blijven als ze niet verder gaan dan dat. Een figuur tekenen is meer dan een opsomming van alle onderdelen. Je kunt een perfect geproportioneerde man tekenen, maar die kan dan nog levenloos lijken. Dit probleem is op te lossen door het juiste gebruik van een bewegingslijn.

De bewegingslijn is een belangrijke hulplijn die de kunstenaar schetst, voordat hij een figuur tekent. Je kunt ook eerst een ruwe schets opzetten en daarna de bewegingslijn aanbrengen. Dit geeft een goede indruk of de positie niet te stijf is of tegennatuurlijk overkomt. Daarna kun je correcties aanbrengen voor het eindresultaat.

Let erop dat de bewegingslijn niet dezelfde kant hoeft uit te gaan als de armen en benen, hoewel dat vaak wel het geval is. Het is gewoon een lijn die de algemene houding volgt. Een bewegingslijn is het effectiefst als je uit het hoofd tekent en niet aan de hand van een model. In deze voorbeelden is gebruikgemaakt van een zeer dikke lijn, omwille van de duidelijkheid.

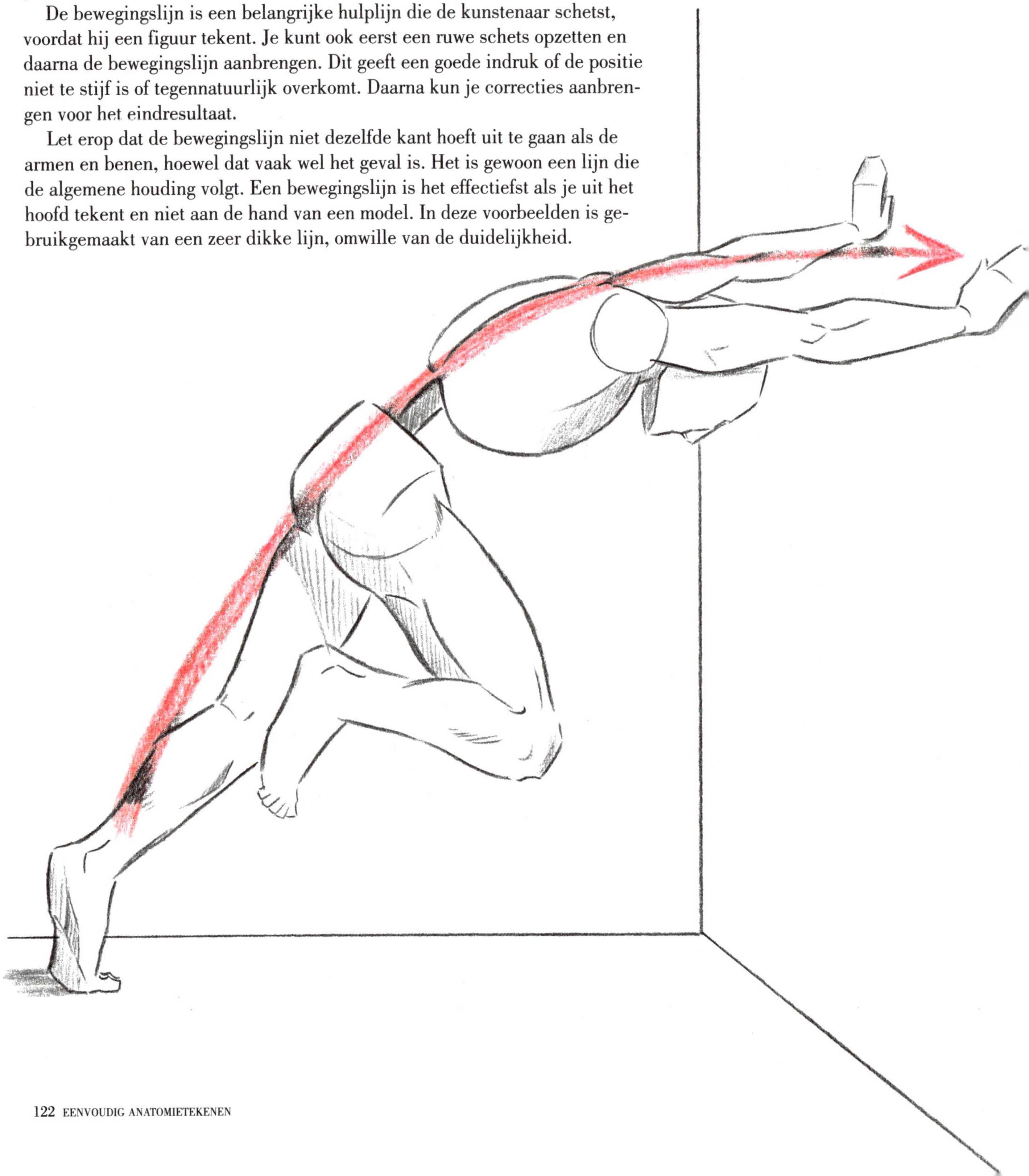

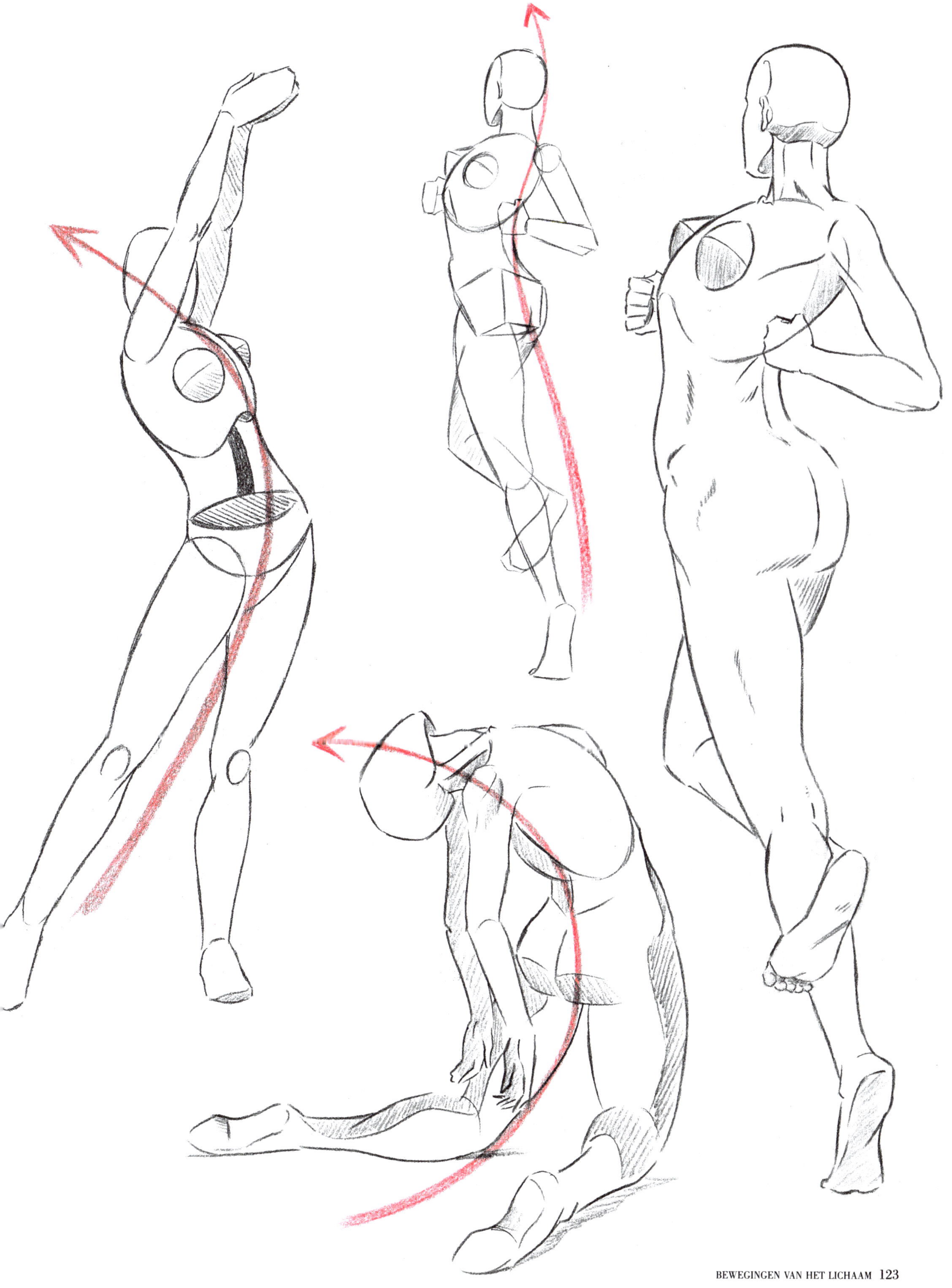

HET VINDEN VAN BEWEGINGSLIJNEN

Het vinden van de bewegingslijn in een figuur is geen wetenschap. Hoewel sommige houdingen duidelijke bewegingslijnen laten zien, doen andere dat niet. Het is aan de tekenaar om te bepalen hoe de lijnen volgens hem of haar lopen, en op grond daarvan de bewegingslijnen te kiezen. Hiernaast zie je een voorbeeld van drie dezelfde houdingen met drie verschillende bewegingslijnen, die allemaal correct zijn.

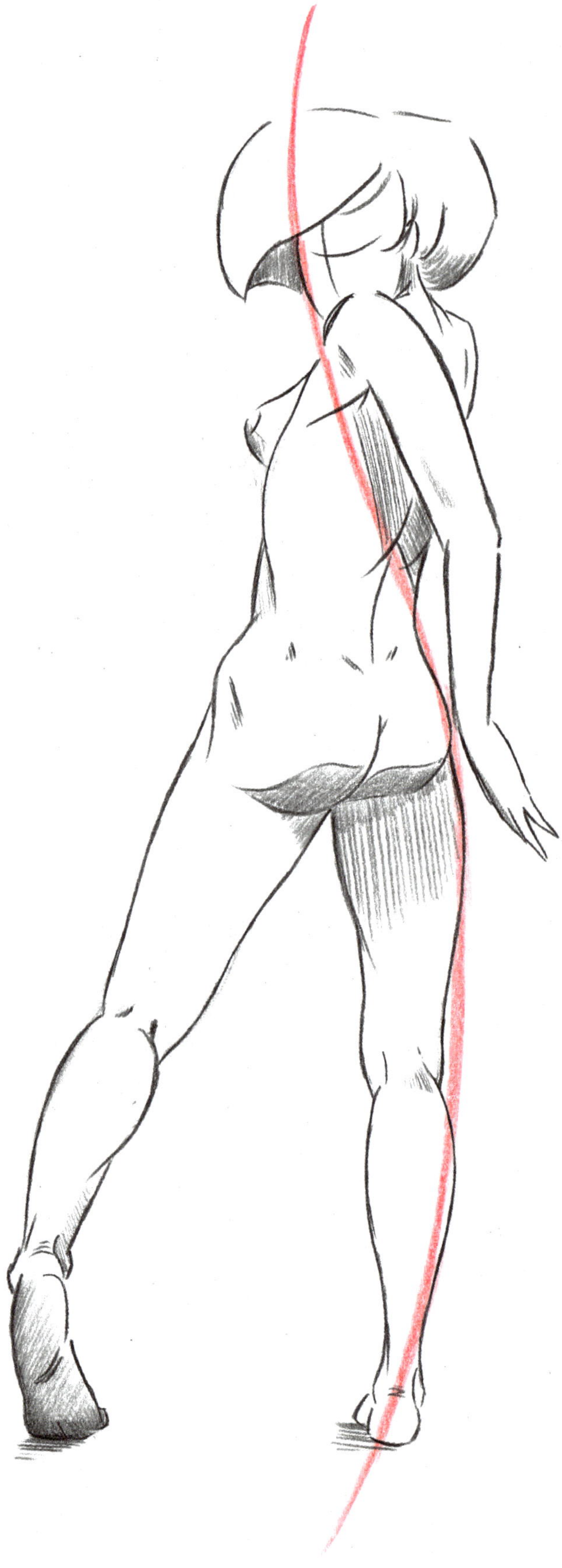

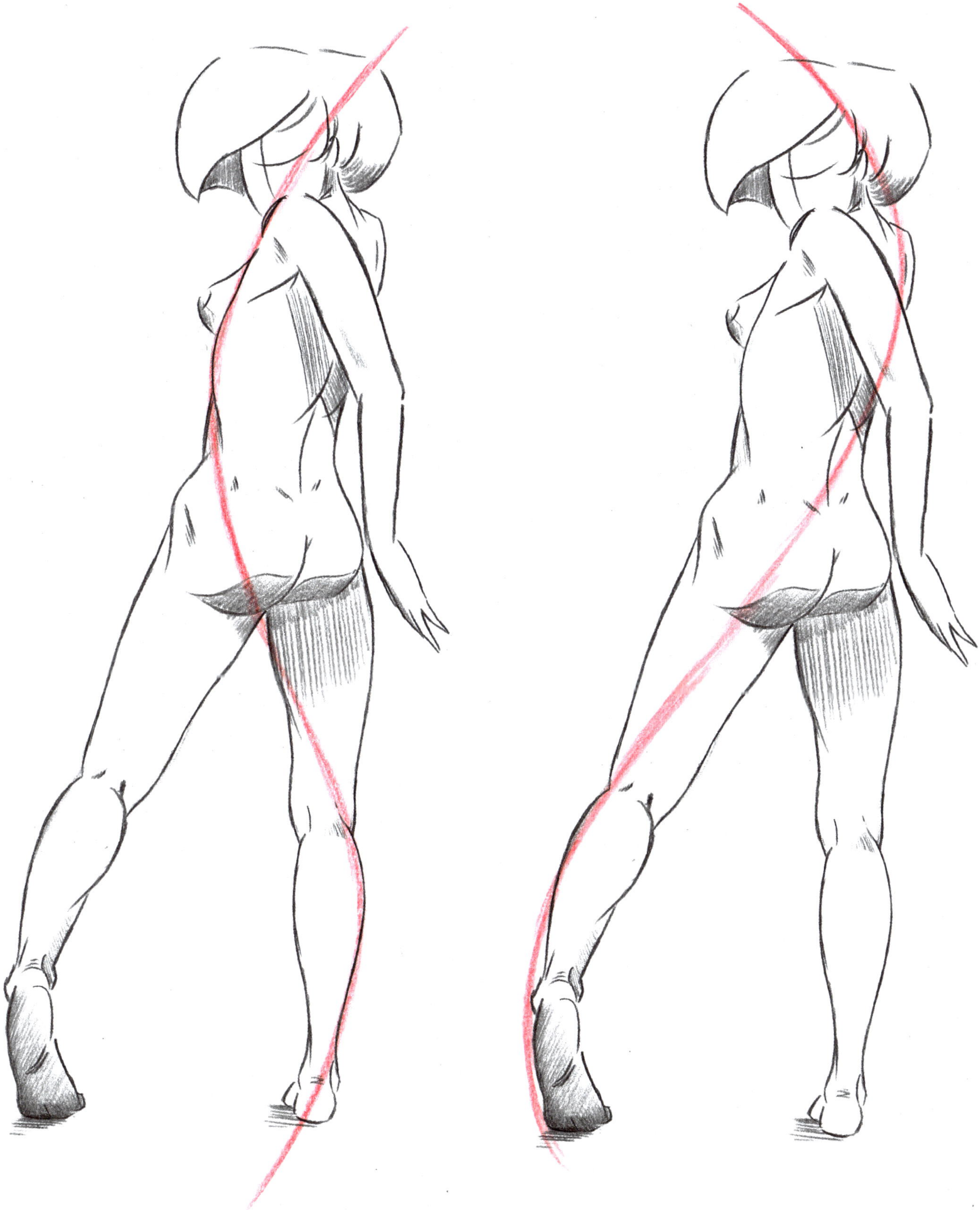

TWEE BEWEGINGSLIJNEN IN DEZELFDE POSITIE

Een positie waarbij veel gebeurt, vraagt soms om twee aparte bewegingslijnen. Probeer de vloeiende patronen binnen de positie te zien.

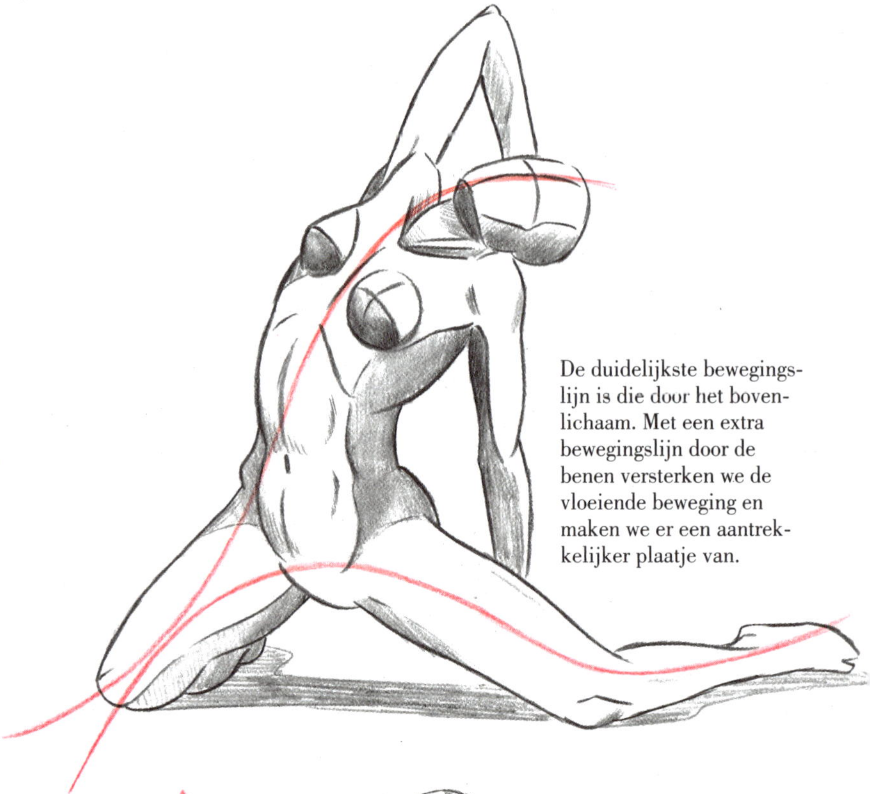

De duidelijkste bewegingslijn is die door het bovenlichaam. Met een extra bewegingslijn door de benen versterken we de vloeiende beweging en maken we er een aantrekkelijker plaatje van.

De duidelijkste bewegingslijn is de schuine lijn die aangeeft waar het zwaartepunt van de hardloopster ligt. Door de bewegingslijn door beide armen te tekenen, kunnen we van de armen een enkele, sierlijke lijn maken in plaats van twee rechte hoeken.

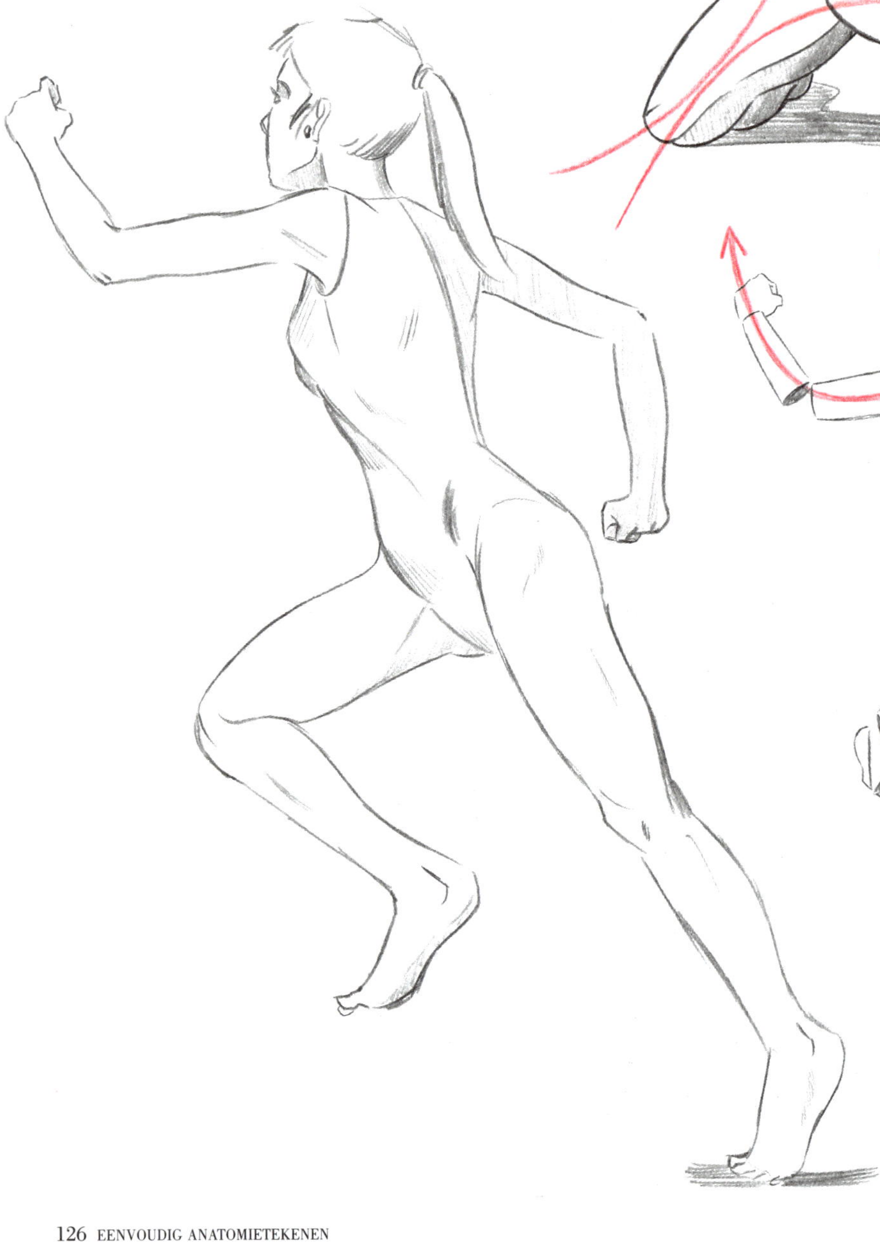

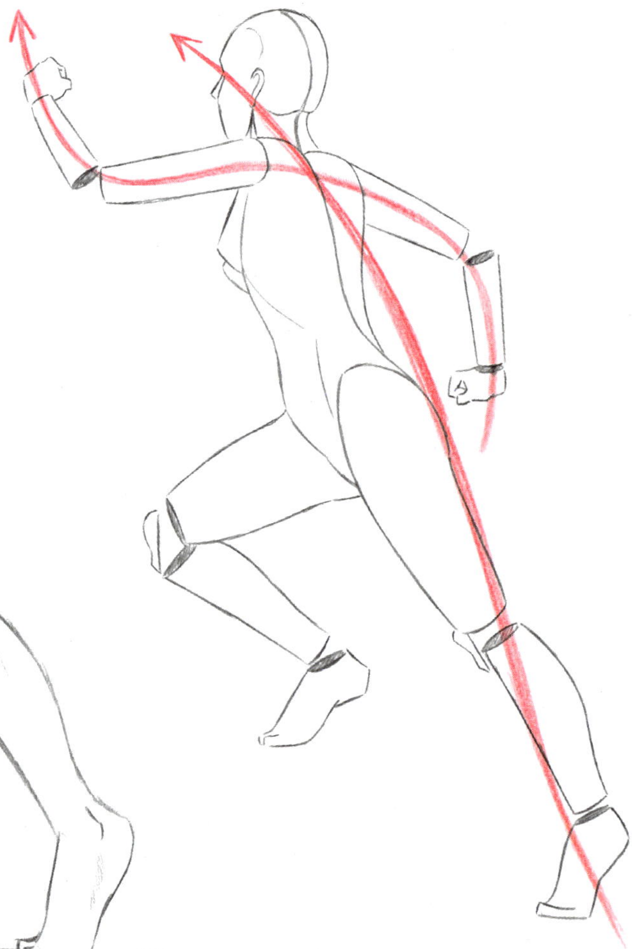

HALVE BEWEGINGSLIJNEN

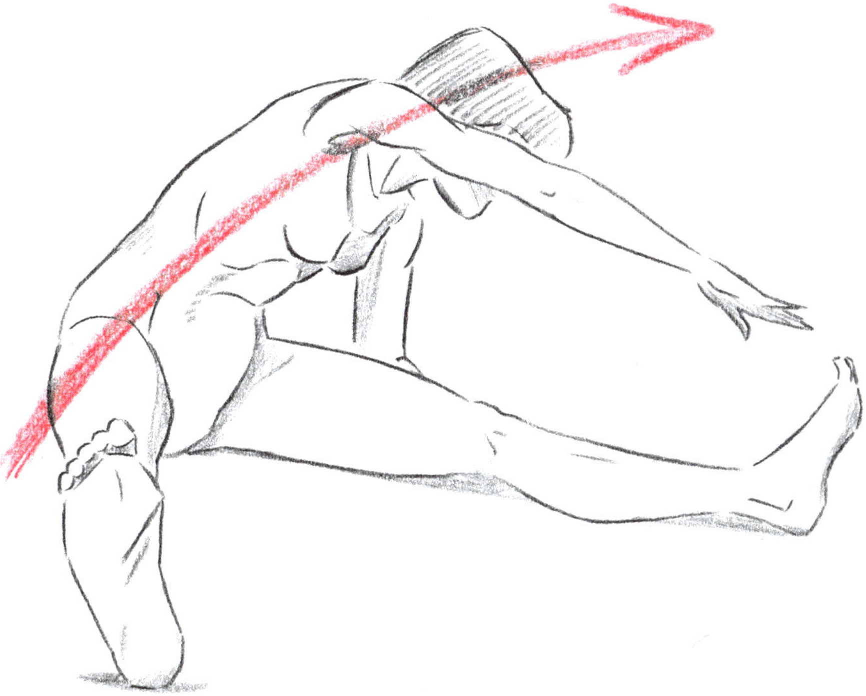

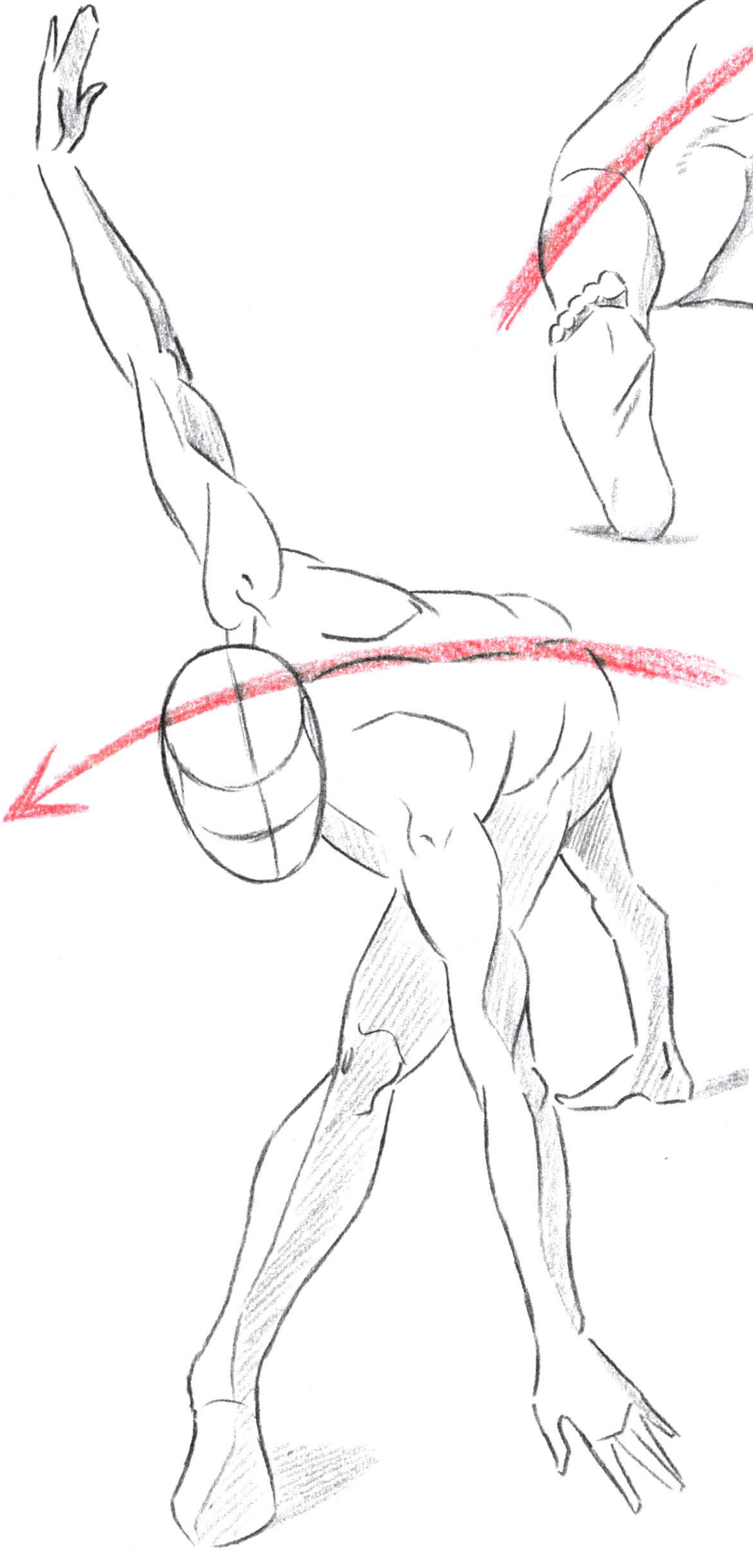

Er zijn posities waarin een enkele bewegingslijn niet helemaal kan worden doorgetrokken, omdat het lichaam zelf een te abrupte hoek maakt. In zulke gevallen kun je het beste een halve bewegingslijn gebruiken.

PUNT VAN EVENWICHT

Een lijn, getekend vanaf de onderkant van de hals direct naar de grond, geeft het punt van evenwicht aan. Houding, verdeling van het gewicht, en beweging zijn allemaal van belang bij het bepalen van het punt van evenwicht.

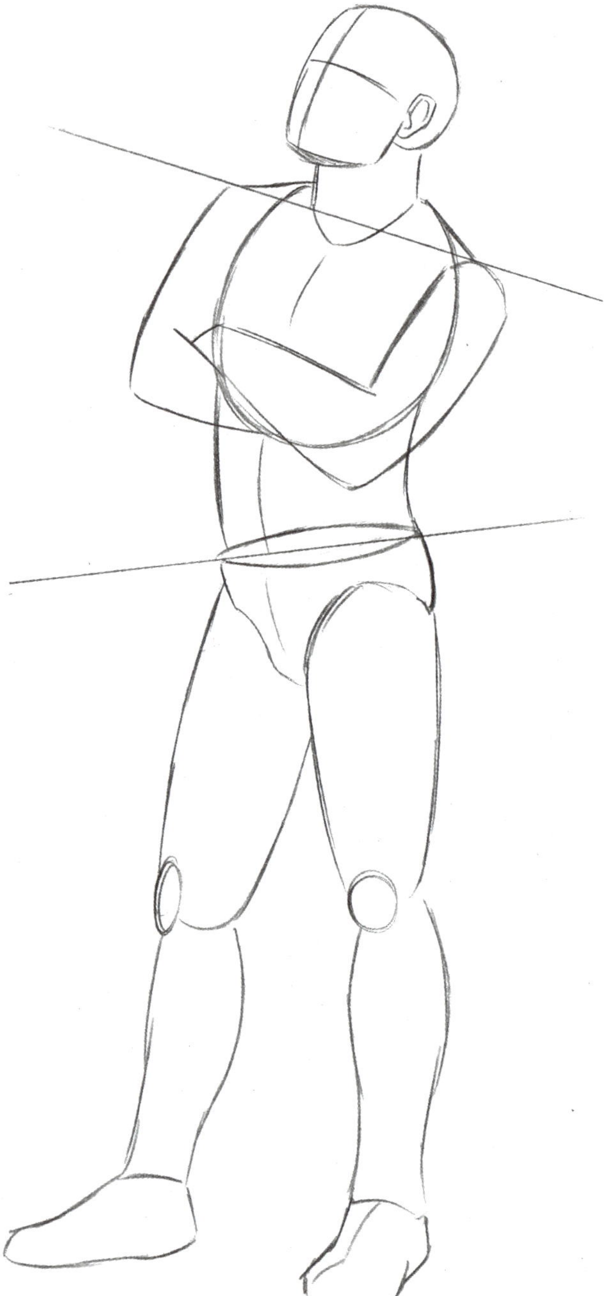

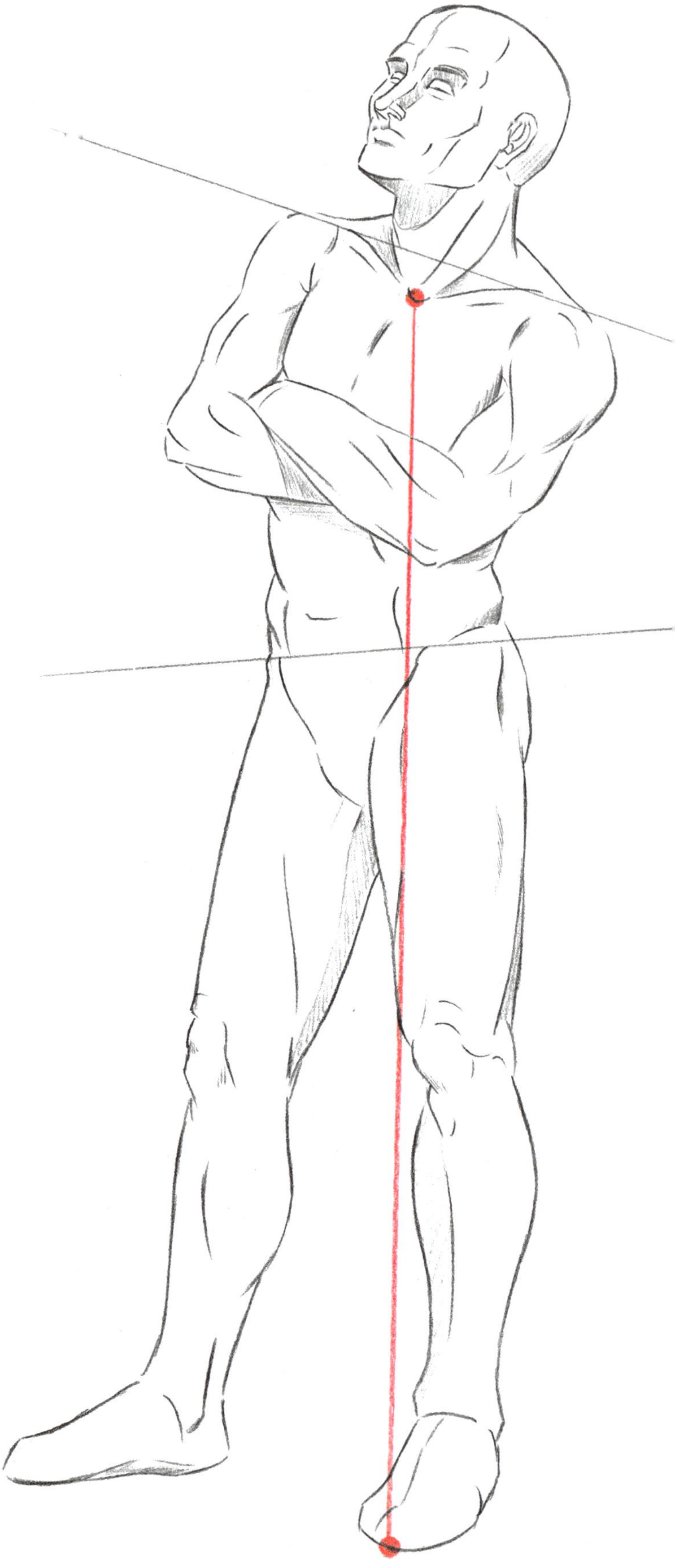

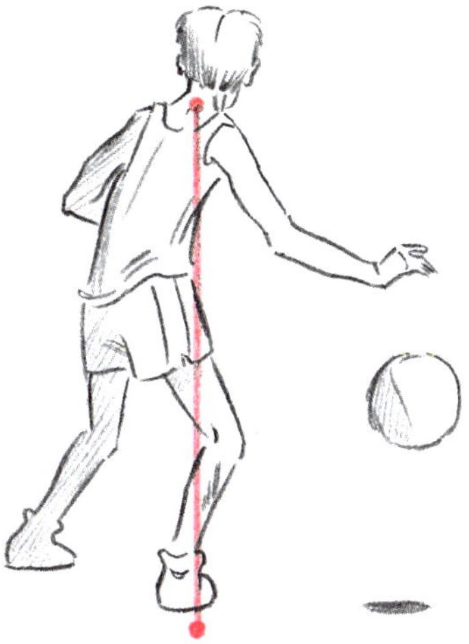

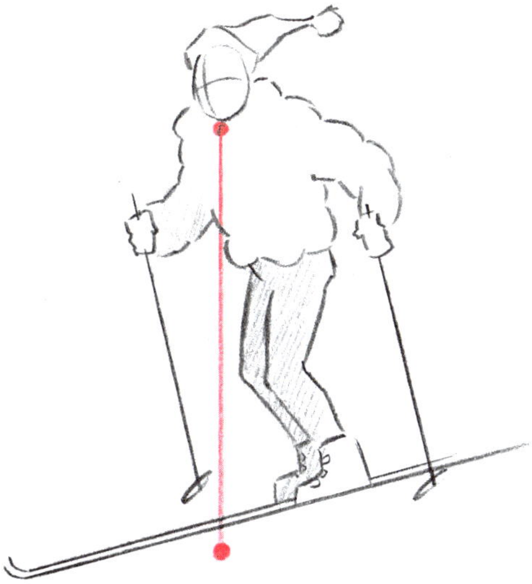

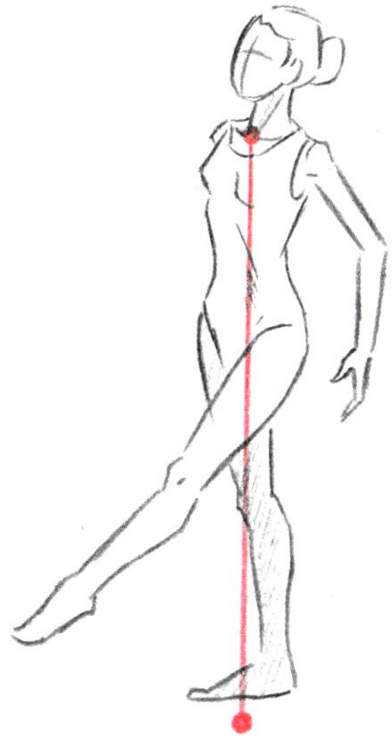

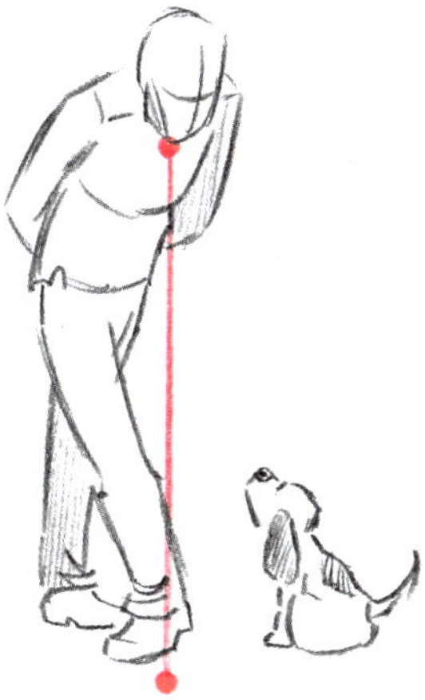

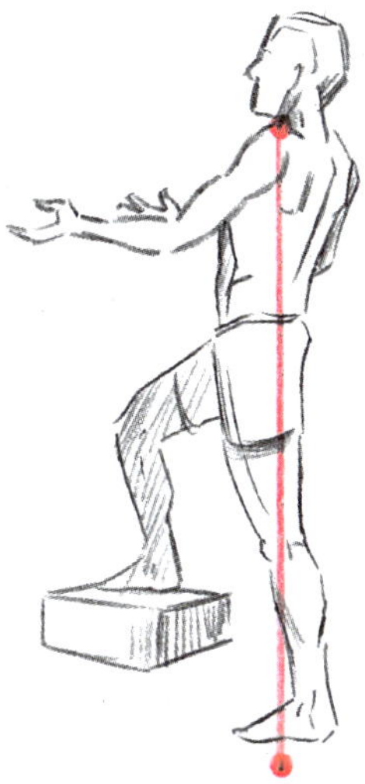

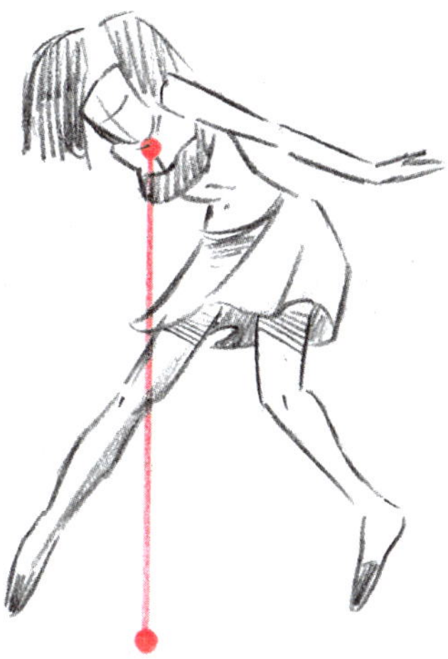

Zoals te zien is aan deze voorbeelden, passen mensen vaak hun punt van evenwicht aan door van positie te veranderen. Het punt van evenwicht van de rolschaatsster ligt zo ver achter haar dat ze alleen nog maar kan vallen. Als je wilt laten zien dat iemand zijn gewicht verplaatst, houd dan ook rekening met het punt van evenwicht.

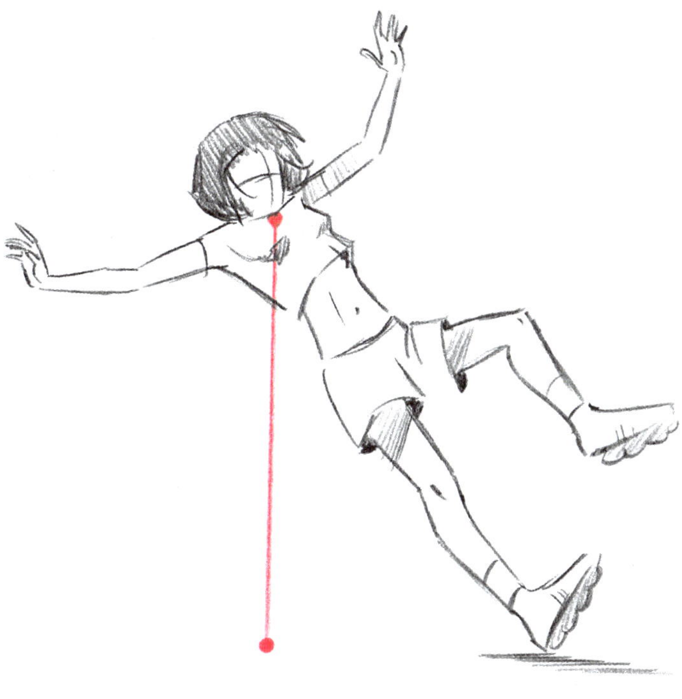

LICHAAMSPERSPECTIEF

Het lichaam wordt beïnvloed door het perspectief, net als elk ander voorwerp. Het lichaam is smal en lang, en lijkt een beetje op een slanke, rechthoekige doos. We kunnen een tweepuntsperspectief gebruiken als het lichaam in een hoek tegenover ons staat.

Schrik niet als het tweepuntsperspectief nieuw voor je is. Het is het belangrijkst te onthouden dat wanneer het lichaam kleiner wordt naar beide kanten, alle lichaamsdelen volgens dezelfde lijnen kleiner worden. De twee handen van de man in de tekening bijvoorbeeld hebben dezelfde verdwijnlijnen. Dat geldt ook voor de ellebogen, voeten, borstspieren, ogen, ellebogen, enz.

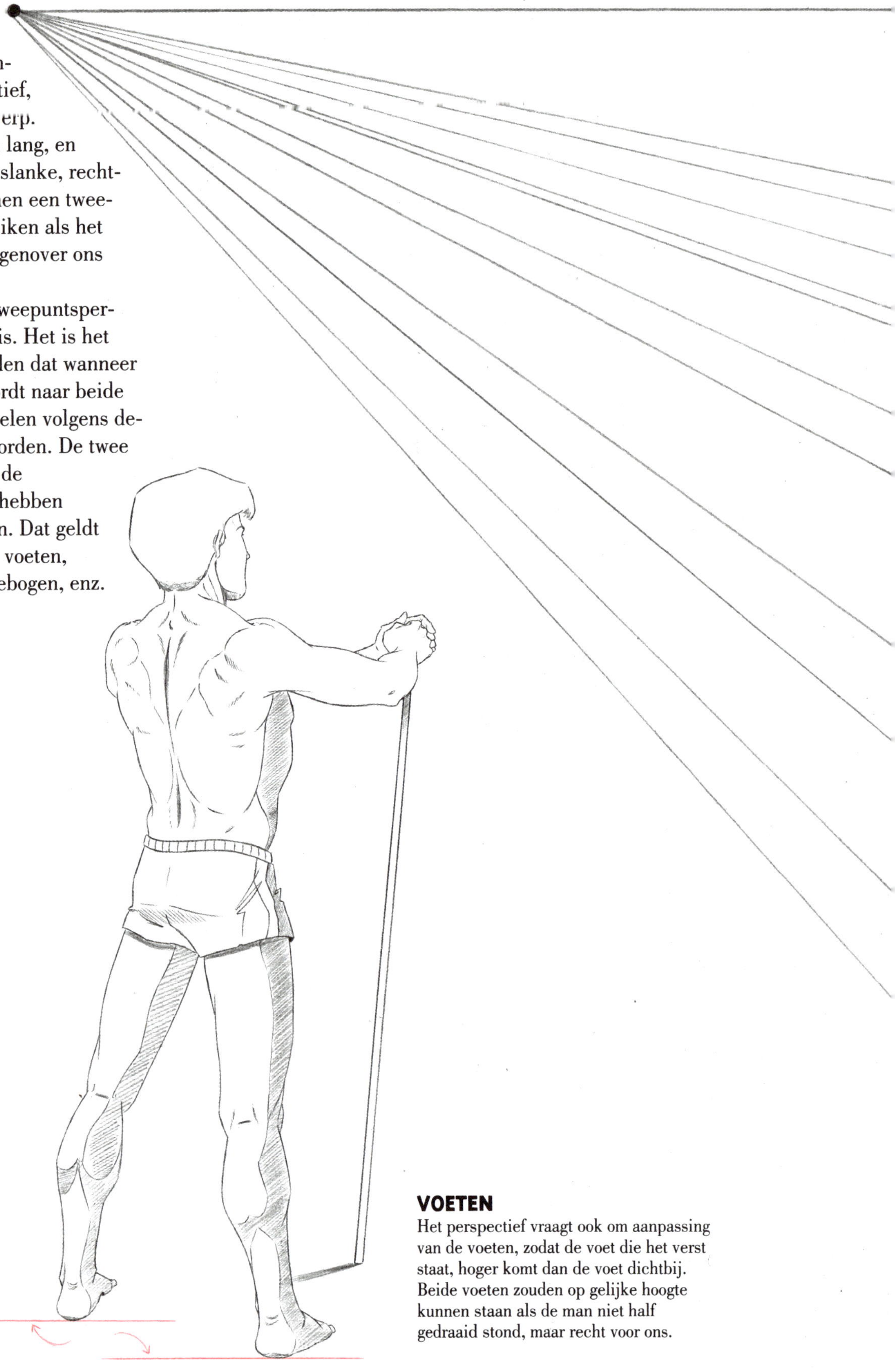

VOETEN

Het perspectief vraagt ook om aanpassing van de voeten, zodat de voet die het verst staat, hoger komt dan de voet dichtbij. Beide voeten zouden op gelijke hoogte kunnen staan als de man niet half gedraaid stond, maar recht voor ons.

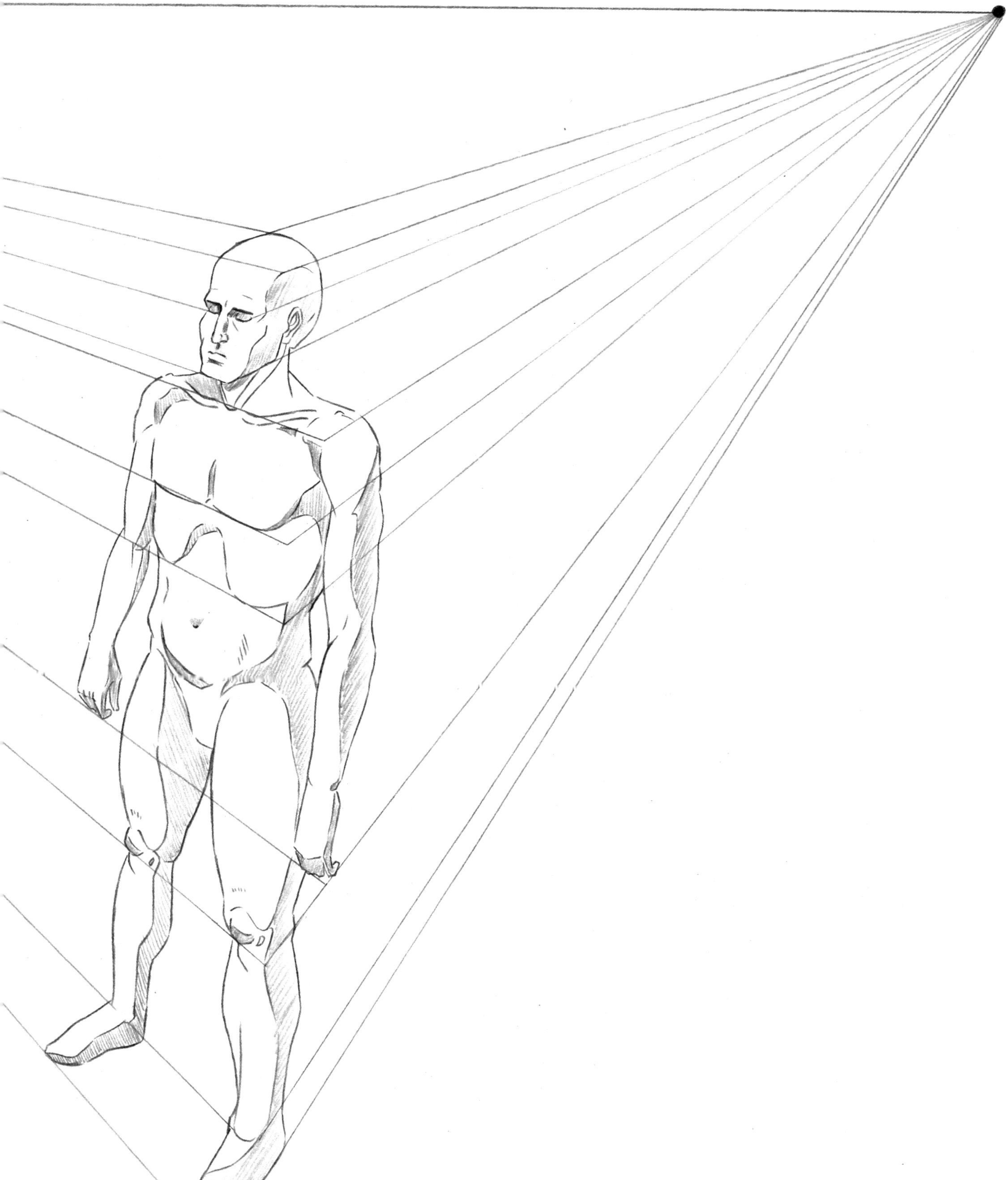

DE EFFECTEN VAN PERSPECTIEF OP HET LICHAAM

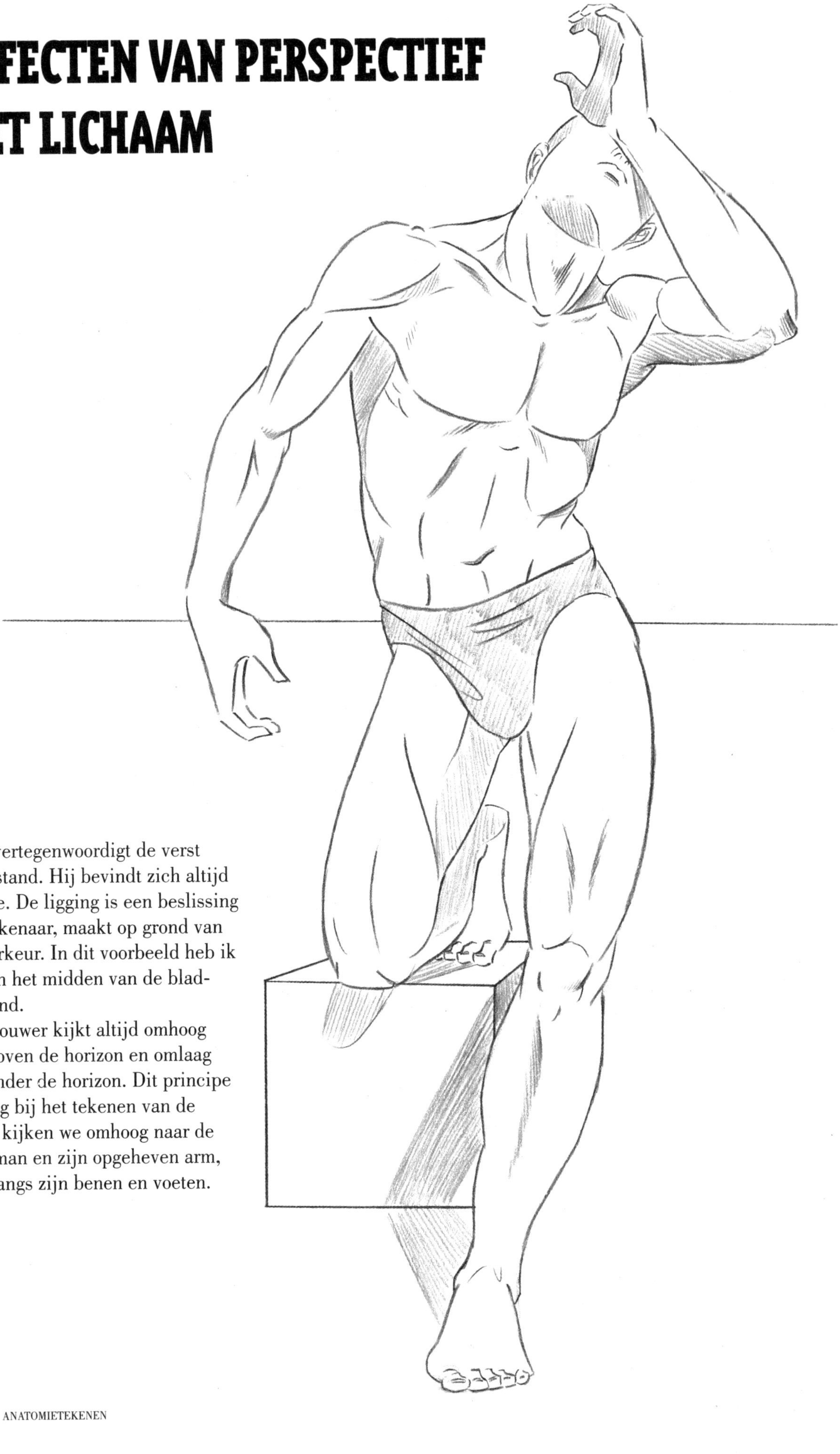

De horizon vertegenwoordigt de verst zichtbare afstand. Hij bevindt zich altijd op ooghoogte. De ligging is een beslissing die jij, de tekenaar, maakt op grond van je eigen voorkeur. In dit voorbeeld heb ik de horizon in het midden van de bladzijde getekend.

De beschouwer kijkt altijd omhoog naar alles boven de horizon en omlaag naar alles onder de horizon. Dit principe is van belang bij het tekenen van de figuur. Hier kijken we omhoog naar de kin van de man en zijn opgeheven arm, en omlaag langs zijn benen en voeten.

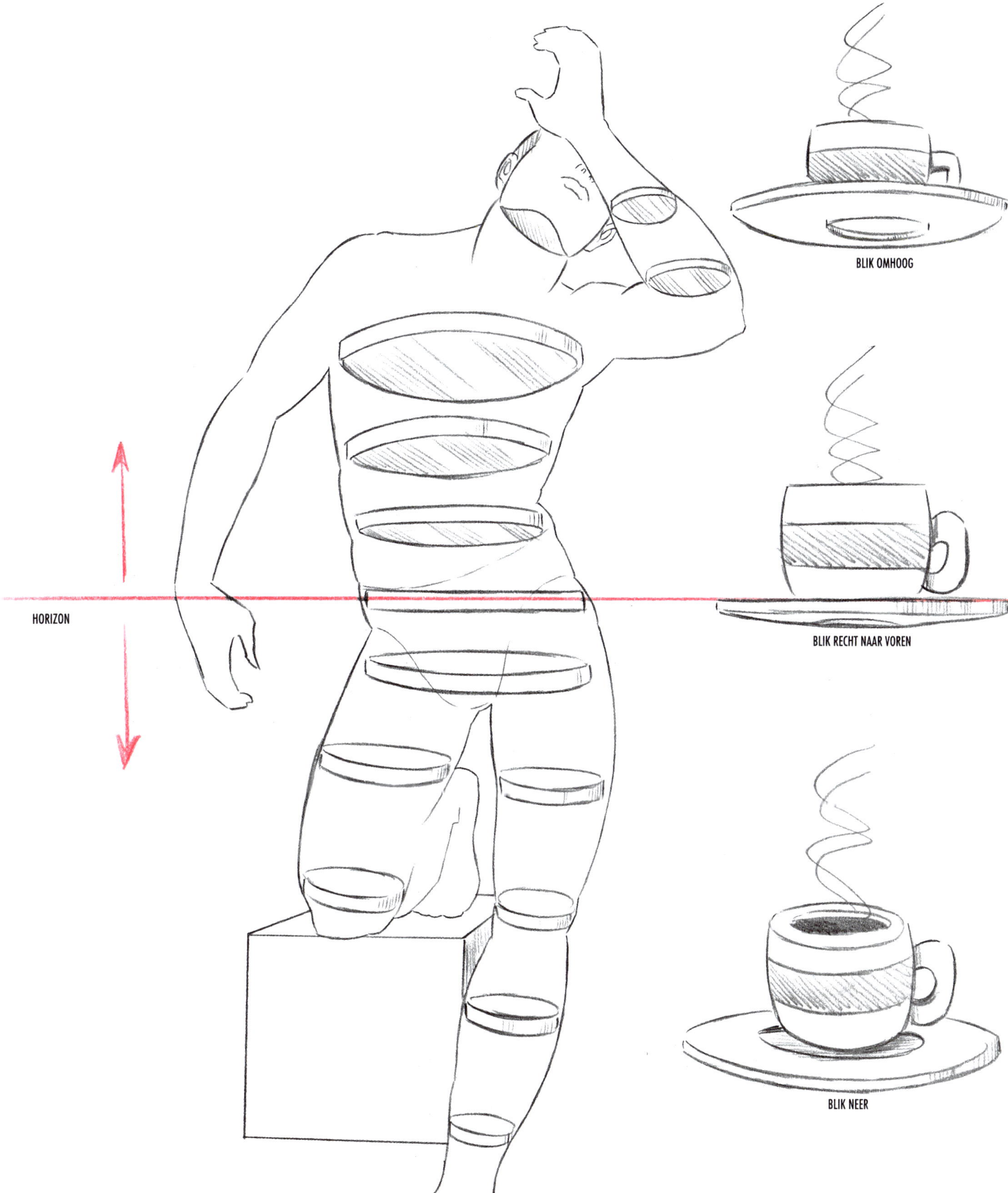
BLIK OMHOOG
HORIZON
BLIK RECHT NAAR VOREN
BLIK NEER

HOUDINGEN

Nu je iets meer af weet van de anatomie, kun je de volgende posen proberen te tekenen. Houd de anatomie in het achterhoofd, maar laat je er niet teveel door van de wijs brengen. Ga je eigen gang. Verander de positie van een arm of een been. Kijk of dat iets verandert aan het evenwicht van het lichaam en pas de houding daaraan aan. Draai het hoofd een andere kant op om te zien of dat meer effect heeft.

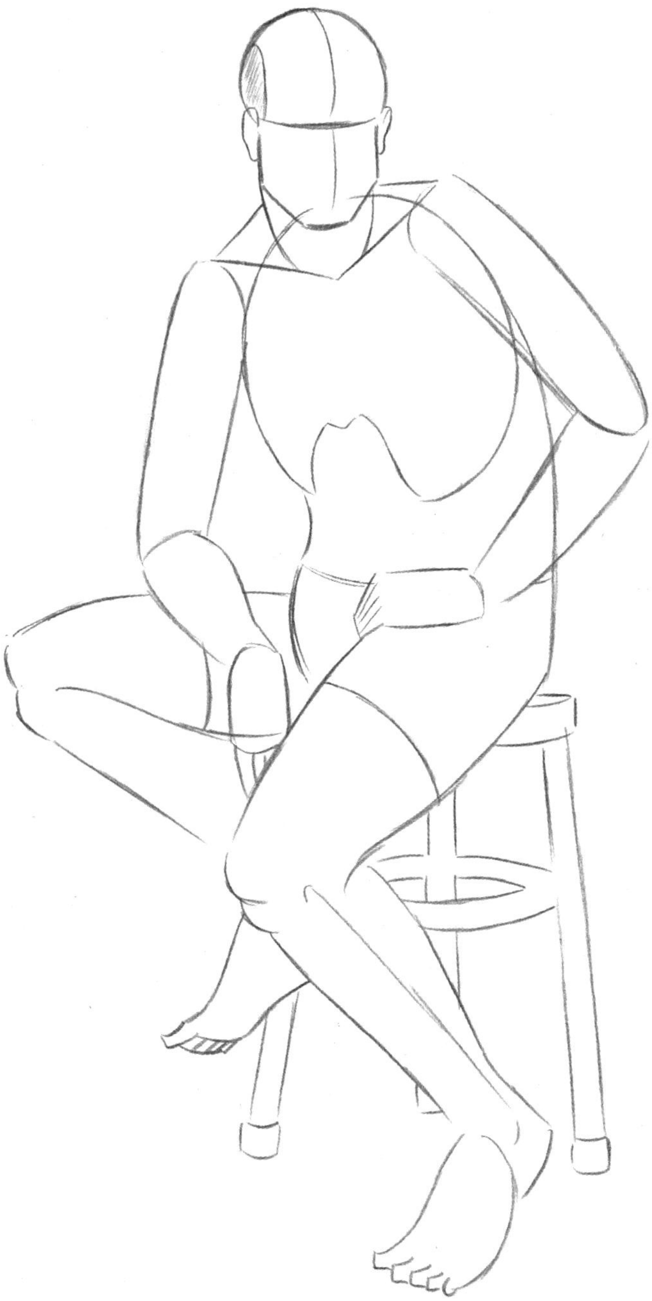

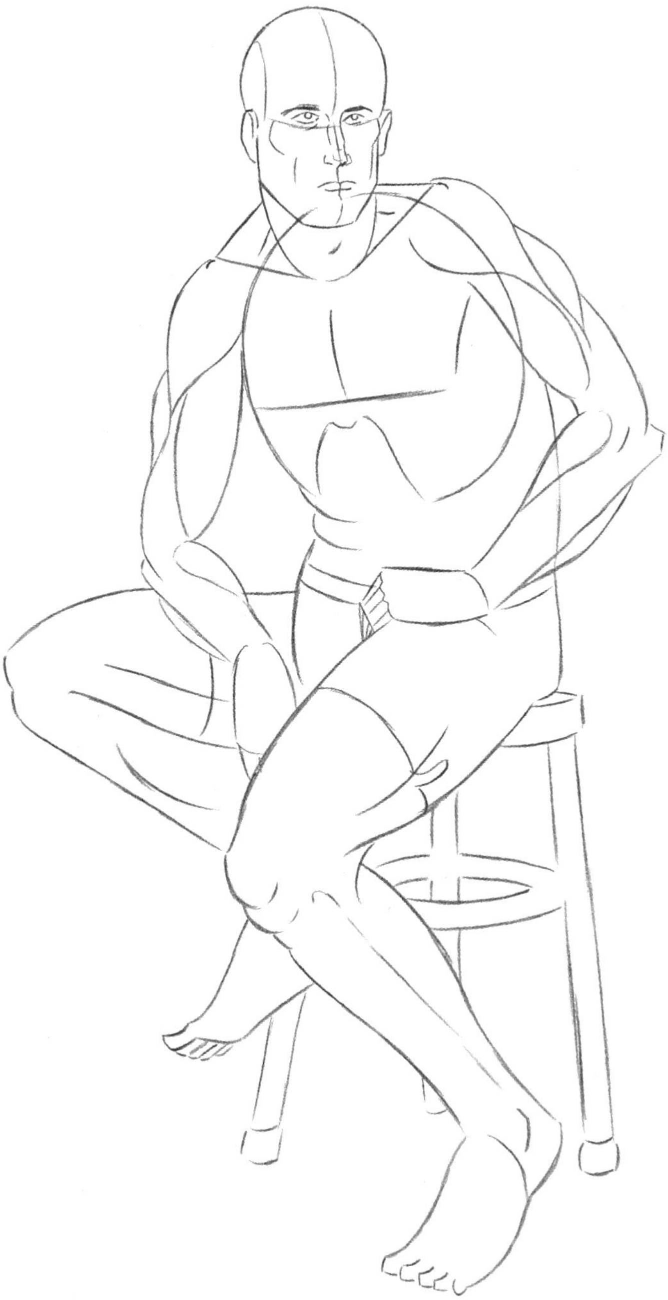

ZITTENDE HOUDING: vooraanzicht

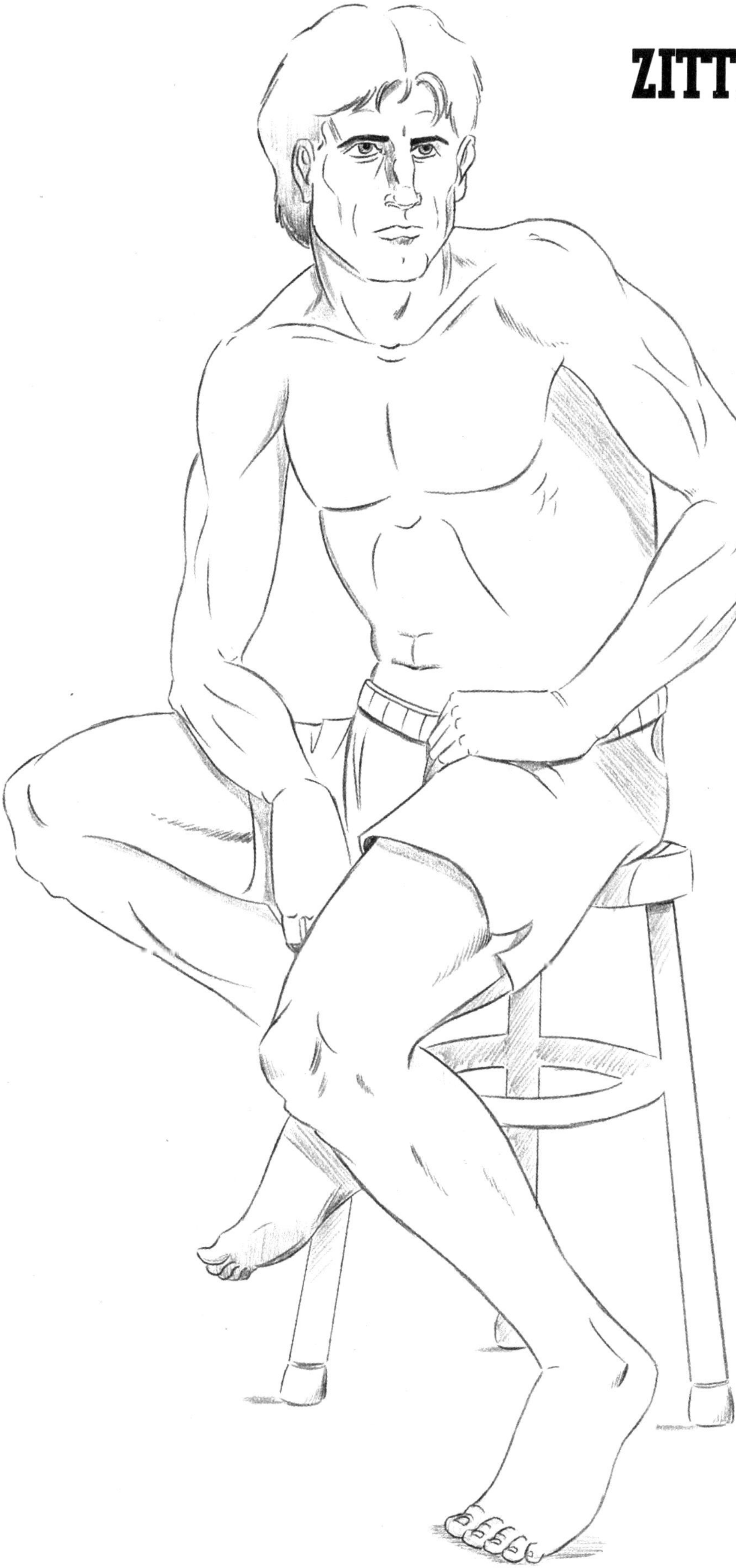

STAANDE HOUDING: achteraanzicht

Misschien sla je nu liever de eerste stadia over en begin je gelijk met de uiteindelijke tekening. Doe dat vooral. Maar als je in de problemen komt, ga dan weer terug naar de basisvormen en spiergroepen, en probeer zo eventuele fouten te herstellen.

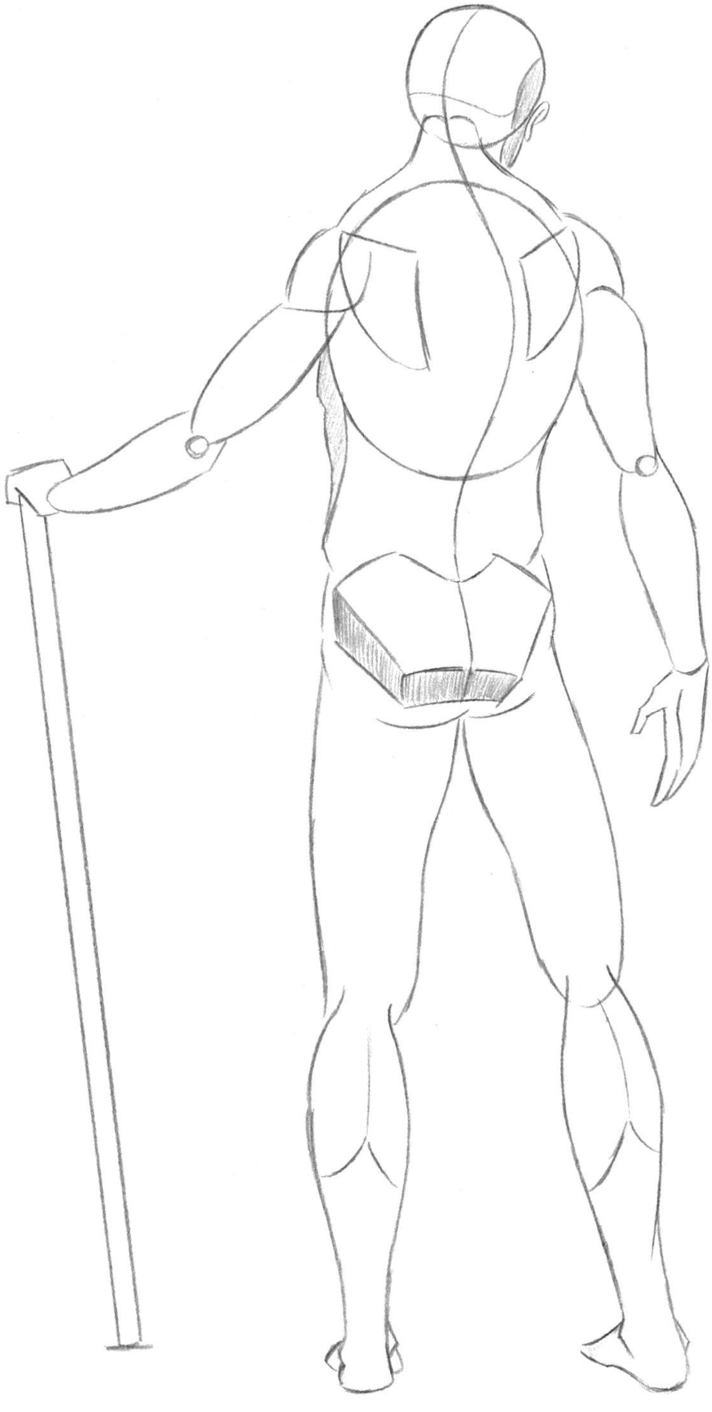

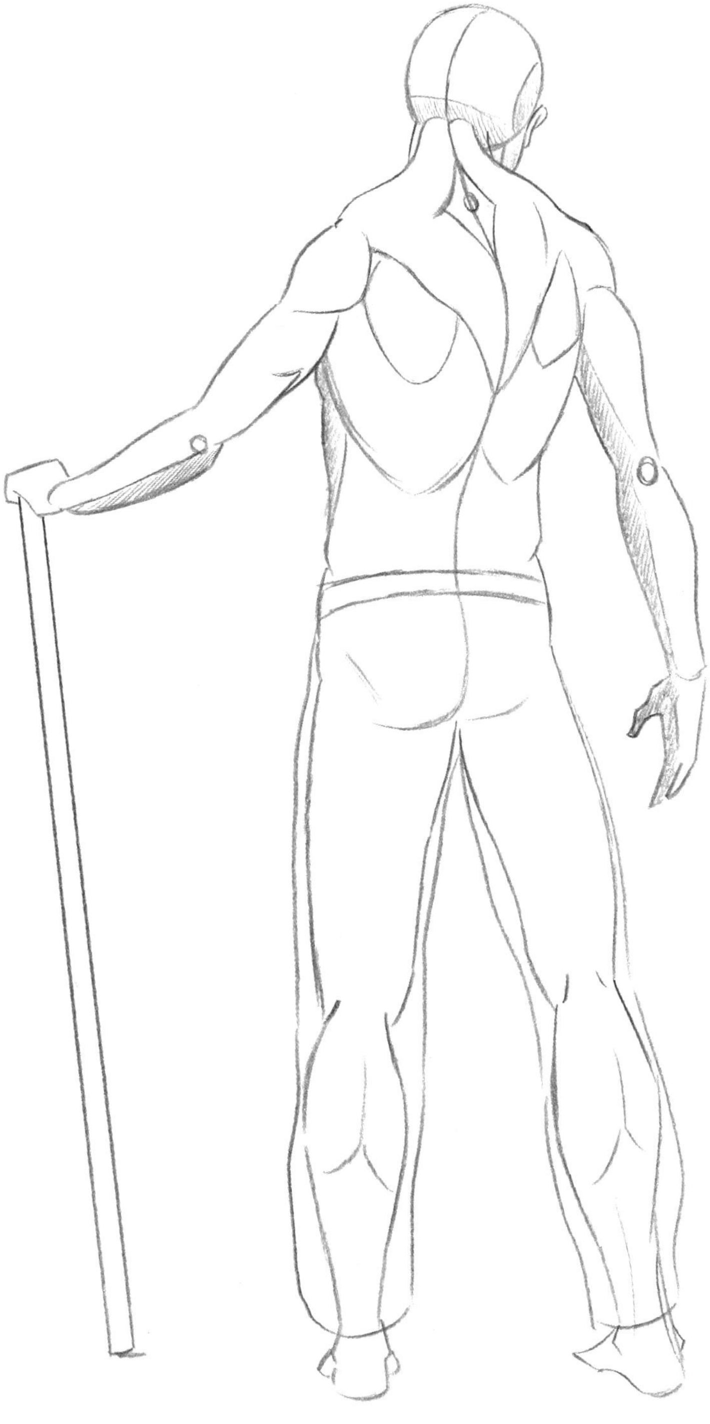

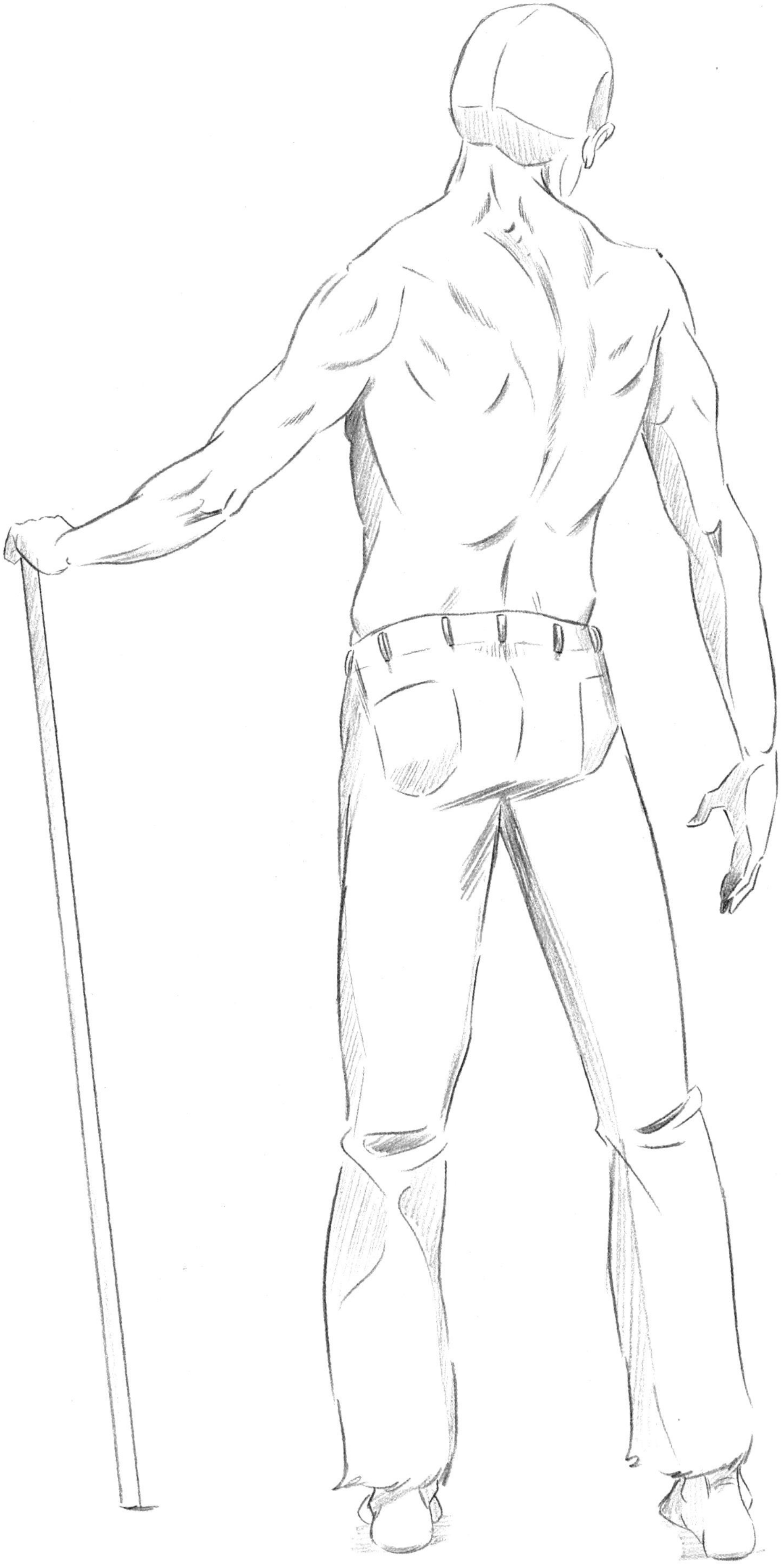

LIGGENDE HOUDING: vooraanzicht

Je kunt hier goed zien hoe de lichaamsdelen tot op zekere hoogte afzonderlijk van elkaar bewegen. Je tekening ziet er veel interessanter uit als je het lichaam een beetje gedraaid in plaats van in een rechte lijn tekent.

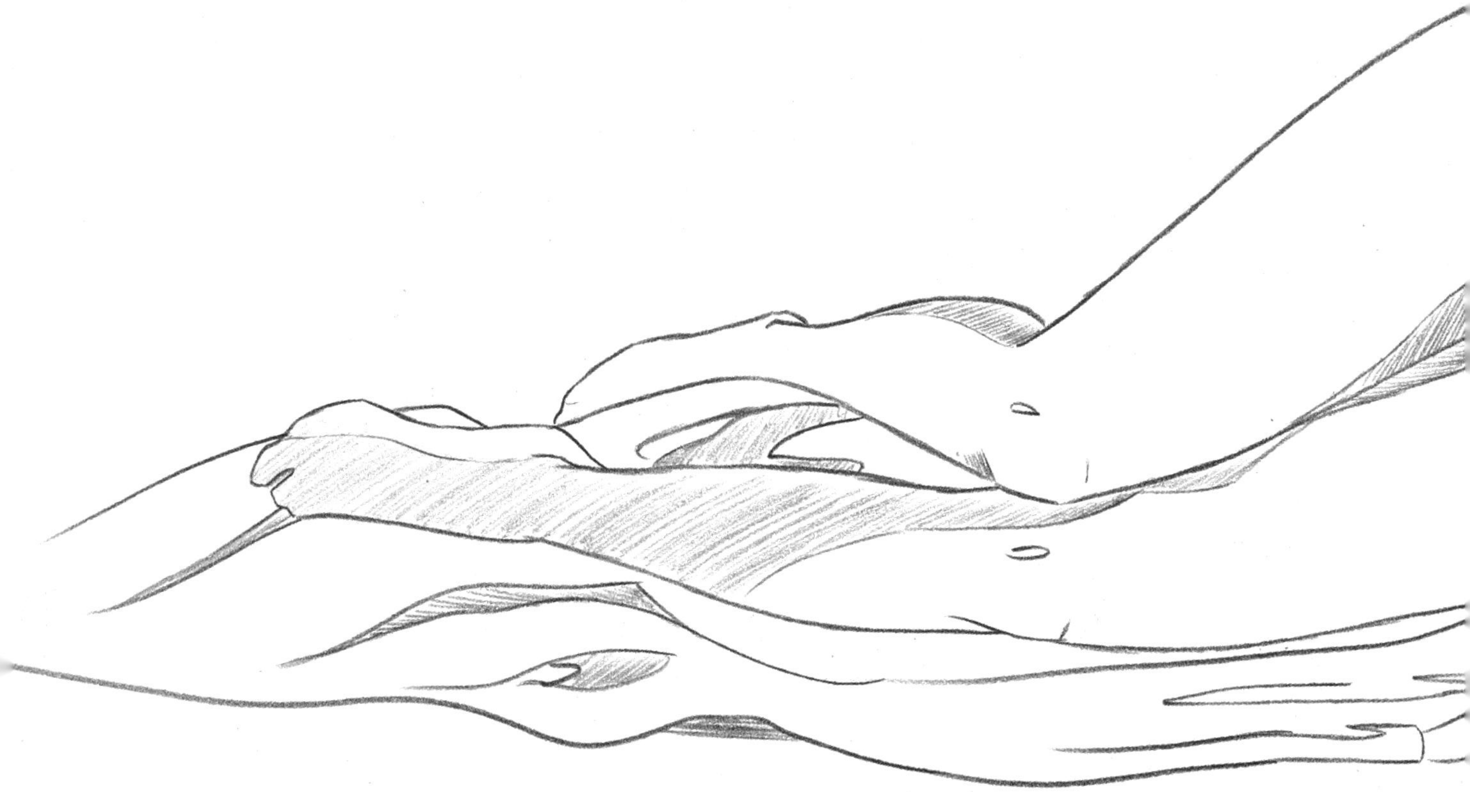

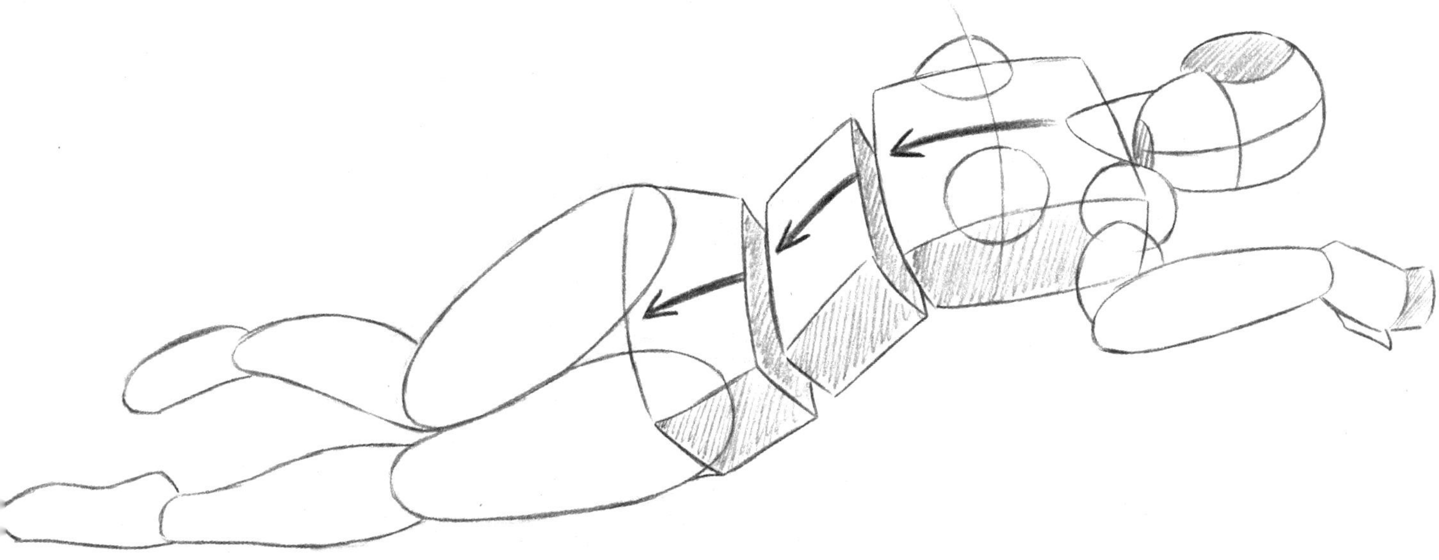

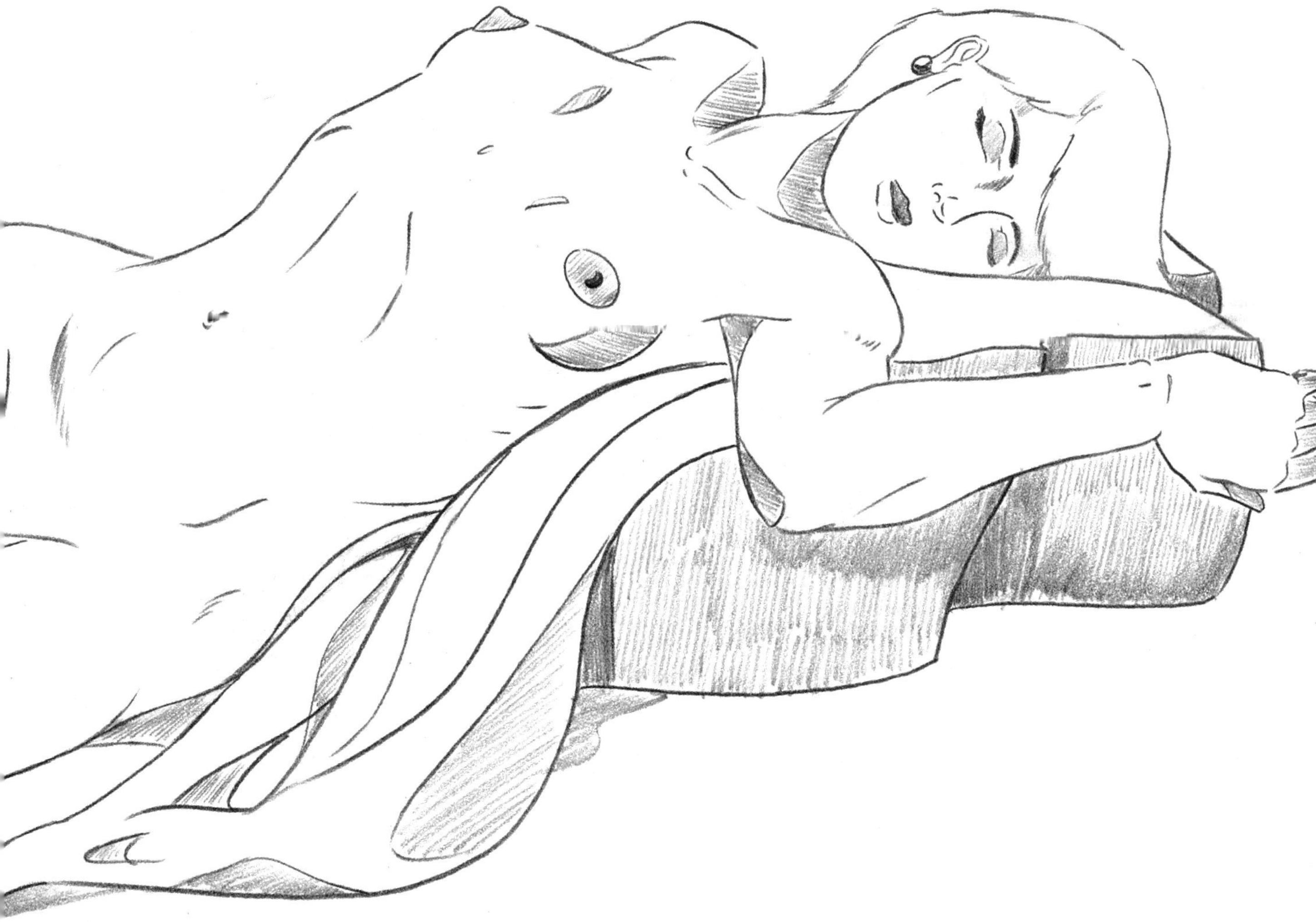

LIGGENDE HOUDING: zijaanzicht

Uit een liggende houding moet een gevoel van rust spreken. Je moet het gewicht van het lichaam bijna kunnen zien, met losse spieren en slappe ledematen. De borsten en de maag worden platter. Alle spanning is uit het lichaam verdwenen. De vingers en tenen zijn ook ontspannen.

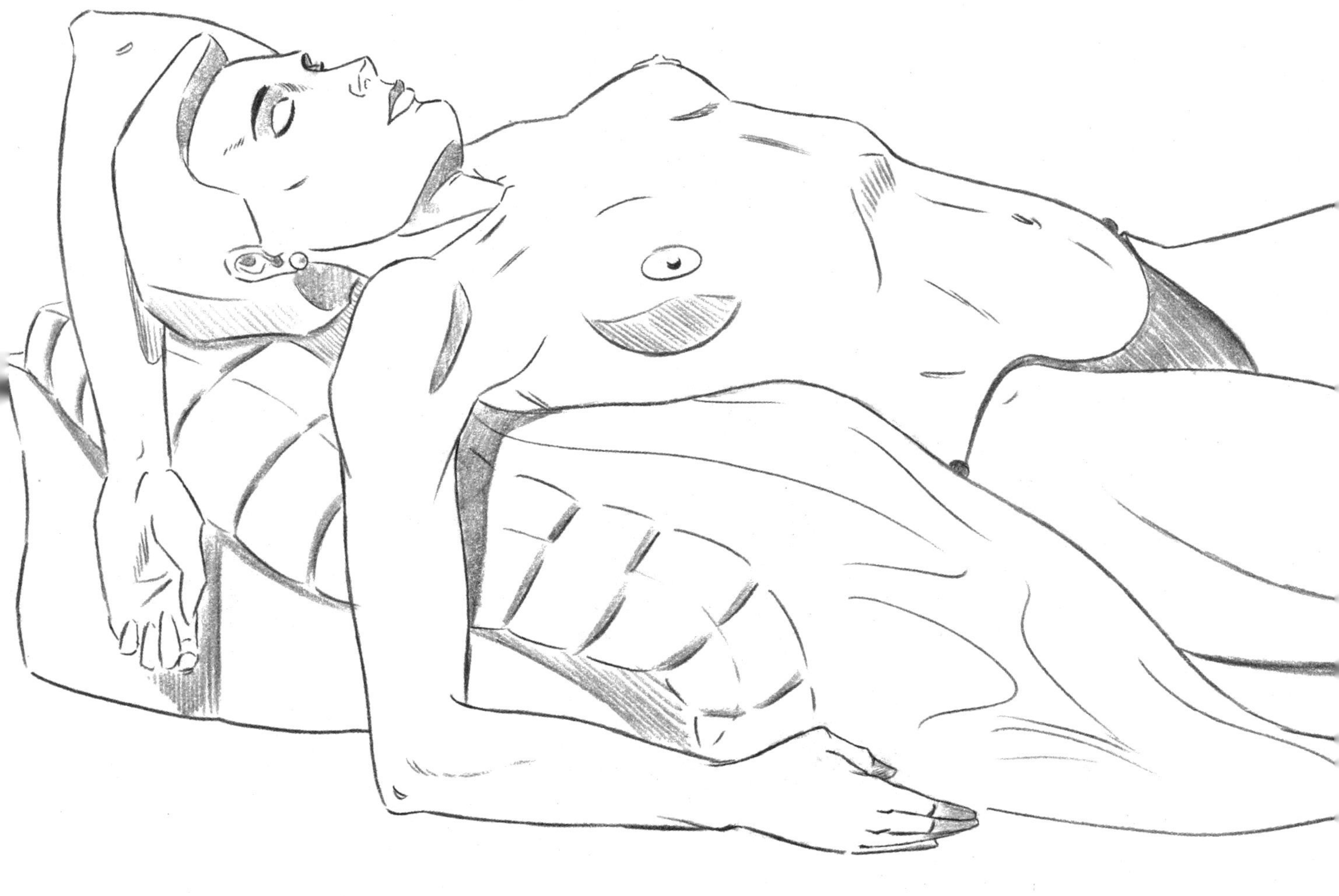

Het is handig om een lijn te gebruiken, zodat je het midden van het lichaam niet uit het oog verliest.

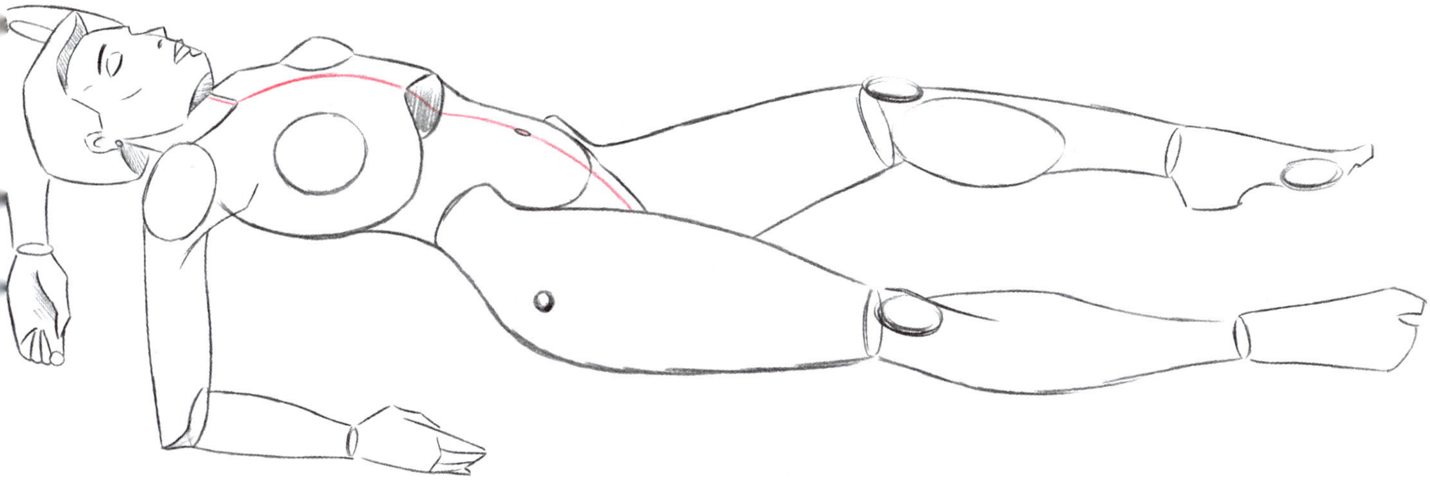

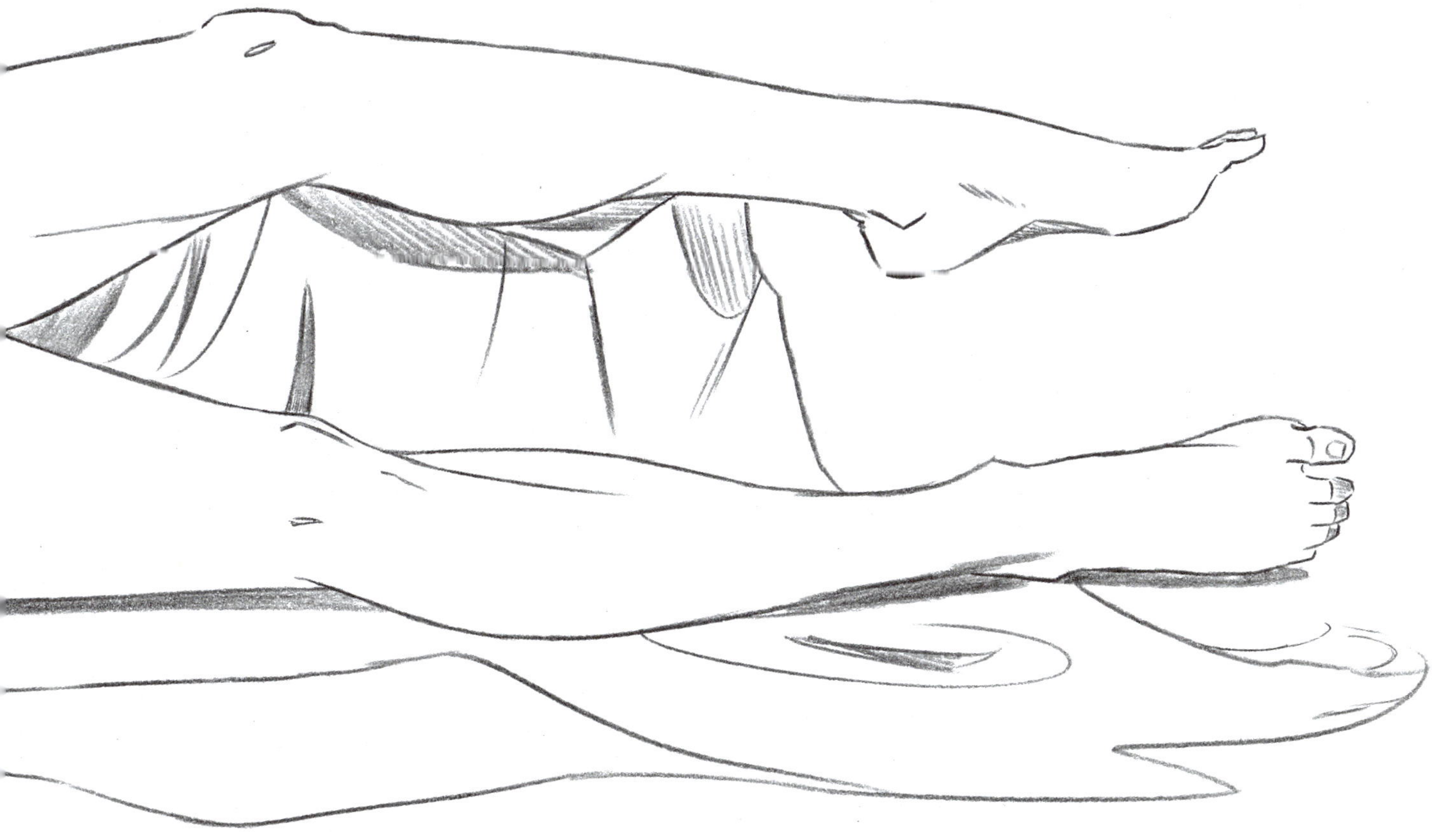

LIGGENDE HOUDING: achteraanzicht

Liggende houdingen kunnen verraderlijk zijn. Het lichaam wordt niet alleen kleiner naarmate het verder van je af ligt, maar het wordt door de druk ook breder en platter.

We zijn nu bij het einde van dit boek aanbeland. Ik hoop dat je er iets aan hebt gehad. Onthoud wel dat niet elk lichaam qua spieren hetzelfde in elkaar zit als de figuren in dit boek, want ik heb atletische figuren gebruikt om dingen uit te leggen. Nu je een en ander weet over spieren, het skelet en vele andere aspecten van het menselijk lichaam, kun je zelf kiezen waar je de nadruk op wilt leggen. Dat is een artistieke keuze – en die is geheel aan jou.

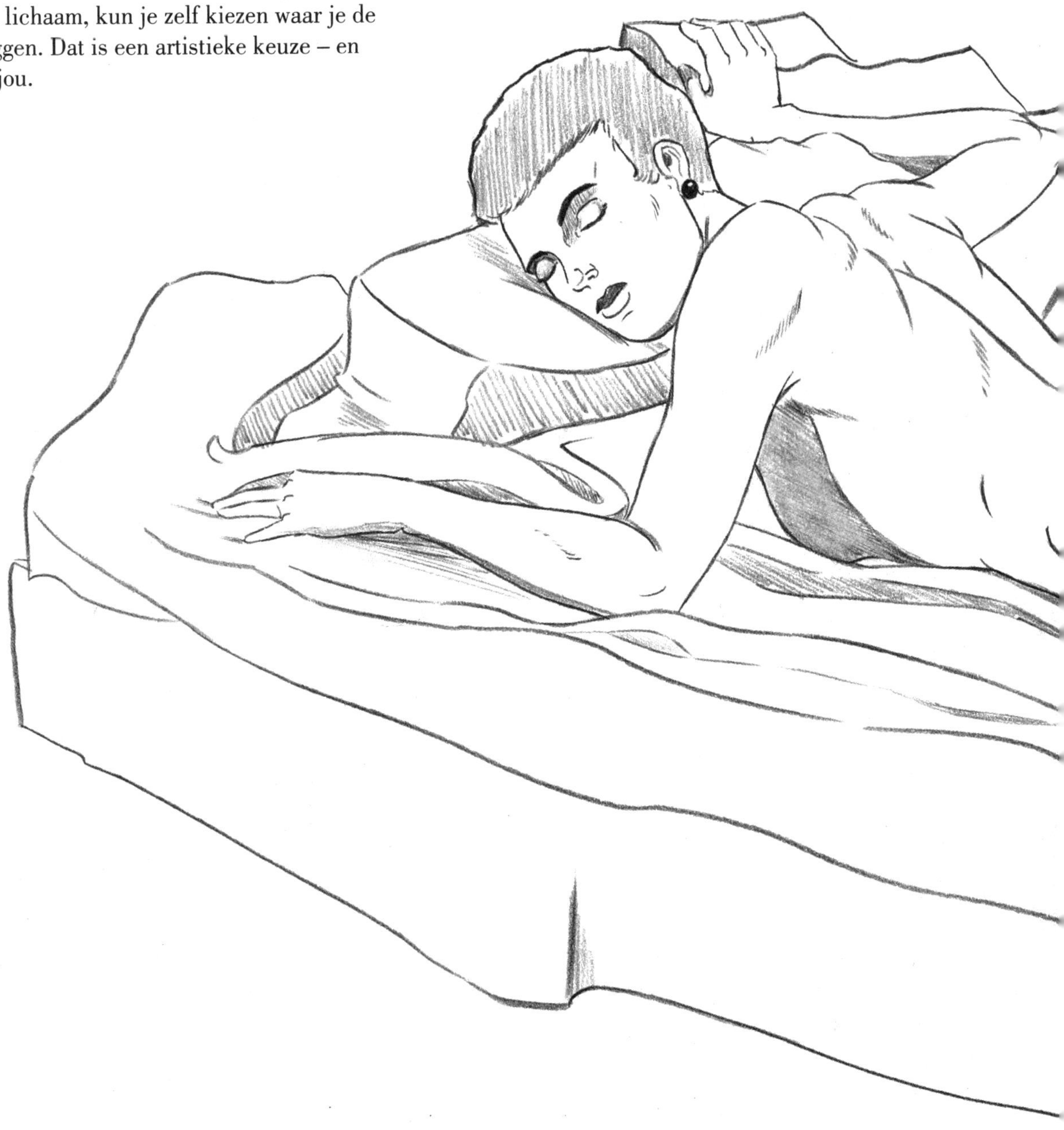

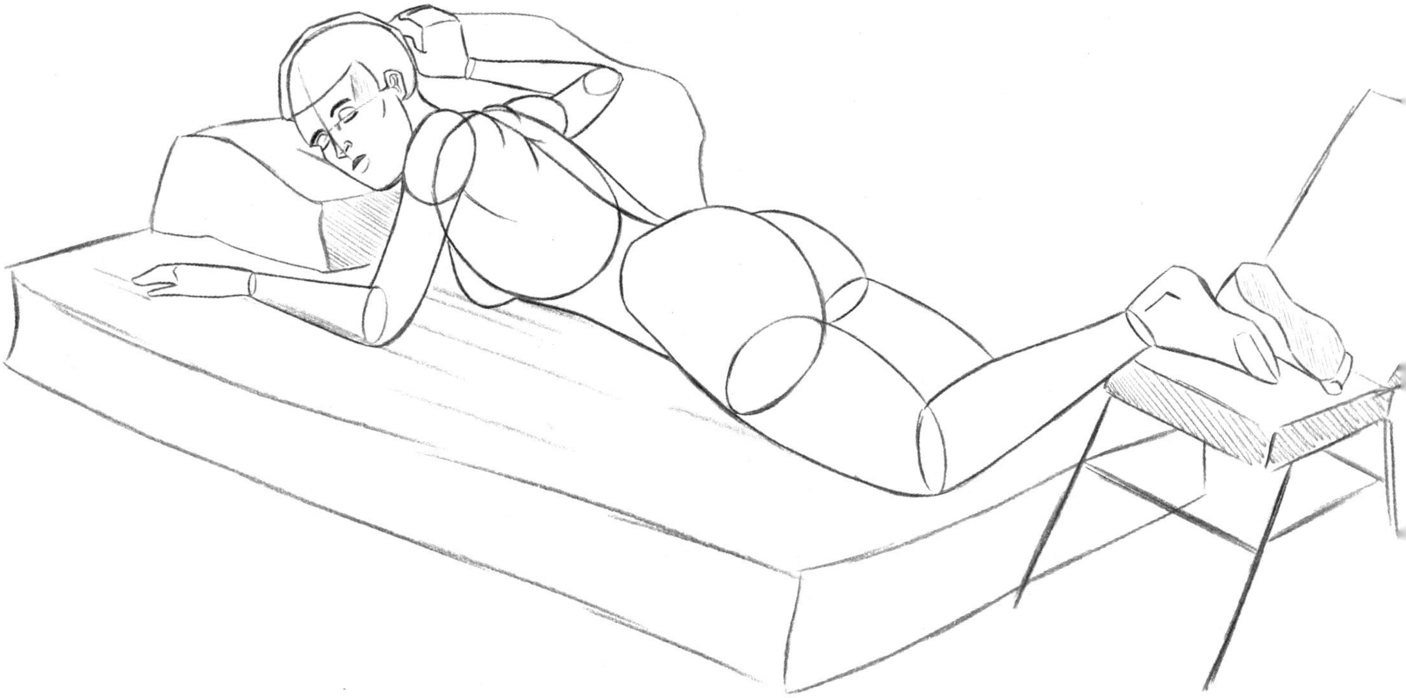

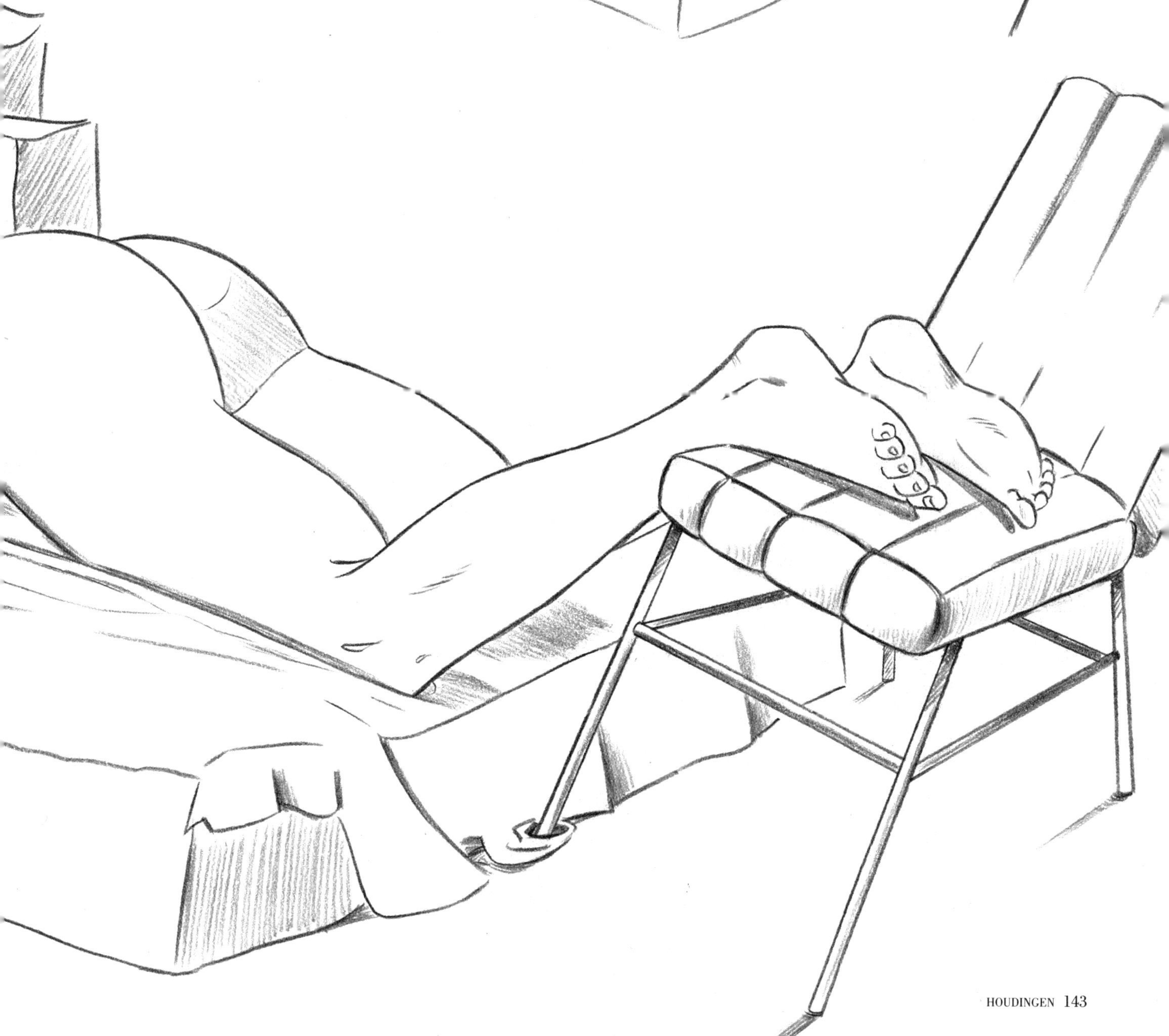

REGISTER